献给我的导师

吉什和本

"社会空间视野的上海纪事"书系

于海 主编

上海：从市镇到通商口岸

Shanghai：From Market Town To Treaty Port

1074—1858

张琳德（Linda Cooke Johnson） 著

严嘉慧 译

同济大学出版社
TONGJI UNIVERSITY PRESS

中文版序

有关上海历史的起源，传统的观点认为，这个城市最初是在唐朝的某个时刻从一个叫“沪渎”的小渔村发展起来的。“沪”字指的是当地渔民在附近溪流的浅水地带设置的捕鱼工具，“渎”字指的是定居点或村庄。上海汽车牌照上的“沪”字就是“沪渎”沿用至今的反映。

1074 年，上海正式被官方定位为市镇，如果把此时宋朝的上海仍然看作一个渔村的形象，显然是不合时宜的。到了元朝，上海已是松江府的县城。明朝时上海周边是棉花生产中心，其重要性到了清朝更是与日俱增。位于黄浦江和松江交汇处的上海成为附近的苏州府的港口。明末清初，从苏州出发的棉花、丝绸和木材等，经松江进入上海。到了 19 世纪初，上海已是中国最大的二十多个城市之一，并逐步发展成为中国的大都市。

本书是一本关于上海的传记，涵盖了这个城市近八百年的历史，从宋朝到清朝，直至 19 世纪通商口岸时期，以 1858 年太平天国东征苏常沪的前夕为结束点。据我所知，自本书首次出版以来的 26 年间，还没有其他以英语或其他西方语言撰写的完整的上海学术研究。大部分以上海为背景或关于这座城市的著作都被置于 20 世纪的时间框架，这些作品包括小说、传记、自叙，以及裘小龙的一系列当代悬疑小说——甚至还有一两本食谱。在中文著作中，我认为张忠民的《上海：从开发走向开放，1368—1842》（1990）是关于上海的最全面的研究，是本书二次引用的文献之一。

除此之外，关注城市及其市民的严肃学术研究或许还可以包括这些著作，比如贺萧（Gail Hershatter）《危险的愉悦：20 世纪上海的娼妓问题与现代性》（*Dangerous Pleasures: Prostitution and Modernity in Twentieth Century Shanghai*, 1991）、韩起澜（Emily Honig）《苏北人在上海：1850—1980》（*Creating Chinese Ethnicity: Subei People in Shanghai, 1850–1980*, 1992）和《姐妹与陌生人：上海纱厂女工，1919—1949》（*Sisters and Strangers: Women in the Shanghai Cotton Mills, 1919–1949*, 1999）、魏斐德《上海警察：1927—1937》（*Policing Shanghai*, 1927–1937, 1995）。但是，这些较早的英文著作都没有如本书这样涵盖这么长的时间。

我研究上海的视角以中国为中心，参考了多种中国的文献，例如地方志、关税手册和其他内部资料，强调中国城市历史的趋向性和连续性，将西方的到来置于已存在的清朝体制、政府政策和商业机构的语境下。本书前六章涵盖唐朝至清中叶时期，主要基于上海县以及上海从市镇到城市的历史，也就是地方志——我很感谢密歇根大学研究生图书馆的亚洲馆提供这些资源。这些地方志通常由当地县官或士绅定期编撰，从明朝到1933年，大约每隔60年校订一次，记载了松江府、上海县的整个历史，包括杰出人物的传记、重要机构的描述、地图以及插图，修订版本包括较早版本的重要信息。

我在伦敦大学亚非学院（SOAS University of London）图书馆找到一份非常值得注意的文件，即《上海大关则例》（1785）。这本小手册由江海关颁发，当时的海关检查员在码头检查货物时可能会手执这份文件，它列出了进出港口的各种产品的关税，这发生在西方进入上海的50年之前。正如进出口关税清单所反映的那样，上海在那时已是一个繁荣的商业港口，远远早于1843年作为通商口岸向西方开放的年代。清朝时期的上海与中国其他港口和城市进行内部贸易，此外还有国际贸易，比如与日本。在与日本的贸易中，进口日本纸和刀具所需要支付的关税高于中国当地生产的类似物品。经由上海港运往中国其他城市以及香港或日本的产品还有大量各式棉花：原棉、各种棉线和机织材料、丝绸和锦缎。西方曾误认为上海在作为通商口岸开放之前毫无商业重要性；事实上，与之相反，清朝时期的上海其实是一个非常重要的、繁荣和快速发展的商业港口，它如此重要以至于设立了上海道员这一职位。

在很多方面，无论是从清朝官员和精英的眼中，还是从英国侨民或外国飞地的租界居民的眼中，上海的历史犹如海市蜃楼，你越是试图看清它，它却越快消退。这种对城市的看法也反映在柏群山（Jonathan Porter）《澳门：想象之城，文化与社会，1557年至今》（*Macau: The Imaginary City, Culture and Society, 1577 to Present*, 1996）中，其中论述了对“想象中”的城市的洞察。1842年后的上海县城地图没有显示西方人的居住地或“租界”，而上海县城在西方人的地图上则是一片空白。

太平天国运动（1850—1864年）为本书提供了一个合适的结束点，因为在那之后，资料引出的分枝变得越来越多，越来越混乱。在第10章中描述的1853年小刀会攻占上海城期间，叛军烧毁了县衙门，并摧毁了存放在那里的所有文件。1870年英国领事馆意外失火，也造成在此之前的英国方面档案被毁。

张琳德（Linda Cooke Johnson）博士

2021年10月

致谢

本书始于 1978 年我第一次访问中国，当时我乘火车从苏州回上海，旅途中我开始琢磨两地之间的关系。苏州曾是中国传统城市的典范，一座货真价实的“人间天堂”，但现在不过是一个迷人却闭塞的地方。今天的上海是中国最大的都市，然而，有人告诉我，在 19 世纪中叶西方人社区建立之前，它仅仅只是一个渔村。从那次旅行开始，对苏州衰落和上海崛起的研究就成了我在加州大学圣克鲁兹分校（University of California, Santa Cruz）博士论文的主要内容，继而促成了这本专注于上海的书籍。

借此机会我非常感谢那些帮助和鼓励我的机构和个人。我前往中国的论题调研是由美中人民友好协会促成的。在加州大学圣克鲁兹分校的历史理事会，我的论文委员会成员有德里普·巴苏（Dilip K. Basu）、埃德蒙·伯克（Edmund Burke Ⅲ）和曼素恩（Susan Mann），他们花费了大量的时间给我专业的鼓励、建议、批评并给我许多启发。来自圣克鲁兹分校国际比较研究项目的经费资助了我的调研。在完成研究和写作的过程中，我也是几个研究奖学金的受益者：一份美国国家人文学术基金会的旅行奖学金、一份密歇根州立大学的大学研究基金，以及第二份密歇根州立大学的资助基金支持了密歇根州空间分析和制图研究中心（Center for Spatial Analysis and Cartographic Research at Michigan State）绘制地图，由艾伦·怀特（Ellen White）完成了这些地图的绘制。

如果没有遍布全世界的图书馆和档案馆，我无法完成这项工作。这些图书馆和档案馆包括斯坦福大学的胡佛东亚图书馆、加州大学伯克利分校和密歇根大学东亚图书馆、美国国会图书馆、大英图书馆的东方学阅览室、位于伦敦丘园的英国国家档案馆和密歇根州立大学图书馆。非常感谢斯坦福大学的伊米高·穆菲特（Emiko Moffit）和密歇根州立大学的塔尔博特·休伊（Talbott Huey）。

圣何塞州立大学、蒙特雷国际研究学院、加州大学伯克利分校和圣克鲁兹分校、斯坦福大学、密歇根大学，尤其是密歇根州立大学的同事都慷慨地投入了时间支持我。这里只提及若干：在不同阶段阅读并评论本书全文或部分手稿的，包括上面提到的委员会成员、孔华润（Warren I. Cohen）、顾德曼（Bryna Goodman）、爱德华·葛兰姆（Edward T. Graham）、孔威茨（Josef Konvitz）、蓝厚里（Harry Lamley）、哈里斯·马丁（Harris I. Martin）、墨菲（Rhoads Murphey）、穆黛安（Dian Murray）、罗威廉（William T. Rowe）、戈登·斯图亚特（Gordon T. Stewart）、艾米莉·塔布托（Emily Tabuteau）和魏斐德（Frederic Wakeman）。罗威廉和福伊尔沃克（Albert Feuerwerke）非常友好地分享了他们尚未发表的作品和最新的出版物，否则我将无缘拜读。费正清（John King Fairbank）在去世前阅读了这份手稿，他的鼓励对我来说意义重大，其建议非常有益。邵勤（Shao Qin)、邹明德（Tsou Mingdeh，音译）和王笛（Wang Di）在准备本书的不同阶段担任顾问和研究助理。另外还要感谢复旦大学和上海外国语大学的教师们，他们多次陪我前往上海和苏州进行调研。

玛利贝尔·基尔马丁（Maribel Martin Kilmartin）是一位具有杰出日本传教背景的中国通，她一直支持我，是我灵感的源泉。她介绍我认识了弗朗辛·索克斌（Francine Sokobin）夫人，索夫人非常友善，同意我将一幅描绘 1858 年前后的上海的无题油画拍摄成照片，这张照片即本书英文版的封面。这幅描绘上海港口的大型油画是一系列艺术品的重要组成部分，主要表现中国的通商口岸。该系列作品由她已故的丈夫索克斌（Samuel Sokobin）收藏。杰夫和克里斯·汤森德（Jeff & Chris Townsend）从普通读者的角度阅读了几个版本的书稿章节，阅读后与我进行了非专业的讨论，并在我逾越了学术上的喋喋不休及吹毛求疵的合理底线时，对我进行严厉批评。

斯坦福大学出版社的穆里尔·贝尔（Muriel Bell）和约翰·弗内仑（John Feneron）从交稿到成书的各个阶段对手稿进行了专业指导，德雷尔（Peter Dreyer）对书稿进行了编辑。罗威廉为手稿出版做了评估，给予了非常仔细和建设性的批评，并提出了许多宝贵的建议。尽管如此，书中仍可能有错误存在，责任在我。

我应该特别感谢我的家人：感谢威廉·约翰逊（William C. Johnson）在本书写作的大部分时间里所给予的支持，尤其感谢他在电脑上的卓越才能，解决了许多技术危机。他还为本书配备了图表。我很感谢我的儿子们：美国海军上尉威廉·约翰逊、斯蒂芬·约翰逊（Stephen Cooke Johnson）和约瑟夫·约翰逊（Joseph Craig Johnson），感谢他们给予我足够的帮助和支持，让我有充足的时间来完成这项工作。我还要感谢我的母亲安·库克（Ann Carter Cooke），她虽然没能看到完成的作品，但是在起步阶段她一直是我获得支持的源泉。

最后，还要感谢一匹名叫梅杰的大湾夸特马及其继任——一匹叫米西的栗色母马，在我最需要的时候，它们都为我提供了非学术性的锻炼和休闲，而且从没有问过一个令我尴尬的问题！

张琳德

目录

导言

1974 年，伊懋可（Mark Elvin）和施坚雅（G. William Skinner）编辑的《两个世界之间的中国城市》（*The Chinese City Between Two Cities*, 1974）出版；1977 年，施坚雅编辑的《中华帝国晚期的城市》（*The City in Late Imperial China*, 1977）出版。这两部著作出版后，帝制晚期及现代早期中国城市的性质和发展这个课题受到极大的关注；单个城市的专题著作应运而生，更为详尽地补充了这两部著作所做的初步研究，其中较为突出的是 1985 年和 1989 年出版的由罗威廉撰写的两册关于晚清时期汉口的研究巨著[1]。此外，近年来，一部关于元、明、清时期江南城市的著作还提供了苏州、杭州、扬州和上海的个案研究。[2]

这些著作都有一个共同的主题，虽然着重点不同，但它们试图辨别和描述中国城市具体的社会、政治、经济和空间特点。其中的大多数著作专注于研究明朝和清朝直至 20 世纪早期的中国城市，这个时段与西方城市发展中的前现代（或称为原工业时期）和现代早期具有可比性。[3]

如果要妥善地找出中国城市共有的特点，以此发现中国城市发展的普遍规律，并从中甄别出个别城市唯一且独特的属性，只有通过研究中国城市个案才能做到。不少著作隐含了对城市性质和功能的比较性假设，这些著作也许受马克斯·韦伯（Max Webber）的《城市》（*The City*, 1921）的影响，因其开创性的分析在西方城市研究领域占据重要位置。[4] 对于中国城市落后的指摘，这些作者反驳道，中国城市研究必须

---

1 罗威廉《汉口：一个中国城市的商业和社会（1796—1889）》（*Hankow: Commerce and Society in a Chinese City*, 1796-1889, 1985）和《汉口：一个中国城市的冲突与社区（1796—1895）》（*Hankow: Conflict and Community in a Chinese City*, 1796-1895, 1989）。较为近期的、关注中国城市化的其他研究：见《中国的城市变迁：1890—1949 年山东济南的政治与发展》（Buck, D. D., *Urban Change in China: Politics and Development in Tsinan, Shantung*, 1890-1949, 1978）、《上海：一个亚洲都市的革命与发展》（Howe, C., *Shanghai: Revolution and Development in Asian Metropolis*, 1981）、《北京的人力车夫：20 世纪 20 年代的城市、居民与政治》（Strand, D., *Richshaw Beijing: City People and Politics in the 1920s*, 1989）。

2 见张琳德的《帝国晚期的江南城市》（*Cities of Jiangnan in Late Imperial China*, 1993），以及马克尔·马默（Michael Marmé）关于苏州（*Heaven on Earth: The Rise of Suzhou*, 1127-1550, 1993）、安东篱（Antonia Finnane）关于扬州（*Yangzhou: A Central Place in the Qing Empire*, 1993）、史华罗（Paolo Santangelo）关于苏州（*Urban Society in Late Imperial Suzhou*, 1993）、夫马进（Fuma Susumu）关于杭州（*Late Ming Urban Reform and Popular Uprising in Hangzhou*, 1993）和张琳德关于上海的研究。

3 关于西方前现代、原工业和现代早期的发展的讨论，见《前工业城市：过去与现在》（Sjoberg, *The Pre-industrial City: Past and Present*, 1960）、《城市》（Webber, *The City*, 1921）、《都市欧洲的形成，1000—1994 年》（Hohenberg & Lees, *The Making of Urban Europe*, 1000-1950, 1985）。

4 《城市》。

牢固地置于中国历史和中国城市社会的语境中；他们的著作对于从城市形态和发展模式中甄别出中国的特点极有裨益。

特别是罗威廉，他更进一步。首先他摆脱了韦伯的论述留下的阴影，指出无论韦伯的分析与西方城市化多么地休戚相关，但是其中关于中国城市的资料却极度缺乏；紧接着，罗威廉在两部研究汉口的著作中，就商业和社会以及冲突和社区，清晰地比较了中国城市化和欧洲城市化的类似发展，鉴别出中国城市中哪些情况与欧洲典型城市的情况如出一辙，哪些与西方城市背道而驰，并呈现中国特有的社会经济组织形态。

本书刻意限定对于当前中国城市化的论述仅为一小部分，如上简要总结。本书研究对象涵盖 11 世纪至 19 世纪中叶上海的镇和城。我所关注的内容：第一，上海的历史进程及其在中国城市化语境中的延续性；第二，上海向西方列强开放为通商口岸（Treaty port）[a] 的最初 15 年时间，也就是说，上海不同于传统的中国商业城市，它和 19 世纪西方的城镇、通商口岸有着类比的成分。

本书研究的部分内容既包含上海的外在形态、城市形式和形状、建筑以及开放空间，也包含这座港口城市的经济结构和商业发展：它的农业腹地、手工业生产、经纪商和航运。同时也关注赋予上海独特气质的寺庙、书院、商业行会和慈善机构，以及决定其重要面貌的政府政策和限令。目标是描述和定义上海，将其置于中华帝制晚期的历史语境中，置于长江下游宏观区域以及中国东南沿海的地理环境下，从这个角度来更好地理解上海在 19 世纪中叶西方侵入中国的历史中所扮演的角色。[5]

上海是什么？上海现在是世界上最大的城市之一，重要的沿海港口，1300 多万中国人的家园。[6] 唐朝，上海是个小渔村；宋朝，它成为一个重要的商业港口；明朝，它是全国棉花生产的重要中心；清朝，它又一次成为长江下游宏观区域经济中具有举足轻重地位的商业港口城市。然而，在上海近千年的历史过程中，它只是中华帝制官僚等级中的一个低级县城[b]。19 世纪，上海成为首批也是最重要的西方通商口岸之一。

5　关于帝制晚期的未来研究的情况在“19 世纪的中国：该进入新议程的时候了”(China in the Nineteenth Century: Time for a New Agenda) 专题讨论会中讨论，该会是亚洲研究协会 (Association of Asian Studies) 的年会，于 1991 年 4 月 1 日在新奥尔良举行，由韩书瑞 (Susan Naquin) 主持。专题小组评估了帝制晚期的历史研究，对进一步调研给出了一系列的建议，其中一项是从以中国为中心的论述角度来重新评估西方的“影响”。

6　《华尔街日报》，1993 年 12 月 10 日，R13。

a　通商口岸，又称商埠、条约口岸、约开商埠，是一个国家向外开放的特定通商地区。1842 年 8 月，清政府与英国签订了中英《南京条约》，开放广州、福州、厦门、宁波、上海五处为通商口岸，即五口通商。——译者注

b　县城又称县治，即中国地方行政区“县”的治所，指地方政府驻地，是行政中心。——译者注

凡此种种，上海在许多方面像是历史长河中的海市蜃楼：你越是想走近它看个究竟，它却越快消退并蒸发得无影无踪。

长期以来，对上海历史的诠释一直是千人千面，众说纷纭。丝毫不令人惊奇的是，分歧在于外部和内部线路，即西方和中国。最普遍且俗套的西方观点是，上海在1843年向西方开放之前只是一个小渔村，之后发展成为一个西方的通商口岸，使它成为现代国际世界的一部分，从而与其他更加传统的中国城市分道扬镳。[7]历史学家不同观点的分歧始于1843年上海成为通商口岸这一时间点。一方面，一些学者争辩道，像上海这样的通商口岸，对传递西方影响并带领中国其他地区进入现代世界起到了举足轻重的作用，虽然这个过程也并非一帆风顺。[8]另一方面，不少重要的研究坚持认为，由于通商口岸脱离了大部分中国内地，上海及其类似城市并非促进现代化的重大因素。基于后一种解释，一些学者把上海看作“另一个中国”的典型例子——一个连接西方、而发展轨迹和中国内地大相径庭、却与中国之外的其他通商口岸或殖民地属地的海外华埠发展异曲同工的城市。[9]

中国学者从马克思列宁主义的角度来观察上海，虽出发点截然不同但也许同属屡见不鲜，他们把上海看作西方帝国主义的关注焦点，一座西方帝国主义通过不平等条约强加于中国而生成的城市；它的后续发展作为帝国主义剥削的缩影，使上海成为帝国主义的产物和载体，一座寄生城市，非但没有促进中国其他地区走向现代化，反而压榨周围乡镇的经济活力。[10]

中国历史学者的近期研究集中在上海开埠[c]之前的发展，也就是从宋朝晚期至清朝中叶，认为上海是一座增长的、富庶的、中等规模的城市和重要的商业中心。从这个角度看，早在明清时期尚未受到任何西方干涉前，上海的经济发展已遥遥领先。受西方影响之前的中国经济发展一直是“资本主义萌芽”论的焦点。

---

7 “渔村”的形象最初很可能是修辞手段，意欲强调西方对视为落后地区的现代化所作的贡献，但是后来却被拿来用作对1843年之前的上海的文字描述。这种对19世纪和20世纪初期上海的描写司空见惯。

8 上海引领中国现代化的概念在罗兹·墨菲《上海——现代中国的钥匙》和魏白蒂《上海：近代中国的严峻考验》（*Shanghai: Crucible of Modern China*, 1987）中是一个占压倒性地位的主题，“西方影响”的理论在柯文（Paul A. Cohen）《在中国发现历史》（*Discovering History in China*, 1984）中有所剖析。

9 罗兹·墨菲《通商口岸与中国的现代化》和《旁观者》；白吉尔《另一个中国：1919—1949年的上海》（*The Other China: Shanghai from 1919 to 1949*, 1981）和《中国资产阶级的黄金时代（1911—1937）》。关于西方在中国沿海的渗透所带来的积极或负面的影响，西方的讨论大多低估了1895—1937年日本在上海现代化转型中扮演的角色。

10 费孝通在《中国士绅》（*China's Gentry: Essays in Rural-Urban Relations*, 1953）第105页概述了上海成为帝国主义产物的马克思主义论点。

c 开埠是一项让城市得以进行对外贸易的政治举措。由于并非每个国家都允许外国人在其境内进行商业活动，所以当事国或当地政府会指定某个城镇或地区，允许其与外国人进行商务往来。“埠”原指埠头，即泊船之地；因早期的国际贸易大多在海上进行，故常以船代步。在内陆城市“辟地作埠”，形成商务聚集之地，也可以称为“开埠”。——译者注

“资本主义萌芽”论认为，类似于欧洲，明清时期中国本土经济发展原可以促成小规模资本主义企业的生成条件；如果不受西方干扰的话，本应该会继续自行发展，诞生现代工业社会。有些学者从帝国主义角度也认同这一观点，主张19世纪西方资本主义的介入确实削弱了这些脆弱萌芽的成长。[11] 这个观点起到支持惯常所说的马克思主义史学的作用，它坚称，在建设社会主义和共产主义之前，资本主义阶段是必须的。这个观点也使得今天的中国产生了一些令人极其兴奋的实证研究，由此而来的一些诠释将在以下更为详细地展开。

综上所述，几乎所有观点都含蓄地假设鸦片战争（1839—1842年）和《南京条约》（1842年）共同构筑了中国历史的分水岭——传统社会的终结和现代中国的开端。这个时间框架在上述中国历史学者的著作中一目了然，他们在论文标题和书籍名称上明确使用“鸦片战争前”或“鸦片战争后”这样的表达方式。[12] 因此，中国历史的帝制晚期和现代中国起始之间的分界线是可以设置在鸦片战争这个关键时刻。

1842年作为中国历史的转折点尤为举足轻重，因为从传统观点来看，1843年11月第一支英国代表团的到来标志着上海从一个“渔村”转型为现代西方通商口岸的开始。支持者认为，在这之前，一切都隶属传统中国社会的范畴；在这之后，不复如此。我的研究质疑这种二分法与现实情况的距离，至少在上海，城市经济发展以及中国官员的态度和行动无法如此利落地划分成“之前”和“之后”；相反地，本书发现中国历史之延续而非分化。

我的首要目标是将上海的城镇建设置于1843年西方人到来前的中国历史语境中。上海在这一时期仅仅是一个市镇，通过持续发展，成为地方港口、县城和棉花生产中心，直到开埠变成通商口岸。我意在通过观察这段受外国影响之前的时期，建立对城市历史的剖析。我的研究涵盖了上海开埠的最初15年，这使我得以在中国语境中，就包括上海在清朝时期就已经运作的政策和机制在内的、原有城市特点的背景之下，讨论初来乍到的西方影响。因此，本书大部分的研究集中在清朝初期

---

11 在我参考的众多著作中，突出的有张忠民《清前期上海港发展演变新探》（1987年），构思广泛，属于“资本主义萌芽”论的范畴。感谢密歇根大学的阿尔伯特·福伊尔沃克（Albert Feuerwerke）借给我这本“新鲜出炉”的书。关于“资本主义萌芽”论，另见许大龄、吴承明编辑《中国资本主义的萌芽》（1985年）以及其他研讨会文章。全汉升（Ch'uan Hansheng）关于鸦片战争之前江苏棉纺织业的论文也是重要的著作，尽管理念语境不同，见全汉升《鸦片战争前江苏的棉纺织业》（1958年）。

本书中其他代表性的参考书目包括：黄启臣《清代前期海外贸易的发展》（1986年）、严中平《中国棉纺织史稿》（1955年）、傅衣凌《明清时代商人及商业资本》（1956年）、彭泽益《鸦片战争前广州新兴的轻纺工业》（1983年）和潘君祥、陈立仪《十九世纪后半期上海商业的演变》（1986年）。

我也引用了谯枢铭，杨其民，王鹏程，郑祖安，卢汉超著《上海史研究》（1984年）中不同学者的一系列论文，按时间顺序排列，涵盖了上海及附近地区从汉朝至民国时期的历史。另外，我大量引用的、属于这个范畴的一篇论文是杜黎《鸦片战争前上海行会性质之嬗变》（1983年），详细讨论了鸦片战争前上海的商会。

12 本书引用的著作包括杜黎《鸦片战争前上海行会性质之嬗变》、彭泽益《鸦片战争前广州新兴的轻纺工业》和全汉升《鸦片战争前江苏的棉纺织业》。

和中期的上海，旨在详细解读这座城市在18世纪晚期和19世纪早期，西方人到来之前所发展起来的物质、社会和经济结构。

与此同时，我也试图祛除一些加之于上海的神话，强调上述最为突出的几个主题，其中最重要的观念也许就是，西方的影响对推动中国进入早期现代化负主要责任，还是与其相反的解释，西方在这项使命上是失败的，上海成为“另一个中国”的一部分。此外，我还要检验一个观点，即鸦片战争之后上海成为西方帝国主义的产物并剥削中国其他地区，我和中国学者的近期研究都不太支持这一观点。

以下章节将会论述，上海在1843年之前是一个纯粹的中国城镇（尽管它是中国20个大城市之一[13]，但它远非一个渔村），即使在开埠之后，西方人占据的也只是有意孤立出来的一小部分城市。我同意，从概念意义上将1842年划为分水岭至关重要，它确实在贸易和条约上改变了某些官方立场。如果没有鸦片战争，中国官员势必对英国人所谓“伟大的通商计划”[14]的关注要慢得多。不过，1843年之前，至少在上海，几乎所有的社会和经济结构以及机制在各自的框架内持续有效运转。

1843年在上海的中国官员主要考虑如何将外国人纳入既有模式，从而吸收、消化并控制。他们成功地实现了目标，对待英国人（和其他西方人）就像对待另外一个“外来”商帮（即来自本地辖区以外的中国其他地区的商人），为他们创建“会馆”（行会），说服他们自行征收关税。外国势力在上海的最初15年间，中国人在这些政策上的成功甚至很可能助长了负责“制夷”方面的高层官员一定程度的自鸣得意，他们在中国传统外交语言中暗示这些“蛮夷”被“归化”了。按照中国标准，这些外国人的行为表现就像其他任何被“羁縻”的蛮夷，因而对潜在的帝国主义的威胁感觉迟钝。

正当政府官员对太平天国运动伤透脑筋之时，1853年上海发生了小刀会起义，而在上海的外国社区引进了新事物。1854年，外国社区建立了自行征收关税的新机制，设立海关外籍税务司署，这个机构被证实是与中国官员预想的包税制操作大相径庭的。接踵而至的是，西方人成立了公共租界[d]工部局（Shanghai Municipal Council）[e]，

13 施坚雅《十九世纪中国的地区城市化》(*Regional Urbanization in Nineteenth-Century China*, 1977)，第248页（引文注释页码均为英文版页码，下同）。

14 “伟大的通商计划”是19世纪英国人对若干中文词语的翻译：通商大计、通商大举、通商事宜、五口通商，均指西方商贸。中文词语可在《筹办夷务始末（道光朝）》70:19b、70:21b中找到；该词的英文版本出现在英国外交部通讯档案中一些中文文件的翻译，例如F.O.228/43（日期不详，约1844年7月/8月），F.O.228/76（1847年4月26日）。这些词语和翻译将在第6、7、8章中详细讨论。

d 上海的公共租界是近代中国两个公共租界之一（另一个是鼓浪屿公共租界），也是上海的两个租界之一（另一个是上海的法租界）。上海的公共租界在中国租界史上是开辟最早、存在时间最长、面积最大、管理机构最庞大、发展最为充分的一个租界。——译者注

e 工部局意为市政委员会，是设置于租界、相当于一种行使行政权的机构。因与清政府的工部类似而名为“工部局”。上海公共租界工部局是上海公共租界内的最高行政当局。1854年7月11日，依据新修订后的《上海土地章程》，由上海租地人会选举产生首届工部局。1943年汪精卫伪政府接收上海公共租界后不复存在。——译者注

奠定了内部行政自治的基础，有效废除了之前在外国租界的“会馆”制度，启动了独立的外国自治体的发展。

尽管如此，从1843年开埠到1949年中国胜利的100年间，上海仅将有限区域内划为西方“租界”或“居留地”，即使在西方介入的高潮时期，外国人在整个人口中也只占很小的比例。虽然受西方影响的建筑遗迹主宰了外滩的天际线，并星星点点散布在整个城市景观的其他角落，但是，今天到访上海的（西方）游客仍然会对这座城市如此中国化而惊诧万分。

我在本书中选择不将论题延伸到20世纪，而是止于1858年，因为那时决定上海未来发展轨迹的关键机制大多已经到位，城市的未来已经确立。

1860年太平天国的军队在江苏省东部地区推进，攻陷苏州，大量难民涌入上海。难民潮造成上海人口急剧膨胀，导致城市迅速增长、土地投机，像李鸿章一样的清朝官员则展开密集军事行动。太平天国被镇压后，上海和江苏省的治理发生改变，李鸿章获得该地区的主导权，先是作为军事统帅，后来成为江苏巡抚，最终成为上海的主要企业家，他的统治延续了几十年。

与此同时，外国租界感受到太平天国的威胁，在保卫城市的过程中，租界的管理人员和军队也动员起来。本书论及了1853—1855年“小刀会起义”所预示的这些改变，但1859年和1860年发生的事件（太平军东征苏常沪）太戏剧化，有覆巢毁卵的效应，如果要论述的话，必须提出一大堆新问题、公布新的原始资料。对上海城市历史的研究范围扩大到1858年之后，需要面对一系列全新论题。

有形的空间和场所也需着重考虑。从明朝晚期上海修筑城墙开始，一直到1858年之后，上海是一座圆形的、被城墙环绕的城市，直径大约超过一英里（1.6公里）。到了清朝，人口稠密的郊区在城墙的南部、北部，尤其是东部向外扩展，外围地区主要为农田和坟地。在城市的北侧设立西方租界，有效延伸了郊区。从1854年一直到19世纪最后的10年，外国占据的领地范围没有显著增加。1858年的上海是一座二元城市，其南部这一半在当时是较大的部分，全部为中国人；而它的北部，至多住着几百个欧洲人和美国人，是一个小型的西方社区。两边都把对方区域视作未知地：上海县城在西方人的地图上是一片空白，而中国人的地图则丝毫不留意苏州河以北把农田切成两半的西方人的街道。

通过对中国传统城市和西方城市的空间特征进行比较分析，能够检视公共空间的发展以及导致形成公共领域指标之类的问题。中国人那一侧，强烈保留着与历史的衔接，传统的城市及其社会组织在1840年代和1850年代继续保持根深蒂固。在西方人那一侧，最大的变化是1854年引入海关外籍税务司署和新的工部局。除了

1864 年设立会审公廨（Mixed Court）[f]之外，一直到 1895 年《马关条约》签订前，西方的影响未见有显著的扩张。这个条约在中日甲午战争结束之际签署，允许包括日本人和西方人在内的外国人在中国的土地上进行直接资本投资，其结果导致 1899 年外国人在上海的投资急剧增长，外国人控制的公共租界范围较之 1854 年增加了将近 10 倍，法租界（Shanghai French Concession）扩张速度甚至更快。与此同时，1860 年开始到 19 世纪末的这段时间，由于太平天国起义导致上海县城在空间和机制上经受了巨变。因此，从以上两个角度看，把 1858 年 12 月末作为结束本研究课题的时间点恰如其分。

本书讨论关于中国城市、通商口岸，尤其上海的一些相互竞争的理论，在本研究中得以讨论。首先就是大量出现在通俗文学中把上海描写为"渔村"的神话；其次是作为一个西方的通商口岸，上海被看作是发展成为"另一个中国"的种子。在修辞上把上海描绘成西方帝国主义的产物和代理，这个观点也有大量报道，还有中国历史学者近年来探索的"资本主义萌芽"的研究，都值得详细讨论。所有这些不同的诠释都应置于上海历史发展的实证语境中进行。

渔村的神话

西方人对上海历史的传统观点是，在英国人抵达之前，上海不过是一个"渔村"，或者，按照 1860 年代一本旅行指南手册的说法，上海是一个"不太重要的中国三线城市"（third-tier city）。[15] 一些学术研究，尤其西方人以上海为背景的各种小说和回忆，都在强调渔村变身为新殖民主义大都会的神话，从西方生活方式的视角中勾画一种时而惊艳、时而浪漫的 "旧上海"情调。[16]

然而，这个神话在中国传统中也有一个不同的、完全本土的渊源，它甚至比在西方流传的起源还要悠久。上海旧称"沪"，暗指"沪渎"[g]。在唐朝之前，沪渎是一

15 梅辉立（William Frederick Mayers）、丹尼（N. B. Denny）和金查理（Charles King）《中国与日本的通商口岸》（*The Treaty Ports of China and Japan*, 1867），第 350 页。

16 许多通俗文学作品描绘浪漫的"旧上海"形象被引用；比较具有代表性的例子包括戴维逊 - 休斯顿（James Vivian Davidson-Houston）《黄浦江：上海的故事》（*Yellow Creek: The Story of Shanghai*, n. d. c. 1910）、徐萨斯（Montalto de Jesus）《历史上的上海》（Historic Shanghai, 1909）、潘翎《上海掌故（英文版）》（*In Search of Old Shanghai*, 1982）、乔治 · 思庞特（Georges Spunt）《归宿》（*A Place in Time*, 1968）、萨金特（Harriet Sergeant）《上海》（*Shanghai*, 1991）。一些更加惊艳的代表作包括斯特林·西格雷夫（Sterling Seagrave）《宋氏家族》（*The Soong Dynasty*, 1985）、霍塞（Ernest O. Hauser）《出卖上海滩》（*Shanghai, City for Sale*, 1940）、克利斯多福 · 纽（Christopher New）《上海》（*Shanghai*, 1985）。

f 会审公廨，也称会审公堂，是中国近代史上外国租界内的司法审判机构。—— 译者注

g 渎，指水沟、小渠，亦泛指河川。—— 译者注

个位于松江边上沼泽地的村庄，当地传统认为它就是上海的前身。从地形上来看，当时整个地区比现在更加靠近海洋，沪渎一定是位于沿海沙丘的后方、靠近当时为松江河口的沼泽滞水。沪渎得名于一种叫“沪”的捕鱼装置，渔民将捕鱼的竹栅插在浅滩中（即捕鱼水闸），形成沼泽排水的小沟渠。[17] 沪的村庄历史无法考证，但在唐朝的某一时间点[h]，一个叫“上海”的城镇出现了。

上海的渔村形象到了宋朝早已不合时宜。宋朝晚期，上海已经成为一个重要的河港和海港；它在元朝得到繁荣发展；到了明朝和清初，它在商业和棉花产业上占据重要地位。从康熙时期（1662—1722）开始，上海除了作为棉花生产的中心之外，还恢复了先前的海港功能，成为苏州的（出海）港口，而苏州盛产丝绸、棉布、纸和其他手工艺品。整个 18 世纪，上海不仅日益参与内地和沿海的贸易，而且其商业活动注定要走向国际市场。到 19 世纪开始的几十年间，早在第一个通商口岸的外国人涉足上海之前，上海已经位居中国排名第 20 位前后的大城市之列。

渔村的神话，尤其在西方作者的笔下，也是史学中欧洲中心学说旁支的微妙版本，认定中国不得不需要西方的影响，且极为必需，才能蜕变成一个现代化的社会，如果没有这帖“催化剂”（借用卡尔·马克思的术语），中国必然仍停滞在旧式的、传统的、落后的、亚洲生产模式。这个观点意味着，西方且唯有西方才将上海从一个渔村转型成一个现代城市，成为世界最大的商业和工业城市中心之一。或者，换句话说，一个从农村榨取活力的帝国主义大都会。[18]

首先，自元初上海就已成为县城，仅凭城市历史的这一实证，就可以打消渔村的神话。当然，叫作“沪”的渔村不过是中国语境下的文字习俗。在西方语境下，渔村神话被掩盖的事实是，在中国沿海所有的城镇中，当英国人在鸦片战争后取得条约权于 1843 年开埠的四个新的口岸[i]中，上海首当其冲。从英国人的档案记录中可以清楚地了解到，上海之所以一开始就具有吸引力正是因为它已经作为主要的沿海港口和商业中心自成一体。寻求广州之外商贸途径的西方商人就是要考虑那些在中国内地、沿海甚至海外已经成熟发展的港口。

---

17 《沪城备考》（褚华，1936 年），1:1a。

18 费孝通《中国士绅》，第 105-107 页。注意“帝国主义”修辞的两个说法中令人称奇地接近：一个把帝国主义看作建设性的力量，导致现代化；另一个则按照依附理论，把帝国主义看作是毁灭性的、榨取周围活力的寄生虫。

h 指唐朝天宝十年（751）设立华亭县（县城即今松江区松江镇），属于苏州管辖，是上海地区建县之始。——译者注

i 沿海所有城镇中的、四个新的口岸指厦门、福州、宁波和上海。1757 年至 1842 年签订《南京条约》之前，清政府规定西洋商人只可以在广州通商。——译者注

“另一个中国”之争论

港口城市是不同文化混合的产物，一部分源于内陆腹地，一部分源于前沿海洋。在《上海——现代中国的钥匙》(*Shanghai, Key to Modern China*,1953) 中，罗兹·墨菲（Rhoads Murphey）虽然在第一章致力于写上海早期历史，但关注的却是在 1843 年之后上海作为通商口岸和工业城市的发展。墨菲在 1953 年写这本书时认为，上海是一把钥匙，它连接广袤农业的、大众仍由传统束缚的中国和现代的、外部的、大部分西方的世界。这个观点隐含着的信息是，上海可以作为中国现代化进程的一个样本。

但是，后来墨菲开始质疑上海模式的有效性。他提出疑问：从一个更广的范围来看，为什么西方的通商口岸作为一个群体没能更加有效地促进现代化？墨菲否定了西方的“冲击”推进了中国的现代化；相反，他质疑通商口岸对中国内部商业流通方面所起的作用。在 1970 年出版的《通商口岸与中国的现代化》(*The Treaty Ports and China's Modernization: What Went Wrong?*) 中，他辩道，在现代早期，中国就存在两个分离的经济循环系统，一个对外，经由通商口岸连接国际市场；另一个对内，在辽阔的中国内地以传统模式运转。通商口岸和内地的结合薄弱，内地经济自给自足、丰富多样，极少受到外界因素的影响；而通商口岸根本上属于西方的产物，与外部世界联系紧密。通商口岸如此脱离中国内地经济，它们对整个中国的现代化贡献甚微，尽管它们自己紧随欧洲现代化模式，这是外国人在商业和工业上努力的结果。[19]

在《旁观者》(*The Outsiders*, 1970) 中，墨菲描绘了一群生活在亚洲沿海通商口岸的外国人，他们试图推进现代化，却始终是局外人，无法有效地渗透到中国内部的社会和经济中。他的结尾分析，通商口岸是“小小的孤岛”，受到中国大众的抵制，最终被罢黜。

玛丽 – 格莱尔·白吉尔（Marie-Claire Bergère）则用更加激烈的言辞，称上海为“另一个中国”，出典于爱德华·惠廷·福克斯（Edward Whiting Fox）在《地理角度看历史》（*History in Geographic Perspective*, 1971）中的假设“另一个法国”。福克斯与墨菲的观点相似，尽管两者所处的地理语境完全不同。福克斯争辩道，现代早期的法国有两个分离的经济循环系统：内部的那个以农产品为基础，在法国的内陆城市间缓慢运转；另外一个则服务于法国的海港，以制成品为主，参与欧洲沿海贸易。

19 广为传播的“渔村”形象在中国和西方的诠释都非常强烈，以至于费孝通这样著名的学者也写道：“上海原先只是一个在传统经济中不起眼的小渔村”，并表明上海成了一个“经济鼠洞”（economic rat hole），榨取农村（《中国士绅》第 105 页），也许这段引文更多反映的是西方解释的影响——一种史学上的帝国主义——而不是上海对内地的实际经济影响。（费孝通认为上海是依靠其他消费者的寄生性县城，没有以生产带动周边经济。——译者注）

从把上海称为“另一个中国”可以看出，白吉尔明显是在追随墨菲的观点，认为上海是“从中国其他地方切下来的外国区域”，处于中国社会大众的边缘，其结果是，它的工业化和政治化方式不同于乡土中国。[20]白吉尔研究了1919—1927年之间的上海，在这段时间里，上海到达了“它的……命运巅峰”，从一个商业港口转型为工业城市。伴随转型而来的是工业无产阶级的诞生和中国共产党的崛起，她断言，这大都归功于西方的技术和资本。这种转型产生了一个脆弱的结构，镜像反映了城市内部政府的二元性、共识性本质，使它无法深深扎根于中国的内部经济。在她看来，以上海为主要代表的中国通商口岸属于外部循环系统的一部分，连接着香港和其他海外华人社区而非中国的农村腹地。

上海也是白吉尔的第二部著作《中国资产阶级的黄金时代 :1911—1937》(*The Golden Age of the Chinese Bourgeoisie*, 1989) 的主要研究对象。书中的重要辩论部分再一次指出，上海是一个独特的地方，脱离于中国本土，是“另一个中国”动脉循环的一部分。在通商口岸，尤其在上海，促成一支独立的资产阶级队伍的诞生所需要的条件远早于中国其他城市。1860年之后，西方的干预和中国的资本有效地打破了抑制资本主义在中国其他地方全面发展的“高水平陷阱”[j]。像上海这样的通商口岸，其城市精英产生了新的社会团体，成为新兴资产阶级的核心。

近年来一些关于帝制晚期的中国城市的研究，与墨菲、白吉尔等关注的后来及开埠时期或20世纪的著作之间有着重要的区别。在帝制晚期，上海和其他城市有很多共同点，如汉口、苏州、扬州和杭州，显而易见，一群商人精英正在逐步形成中。[21] 毫无疑问，在这些已研究和尚未研究的所有城市中，异地商人（在上海）建设会馆、转账划款，大多都在中央政府和地方官员管辖之外运作，甚至为他们移入的社区带来切实的利益。

如墨菲所言，无论在鸦片战争之前还是之后，上海在分离的、外部循环商业系统中不只是一个纽带，它还深度参与中国内部的贸易，包括棉花、肥料、茶叶、丝绸和制成品（例如丝绸和棉纺、纸、蜡烛、药品以及雕花竹扇和家具）。18世纪，来自日本和东南亚的外贸是经由上海，上海商人甚至进口少量在税单上显示为“洋货”的产品，例如东南亚的大米和印度的棉纱。[22]19世纪初期，上海向广州市场提供的棉纺织品直接卖给欧美

---

20 白吉尔《另一个中国：1919—1949年的上海》，第1-3页。

21 白吉尔《中国资产阶级的黄金时代：1911—1937》，第18页、第24-60页。中国本土城市社会组织的各方面在上文引用的注释2和注释3的研究中讨论。

22 《上海大关则例》。

j “高水平陷阱”假说认为，中国没能成功地进行工业革命是因为中国过多的人口抵消了高水平农业所带来的收益；而古代中国之所以领先世界，而后又被欧洲赶超，是因为中国受到人口众多而资源匮乏的限制。——译者注

商人。不过，除了这些少量的带异域风情的外贸之外，上海大部分的商业仍然在中国内部，而不是与外面的世界。上海的商业形象并没有因为开埠而有所变化，相反，证据显示，上海与中国内部的商业网络的联系极为密切。除了1830年代早期由于广州的“南京布”市场崩溃使上海遭受损失之外，1842年之后外贸的小量增长对上海本地经济的影响甚微。我的研究也没有发现有任何资料可以支持墨菲的经济双循环或者白吉尔的“另一个中国”的观点，不管是在1842年前还是在紧随其后的几年中。

一些现象，例如外国资本的引进和大量失业劳动力的出现，看上去有可能成为白吉尔关于上海在开埠前是“另一个中国”的理论起源，但根据最近对帝制晚期中国城市的研究，这些现象显得更加无足轻重。商人精英、无选举权的工人和手工业均为前现代上海的典型特点，这些特点也可在苏州、杭州和汉口这样的城市中找到。从目前已知的关于帝制晚期的城市发展格局来看，相比其他类似的城市，上海的情况在社会和经济轨迹上更有延续性；但并不能以此就臆测，如白吉尔所说的外国资本的涌入和难民劳动力的盈余就能为上海带来有利于产生现代阶级结构的必要条件。事实上，汉口、苏州、扬州、杭州和上海的早期前工业阶段的发展是由来自山西、徽州和宁波的金融业人士，以及中国其他地区廉价的外来劳工支撑的。[23] 或许，“另一个中国”实际上一直就存在。

然而，这并不是说墨菲和白吉尔的解读在本质上是不正确的。福克斯在他关于法国现代早期的杰作的标题中强调“视角”，正如古希腊的建筑师和意大利文艺复兴时期的画家向我们展示的那样，观察者的眼睛所看到的景象取决于透视的角度。那么，哪一幅上海的肖像才是真实的？历史学者不无惊奇地发现，对上海历史明显相反的不同解释很可能是由于研究所选择的历时性框架导致的。

假如站在1860年后的通商口岸的角度来观察上海，如墨菲在上文的研究中所示；或者聚焦20世纪社会历史导致无产阶级和资产阶级的发展，如白吉尔所做，当研究者选择了较短的时间框架时，他们倾向于强调那些新颖的、不同寻常的或独特的层面。本书选择了更长的历史阶段，从11世纪到1858年，使得上海在中国社会中那些持久的、传统的“构件”更加醒目。用布罗代尔主义者（Braudelian）[k] 的术语来说，本书偏重强调一段稍长“时限”的方方面面，这座城市的每一幅肖像在其特定的时间段内都可能纯属真实。

---

23 见白吉尔《另一个中国：1919—1949年的上海》中的讨论，以及《中国资产阶级的黄金时代：1911—1937》第24-44页中关于“不发达的发展”的辩论。

k 费尔南·布罗代尔（1902—1985），法国历史学家，年鉴学派的第二代代表人。提出了著名的“长时段理论”。他认为历史可区分为短时段、中时段和长时段，认为历史学家更重要的是研究长时段的发展，而不是仅去对短时段的政治军事等事件作详细研究，而要从数十年的中时段的周期波动的探讨中，进一步找出百年甚至数百年以上长时段中，整个文明的发展趋势以及延续于其中的基本社会经济文化等结构。——译者注

帝国主义的问题

“帝国主义”是个具有内涵意义的词，在有些语境中属贬义，在另外一些语境中则暧昧模糊。事实上，许多学者因为这个词十分难以言说而拒绝使用，我在本书中也尽量避免，只在斟酌后使用，主要在援引其他人的著作时用到。但是，作为一个论题，太平洋两岸生机勃勃的辩论均方兴未艾。[24] 显然，对此各方面的论述贯穿于目前对上海的研究。

关于19世纪帝国主义在上海的讨论，有时以城市作为例子，这样的研究不胜枚举。民族主义情绪中隐含的、或用马克思列宁主义诠释的历史中流露出来的反帝国主义言辞，常见于中日等亚洲学者的解读中。只是台湾地区学者和日本学界的表达，不那么刺耳。[25] 在这一论调中，上海的通商口岸经常被描绘成西方经济帝国主义在中国的第一个立足之地，或者是榨取农村财富的寄生城市。在这些学者中，法兰西斯·默德（Frances V. Moulder）提出用世界体系的途径得出结论，随通商口岸而来的帝国主义造成中国相对不那么成功的现代化进程。[26]

在本书的研究过程中，我没有发现可以证明上海在开埠之前的明朝和清朝时期存在大举吸纳内陆腹地财富的证据。我认为，上海不是一个内部的殖民城市，它的运转不似苏北农村的扬州。[27] 而在上海，经济景象错综复杂。作为城市，它是棉花贸易的中心；作为整个长江下游的港口，它带动了内地经济。上海从清朝开始在对外贸易上的份额不断扩大，即便如此，它扮演的角色是成品出口商，例如棉布、丝绸和其他手工艺制成品，由此而来的财富不仅贡献本地经济，也激励了周边地区的城市和农村。

第一个世界市场的负面影响实例是上海受到帝国主义经济模式的冲击，它发生于1830年代，当南京布棉纺市场崩溃时，上海经历了十分明显的萧条。南京布产于上海县，在1780年代到1830年代间运往广州，卖给英国和美国的买家。世界市场的

---

24 柯文《在中国发现历史》，第97-147页。

25 尽管很低调，从孙中山控诉西方对中国的渗透开始，反帝国主义在民国时期的大陆和台湾的著作中一直是持续存在的主题。在日本，领先的中国历史研究学派之一则大致划归为新马克思主义，本书中引用了这个类别下关于中国历史的新兴日本学术界的代表性文章，包括各种翻译书籍，例如，唐立（Christian Daniels）和顾琳（Linda Grove）编辑的《中国的国家和社会：日本视角下的明清社会历史》（*State and Society in China: Japanese Perspectives on Ming-Qing Social History*, 1984）、宫崎市定（Miyazaki Ichisada）《明清时代的苏州及轻工业的发展》（明清時代の蘇州と輕工業の發達，[*The development of light industry at Suzhou in the Ming and Qing periods*], 1951）以及夫马进引用的各种著作和根岸佶《上海的行会》（上海のギルド [*Guilds of Shanghai*],1951）和《中国的行会》（中国のギルド [*Guilds of China*],1953）。

26 法兰西斯·默德《日本、中国和近代世界经济》（*Japan, China, and the Modern World Economy: Toward a Reinterpretation of East Asian Development*, ca. 1600-ca. 1918, 1977）。

27 安东篱《扬州：清帝国的一座中心城市》（*Yangzhou: A Central Place in the Qing Empire*, 1993）和一本即将出版的关于扬州的书。

外部因素发生变化导致这项贸易的突然停止，上海感受到了帝国主义的第一次打击，这一击出现在上海开埠直接进行对外贸易之前。

关于帝国主义的争论，大部分围绕着开埠之后的中国沿海地区。但是，从 1843 年开埠，到本书研究范围结束的 1858 年，这段时间内几乎没有直接证据可以支持对帝国主义的指控。就城市本身而言，出口额一直持续超越进口额，但是，不统计在贸易数据之内的鸦片进口，不仅矫正了贸易差额，而且还决定性地将贸易顺差倒向外国人。这是帝国主义的真正来源。

毫无疑问，鸦片贸易给整体中国经济带来了长远的灾难，但鸦片对上海的影响却不仅于此。另一方面，鸦片销售刺激了当地经济，在上海的银行业发展中扮演了重要的角色。当地银行向鸦片商人发放高利短期贷款，反过来，银行根据鸦片贷款发行银行汇票。鸦片贷款在白银短缺期间代替硬通货，促进了港口的货币流通。如果没有这样的贸易，整个地区的经济有可能陷入停滞。上海许多行会的财富，特别是潮惠公所，可以部分归因于鸦片，尽管糖、烟草和其他来自华南的商品也相当重要。因此，鸦片贸易在当地经济中所扮演的角色模棱两可，一方面，它是帝国主义的典型例证；另一方面，它也推动了当地的经济发展。

“资本主义萌芽”的论述

就上文所述，要反驳上海是西方帝国主义的产物或是与内地联系薄弱的边缘化城市，就必须把研究交给那些查考了 1842 年之前上海经济史的中国和西方史学学者，这样才能对上海在中国本土经济中所扮演的角色，得出真正的结论。

张忠民[1]研究了上海和周边郊县从宋朝至清朝的历史，尤其关注清朝时期。[28]他描写的上海是深深根植于中国社会和经济的一个城市和区域。从 12 世纪开始，上海的经济就与棉花种植农业密不可分。整个明朝时期，棉花的手工业生产在地区的社会和经济的轮廓中越来越举足轻重。上海地区以棉花种植、纺纱织布以及棉布加工而闻名遐迩。上海县城作为商业中心，棉花在此经由陆路和沿海水路运往全国各地。而大豆饼肥则从华北运到上海给棉田施肥。到了清朝，上海地区发展了大规模手工艺棉制品以及竹、家具甚至丝绸等附属产品的生产。因此，张忠民把上海的发展看作对整个上海地区经济发展的积极因素，上海是江苏省和华中、华南地区整体经济的领头羊。

---

28 张忠民《上海：从开发走向开放，1368—1842》（1990 年）。

1 张忠民（1952—），1985 年复旦大学经济系经济史专业研究生毕业，经济学硕士。现为上海社会科学院经济研究所中国经济史研究室主任，上海市经济史学学会副会长，中国经济史学学会理事，博士生导师。——译者注尽管伊懋可的著作未直接绑定“资本主义萌芽”的争议，但他对 1480—1910 年上海县市镇的研究却讨论了不少相同的因素——棉花、肥料、灌溉和运输。[29] 伊懋可发现：“籽棉、皮棉、棉纱和棉布以及基本粮食”在全县买进卖出，形成一个商业化的农村商人社会和市镇。市镇到处涌现，速度之快更多源于商业，而不是仅靠人口增长。商业转而要依靠治水，虽然棉花不像水稻那样需要大规模灌溉系统，但是，农村的市场仍然需要靠“市场渠道”来运输产品。

结果，本地和来自中国其他地区的经纪商、商人聚集在上海，商业在清朝时期成为该地区第二大产业。清朝时期，这些商人在上海建立了众多行会，日本历史学者根岸佶（Negishi Tadashi）研究了从清初到民国时期的行会，上海的历史学者杜黎的著作则研究鸦片战争前的行会。[30]

根岸佶研究了上海商业、手工业和服务业行会的结构和运作，分析了行会建立的方式、如何运行以及它们究竟是促进了还是阻碍了上海在 19 世纪晚期和 20 世纪初期的现代化进程。他认为，西方和日本的商业及投资是上海的行会在那段时期得以多元成长的原因。根岸佶发现，尽管行会有时候以价格垄断和其他手段操控市场，但总的来说，行会促进了发展。

杜黎则发现，不管商人和经纪商是否因为是同乡或是同行，他们在行会的建立和发展上起了很大的作用。杜黎通过仔细研究上海的碑文和档案中所蕴含的丰富细节（其中大量为最近十多年才公开的资料），强调了鸦片战争之前上海行会的多样性以及它们对城市的整体经济增长的贡献，其中也涵盖对农村的贡献。这些发现与我的研究十分相似，他们提供的实证研究成果对我在本书中所要表达的课题弥足珍贵。这些著作中所引用的许多原始文献也是我在研究中所依赖的。非常重要的一点是因为每一项历史研究的价值必须仰仗于它所依据的文献的质量。

文 献

本书研究过程中许多二次引用的文献在上文中已经讨论，所以在这里我仅限于原始文献的注释，其中比较瞩目的是大量序列性的当地历史记录，即“地方志”（Gazetteers）。就上海来说，从明朝到 1933 年，大约每隔 60 年修订一次地方志，

29 伊懋可《市镇与水道：1480—1910 年的上海县》（*Market Towns and Waterways: The County of Shanghai from 1480 to 1910*, 1977）。

30 上海的行会在根岸佶《上海的行会》《中国的行会》、杜黎《鸦片战争前上海行会性质之嬗变》和仁井田陞（Niida Noboro）《中国社会与行会》(中国の社会とギルド [*Chinese society and guilds*], 1951) 中讨论。

间隔时间不定。这些鸿篇巨制记载了上海县和城市的整个历史，包括杰出人物的传记和重要机构的描述。地方志通常由当地著名的学者撰写和校订，每一次修订更新以前的卷宗资料并添加新的信息。我大量参考了《同治上海县志》(1872 年）；而关于行会的信息，则参考 1918 年版本。除了正式的地方志之外，我还参考了非正式的资料，例如，褚华[m]关于上海简史的 18 世纪著作和其他的个人记录。[31]

在研究上海的行会和地方法律的过程中，江苏省（1959 年）和上海（1980 年）出版的明清时期纪念碑匾上的拓片资料集是无价之宝。[32]同样还有在大英图书馆内发现的一本小手册《上海大关则例》，是1785年在清朝户部主持下，由上海的江海关出版，罗列了当时上海港所有进口和出口的商品及其对应的关税。重要手稿资料包括自 19 世纪中叶以来几个上海善会[n]的年度报告。[33]在中英外交关系方面，本书有好几章都有论述，我大量依赖清朝道光和咸丰时期出版的《筹办夷务始末》[o]。[34]

英国方面的资料，我参考了英国公共档案馆外交部档案和其中的私人通讯。外交部档案文件 F.O.228 含有领事馆通讯，是引用最多的资料。[35]由于公共档案馆最近重新整理中国文件，文件编号发生变化，如果比较本书和费正清《中国沿海的贸易和外交》(*Trade and Diplomacy on the China Coast*, 1953) 引用的资料编号，会感到困惑。[36]

外交部档案文件 F.O.682 含有 1853—1854 年英国全权公使宝宁爵士（John Bowring）和江苏巡抚许乃钊[p]之间的秘密通讯（中国方面列为机密）。这些文件的公

31 这些文献的例子有《沪城备考》、曹晟《夷患备尝记》(1936 年）和其他收集在胡朴安（原文误为“Hu Zian”——译者注）编辑《上海掌故丛书》的著作中。

32 《江苏省明清以来碑刻资料选集》(1959 年）和《上海碑刻资料选辑》(1980 年)。

33 育婴堂，1843 年；同仁堂，1843 年和 1849 年；徽宁思恭堂，1844 年。

34 《筹办夷务始末（道光朝）》《筹办夷务始末（咸丰朝）》。

35 英国外交部档案，F.O.228 和其他文件。

36 我的工作在某些程度上和费正清《中国沿海的贸易与外交》重叠，但是有些结论却不一样。然而，我们都同意，在上海所产生的情况是一种新的两头政治的形式，即中国人和西方人在实施“通商大计”上组成了联盟。其结果是费正清所说的“清政法—中国—西方”共治现象（《中国沿海的贸易与外交》，第 465 页）。

m 褚华（1758—1804)，农学家、史地专家，上海县人。著有《沪城备考》6 卷，对上海县的隶属、历史变迁、界域范围以及水道、古迹、社会、人物均有记载，被认为是“订正嘉庆（上海）县志而作”。——译者注

n 善会是中国南宋时期萌芽、明清时期开始兴盛的、民间经营的慈善团体，其办事处及行善举的设施称“善堂”，主要从事救济、救荒、育婴、诊疗、恤嫠、赡老、施棺、义冢等善举。——译者注

o 《筹办夷务始末》是清代官修的对外关系档案汇编，又称《三朝筹办夷务始末》，收录道光、咸丰、同治时期有关涉外事务的上谕、廷寄、奏折、照会等档案资料 9000 余件。从其内容看，这三朝时期中外关系史上的重要事件，如两次鸦片战争、中外勾结镇压太平军情况、沙俄强占中国东北土地，以及教案问题、租界问题等都有记载，对于研究近代中外关系有极高的参考价值。——译者注

p 许乃钊（1799—1878)，浙江钱塘（今杭州市）人，进士出身，清朝官员，曾任江苏巡抚。——译者注

开为两位高级官员讨价还价、最终在上海设立外籍税务司署昭示了不同于以往的新线索，这部分内容将在第 11 章中阐述。本书观点和此前费正清提出的解释不一致，我认为不应该将这个讨价还价看作交易，即中国为追回税款而准予外国人关税自主权。恰恰相反，这是一桩蓄意设计的包税协议，原则是外国人自行收税，再将收益交给中国政府。许乃钊的主要目的不是追回欠税（这对一名信奉儒教的中国高官而言，太过琐屑且有损尊严），而是期望借此获得西方的援助来打击占据着上海县城的小刀会起义军反政府武装。许乃钊在试图说服西方人放弃中立声明的过程中，也曾寻求联盟来共同对付更大的、来自太平天国的威胁。因此，我认为，至少在短期内，中国将这份协议视作又一次成功"羁縻"蛮夷的例子，而不是栽在西方帝国主义手中的一次失败。

19世纪中叶发生的两起事件销毁了许多我原以为可以用作研究基础的原始资料，使得本书的研究更加困难。第一起事件是 1853 年小刀会叛军攻占城墙围绕的上海县城，将在第 10 章论述。小刀会叛军纵火烧毁了县衙以及其中存放的所有文件，导致我只能大部分依赖已经出版的资料，例如地方志、《筹办夷务始末》中的官方文件汇编和一份关于小刀会的出版物。第二起降临在上海档案上的灾难事件是 1870 年英国领事馆的火灾事故，同样焚毁了那里收藏的所有档案。其结果是，我所引用的 1870 年之前的英国方面的文件均为副本或是通过香港的通讯，这些文件目前保存在位于伦敦的英国公共档案馆（Public Record Office）外交部档案。

上海作为中国独领风骚的港口和工业城市，作为显耀当世的世界伟大城市之一，拥有丰富充盈的历史研究资料，然而令人难以置信，至今关于上海历史研究的书籍只有两本英文和一本中文著作。罗兹・墨菲（1953 年）和魏白蒂（Betty Peh T'i Wei，1987 年）的研究主要侧重 20 世纪的城市，张忠民的近作（1990 年）则研究鸦片战争之前的城市及周边乡县的历史。希望本书可以填补西方文献中关于上海早期历史研究的空白，同时，在关于城市历史尤其是在与中国相关的研究上，提出当代学术辩论中的一些问题。

第一章

长江三角洲的早期城市

上海位于中国东部[a]，在两千多年来一直是中国最富裕的地区之一。早在周朝时期，分别位于长江上游、中游和下游地区的蜀国、楚国和吴国就以它们独特的文化和非凡的生产力而闻名。施坚雅把长江流域看作由几个互相关联的“宏观区域”组成：长江上游，也就是现代的四川省（古代为蜀国）；长江中游，包括部分的湖北、河南和安徽省（古代楚国的大部分）；长江下游，含三角洲地区，大部分江苏省和部分江西、安徽和浙江省（古代的吴国和越国）。[1] 今天，作为千年港口城市，上海是长江流域的门户，有着富饶的农业和深具潜力的工业。但是，上海的重要性绝不是一蹴而就的。

在长江三角洲的一系列港口城市中，上海只是最新崛起的。它的重要性主要归功于地理位置优越、商业气氛浓郁和政府政策优厚的综合因素。千年以来，三角洲地区的生态情况是，河流经常改道，港口建起不久，很快就形成淤积，三角洲迅速向海推进。但是，（上海崛起）首先要归功于三角洲地区的生态。上海的历史与长江三角洲下游是紧密联系的。本章的目的是考证松江[b]附近的长江三角洲的早期历史。

明清时期三角洲的主要城市有今天江苏省地域范围内的首府苏州、长江北岸著名盐港扬州和南宋时期曾为“行在”（临时京城）、后为今天浙江省地域范围内的首府杭州。上游是明朝早期和民国时期的国都、现为江苏省省会城市的南京。与这些城市不同，上海在管辖或行政方面没有显赫的历史，它最高的行政级别不过是一座不起眼的县城，但是却曾经并且一直是一座一流的商业城市。

中国最长的河流是长江，黄浦江是长江出海口附近一段长度很短、但河道却相对较深的支流。上海位于黄浦江边，它的港口在黄浦江和苏州河的交汇口，不受来自海上风暴和海盐的侵蚀袭击，却为长江河口提供了便利的出入口。黄浦江的河口在吴淞口，位于城北 12 英里（19.2 公里）的地方；黄浦江交汇到长江的地点距离开放的海域不到 20 英里（32 公里）。苏州河原称松江，是进入苏州的河道；苏州在上海以西 70 英里（112 公里）的地方，是中国工业化之前的著名的制造中心之一，也是大运河上主要的内陆港口。大运河从北京到杭州，连接中国的北方和南方，在两个方向

1 施坚雅《中华帝国的城市发展》(*Introduction, Urban Development in Imperial China*, 1977) 导言，第 11-12 页；施坚雅《十九世纪中国的地区城市化》，第 211-249 页。

a 原文为“south-central”（中南），应为“东”。——译者注

b 松江即吴淞江，最初称松江。1278 年华亭府更名为松江府后，松江更名为吴淞江。上海开埠后，将吴淞江称为苏州河。——译者注

上提供通讯和交通。上海一方面是入海通道，另一方面通往大运河，成为内部商业和对外贸易的连接点。[2]

三角洲

从地理学上说，长江三角洲属于江南隆起地带的一部分。由于在过去 2 万年间海平面的变化，以及河流沉积的淤泥不断向海推进，长江三角洲的构造发生了许多变化。在末次冰期（15 000 ～ 20 000 年前）平均气温比目前的标准要低 10℃。当时在长江流域曾发现高山植物和类似长毛犀牛的动物。[3]海平面比现在要低 120 米，暴露出大陆架的广阔区域。当地球变暖，冰川融化，海平面上升；长江下游的平原和河谷洪水泛滥。今天，这部分区域位于 70 ～ 120 米的水下。新石器时代，也就是中国的仰韶文化时期（距今 5000 ～ 7000 年），气候温暖到华北地区遍布竹林，海平面比现在要高许多。[4]上海郊区青浦的墓地考古发现显示，上海以西的一些地方在 4000 年前曾是旱地，可能为沼泽地中的小岛。据考证，新石器时代的遗迹为良渚文化（距今 4300～ 5300 年），曾在以太湖为中心的地区繁荣兴旺。人们使用石头、陶器和骨头，还会制作玉器。良渚文化与山东大汶口文化（距今 4500 ～ 6500 年）有关，属于龙山文化（距今 4000 年）的一部分。埋在考古现场的一艘船加强了这片土地当时被水包围的推断。[5]

到了公元前 2000 年，在商朝，气候再次变冷。长江流域下游的亚热带植物被针叶林和阔叶林取代，海平面接近现在的平面，但是长江河口相比目前的位置，经不断延伸更靠近内陆。[6]上海今天所处的位置当时很可能仍然被水面覆盖。

在过去的 2000 年间，由于河口淤泥不断沉积，三角洲逐步向东推进。按照目前的淤积速度，每 70 年延伸 1 英里（1.6 公里）。[7]假如以目前的速度为常量，估计三角洲在超过 2000 年的时间里海岸线可以推进 30 英里（48 公里）；但是淤积变化无常，

---

2 现代上海在国内和国外的贸易循环中所起的关键作用是墨菲《上海：现代中国的钥匙》的关注点；另见魏白蒂《上海：近代中国的严峻考验》。我在本书中所持的论点是，这个关键作用也是 1843 年之前的上海特色。

3 杨怀仁、谢志仁《中国东部过去 2000 年来海平面变化》（*Sea-Level Changes in East China Over the Past 2,000 Years*, 1984），第 290-295 页。

4 黄金森（Huang Jinsen）《中国自更新世晚期的海平面变化》（*Changes of Sea-Level Since the Late Pleistocene in China*, 1984），第 313 页。

5 上海市文物博物馆委员会《上海青浦福泉山良渚文化墓地》第 1-25 页；这些发现也在张忠民《上海：从开发走向开放，1368—1842》第 3、8-9 页讨论。张忠民强调了这些早期遗址中明显可见的劳动力分工：女性纺纱织布，男性则狩猎捕鱼。

6 杨怀仁、谢志仁《中国东部过去 2000 年来海平面变化》，第 297 页。

7 莱曼·范斯莱克（Lyman Van Slyke）《长江：自然、历史和河流》（*Yangtze: Nature, History and the River*, 1987），第 23 页。

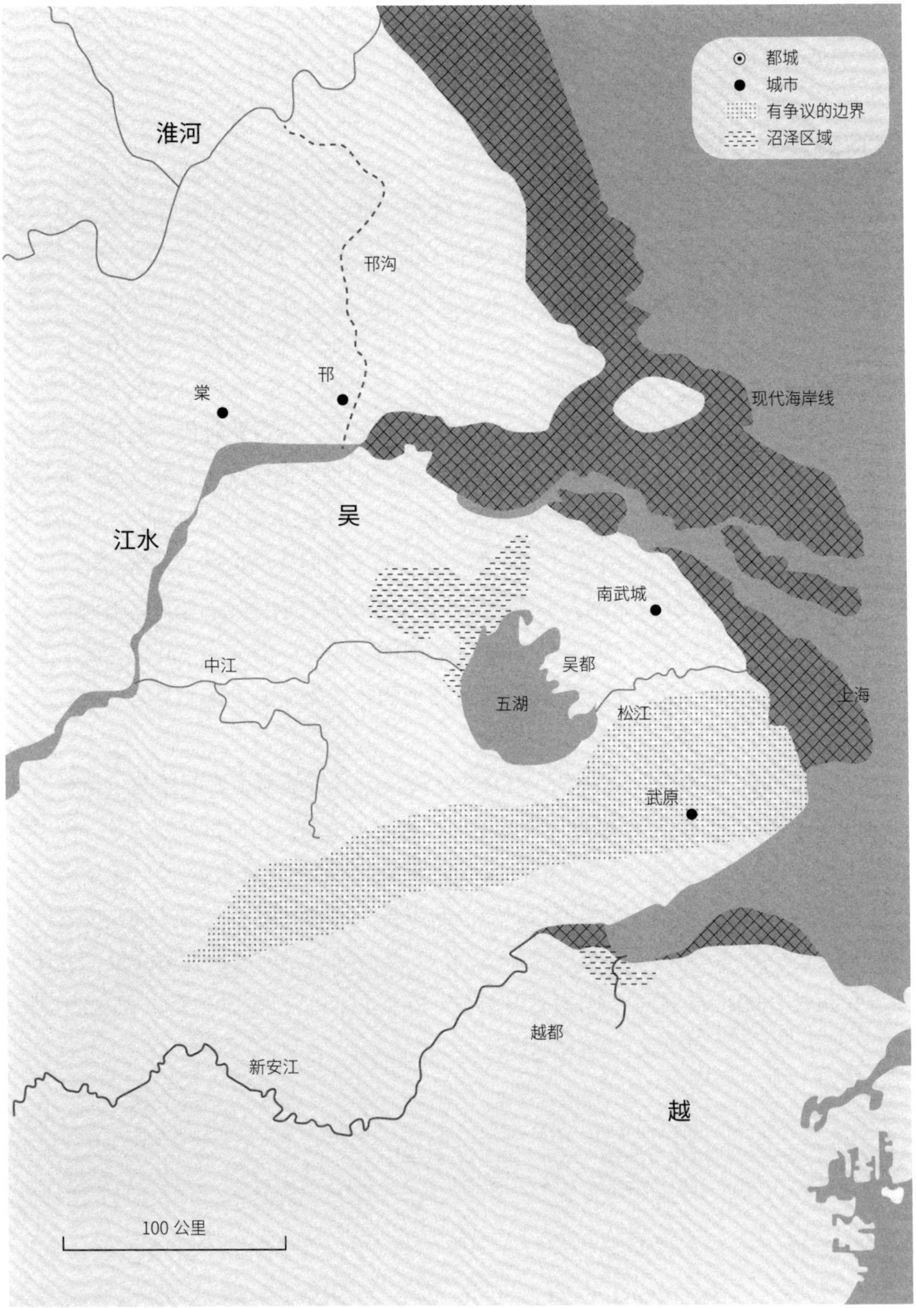

图 1 春秋时期吴国和越国（前 770—前 476 年）
(引自谭其骧《中国历史地图集》第一册《原始社会 · 夏 · 商 · 西周 · 春秋 · 战国时期》, 第 29-30 页)

在某些时候会积聚得快些，而在某些时候则会减少。鉴于近期沉积速度较快，上海目前的城市土地面积应是在过去的 1200 ～ 1500 年间通过三角洲向海延伸形成的。

传说，长江并不总是遵循目前的河道；在早期，下游分成三条主要河道。第一条是最靠北的河道，大致沿着目前河流的方向。第二条中间的河道被称作中江（图 1），在现今芜湖附近从北部的支流分离，向东流去，形成太湖；然后沿着后来的松江河道，穿越苏州府和松江府的沼泽区域，在上海附近汇入大海。第三条河道据说是古代最大的一支，在鄱阳湖附近从长江分流，向东流去，沿着天目山以南的线路，在杭州附近汇入大海；这条古长江河道形成杭州湾。[8]

通过重建三角洲在春秋时期（前 770—前 476）的地理状况，可以看出，长江河口开始在南京的下方扩大，有潮河口始于镇江附近。图 1 中标出了都城吴都（后为苏州）和越都（杭州以东），以及位于今天昆山以北的南武城[c]故城遗址的大致位置。虽然没有明确的正式国界，但吴国和越国轮番声称松江以南的地区为己有。楚国位于西部，相比吴国或越国，它的面积更大且范围更广。图 1 也可明显看到在扬州所在地附近修建的、从淮河至长江的古运河。

吴都以东的地区为沿海沼泽滩涂，河流和小溪经常改道，有时变地为水，而有时又退水还地。长江的冲积物形成不断东移的三角洲，一点一点逐步变岸为泽，变海为岸。长江冲下的淤泥在支流上沉积，海水的潮汐将沙子又冲回岸边。[9] 图 1 显示，海岸线就在今天上海所在地以西；今天上海所在的位置当时尚被水覆盖。[10] 随着三角洲继续形成，冲积沉积物消耗了海浪和潮汐的能量，在地势较高区域形成冈身[d]隆起。在其东部，土地饱含大量的海水；在其西部，溪流和湖泊储存大量的淡水。

从秦朝到汉朝又从汉朝到三国，土地随三角洲的扩大而逐步延伸。后来上海的海岸线和沼泽就是在这一时期形成的。在隋朝统一中国之前，环绕今天上海的区域是处于沼泽状态的沿海滩涂的延伸。捕鱼是当地居民的主要日常活动，盐是土地上出产

8 伍斯特（G. R. G. Worcester）《长江之帆船与舢板》（*The Junks and the Sampans of the Yangtze*, 1971），第 157 页。这个故事的另外一个说法坚持认为有三条河从太湖流出：最北面的一条是娄江（今天的浏河），它和长江汇合；中间的一条是吴凇江，向正东流入大海；南面的河被称为东江，流入杭州湾。关于长江下游的历史概要，见黄宗智《长江三角洲小农家庭与乡村发展》（*The Peasant Family and Rural Development in the Yangtze Delta*, 1350-1988, 1990），第 29 页。

9 邹逸麟《上海地区最早的对外贸易港：青龙镇》（1980 年），第 119-120 页。

10 谯枢铭《上海地区疆域沿革考》（1984 年），第 1-19 页；黄金森《中国自更新世晚期的海平面变化》，第 320-327 页；张忠民《上海：从开发走向开放，1368—1842》，第 3 页。

c 南武城是中国古代地名，昆山南武城的遗址在今江苏省昆山市巴城镇北潭村。——译者注

d 长江口南岸，在长期的波浪作用下，自常熟福山起，经太仓、嘉定方泰、上海马桥、奉贤新寺，直至金山漕泾一线及其以东，形成数条西北—东南走向的沙堤，俗称冈身。——译者注

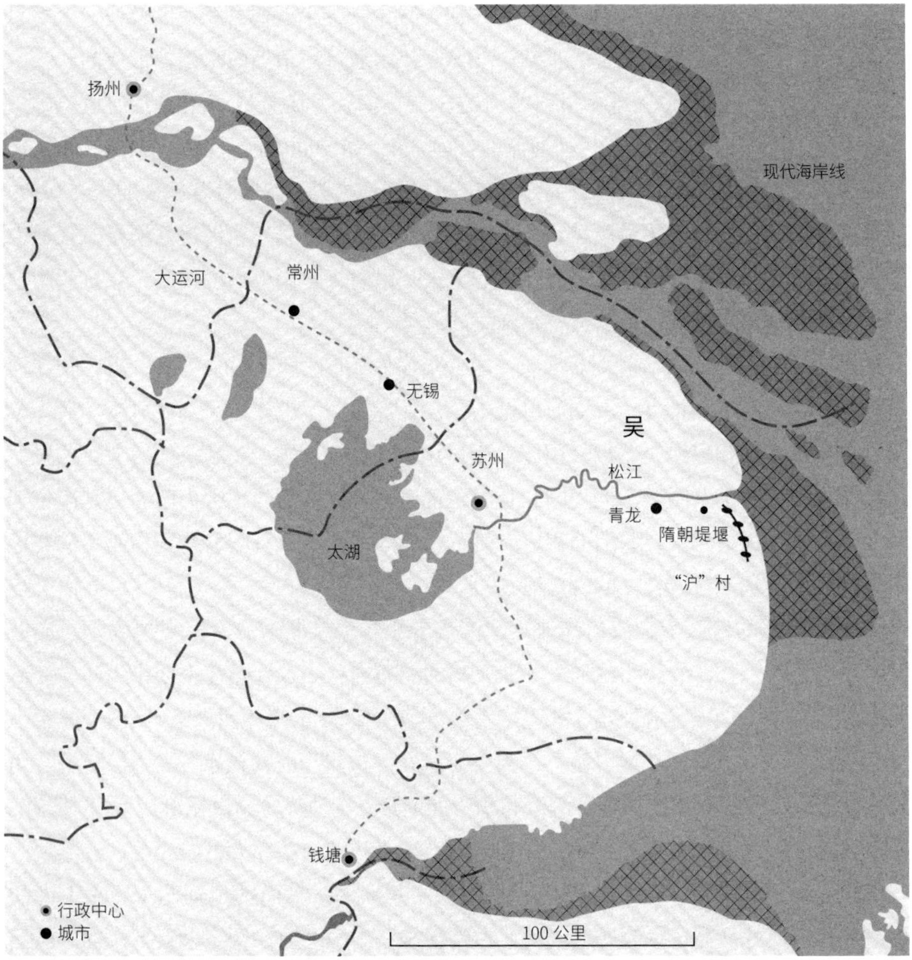

图 2 唐朝时期的上海地区
（引自谭其骧《中国历史地图集》第五册《隋·唐·五代十国时期》，第 55 页）

的最早产品之一。直到 18 世纪之前，海岸线还没有延伸到黄浦江。[11] 海平面在 6 世纪时稍低，有利于人们在海岸附近定居。最早提到沪渎（即上海的前身）的可靠记载是在唐朝。

公元 713 年修建了一段海堤，叫“捍海塘”，用以保护新的土地。[12] 这个隋朝的堤堰很可能是沿着自然形成的冈身隆起建造，有助于稳固沪渎所在的沼泽区域的土地；更重要的是，它加强了东西两侧的分水岭，东为含盐量高而无法开展农业生产的土地，西为可以发展农业的淡水区域。8—10 世纪气候变暖的趋势造成海平面再次上升，海水向内陆倒灌 10 ～ 12 英里（16 ～ 19.2 公里）。不过，上海所处的位置在冈身隆起上，由于之前堤堰的保护，保持在海面之上。

与此同时，太湖周围的区域下陷，据说是因为长江的三支支流在涨潮时向西倒流，抬高了太湖的水平面。[13]10 世纪之后，在 1172 年修建的第二条堤堰的辅助下，这个地区的地势稳定了下来，三角洲继续推进向前延伸。这条堤堰叫“里河塘”，位于早前唐朝堤堰以东 19 里的地方。[14] 修建这些堤堰对稳定土壤和防止海水倒灌发挥了重要作用（图 2 显示堤堰修筑）。除了海堤之外，小的堤围、圩田和其他治水的方式，包括挖泄水道、排水沟和渠道，都抬升了田地的标高，提高了生产率，使农业可行。尽管东部地区的土壤仍然为沙质，但是，农作物开始替代海盐成为农业人口的生计，例如小麦、大麦、豆类和麻；西部地区土壤肥沃，则种植大米。[15] 在随后的几个世纪里，宋朝堤堰以东的沉积物后来到 18 世纪形成川沙的土地。因此，自然的过程加上修建堤堰、渠道和泄水道，形成现今上海周围的土地，通过蔓延、保护、排涝，以适合农业生产。

早期城市

即便上海这座城市今天屹立其上的土地是在不远的过去形成的，但是宽泛一点定义，包括上海在内的这个区域有着悠久的历史，一直可以追溯到春秋时期。公元前 6 世纪至公元前 5 世纪，它位于吴国和越国之间，处在沼泽和江滩的边缘地带。吴都

11 黄金森《中国自更新世晚期的海平面变化》，第 327 页。

12 黄宗智《长江三角洲小农家庭与乡村发展》，第 28 页，标明该堤建于 8 世纪初。张忠民给出更为精确的建造年代为公元 713 年；他强调堤堰的重要性，首先是为了海防，但更为关键的是为了加固堤堰后面的土地，降低水的含盐量，以此鼓励农业，减少自秦朝以来在该地区推行的盐产。张忠民《上海：从开发走向开放，1368—1842》，第 12-13 页。

13 杨怀仁、谢志仁《中国东部过去 2000 年来海平面变化》，第 300 页；黄金森《中国自更新世晚期的海平面变化》，第 327 页；关于隋唐时期地图的历史重建，见谭其骧《中国历史地图集》第五册《隋·唐·五代十国时期》，第 21、55 页。

14 黄宗智《长江三角洲小农家庭与乡村发展》，第 28 页。

15 张忠民《上海：从开发走向开放，1368—1842》，第 13-14 页。

是吴国的都城，占据区域的东部，吴国的习俗和方言为后来上海的居民烙下了不可磨灭的印记。公元前 494 年，吴国果断举兵灭了越国，占据了现代浙江的大部分，但是越王重新聚集了他的军队，在公元前 475 年打败了吴国。[16]

根据司马迁著名的纪传体史书《史记》记载，当吴越疆域被秦始皇征服后，吴越成为会稽郡（府），之前的王国被分为三个县。从苏州往东一直到海的区域合并为娄县，这是秦统治下最先创建的 26 个这样规模的县之一。[17] 它的北部边界是长江，西部边缘是吴县，东边为海岸。南侧的边界不清，消失在一片沼泽和江滩的迷宫之中。[18] 在项羽、刘邦楚汉之争时，该地区短暂地被楚国占领，到汉朝初始时被重新收回，但该郡仍然继续称作"会稽"，县则称为"娄"。[19]

娄县的名称出现在《汉书・地理志》的帝国建制沿革列表内。[20] 东汉时期，娄县属于两浙区域(浙东、浙西)的浙东领地，为旧时越国版图，是十三州[e]之一；浙西领地涵盖旧时吴国版图。相同建制的不同划分源自各县的历史，娄县属于扬州区划下的吴郡。[21] 汉朝灭亡、帝国分裂后，这个区域重组复归为新建的吴国所属。

吴都以东区域被称作"吴东"，这个区域人烟稀少，居民主要从事捕鱼和制盐。娄县南部的邻县为海盐县（其名即体现了该地区的经济支柱产业）。另外有一个县出现在三国和隋朝之间的时期，其名称为"前京"（意即"京城的前面"，指都城吴都以东的土地），但它的重要性很模糊。前京到底是娄县西北一个独立的县，还是娄县的所有部分或其中一部分在某一时期被重新命名为前京，还含混不清。[22]

吴都之外，直到公元 5 世纪或 6 世纪为止，未见有资料提及包括娄县在内的东部江滩区域曾有具体乡镇。县城娄城的名字意味着城墙围绕的城寨，据说位于昆山附近。一些资料也提到武城（名称意指带围墙的军营）位于娄城以北 30 里的地方。[23] 这些关于早期城市的文字描述中的地点虽然只是个大概，但它们处于内陆，其中几座设有城墙，说明它们是以陆地为基础的，而非出于航海功能。后来隋唐时期对商业和

16 谯枢铭《上海地区疆域沿革考》，第 4-5 页。具体日期不详；虽然习惯上认为越国征服吴国是公元前 473 年（原文误为公元 473 年——译者注），但最近研究表明应早两年。

17 《同治上海县志》，1:2a；谯枢铭《上海地区疆域沿革考》，第 5 页。

18 杨其民《古娄县考略》，第 21-22 页。

19 《同治上海县志》，1:2a。

20 杨其民《古娄县考略》，第 35 页。

21 《同治上海县志》，1:2b。

22 谯枢铭《上海地区疆域沿革考》，第 8 页。

23 杨其民《古娄县考略》，第 24-25 页。

e 东汉在全国设十三州，一州所辖郡、国多少不等。"州"是监察区的名，又称部。每州设刺史或州牧一人，巡察郡、县及官吏。——译者注

海事力量的重视有可能刺激了航海业和商业的发展，出于这些目的，港口新镇建在三角洲的河流之上。

长江在南京下游并未有优良的基地建设港口，河流水面受到季节变换和潮汐倒流的影响，靠近岸边的地方属浅滩沼泽，河道和沙坝的位置经常改变，使得航运盘根错节。长江的支流造就了更为安全可靠的港口，为抵御风暴和侵袭提供更好的保护。由于这些原因，长江下游的城市坐落在靠近长江的支流或运河上，而不是直对干流。隋朝和唐朝初期，若干新的港口城镇开始涌现，包括浏河上的浏家（或浏口）、青龙江和松江交汇处的青龙、黄浦江上的松江以及黄浦江和松江交汇点附近的村庄“沪”（或称“沪渎”）。[24]

尽管今天松江已缩减仅为一条小溪，但历史上它曾经是长江以南的主要河道，从太湖一直奔向大海。松江在抵达大海之前分流，其中一条分支河道被称作“青龙江”。青龙江的河口汇聚了华亭县周围沼泽地支流的河水，形成青龙市镇所在地的河口湾或港湾。[25] 参考资料含糊地提到一个位于海岸附近某处沼泽地、被称作“沪渎”的村庄。[26] 或许因为它暴露在外的位置、稀少的人口以及有限的经济，沪渎在唐朝一直无足轻重。

随着该地区人口不断兴旺和增加，新的行政建制产生了。在隋朝和唐朝早期，上海地区处于两个邻县的边缘：位于西北部的昆山县（从古娄县发展而来）和南部的海盐县。[27] 相应地，到唐朝中叶，一个新的县即华亭县被合并进来，成为江南东道[f]苏州府的一部分。[28] 华亭县的市镇是松江镇，位于松江支流黄浦江上的县南。[29]

当唐朝在10世纪早期分崩离析之际，苏州地区再次成为一个独立的王国，即吴越，都城在杭州。位于海岸边缘、沼泽滩涂的沪渎伴随着整个地区也成为吴越的一部分。[30] 这是个偏僻地区，就像后来的巡抚张楷[g]所评论的，这个区域“界连海面，出口之处甚多……为宵小出没之地”。[31]

---

24 同上，第 34 页。

25 见谯枢铭《青龙镇的盛衰与上海的兴起》(1984 年)，第 37-50 页。

26 《沪城备考》首卷：2b-3a 和 1:4a-b；杨其民《古娄县考略》，第 23 页；谯枢铭《青龙镇的盛衰与上海的兴起》，第 38 页。

27 《同治上海县志》，1:3b-4a。

28 谭其骧《中国历史地图集》第五册《隋·唐·五代十国时期》第 55 页。

29 王鹏程《松江府在明代的历史地位》(1984 年)，第 51-76 页。

30 《同治上海县志》，1:3b。

31 同上，2:14a-b。

f 江南东道，唐朝地方监察机构，开元二十一年 (733) 以江南道分置，其地辖为今江苏省苏南、上海市、浙江省、福建省及安徽省徽州。乾元元年 (758) 拆分为浙江东道、浙江西道和福建道。——译者注

g 张楷 (1670—1744)，字瞻式，号嵩亭。直隶长垣 (今河南省长垣县) 人，汉军正蓝旗。康熙四十一年 (1702) 举人，授山东东阿知县，历安庆知府，江苏、陕西、安徽巡抚。1725—1726 年任江苏巡抚。原文名称索引表中误为“张开”。——译者注

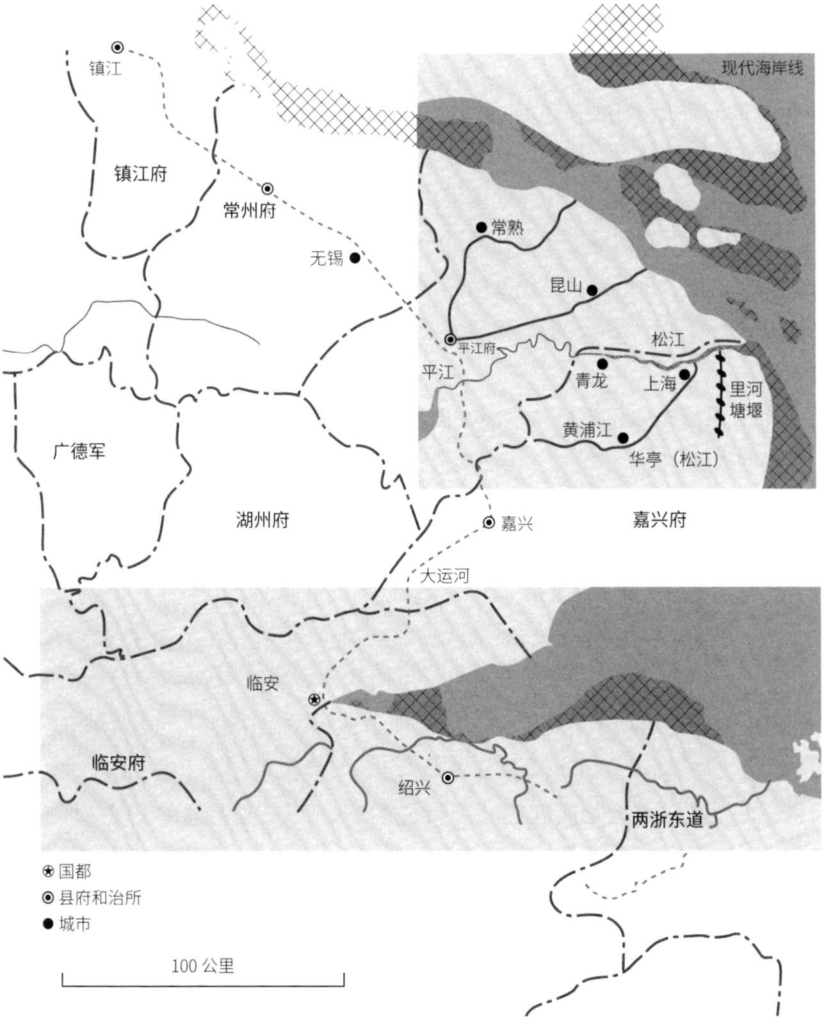

图 3 宋朝和元朝时期的江南地区
（引自谭其骧《中国历史地图集》第六册《宋·辽·金时期》，第 59-61 页）

吴越是五国时期最为成功的独立王国之一，大多因其农产品丰富。在黄宗智（Philip Huang）最近的著作中，他把该地区大部分区域的稳定归功于宋朝之前的吴越所采取的积极强势的治水管理。[32] 在内陆地区，筑堤和圩田有利于沼泽排水，降低了土壤的含盐量，促进田地种植水稻。同时，建立渠道和排水系统的网络，修筑高堤和闸门保护农田，控制灌溉用水。吴越大米超产，向附近其他几个王国出口。[33] 丝绸是这个地区另一种著名的产品。桑树沿堤岸种植，养蚕成为当地的农副业，丝绸纺织推动了以苏州为中心的手工业发展。反过来，桑树巩固了堤坝，保护其免受侵蚀。但是，这些措施很少惠及沿海地区，即位于唐朝堤堰后方的沪渎所在的区域。这里，土地沼泽，盐仍然是最重要的出产。

当吴越统治者向来自北方的新兴力量宋朝投降后，原来吴越的领地被划分成若干辖区，长江下游包括两浙和江南东的区域。1217 年，当时被称为平江的苏州以东的地区，析置为嘉兴府和昆山县。上海地区则成为华亭县的一部分。[34]

华亭地区的人口在唐朝仅略微超过 12 000 户，到南宋期间则增长了 20 倍，使得两个县的人口总和超过 20 万户。[35] 毫无疑问，随着开封的陷落，人口向南迁徙，是人口增长的重要因素；但同样重要的是，生产率的提高支撑了迅速增长的人口。南宋时期启动的治水新项目在增加农业产出中起到关键作用。该地区的西部种植大米；在东部，盐、小麦、大麦和鱼是重要产品。东部的产品和西部的大米进行交易，早期的商业化由此兴起。手工业也繁荣起来，市镇在整个地区涌现，其中就有位于松江南岸、华亭县东部的上海。

虽然上海看似作为松江的一个港口已经有超过 1000 年的历史，是该地区地理和商业生态的有机组成部分，但上海仅是当时一系列类似港口中最新的一个。从唐朝开始，一直持续到 12 世纪，当沪渎仍然只是一个微不足道的村庄时，青龙镇是地区的主要商业港口。因此，如果不讨论松江地区的主要港口、上海直接的前身青龙镇，那么，上海的历史就是残缺不全的。

---

32 黄宗智《长江三角洲小农家庭与乡村发展》，第 31-32 页，

33 王鹏程《松江府在明代的历史地位》。

34 《同治上海县志》，1:4a。

35 张忠民《上海：从开发走向开放，1368—1842》，第 18 页。

青龙市镇

青龙镇从唐朝一路繁荣至宋朝。它原先可能只是一个村庄和当地集市，在唐朝天宝年间（742—756）成为市镇。[36]它位于上海以西，相当于今天的青浦区，属于苏州府的一部分，毗邻青龙江和松江交汇处，当时是个宽阔的避风港。[37]该地区在13世纪的地形见图3。在唐朝后期，尽管青龙镇只是苏州地区的若干市镇之一，它的兴起或许更多是因其港口位置和功能，而非内陆腹地的经济带来的结果，当时这种经济仍然处于早期发展阶段。[38]鱼、盐和大米是当地主要产物；由于沼泽排涝后变身农业田地，大米产量增加。安史之乱后，当南方经济发展优于北方时，苏州府内外整个地区昌盛繁荣。

隋唐时期，造船和航行技术提高，促使长途航运更加便捷可靠。经长江、松江及众多短小河渠水道，内地水路的航运可进出青龙镇。大运河建成后，内陆交通成倍增长。沿海和远洋船只利用长江河口的松江出入，在青龙港停靠。当地船坞提供内陆水道和海洋运输的造船场地。

传统上，中国远洋和沿海航运的线路历来分为两个明显独立的地理分支："北洋"和"南洋"。官方正式立法将长江河口作为两条航线的分界始于唐朝时期。[39]分界是自然形成的，反映了帆船无论使用北方还是南方的航道，都可以不那么费力地驶入或驶离长江河口。"北洋"和"南洋"之间的基本区别在于航行是沿海还是远洋，同样也指内部还是外部的商业。航运、船只、交通、航道、法规和商人之虑决定了"北洋"还是"南洋"航线。整个宋朝、明朝和清初，两条航线始终未交叠过。

北洋航线包括山东、华北、辽东和朝鲜的沿海地区，南洋航线覆盖日本、琉球群岛、浙江、福建和广东、海南岛、越南、菲律宾以及东南亚。[40]北洋和南洋航线在政府法规、商业特许经营权、关税和船只种类上都不尽相同。

青龙镇被指定为南洋航线的港口，这个规定自有它地理上的合理性，因为松江的河口是在长江以南。因此，靠风力航行的船只从南方驶入或驶往南方比较方便；但是，如果要跨越长江河道往北，水流再加上潮汐会产生岌岌可危且难以预料的逆

36 《沪城备考》首卷：1b-2a；邹逸麟《上海地区最早的对外贸易港：青龙镇》，第121-122页；谯枢铭《青龙镇的盛衰与上海的兴起》，第32页。

37 《沪城备考》首卷：1b-2a；邹逸麟《上海地区最早的对外贸易港：青龙镇》，第121-124页。

38 谯枢铭《青龙镇的盛衰与上海的兴起》，第38页。

39 许大龄、吴承明《中国资本主义的萌芽》，第650-651页。

40 同上，第653页。

流和沙洲，这在蒸汽驱动技术出现之前几乎是不可逾越的困难。[41] 相比之下，北洋航线的港口为浏河口（即今天的太仓），是青龙镇的主要竞争港口，它位于浏河之上，是一段在镇江下方较短的长江支流。[42] 从浏河口往北的船只可以驶入长江，沿着北岸行驶，然后，利用河水水流及落潮，借助盛行风，敏捷地从河口转向北方。同理，来自北方的船只可以沿着海岸向南行驶，利用涨潮进入长江三角洲，沿着长江到达浏河的河口。

在唐朝期间，青龙镇在商业上取得了一定程度的成功。它在太湖区域成为当地农产品和贸易的内陆港口；作为南洋航线的沿海港口，到达福建、广东甚至日本。在此建立了一个水师[h]军事据点和一个商业航运官府，若干寺庙应运而建，其中一座到宋朝时仍然矗立在市镇以南。[43] 在五代时期，当吴越的都城设在杭州且苏州是第二大城市之时，青龙镇甚至比在唐朝时发展得更好。农业和治水方面的改良促进了大规模开垦田地和稻田，大大提高了农业生产率。青龙镇成为“五县物产”的集散地，[44] 也是吴越水师的主要港口。青龙镇从唐朝的限制中解放出来，蓬勃发展成为地区的主要商业港口。青龙镇沿着内陆水道繁荣了内部商业，沿着南洋航线和浏河口的北洋航线增加外部贸易。南方贸易服务沿海区域，包括闽国[i]；在北方，航线扩展到辽国[j]和朝鲜。从某种程度上说，青龙镇的繁盛在这个时期到达巅峰。[45]10 世纪晚期，吴越并入宋朝之后，江南地区重组，之前的王国被分割成若干“道”，或称为“路”[k]——事实上是宋朝的下属省。平江（苏州）府并入浙西路，而杭州周围的地区属于浙东路的一部分。松江府及华亭县和昆山县属于浙西路的一部分，这样一来就成了苏州的管辖范围。[46] 只要青龙镇继续保持为该地区的主要港口，上海大概率上被绕开了。

青龙镇附近地区持续繁荣的证据是宋朝初期城内设立了知县属官水陆巡检司。[47] 商业上，青龙镇也不断成功；北宋熙宁十年（1077），仅商业税的收入就远远超过全县其他来源财政收入的总和。12 世纪初期，青龙镇被选为设立监管外贸和征收关税

41 张忠民《清前期上海港发展演变新探》，第 85-95 页。另见许大龄、吴承明《中国资本主义的萌芽》，第 650-651 页。

42 张忠民《清前期上海港发展演变新探》，第 85-86 页。

43 谯枢铭《青龙镇的盛衰与上海的兴起》，第 37-39 页。

44 同上，第 39 页。

45 同上，第 40 页。

46 张忠民《上海：从开发走向开放，1368—1842》，第 6 页。

47 邹逸麟《上海地区最早的对外贸易港——青龙镇》，第 124-125、128 页。

h 水师，也称水军，指古代水上军事部队；传统水师在政府编制、军事作用上，等于现代海军。——译者注

i 闽国（909—945 年），五代十国的十国之一。——译者注

j 辽国，即辽朝（907—1125 年），是中国历史上由契丹族建立的封建王朝。——译者注

k 宋朝的一级行政区划。——译者注

的市舶务的地点，隶属两浙市舶司[i]（即户部，也就是财政部的一部分）的分司署。[48]青龙镇如此活跃繁荣，时人誉为“小杭州”。[49]

随着金朝入侵中国北方和宋朝京城“暂时”搬迁到杭州附近，南方再次转为帝国的聚焦点。整个地区明显受益于人力和资源的转移；华亭县在北宋时期记载人口为54 940户，到了南宋时期则翻了一番，超过97 000户。[50]青龙镇在金朝入侵时是宋朝军事据点和水师总部，商业活动重新恢复。

尽管江南的其余地区昌盛繁荣，南宋的兴起却标志着青龙镇败落的开始。它始终没有成为县城，仍然未设镇学及管理官盐、粮仓或茶叶的官府。[51]北洋航线向北往敌国金朝的禁运可能限制了浏河口的商业活动，但是并没有影响到青龙镇；南洋航线在南宋期间甚至更加繁荣。青龙镇的衰退并非由于经济原因，而是因为环境原因。

三角洲的流沙成就了青龙镇的河口，建起了港口，但也彻底毁掉了它。虽然青龙镇不遗余力地疏浚港口，但是，流沙不断淤积的青龙江预示了青龙镇的厄运。早在11世纪，港口已经遭遇严重问题，水位太浅造成大型船只无法停靠；远洋帆船和战舰不得不泊于松江。唐朝时期锚地水深曾经达20米，到宋朝末期只有9米，最后到元朝仅剩5米，然后3米。[52]与此同时，松江开始改道，撇开青龙镇开辟新的河床，最后在今天的地形上看不到港口或河流的任何踪迹。[53]

南宋初期，商业运输已开始将上海看作是优选良港。至元十四年（1277），元朝政府为应对上海的增长新设了第二个市舶司。元朝初期，作为行政重组的部分举措，至元二十九年（1292）把华亭县北部的“乡”（农村区划，县以下的行政单元）划出，新成立了上海县，上海为县城。[54]上海县不再从属于苏州府。松江府包括嘉兴县和华亭县，也包括新建的上海县。松江府成为另外一个县，但是青龙镇所在的昆山县则继续从属于苏州府。由此，苏州府的青龙镇和松江府的上海县之间画了一条线。这个划分，也许反映了宋朝后期上海和青龙镇之间的竞争，但并未加以纠正。直到清朝时期，

---

48 同上，第125页；谯枢铭《青龙镇的盛衰与上海的兴起》，第39页。关于宋朝市舶司，见斯波义信（Shiba Yoshinobu）《宋代中国商业和社会》（*Commerce and Society in Sung China*, 1970），第181页；《宋对外贸易》（*Sung Foreign Trade*, 1983），第105页。

49 邹逸麟《上海地区最早的对外贸易港：青龙镇》，第125页。

50 谯枢铭《青龙镇的盛衰与上海的兴起》，第42页。

51 同上，第41页。

52 张忠民《上海：从开发走向开放，1368—1842》，第20页。

53 邹逸麟《上海地区最早的对外贸易港：青龙镇》，第127页。

54 《嘉靖上海县志》，3:6a；《沪城备考》，1:4a；《同治上海县志》，2:4a-b。

i 市舶司是中国在唐、宋、元、及明初在各海港设立的海上对外贸易管理机构，相当于现在的海关。——译者注

当苏州、松江和太仓联合起来形成统一的兵备道[m]共同管理防御和关税收集时，上海才重新和苏州地区合并。

尽管元朝的衰弱有可能迎合了信奉儒家思想的理想主义者，但是，对浙西地区的经济来说却是福祸兼具。现有的证据都显示，整个区域在元朝营造的商业环境下得以繁荣。但是，至正十六年（1356），这个地区被盐贩、叛军领袖和野心勃勃的“天子”张士诚[n]控制。张士诚在1354年称帝，国号大周，反抗摇摇欲坠的元朝政府。两年后，他弟弟[o]的军队攻占苏州，张士诚在之后的11年里定都苏州。[55]1357年夏，元朝军队和张士诚的军队在青龙镇遭遇，战斗的结局使该镇化为一片废墟，“鞠为茂草”，劫后的港口部分转往太仓，青龙镇 “潮淤水涸”。[56]

元朝军队没能收复苏州。接下去，朱元璋试图攻下苏州，亦未获成功。接踵而至的是朱元璋和张士诚之间的协议，张士诚的政权继续占领苏州府和松江府直至1366年。[57]在这段时期，该地区管理松懈，当地行政和治水被忽视。朱元璋很快成为洪武皇帝（1368—1399），当他最终打败张士诚，将苏州府和松江府收归明朝麾下，为报复苏州曾支持过自己的对手，怒不可遏的洪武皇帝，将大量乡绅流放或革职，并征收高得离谱的土地税来惩罚当地民众，这些赋税为整个帝国提供了超过十分之一的收入。[58]

青龙镇的最后一根续命稻草是明朝中叶新建的青浦县，青浦由位于上海县西部的乡和昆山县、华亭县东部组成。青龙镇在1542年被选为县衙所在地。但是没过多久，显而易见，青龙镇的位置不再可行，县衙移到唐行市镇。唯一留给青龙镇的一处遗迹是原先在城南门外的隆福寺（佛教寺庙）。[59]

---

55 德雷尔（Edward L. Dreyer）《明初政治史，1355—1435 年》（*Early Ming China: A Political History, 1355-1435*, 1982），第 30、32、36-47 页；牟复礼（Frederick W. Mote）《明王朝的兴起，1330—1367 年》（*The Rise of the Ming Dynasty, 1330-1367*, 1988），第 30-35 页。

56 谯枢铭《青龙镇的盛衰与上海的兴起》，第 37-42 页。

57 德雷尔《明初政治史，1355—1435 年》，第 38 页，地图。

58 同上，第 124 页；陈学霖（Hok-lam Chan）《建文、永乐、洪熙和宣德皇帝统治期间，1399—1435 年》（*The Chien-wen, Yung-lo, Hung-hsi and Hsuan-te Reigns, 1399-1435*, 1988），第 190 页。

59 谯枢铭《青龙镇的盛衰与上海的兴起》，第 47-49 页。

m 即苏松太道，中后期依其驻地又俗称上海道，为清朝江苏省下属的道级行政区之一，辖管苏州府、松江府和太仓直隶州，顺治年间驻地为太仓，康熙时期驻地为苏州，雍正之后驻地为松江府下辖的上海县。——译者注

n 张士诚（1321—1367），泰州兴化白驹场人，运盐工出身，元末位于江浙一带的义军领袖与地方割据势力之一。至正十三年（1353）起兵反元。至正十四年（1354），在高邮建国，号大周，自称诚王，以天佑为年号。最后亡于明朝朱元璋政权，自缢而死。在元朝末年抗元起义领袖中，有“（陈）友谅最桀，（张）士诚最富”之说。——译者注

o 张士义、张士德、张士信。——译者注

松江府

松江府从旧时吴国发展成为独特的地区，始于三角洲逐步拥有更多土地而带来稠密的人口。即使到唐朝时，它的特性也并非一目了然。公元 713 年唐朝的原始文献曾经提到，它是吴淞江上的一个港口和盐司，据说距海 150 里。[60] 但是，究竟这个说法具体指的是华亭还是松江，抑或只是一个大致的地点，并不清楚。

10 世纪晚期，宋国瓜分原来吴越的领地，设嘉兴府，都城为原来的市镇嘉兴县。松江地区开始从苏州分出来，自成一体。当时，华亭市镇是府治嘉兴县的下级。嘉兴地区从属于浙东路的辖区，包括南宋“临时”京城杭州。[61] 但是，尽管如此，嘉兴/松江地区仍是偏远贫困之处，长期处于两个中心的边缘地带。由于地处边缘，这片沼泽丛生的土地农业落后，发展缓慢，一直是一片“荒野”。

这项新的行政区划带来的效应是，虽然松江是黄浦江的支流，但由于松江位于上海相当上游的位置，黄浦江一跃成为出入上海的一条更为重要的河道。这些来自内陆地区的物产及官方的职能部门和规章条例都沿黄浦江顺流抵达上海。上海依附嘉兴府，越来越脱离苏州。到了元朝，嘉兴的北半部分设为新的松江府，府治为原来的华亭镇，更名为松江县。苏州府设立了几个新的县，包括太仓、昆山和常熟；太仓后来成为直隶州。松江府在华亭和上海两县之外，设置新县青浦、南汇和宝山。

在元朝和明初，松江府从一个至多只是边远沼泽地带的“鱼米之乡”变成全国最发达的区域之一。它受益于先进的农业技术的应用，发展新的经济作物棉花，改变了整个三角洲地区的经济。虽然治水和工具的改进以及新品早熟稻的引入显著提高了农作物产量。但是，真正推动松江提升至全国性重要地位的却是明朝时期的棉花革新。

元末明初，松江地区东部的棉花种植和加工广泛普及。东部的乡多为沙质冲积土地，不适合种植水稻，却非常适合棉花。作为一种经济作物，东部的乡用棉花取代了粮食作物；西部的乡种植稻米，以棉花做交易，维持农业人口。东部和西部都发展手工业，两个地区的农户和小作坊均从事纺纱和织布。大米和棉花的交易，促进经济迅速多元化和高度商业化。在地方贸易之外，松江的棉布还卖给经纪商和商人，转而在全国推销，形成一个松江地区棉布的全国性市场。到明朝初期，松江府成为中国商业化程度最高的地区之一。根据明朝《嘉靖上海县志》，上海已成为“东南名邑”。[62] 上海的崛起始于宋末元初，但是有着更为悠久的历史，它得名于叫作“沪”的村庄，诗意的昵称取自上海建镇之前的“沪渎”。

---

60 谯枢铭《青龙镇的盛衰与上海的兴起》，第 38 页。

61 见谭其骧编辑的《中国历史地图集》第六册《宋·辽·金时期》，第 22-23 页。

62 王鹏程《松江府在明代的历史地位》，第 73 页。

上海

当青龙镇失去了河流，失去了港口，失去了商业，上海反而得益。黄浦江袭夺旧青龙江南部沼泽的引流。12世纪的地图显示，当时两条溪流大小大致相同，但是随着一支消失，另一支则增大了。[63] 黄浦江最初是一条小溪，或从某种程度来说，像是一个人工排水道。[64] 目前的河道显示，它有可能是旧时隋朝堤堰的位置；通过引流筑堤，不断拓宽加深，以及河流的自然冲刷，到宋朝时期，逐步发展成为松江的一条相当规模的支流。[65] 唐朝时所建的村庄靠近隋朝堤堰，位于黄浦江的西岸。当时，松江仍然直接往东流入大海，沪渎的位置相比现在更靠近大海，上海的名称在字面上意为"海的上面"，倒是更贴切当时的情况。[66]

宋朝时期，村发展成镇；1074年，官方的正式建置为市场集镇，即"镇"；1159年，提升为市场城市，即"市"。[67] 关于上海在这个时期的发展，几乎没有确凿的信息。盐是当地主要的物产，辅以芦苇和捕鱼。上海市镇是华亭县的一部分，农业繁荣，手工业生产增长，小商人和商贩比比皆是。[68]

随着华亭县人口的迅速增长，旧时的行政单元明显太大。当元朝政府掌权之后，它对宋朝行政结构做了调整，将原来人口过多的县进行划分，形成新的县。上海由此得益。[69]1292年，当华亭县北部的五个乡被划出时，形成新的上海县，上海市镇被定为县城。与此同时，13世纪晚期，上海设第二个市舶司；仅几年之后，青龙镇的市舶司就永久撤除，上海成为江南下游区域唯一的市舶司。[70]1294年设县学；1298—1308年间设新的税关；到元朝成立初期，上海县的人口已超过64 000户。[71] 建置地位的变化有区域意义：青龙镇属于苏州府，是浙西路的一部分；但上海属于松江府，是浙东路的一部分。自此，西边苏州府的损失演变为东边松江府的收获。

63 《沪城备考》卷首：2b-3a和1:4a-b。

64 同上，1: 2a；《嘉靖上海县志》，1:4a；邹逸麟《上海地区最早的对外贸易港：青龙镇》，第124-125页。

65 《嘉靖上海县志》，3:1a-b；谯枢铭《青龙镇的盛衰与上海的兴起》，第38页。

66 上海在唐朝时期的地理位置以及松江直接入海的河道，见谭其骧《中国历史地图集》第五册《隋·唐·五代十国时期》第55页和第六册《宋·辽·金时期》第22-23页。另一种说法认为，上海的名称来自两条河流中的一条，即松江；松江的北岸和南岸分别被称为上海和下海；下海消失了，但南岸的上海留下来了，名称就传给了附近兴起的市镇。张忠民《上海：从开发走向开放，1368—1842》，第1-2页。

67 《民国上海县志》，1:9a；谯枢铭《青龙镇的盛衰与上海的兴起》，第44页。

68 张忠民《上海：从开发走向开放，1368—1842》，第18页。

69 《民国上海县志》，1:9a；谯枢铭《青龙镇的盛衰与上海的兴起》，第45页。

70 市舶司的位置见《沪城备考》卷首：1b-2a中的地图；具体设置日期不很清楚。一些资料（《同治上海县志》，2:4a；《上海县续志》，1:9a-b）中表示，市舶司设立于1277年；其他则称1298年。见邹逸麟《上海地区最早的对外贸易港：青龙镇》，第127-128页。

71 谯枢铭《青龙镇的盛衰与上海的兴起》，第45页。

由于上海位于松江之上，继承了青龙镇遗留下来的南洋航线，但是和青龙镇一样，上海的港口也受制于淤积堵塞。14 世纪晚期，当元朝日渐衰退，张士诚的叛军占据了上海的领地，这个短暂的政权忽略了疏浚和治水的日常琐事。由于没有坚持疏通河道，松江下游部分连带上海港很快淤积堵塞。沿海潮水倒流携带的泥沙混合着淤泥，造成自然沉积成倍地增长。到了明朝初期，松江下游和上海港的水位已经极浅，航船根本无法抵达大海。商业航运转移到浏河口；由于浏河口处于上游的位置，不那么容易淤积。[72]

上海作为港口城市的故事果真如此的话，或许早在明朝初期就不了了之了。但是，永乐（1403—1424）初期，上海的命运出现了关键的转折点：1404 年开始大力实施河流疏浚。负责治水的官员认识到，河口退潮携带的泥沙是堵塞河道的主要祸首。宋元时期，虽然动用了大量的人力和税收，多次对河床进行疏浚，但是淤泥总是再次堆积起来。政府决心一劳永逸地解决这个问题。他们分析了松江下游的若干河道之后，决定把疏浚力量集中在黄浦江的延伸段枫家泾（意即“枫家小溪”），这条溪流在城北汇入长江。就这样，松江的主河道改道，它不再直接往东注入大海和沙滩，而是在上海折向北部，汇入长江河口。[73] 该工程一经完成，长江的潮汐阻止了泥沙倒灌进入新开挖的河流，而松江和黄浦江的水流汇在一起，有利于保持它们共同的河道畅通（图 4）。在接下来的 400 年间，这个工程成功地稳定了该地区的主要水道。

我们难以估计河口位置的改变在航运上的影响。从长江以南进入大海，这个位置曾使得任何北洋航线都几乎没有可能性，现在松江先汇入长江，促使北洋航线和南洋航线均可出入。以前为了避免长江的逆流和潮汐，北洋航线的航船离开松江的话，必须被迫先向南航行，然后绕道往东，远至 100 里外，最后才向北行进。河道改变之后，航船随波行至大海，然后可以选择往北或往南。

到清朝时期，原来的青龙江完全消失了，但是从图 4 可以看到，明朝水利专家设计的松江河道得以保留，现在称为“吴淞江”。吴淞江从太湖向东，流至上海，和南部的黄浦江汇合。汇合后，主河道在上海上方折向北部，在离开长江下游大约 12 英里（19.2 公里）的小镇吴淞口汇入长江。从上海到吴淞口的主要河段被称作吴淞江，而不是黄浦江；[74]1832 年，早在欧洲人最初几次抵达上海时就这样称呼吴淞江了。

---

72 《同治上海县志》，4:10a；张忠民《清前期上海港发展演变新探》，第 88-91 页；王鹏程《松江府在明代的历史地位》，第 70 页。

73 《同治上海县志》，4:9b-10b；王鹏程《松江府在明代的历史地位》，第 70-71 页。

74 据林赛（Hugh Hamilton Lindsay）和郭士立（Karl Gutzlaff）称，当阿美士德号（Amherst）商船 1832 年访问上海时，沿吴淞江往上游行驶，在河道停泊时，城市位于右岸。从这一描述可以清楚看出，现被称作黄浦江的河流在那时被叫作吴淞江。林赛和郭士立《阿美士德号远征》（*Amherst Expedition*, 1834），第 549 页。

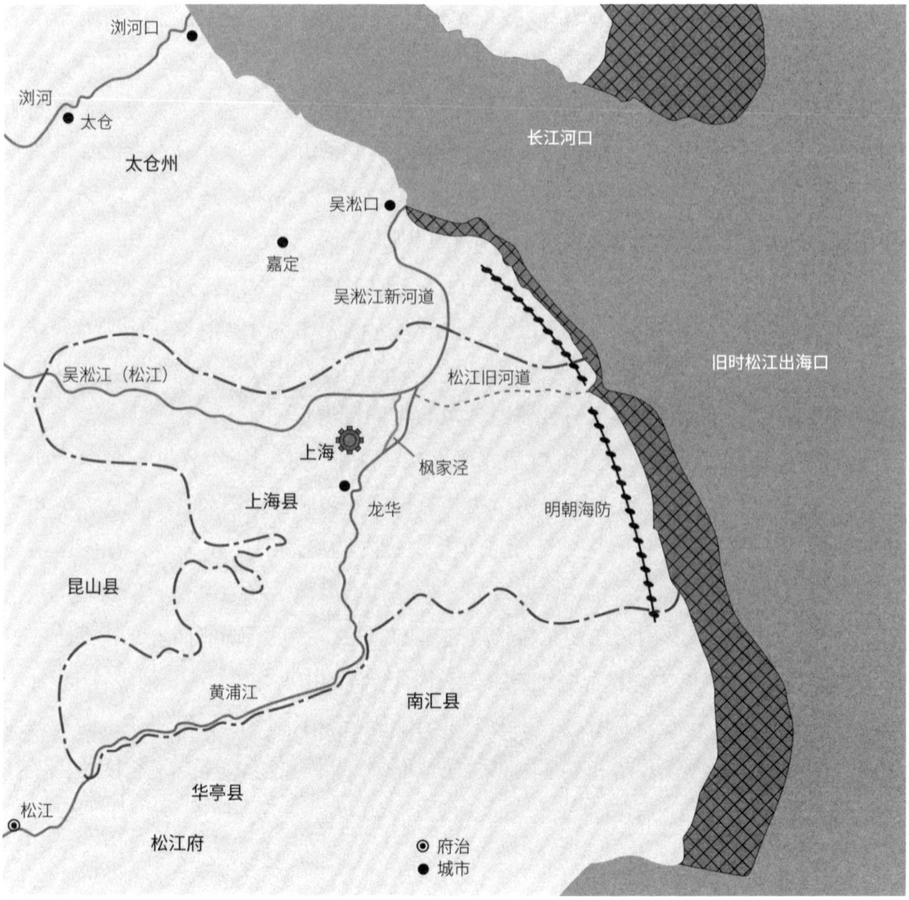

图 4 明朝时期的上海县，显示松江 / 吴淞江原来和新的航道
（引自谭其骧《中国历史地图集》第七册《元·明时期》，第 49 页）

具有讽刺意味的是，1404 年的疏浚工程拯救了上海之后不出几年，这座城市的运气就急转直下。上海从宋朝开始崛起到明朝早期，它的繁荣主要依托其港口，因此它得以替代青龙镇；也正是由于这个原因，永乐年间的疏浚工程得以实施。上海周边的内陆农业生产并不是上海最初崛起的重要因素。它的大量土地尤其是黄浦江以东，太过沙质或含盐，以至于不适合种植水稻，只适合于生计农业。虽然有一些桑树种植和养蚕，但是并没有形成较大规模。芦苇收割则用来编织苇席和篮子。

宋元时期，制盐是主要产业。元朝时，共有六个重要盐场，每年产盐 2500 斤，为政府带来可观的财政收入。[75] 捕鱼仍然是沿海人的主要生计。但是，这些当地物产没有一项在上海的商业功能中显得特别突出。因此，上海周边的内陆地区长期处于无足轻重的地位，直到棉花成为一种普遍种植的经济作物。

明朝后期，松江和上海的人口都有所缩减。缩减的原因很大程度上是由于明初的皇帝实施的政策。首先，洪武皇帝坚决要惩罚那些曾庇护他的敌人的地区，苏州府和松江府因此被罚以重税。例如，松江在整个帝国的耕地中仅占 0.6%，却要缴纳超过全国总体税收的 6.5%。[76] 第二个对苏州、松江和上海地区产生严重后果的决定是，永乐皇帝将明朝京城从附近的南京搬迁到遥远的北京。就政府职能而言，迁都造成长江三角洲地区又一次边缘化，尽管它继续是中国经济的中心。紧接着，海上商业限制、沿海地区人口减少和海盗袭击进一步缩减了当地的县。下一章将详细讲述，面对全面衰退、航运损失、海盗袭击和其他灾难，松江府却在明朝继续拥有一定程度的稳定甚至繁荣，这只能归功于棉花生产了。

75 张忠民《上海：从开发走向开放，1368—1842》，第 3-4 页。

76 牟复礼《明王朝的兴起，1330—1367》，第 30-31、44-47 页；德雷尔 (Dreyer)《明代的军事起源》(*Military Origins of Ming China*, 1988)，第 64 页；陈学霖《建文、永乐、洪熙和宣德皇帝统治期间，1399—1435 年》，第 190 页。

第二章

棉花：上海县的发展

15 世纪中叶至康熙年间（1662—1722），上海失去了原来作为港口的许多功能，作为县城，重又回到以棉业为主要发展之上。恰恰在上海县正要发生异乎寻常的转型时刻，它被抛回到依赖内陆资源的境地。

在之后的250年间，整个地区可以作为一个研究内部发展的案例，它从“鱼米之乡”转型成为中国前现代棉花工业的核心地区。清朝同治时期当地的地方志（1872 年）提到，上海县在 18 和 19 世纪的物产相比早前时期的盐、芦苇、木材、丝绸和鱼，已经截然不同了。尽管上海县仍然出产大米和丝绸，但是棉花却是主要物产；立足于棉花生产，上海的商业又一次繁荣昌盛。[1]

棉花革命

丝绸一直是中国纺织品的精粹，是独一无二的中国发明创造，在中国发现并发展，令世界其他地方觊觎。丝绸从来都是一种昂贵的织品，需要不厌其烦地精工细作和密集的劳动力。作为一项奢侈品，它被课以重税。尽管养蚕缫丝和纺丝织绸是农活，但是很少有农民穿过丝绸衣服。丝绸编织、染色和加工需要操作复杂的设备，远非农民可以胜任。加工织品的生产达到了近似工业化的发展水平。

在传统中国，较贫穷阶层的穿着衣料比丝绸粗陋便宜，通常用白麻和苎麻（一种普通荨麻植物的纤维）织成，均为农田种植的次要植物。棉花易于种植，穿起来更加舒适；但是，它原先并不是中国的物产，最初也不是普通人的布料。中国大众种植棉花和生产便宜布料是很晚才发展起来的，要到 12 世纪和 13 世纪才出现。上海的命运是与元朝及明朝的棉花生产紧密交织在一起的，松江府和上海县实质上成了中国棉花生产的心脏地带。

棉花起源于印度，最初在中国出现可能是在汉朝时期，由一些中间国家作为礼物或进贡呈上。对棉花的兴趣或许是受印度传入的佛教的激发，但是棉花作为一种异域奢侈品，中国当时尚未知晓如何栽培。[2] 在中国本土种植的第一种棉花似乎是从占

1 《同治上海县志》，8:1a。

2 迪特里希（Craig Dietrich）《清朝中国的棉花文化和生产》（*Cotton Culture and Manufacture in Ch'ing China*, 1972），第 110 页。

城[a]（越南）引进，棉布是越南皇家的衣服布料。越南在7世纪和8世纪就培植多年生棉花植物，并通晓棉花纺织技术，尽管如此，棉花在那里仍然是一种豪华面料。[3]

虽然，占城棉花种植在8世纪传入广东，到宋朝时传入福建，但它一直潜力有限。[4]占城棉花是多年生乔灌木木本植物，是唯一一种在温暖潮湿的气候中长得很好的品种，但是，它在数量或质量上无法匹敌一年生灌木木本棉花。后者引入后，得以在元朝和明朝时期大规模的扩张生产。[5]

一年生棉花从印度传入中国的线路不明，但它在12世纪出现在长江三角洲地区。一开始，传播缓慢；南宋绍熙四年（1193），华亭县当地的地方志收录的作物中并未包括棉花。[6]传说，棉花灌木和处理纤维的方法由一位叫黄道婆[b]的道姑引进，她从海南岛回到松江府，定居在一处叫乌泥泾的地方，继而指导当地人培育棉花的秘密。[7]因此，这种布被称为“乌泥泾布”，在整个帝国闻名遐迩。[8]褚华在回顾乾隆时期（1736—1796）棉花生产的历史时写道，尽管在宋朝时期江南尚不识棉花，但到元朝至元年间（1264—1294）棉花已从南方开始向北普及，从福建的东江地区蔓延到浙江的西湖。[9]

这种一年生棉花由于制备技术的革新，很快成为丰硕多产的作物，为全国提供普通布料。纺纱和织布技术如此简单，甚至连农户都能生产棉布，这种高效的发展方式降低了价格。到1289年，据说生产了十万匹布料都不止。江东、江西、湖广和福建都设立了税关，对每匹布征收小比例的税。[10]明朝开国皇帝下诏令将之前的赋税免除，鼓励栽植棉花，只对田地、不对产出进行征税。在农田中，相比出产其他以纺织为主要用途的农作物，例如白麻或亚麻，棉花每亩地的税率只有一半。[11]

---

3 薛爱华（Edward H. Schaefer）《朱雀：唐代的南方意象》（*The Vermilion Bird*, 1967），第72、74页。薛爱华指出，唐朝时期对棉花的了解非常含糊（同上，第180-181页）。

4 张忠民详细解释了宋朝统治下棉花栽培的进步（《上海：从开发走向开放，1368—1842》，第25-26页）。

5 迪特里希《清朝中国的棉花文化和生产》，第110-111页。关于棉花种植的一般情况，另见全汉升《鸦片战争前江苏的棉纺织业》，第1-45页；伊懋可《市镇与水道：1480—1910年的上海县》，第148-151页；严中平《中国棉纺织史稿》。

6 张忠民《上海：从开发走向开放，1368—1842》，第25页。

7 严中平《中国棉纺织史稿》，第17-18页。

8 同上，第18页。

9 褚华《木棉谱》（1936年），1b-2a。

10 张忠民《上海：从开发走向开放，1368—1842》，第26页。

11 褚华《木棉谱》，10a-11b；严中平《中国棉纺织史稿》，第18页。

a 占城（137—1697），即占婆补罗（“补罗”梵语意为“城”），简译占婆国、占波、瞻波，位于中南半岛东南部，北起今越南河静省的横山关，南至平顺省潘郎、潘里地区。——译者注

b 黄道婆（1245—1330），又名黄婆、黄母，松江府乌泥泾（今属上海市徐汇区）人，宋末元初著名的棉纺织家、技术改革家。幼时因家庭不幸流落海南，13世纪末返乡，对促进长江流域棉纺织业和棉花种植业的迅速发展作出重要贡献。——译者注

由于棉布的耐久性、多样性和日益价廉的成本，它几乎成为通行全国的衣料。质地较粗的布料取代白麻和苎麻面料成为日常衣料，精细质地的细平布和锦缎为精英而生产。尽管棉布从未取代丝绸成为豪华和礼仪服装面料，但是连皇帝都穿棉布贴身内衣。[12] 棉花可以在各种各样的气候条件下栽植，可以在农户家中用最基本的技术进行纺织，产出的布料价格便宜。[13] 棉花生产的核心地区在江苏和浙江东道[c]，尤其松江府，那里的自然条件是种植和生产棉花的理想地点；棉花也在今天的江西、湖北、湖南和福建种植，虽然数量较少。[14]

据传，黄道婆在 12 世纪引进了棉花轧棉机技术。但是，就算当时未曾发生，中国在不久之后也一定会使用轧棉机。[15]1314 年，王祯在一本关于农业生产知识的书[d]中描述了这部机器，两个轴固定在一个架子上，轴上装有金属碾齿，籽棉被带入，就像一个轧板碾压机[16]——伊莱·惠特尼（Eli Whitney）发明的现代美国棉花轧棉机，基本原理与其一致，但差不多晚了 500 年。这个装置是大规模生产棉花的关键，因为它取代了需要耗费大量时间将棉籽从籽棉中剔除的手工操作。棉籽压榨后做成棉籽油，是另一项高价值的商品。[17]

另外一个重要的技术革新是弹棉弓，近似于狩猎用的弓，弓弦用来弹出籽棉并弹松净棉。弹松的净棉用原始手工操作的转轴进行纺纱，类似白麻或苎麻纺纱的传统方式（与之相反，将缫丝纺成丝线的技术更加费时费力），家庭织布机原先能纺织那些麻线，同样也能纺织粗棉布。[18]

上海所在的江南沿海松江府尤其适合于棉花生产，因为它东部的乡为海岸沉积的沙质土壤，仅能勉强生产大米，但却非常适合种植棉花。上海附近的潮湿气候为纺织拉伸强度高的长纤维棉纱线提供了适宜的条件。13 世纪引进的更加高效的技术，让棉花逐步成为整个地区领先的经济作物。上海以西的地方，种植蓝草；虽然棉花不

---

12 迪特里希《清朝中国的棉花文化和生产》，第 133 页。

13 《同治上海县志》，8:3a；另见迪特里希《清朝中国的棉花文化和生产》，第 112 页；严中平《中国棉纺织史稿》，第 22 页。

14 张忠民《上海：从开发走向开放，1368—1842》，第 27 页。

15 褚华将轧棉机的发明归功于黄道婆（《木棉谱》，11b-12a）。

16 《同治上海县志》，8:3a-b；严中平《中国棉纺织史稿》，第 21、23 页。

17 褚华《木棉谱》，11a-b。

18 《同治上海县志》，8:3a-4b；迪特里希《清朝中国的棉花文化和生产》，第 113-126 页；严中平《中国棉纺织史稿》，第 21-26 页。

c 浙江东道，唐朝后期地方监察机构，由江南东道于乾元元年（758）拆分形成，领新安江以南、福建道以北的原江南东道地，包括今天的浙江省除浙北之外的所有地方。——译者注

d 王祯（1271—1368），字伯善，元朝东平（今山东东平）人，中国古代农学、农业机械学家、道家学者。《王祯农书》："今之搅车，以一人当三人矣。其中句容式，一人可当四人；太仓式，两人可当八人。"——译者注

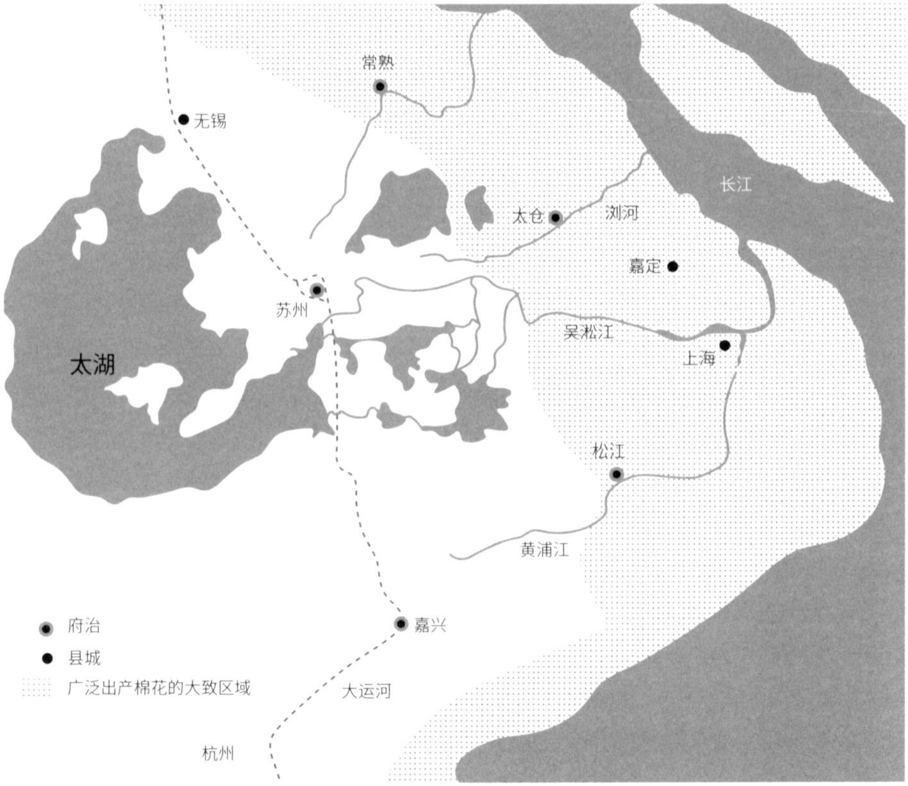

图5 江南东南地区棉花生产
（引自谭其骧《中国历史地图集》第七册《元·明时期》第49页，以及根据以下信息：伊懋可《市镇与水道：1480—1910年的上海县》第446页；张忠民《上海：从开发走向开放，1368—1842》第27-29页）

兴盛，但是蓝靛却可以用来为棉布染色。纺纱和织布成为农耕家庭的手工业。[19]染色和加工也可以在当地城镇进行。

据说，“黄浦水，潮来（指河前，即浦东）载木棉，潮去（指河后，即浦西）催官米……海上人家今有几……木棉花开海天白……男丁采花如采茧，女媪织花如织绢。[e]”[20]旱田棉花和水田稻米生产相比，后者劳动密集程度更高。两者的区别对整个

19 全汉升《鸦片战争以前江苏的棉纺织业》，第1-45页；伊懋可《市镇与水道：1480—1910年的上海县》，第441-474页；严中平《中国棉纺织史稿》；迪特里希《清朝中国的棉花文化和生产》，第113-126页。

20 张忠民《上海：从开发走向开放，1368—1842》，第27页。

e 沈梦麟所作《黄浦水》。沈梦麟（约1307—1399，一说1335年前后在世），字原昭，吴兴（今浙江湖州）人，元末明初文学家，著有《花溪集》三卷。——译者注

上海地区的劳动力和生产力的分化有重要的衍生作用，即可耕地的大部分用来种植棉花，造成许多农民不得不购买大米作为食物。

明朝早期，东部的乡种棉花，与上海西部及附近县种大米的区域进行本地贸易，形成小规模的本地商业化集市，用大米换取所种棉花。黄浦江是两个区域之间的边界，集市即位于江边。16 世纪明朝地方志所列举的上海县物产显示，盐、鱼、豆类、各种不同种类的水果和蔬菜、竹笋以及芦苇算在县的物产中，但大米不是。棉花是最为耀眼的物产。[21]

当原来的稻田改作旱田发展棉花农业后，剩余劳动力被释放。在明朝的整个过程中，甚至上海以西地区也开始利用籽棉发展小规模的手工业。投入到手工业中的人口不断增加，超过了当地稻农的生产能力，因此，松江府很快就不得不从江苏以外地区进口大米，作为口粮并满足贡赋配额（因为粮食继续被征税）。[22] 该地区进口大米，反过来出口加工的棉布，支付进口成本。图 5 标示了棉花主要产地的范围。

治水

伊懋可表示，明朝水利和堤防管理系统的发展与棉花生产之间有着密不可分的关系。[23] 和稻米不一样，棉花种植不需要广泛的灌溉。在江南地区，稻米种植很少会雨量不够。但是，内地水路网络却是排水和交通的关键。渠道和溪流是农民的日常所需：栽培经济作物，进口粮食和其他食物供应，以及运送肥料、籽棉、棉纱和加工的布料。水道而非道路是小规模商人运送原材料和成品货物的主要交通方式，是当地生产系统的支柱。

在种稻米的地方，必须设隆起的圩田让积水的土地排水并灌溉稻田。但是，在种植棉花的旱田区域，治水需要不同的方法：田地里的积水要排出，不过要开放水道以供商业之用。明朝初期创设专门的农业官员职位[f]，他们监督维护圩田和堤坝，以及航道水运的清淤，前者是“经纬交织系统”的经线，后者是纬线。[24]

---

21 《弘治上海县志》，3:13a-19b；《同治上海县志》，卷 8。

22 见全汉升、高乐 (Ch'uan & Kraus)《清中叶的米粮市场与贸易：价格史研究之一》(*Mid-Ch'ing Rice Markets and Trade: An Essay in Price History*, 1975)，其中详细论证了从长江上游和中游地区进口大米到长江下游的市场。

23 伊懋可《市镇与水道：1480—1910 年的上海县》，第 441-457 页。

24 同上，第 450 页。

f　明朝户部设督水、屯田两司，并另设劝农官。——译者注明朝早期，管理税粮的官员主要关注水稻作物，同时监督水利保养。在地方层面上，地方官员会听取小型社区的长者和尊者的建议，监督当地项目。后来，国家确定了配额，堤防和圩田管理人员必须是品格良好的人或富裕的地主；他们的责任是在产稻米和棉花的地区监督征税和负责水道的养护。但是，到明朝末期，这些系统全部崩溃，大多数水利管理要么腐败成风，要么被恶霸和“泥头”（mud man）胁迫。[25]

明朝统治下的棉花生产

纺纱和织布吸收了过剩的劳动力，雇用妇女，因此，潜在的劳动力资源增加，接近于100%。劳动力习惯性的分工甚至反映了手工业制造行业早期的传统。在丝绸生产上，男性栽培桑树，而采摘桑叶、养蚕和缫丝这些劳动密集型的工作则完全由女性承担。丝绸纺织是一种季节性的工作，但是棉花却可以存放，任何时间都可纺纱。

就棉花而言，男性种植、施肥和收割，是主要耕种者；女性往往手工轧棉；儿童手指灵活，可以做辅助工作。男性操作生产过程中的下一步，弹籽棉出籽和弹松棉絮，属于比较费劲和高要求的活。但是，纺纱一直是女性的工作，还有大多数的家庭编织的活。[26] 毕竟，根据棉花引入的“起源神话”，技术的引进归功于一个女性纺纱工，而不是男性耕种者。

女性劳动力从事纺纱和织布体现了女性拥有更高的经济价值，这种现象在中国社会中不同寻常。在20世纪早期，这样的价值观甚至允许上海县和川沙厅[g]的妇女维持独立的经济共同体。与中国其他地区的普遍社会规范相反，上海的寡妇往往再婚，妇女在家庭财务上被赋予更加积极的角色。[27] 同样，要是提到棉花产品的消费，那么，在某种程度上，佛教也与棉花生产保持着一定的联系。[28]

到明朝末期，松江府东部72%至80%的耕地都种了棉花；五个县的总产量超过1.611亿斤籽棉，相当于5600万斤皮棉。[29] 棉花带来的繁荣也使得东部乡的人口比西部乡的人口更加稠密。尽管明朝后期由于海盗多次袭击以及政府对沿海人口有所限制，阻碍了人们在沿海地区居住，但是上海、华亭、青浦、崇明和嘉定五县在东部种

25 伊懋可《市镇与水道：1480—1910年的上海县》，第451-455页。

26 严中平《中国棉纺织史稿》，第25页。

27 蒲乐安（Roxann Prazniak）《川沙的织工和女巫——中国农村妇女政治行动主义的社会起源》（*Weavers and Sorceresses of Chuansha: The Social Origins of Political Activism Among Rural Chinese Women*, 1986），第211页。

28 同上，第202页。

29 张忠民《上海：从开发走向开放，1368—1842》，第32页。

g 厅是中国明清时期的行政区划单位。——译者注

植棉花区域有 215 876 户家庭，在西部种植稻米区域有 164 218 户。西部每户生产大米 26.77 石[h]，东部由于主要致力于经济作物棉花，每户仅生产大米 6.22 石，如果不与西部的乡进行交易，将造成严重的粮食赤字。[30]

明朝时，棉花的商业化扩展到松江和江苏以外。棉布因其耐久、美观和价格优惠而风行全国。不久，中国其他地方的商人都到上海来购买棉花。根据褚华记载，从松江购买了棉布并运往北方的山西和陕西商人从贸易中发了财。到上海来的福建和广东商人则用蔗糖来交换棉花。[31] 万历年间（1573—1620），做棉花生意的安徽商人发明了一种“田地银行”（即“田庄”）系统，鼓励棉花生产，提供发展所需的资金。[32]

从 15 世纪至 19 世纪，上海县的商业化反映在市镇的数量不断增加。[33] 明朝时期，市镇数量增加，尽管明朝后期松江府的人口数量明显下降，但是相比其他地方，这种下降在上海就没有那么严重。

人口

《万历上海县志》（1588 年）中记录的 1314 年、1391 年、1413 年、1503 年和 1572 年的人口数字，大致反映了地区的发展和趋势（表 1）。[34]

表一　明朝时期上海县人口

年份	家庭（户）	人口（人）
1314	72 502	
1391	114 326	532 803
1413	100 924	378 428
1503	93 023	260 821
1572	113 985	192 967

30 张忠民《上海：从开发走向开放，1368—1842》，第 40-41 页。

31 褚华《木棉谱》，11a-b。

32 同上，13a-b。

33 《同治上海县志》，1:9a-10b；伊懋可《市镇与水道：1480 － 1910 年的上海县》，第 441-474 页；张忠民《上海：从开发走向开放，1368—1842》，第 33 页。

34 《万历上海县志》，4:1a-2b。

h　石（dàn），容量单位，一石等于 10 斗，1 斗等于 10 升，所以 1 石米就是 100 升米。后文中的“担”是重量单位，1 担等于 100 斤。——译者注到明朝开国皇帝统治时期（洪武年间，1368—1398），人口较1314年元朝时期的规模翻了一番，仅77年间就有如此巨大的增长，部分原因很可能是洪武时期对人口调查更为重视。到1413年，数字稍稍有所下降。到1503年，人口调查显示，相比1391年，数字上整体下降18.5%；但是，如果按照人口的数字计算，数字更加戏剧性：从1391年高达532 803，到1503年的260 821，人口下降了51%。1572年，家庭户数为113 985——比70年前的数字上升了22%，但是人数却下降至仅192 968，进一步减少26%。令人惊讶的是，1572年的总人数只有1391年数字的37%！从表面看，人数或许暗示了上海县人口的全盘减少，但是，家庭户数的数字减少又不那么剧烈。虽然，1413年的家庭户数有明显的减少，1503年又再减少，但到了1572年，击退海盗袭击之后，总户数再次回升，接近1391年的数字。因此，人口数目的减少并不能反映家庭移出或减少，只能反映人数的减少——大多数因为成年女性。

1503年至1572年间，上海县的家庭户数实际增长了20 000户，但是平均每户家庭的规模，在1391年曾有4.6个成年人，到1503年下降至2.7个成年人，1572年更是降至1.6个成年人。明显下降的大多为女性的人数。所有后来的人口调查都显示，女性的代表性严重地不足，相对应的是男女性别比例的失衡。根据这些数据，到1572年，记录的家庭中几乎一半都缺少一个女性成年人（表2）。[35]

1391年，上海县男女比例为1.103:1，非常接近清朝中叶《同治上海县志》中男女比例1.05:1。根据一项研究，清朝时期1:1.18甚至于1:1.25的比率非常普遍，[36]但是，万历年间每户家庭平均只有0.5个成年女性的说法显然站不住脚。

表2 1391—1572年上海县人口的男女比例

年份	男：女比例	男	女
1391	1.103 : 1	278 824	252 929
1413	1.117 : 1	199 781	178 647
1503	2.20 : 1	179 524	81 297
1572	4.64 : 1	158 532	34 435

35 《万历上海县志》，4:1a-2b。

36 《同治上海县志》，5:9b-10a；关于清朝中国性别比例变化的讨论，见饶济凡（Gilbert Rozman）《清代中国之人口与市场聚落》（*Population and Marketing Settlement in Ch'ing China*, 1982），第32-33页。

“口”的数字明显下降，尤其成年女性，最合理的解释不是人口大幅削减，而是人口调查的方式改变了，很可能是由于明朝中叶引入的“一条鞭法”[i]赋税改革，整合了一些纳税义务，要求折收白银。我们以此推断家庭户数保持相同，在1391年至1572年的近200年间减少500户不到，但人数的计算方式却改变了。如果是这样的话，同一个200年间，人数明显减少340 000，很可能更多的是因为统计方法，而不是实际的人口减少。[37]

税收政策也对人口普查的数字和个人经济策略产生影响。宋朝和元朝时期，土地税比较轻。在明朝“官方田地”（即“官田”）制度下，在其他赋税之外，松江府80%耕地每年还要按照粮食产量征收“秋税”。[38]与“一条鞭法”相关的赋税改革不是一下子实施的；相反，它的引入循序渐进，在不同的地理区域有不同的税率，在万历期间达到顶点。[39]例如，明朝宣德年间（1426—1435），在上海地区，“秋税”原先缴纳大米，后改为折收白银或棉布。对许多人来说，白银造成实际赋税更高，而折收棉布却可以有可观的节省。[40]

较高赋税和人口减少结合在一起并不只发生在上海县，而是蔓延到整个地区。虽然有税收减免，但每户4.9石的年度农业税由于家庭人数减少，反而造成每个人所承担的税收增加了。[41]棉花手工业提供了现成的收入来源，当纳税评估可以用棉布折收而不是仅能用白银来满足时，就有可能产生额外的税金节约。

不管是否经济上受到商业机会吸引的驱使，还是迫于对海盗袭击的恐惧和明朝沿海疏散的政策，明朝后期人口密度有重大转变，即仍以农业为主的东部乡的人口不断减少，而西部乡的人口却不断增加。到清朝早期，东部平均每户在统计上要减少0.5人，而西部每户却几乎额外增加一个人。[42]明朝早期，东部地区曾经更为繁荣，但是到了明朝末年，西部地区快速多元化，收入水平更高。

---

37 一些学者曾引用这样的明朝人口数据来说明沿海地区人口严重减少以及随之而来的经济破坏。不过，根据后来的数字和男女比例不切实际的性质，我认为，最有可能的解释是家庭成员统计方法的改变，而不是整个县全盘的人口减少——尤其女性。我觉得家庭户数是人口调查中更加可靠的数字。根据家庭户数，1391年和1503年之间的人口减少适度；到1572年，差额几乎已经补足，因为1572年家庭户数的数字显示，仅比1391年减少341户。

38 张忠民《上海：从开发走向开放，1368—1842》，第59页。

39 盖杰民（James Geiss）《嘉靖时期，1522—1566》（*The Chia-ching reign, 1522-1566*, 1988），第489页。

40 张忠民《上海：从开发走向开放，1368—1842》，第61页。

41 同上，第62-63页。

42 同上，第42页。

i “一条鞭法”是明朝嘉靖时期（1522—1566）确立的赋税及徭役制度，由桂萼在嘉靖十年（1531）提出，之后张居正于万历九年（1581）推广到全国。新法规定：把各州县的田赋、徭役以及其他杂征总为一条，合并征收银两，按亩折算缴纳。这样大大简化了税制，方便征收税款。同时使地方官员难于作弊，进而增加财政收入。——译者注人口增长速度超过大米产量的增加，就连西部地区的土地也从劳动力密集的水稻田大米种植转为旱田棉花种植，更多的劳动力得到释放，进入辅助性制造业和小型商业机构。短缺的商品并非只有大米，由于原来用来种植小麦、大麦和豆类的土地转而种植棉花，导致其他食物的严重赤字，尤其种植棉花所需的大豆肥料。

明朝早期开始的商业化从当地东、西部乡之间的交换扩展到更大规模的区域间市场。进口的商品包括来自今天浙江、河南和四川的大米，以及来自南部沿海港口的蔗糖和烟草（万历年间引进的）。棉花农业的成功依赖肥料。尽管明朝沿海交易的禁令仍然有效，但是，山东和广东的大豆饼肥还是通过大运河和北方沿海贸易线路进口。其结果就是，上海的商业化发展中大豆饼肥的进口量和棉花的出口等量齐观。棉布生产所牵涉的许多较为复杂的工艺衍生了对蓝靛染料、淀粉浆和其他半工业化产品的需求，这些产品也从上海地区以外进口。[43] 英国植物学家罗伯特·福钧（Robert Fortune）在1840年代访问松江地区，描述当地广泛栽培棉花；在棉花种植区域的西部，则大量种植蓝草。[44]

棉布处理和染色工艺的进步生产出更高品质的产品，也带来更大的需求。随着当地经济日益专业化，农民种棉花和蓝草等经济作物代替粮食作物，他们有能力从其他地方进口大米。结果，大米的价格在万历年间为每斤 0.7 两白银，到清朝中叶时期涨到每斤 1.5 两白银。[45] 随着货币经济的繁荣，食品和制成品的营销都日益商业化。其中一个结果就是市镇的数量急剧增长，远远超过人口的增长。

市镇

明朝当地地方志按年份排列，内容特别广泛，提供的人口数字可以描绘出市镇的扩张。上海本身曾是华亭县几个市镇之一，在宋朝末期升为县城。只要当地满足于大部分自给自足的农业，就不需要更多的市场。棉花带来了市场。1524 年，上海县列了 22 个镇和市（城镇和市镇）。[46]64 年后，到 1588 年，这个数字为 20 个，仅下降 2 个。[47] 在接下去的 200 年间发展更多，但速度较为缓慢；到 1750 年，共有 27 个

43 张忠民《上海：从开发走向开放，1368—1842》，第 46-51 页。

44 福钧《福钧中国漫游》（*Fortune's Wandering in China*, 1847），第 570 页。

45 张忠民《上海：从开发走向开放，1368—1842》，第 45 页。

46 《嘉靖上海县志》，3:7a-8b。

47 《万历上海县志》，1:5b-10a。

市镇。[48] 据 1882 年的地方志，上海县在 19 世纪初期有 31 个市镇；尽管在明朝和清朝较早时候，有若干新的县从上海县的区划中划出，它的面积有所减小。假如明朝统治下所有曾经属上海县的领地都包括进去，市镇的数目增加到 45 个。[49] 旧的镇消失，新的镇取而代之；从 1470 年至 1820 年，合计有 50 个新镇涌现（图 6）。

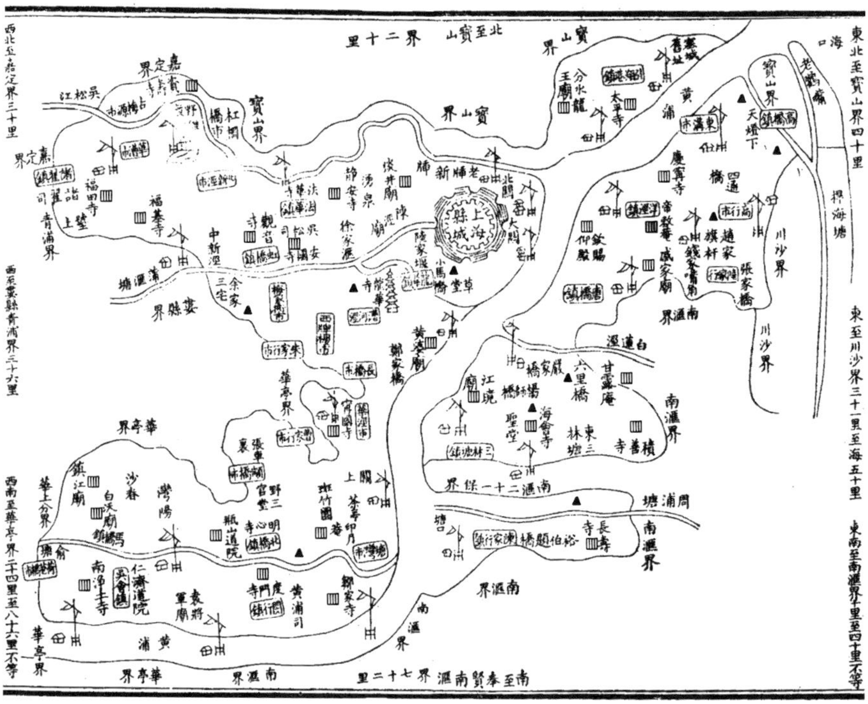

图 6 清朝时期上海县及其市镇
（引自《同治上海县志》首卷）

县界
市镇
村
寺庙
军事据点

48 伊懋可《市镇与水道：1480—1910 年的上海县》，第 471 页。

49 《同治上海县志》，1:9a-10b。

在清朝时期，从1644年至1712年，人口数字虽充其量属大致印象，但有5.8%的增长。嘉庆年间（1796—1820），1810年人口调查记载，上海县的人口为527 472，这个数字包括16岁至60岁成年服徭役的男性和女性。[50]（官绅免徭役的人口大约2000到3000多，另有地区内永久性或半永久性的几千驻军将士。）1810年人口调查显示，上海县从明朝中叶大约30万人的规模有了大幅的增长。[51]

清朝的数字只包括那些实际在上海县登记在册的人口；从中国其他地区到上海或短期或长期居住、但仍然保留家乡原户籍的暂住人口则不计在内。总的来说，上海县的人口大约超过55万成年人，平均密度每平方英里超过1000人（每平方公里386人）。[52]这样的人口密度不可能仅仅靠这片土地上的农业产出来支撑。

图6表明，市镇数量的增长百分比远高于人口增长，这反映了农村持续商业化的步伐。明朝和清朝时期，上海及松江地区棉花栽植、手工业制造、治水举措和市镇都在新兴的商业经济中密不可分。农业提供了基础，然而到清朝时期，松江府整个收入的50%来自棉花纺纱和织布。上海县70%和嘉定县90%的耕地都种了棉花。[54]

手工业制造

农业的发展伴随着城市地区手工业（制造业）的发展，其中丝绸编织、棉花染色加工是许多行业中最重要的两个。[55]这里再一次提到，上海县的东部即“河前”（指浦东）和西部地区即“河后”（指浦西），两者之间的区别显著。在东部，农户种棉花、轧籽棉、弹棉絮、手工纺纱以及在家织粗布。以这种方式生产的布料对于当地家庭使用来说是令人满意的，但它不是经济作物而是生存必需品。“从棉铃到幼铃吐絮，从吐絮到棉线，从棉线到成品棉布，一旦纺纱和织布开始，每匹布需要花费七天时间的工作。”[56]

五口之家一起工作，可以在一天内生产大约两码（1.83米）成品布。但是，能种出足够的棉花可以保证全家一整年忙碌的农民却凤毛麟角。[57]因此，许多家庭用纺

50 同上，8:8a。清朝后期进行的所有人口调查中，嘉庆年间统计的数字很可能是最可靠的。

51 《弘治上海县志》，3:11b；《同治上海县志》，1:9a-10b。

52 伊懋可《市镇与水道：1480—1910年的上海县》，第470页。

53 同上，第445-447页；基本的模式在施坚雅《中国农村的市场和社会结构》（*Marketing and Social Structure in Rural China*, I-II, 1964 & 1965）中解释。

54 伊懋可《市镇与水道：1480—1910年的上海县》，第444-445、472-473页。

55 刘永成《史论清代苏州手工业行会》（1959年），第23页。

56 迪特里希《清朝中国的棉花文化和生产》，第109-135页。

57 张忠民《上海：从开发走向开放，1368—1842》，第70页。

纱市场上购买的籽棉来补充自己栽植的棉花。一些东部家庭，特别是那些以女性为首的家庭，专门从事纺纱，购买籽棉并在市场上出售纱线，卖给经纪商，由经纪商将纱线运送到西部地区的专业织布工。其他人纺线和编织，将未染色的粗布卖给经纪商，以便运送到浦西的城镇。[58]

农户的经营越专业化，其营销参与度就越高。伊懋可生动描述了市场依赖的困境：

> 秋天，棉花作物上市，如果有商人到集市来购买棉花，农民和他们的妻子由于缺乏营运资金，只能可怜兮兮地依赖商人在年内向他们发放少量籽棉，把纺纱和织布作为副业，期望商人反过来回购他们的成品。……（如果）棉花商人没来，那松江的居民只好干站着等死了。[59]

在清朝的过程中，纺纱和织布从许多农户的副业转化成主要支柱，农业倒成为辅助产业。市场扩大了，棉布的价值上升。到了清朝中叶道光时期（1821—1850），农民的棉布价格走势是每码（0.91 米）280 文，扣除成本后利润为 20 文左右。[60] 成功的关键在于经纪商，他们买了农民的棉布后运到城镇作坊进行染色和加工。

在上海及附近县的西部乡即“浦西”，一种不同的生产占主导地位；在那里，稻米种植农业与更先进的手工业制造互相交替。稻米种植户的妇女也操作手工业作为副业，纺纱织布，并像东部同行那样购买原料。但是，在西部的市镇和小城市，一种近似工业化水平的手工业制造业发展起来，使用专业的织布机和技术，采用染色和加工工艺流程，所需大型设备和重型劳动力远远超出了农户或个体作坊操作的能力。[61]

织布成为专业化的操作，不再局限于农妇，而是“织布机家庭”（即“机户”）中男女皆可承担的工作。这样的专业化农户可以负担得起投资生产高质量棉布的织布机。由“机户”生产的一匹典型精细棉布在明朝后期卖 3 钱 8 分——远远高于农民粗布的价格。[62] 到明朝末期，松江城有 3336 户匠籍“机户”。张忠民估计，明朝中叶松江府平均年产 150 万匹布，到明朝末年升至 200 万匹，清朝中叶达 300 万匹。[63] 这些“机户”家庭完全脱离农村，彻头彻尾依赖手工业养活自己，购买所有原材料、食

---

58 张忠民《上海：从开发走向开放，1368—1842》，第 70-71 页。

59 伊懋可《市镇与水道：1480—1910 年的上海县》，第 447 页。

60 张忠民《上海：从开发走向开放，1368—1842》，第 79 页。

61 全汉升《鸦片战争前江苏的棉纺织业》，第 31-33 页。

62 张忠民《上海：从开发走向开放，1368—1842》，第 72 页；关于明朝“机户”的组成，见史华罗（Santangelo）《帝国晚期的苏州城市社会》（*Urban Society in Late Imperial Suzhou*, 1993）。

63 张忠民《上海：从开发走向开放，1368—1842》，第 73、85 页。

物和其他必需品。因此，他们全力投入市场。除了个体经营的“机户”之外，还有“大户”，也就是“大家庭”，运行大规模作坊，由监工监督纺纱和织布生产。一些“大户”在当地用“包出制”雇用机户作为辅助劳动力。[64]

清朝上半叶，棉织物产量和销售量在当地、国内甚至国际市场上增长。当地农户和类似城市工人的织物消费每人每年不超过2到3匹布，因此，上海地区生产的棉花至少有80%在该地区以外销售。张忠民估计，将季节性劳动力、降雨量和地区在前现代的生产力水平考虑进去，松江府在19世纪的生产水平最多可达到560万匹布。乾隆时期（1736—1796）上海的地方志只稍稍夸大其辞，称赞县产量为“一天1万匹”。[65]

东部农业和西部制造业城镇之间的关键环节是经纪商和商人完成的，他们从东部采购原材料并将其运到西部。显而易见，一些经纪商运用当地“包出制”，向织布农户提供信贷，供应棉纱，以优惠价格回购成品，转卖给染色和研光[j]作坊。[66]大规模的城镇作坊或者工厂是生产过程的最后一步，染色和研光是重体力活，通常付工钱雇用劳动力。

在明朝时期，染色和研光中心位于崧宅[k]的龙华塔（上海县城以南）附近和日渐衰落的青龙镇。[67]到清朝时期，这一行业移至苏州和松江；华亭县的南翔镇也是染色中心。到康熙晚期，仅苏州就有64个染色、研光作坊，大多由商人运营。这些作坊自己雇用短期或按日计酬的劳动力，有自己的商标，设定薪资，确定其成品价格。[68]生产过程的一个重要组成部分是“包头”，即劳务承包商，他们为这些行业提供劳动力，经常雇用淡季的农民或者为了找工作而被城市吸引的流动人口。清朝中叶，此行业在苏州就雇了2万工人。[69]

---

64 张忠民《上海：从开发走向开放，1368—1842》，第75-76页。

65 同上，第85页。

66 关于经纪商的角色，见曼素恩（Susan Mann）的论述：《中国社会主义之前作为企业家的经纪商》（Brokers as Entrepreneurs in Presocialist China, Oct. 1984），第614-636页和《地方商人与官僚政府，1750—1950年》（*Local Merchants and the Chinese Bureaucracy, 1750-1950*, 1987），第59-69页。

67 张忠民《上海：从开发走向开放，1368—1842》，第91页。

68 同上，第109页。

69 刘永成《史论清代苏州手工业行会》，第23页；宫崎市定《明清时代的苏州及轻工业的发展》，第70页；全汉升《鸦片战争前江苏的棉纺织业》，第1-45页。

j 研光，指用卵石或弧形的石块碾压或摩擦布、皮等，使其密实而光亮。——译者注

k 原文误为“Songmao”，应为“Songzhai”（崧宅）。崧宅位于青浦县境东部赵巷镇崧泽村。相传晋代吴郡太守袁崧筑宅于此，称“崧宅”，又因它处于水乡泽国富庶之地，得名“崧泽”。崧泽村原是一个古老的集镇，早在明朝初年，凭借着这里水陆交通的便利，即由一个自然村落，逐渐形成为江南集镇，聚集了人气。——译者注

不同地点专门从事不同类型的棉花纺织。“稀布”是在上海县纺织的一种细纱材料；“飞花布”是河对岸浦东地区的特产；“沙布”来自南汇和川沙。[70]1588 年，万历地方志列举了超过 60 种不同的棉花、棉线和棉布。[71] 南翔生产一种用上过浆的棉纱线织成的印花棉布。[72] 不过，最为闻名遐迩的也许是上海地区出产的、染成赭色或蓝色的结实棉布，西方人称之为“南京布”（Nankeen cloth）。

南京布得名于江苏省的南京，它曾是明朝的旧都。当西方买家问起这种棉布产自哪里时，在广州的中国商人回答道：“南京省”。事实上，这种家喻户晓的南京布主要产于江苏省的两个府，即苏州府和松江府；然后从上海的港口运出，途径南方沿海贸易线路到达广州。因此，南京布与南京这个城市联系在一起有些张冠李戴。1736 年，英国东印度公司购买了 1 万匹南京布。其后，南京布出售给英国，继而美国，买家持续增加，1819 年达到顶峰，售出 290 万匹，几乎是张忠民估计的 560 万匹产量的一半。[73] 随后，南京布销售的下降和 1830 年代的崩溃对上海的经济产生了毁灭性的影响。

南京布贸易的崩溃和它对上海的影响将在后面章节更加完整地讨论，但是，这里值得一提的是，南京布的故事为市场波动对当地经济的影响提供了一个戏剧化的例子——首先使它膨胀，然后导致意想不到的灾难性崩溃。棉花贸易的经济影响远远超出了小农户，包括货物交易的关键人物——经纪商和商人，甚至还包括大规模的船主、运输公司、海员和底层泥工（“泥头”）。

肥料和商业

从洪武皇帝统治时期开始，仅从今浙江省和江苏省区域每年收到的漕粮就是全国商业贸易的重要部分。[74] 由于种植棉花的区域大米短缺，苛捐杂税中的漕粮不得不从其他地区进口。全汉升（Ch’uan Hansheng）和高乐（Richard Kraus）记录了苏州在清朝中叶大规模的粮食交易，其中很大比例到了松江消费者手中。[75] 消费和漕粮是大米进口和出口的主要原因，增加了上海港的商业贸易总量。一般情况下，由大运河运漕粮，开挖大运河即为此目的。粮食收集后运到苏州的主要装运点，上海在贸易中是一个分站。

---

70 张忠民《上海：从开发走向开放，1368—1842》，第 89 页。

71 《万历上海县志》，3:18a-19b。

72 张忠民《上海：从开发走向开放，1368—1842》，第 91 页。

73 同上；全汉升《鸦片战争前江苏的棉纺织业》，第 40 页。

74 张忠民《上海：从开发走向开放，1368—1842》，第 140 页。

75 全汉升、高乐《清中叶的米粮市场与贸易：价格史研究之一》，第 71 页。

棉花很容易耗竭土壤；传统上，疏浚水道后的淤泥、人或动物的排泄物和其他营养成分都可以用在农田里；但是，到目前为止，最有效的棉花肥料是发酵的豆饼。松江府很早并持续使用大豆饼肥，肥料的秘密成分很可能是该地区成为全国棉花生产首屈一指的佼佼者的原因。明朝地方志中上海县在15世纪早期就把大豆列为该县重要的农产品，连同棉花和许多其他不同种类的水果和蔬菜、鱼、盐、竹、麻，以及芦苇。[76]

大豆饼何时及如何首次用作肥料的原因并不是很清楚，但是由于大豆是明朝时期当地主要产品之一，那时很可能也会把大豆的副产品用在棉花田里。由于原先种棉花的土地替代了豆类和麻类，进口豆制品就成为当务之需。位于北方的山东和辽东（即关东，山海关以东）是大豆的主要产区。明朝海上禁运实施时期，山东豆制品通过大运河运往南方，返回时运送漕粮，甚至走海运，尽管有禁令。[77]上海在1736年设立主要海关和（上海）道的驻地之前，被誉为帝国边缘的、无法无天的地区。如傅衣凌[I]所示，明朝后期的江苏一带的商人靠规避法律，在沿海贸易中发迹。[78]顺治时期（1644—1661）之前，关东和山东的大豆运输商人在上海非常活跃，表明豆类和豆饼肥料在东北的活跃贸易发生在清军入关之前。

1684年，康熙皇帝解除海上禁运之后，上海与辽东之间的豆制品商业前所未有地繁荣昌盛。上海对肥料的需求迅速扩大。豆类和豆饼肥料每年从山东和辽东运到上海，数量之大在任何前现代经济中都会显得极其令人瞠目结舌。张忠民估计，每亩棉花每年需要40斤肥料，其结果是，仅肥料一项的贸易每年就达到200万两白银。[79]

到1700年，上海已形成两个运输商人的行会竞争北洋航线。一个是关东和山东的公所（或称为“帮”），由从事大豆和肥料交易的北方人组成，在顺治时期或更早就存在了。另一个是由于上海本地商人及船主不甘示弱，于康熙年间建立了沙船商的行会即“商船会馆”，成为上海最大且最有影响力的行会之一。与此同时，在零售业上，其他本地商人建立了油豆饼业公所，它正式注册于1820年代，但实际运作要早得多。[80]到1830年，上海县城从事豆业生意的有44家公司和33个家庭作坊。[81]第5章将详细讨论上海的各种商业行会和机构的影响和贡献；简单地说，18世纪和19世纪，船主、

76 《弘治上海县志》，3:13a-19b。

77 全汉升《唐宋帝国与运河》（1958年）；张忠民《上海：从开发走向开放，1368—1842》，第170、181页。

78 傅衣凌《明清时代商人及商业资本》，第92-106页。

79 张忠民《上海：从开发走向开放，1368—1842》，第178页。

80 同上，第77-78页；《同治上海县志》，3:1a-6b。

81 张忠民《上海：从开发走向开放，1368—1842》，第170页。

I 傅衣凌（1911—1988），福建福州人，中国历史学家，中国社会经济史学主要奠基者之一。——译者注

经纪商和商人参与棉花生产的各个方面，组成了上海最早的、最重要的几个行会，控制和主宰了棉花和肥料的贸易。

商人不仅仅从事贸易，他们还参与到多种诸如社会冲突、私人慈善和税款收集方面的事务中。包税制的问题相当奇妙。虽然1785年《上海大关则例》中列了大豆，作为大宗产品征税，但是却没有列出豆油或豆饼肥料，导致一种猜测，即早在乾隆年间，运输商人就为了额外的利润也采用包税制对他们的商品征收关税。到同治时期，豆业公所替当地善会向来访的“客商”收取费用。[82] 卸载大豆的沙船向北返程时需要沙包压舱，有时，沙船商和吵吵嚷嚷的下层“泥头”之间会爆发社会冲突，后者是雇来装载黄浦江岸淤泥的工人，众人皆知他们肆无忌惮的恶名。当地政府规定由行会监督和控制其雇工，行会受制于五个县的条例规范，减少因帮派引起的骚乱。[83]

市场经济的影响

从元朝开始到清朝中叶的500多年间，上海县从以农业生计为基础、为有限的人口提供田地、盐和鱼的经济，转变成为更为复杂的经济结构，棉花成为经济作物，棉纺手工业制造和商业支撑起成倍的人口，其中大部分是城镇居民。

这个以棉花为基础的前现代工业系统也形成了不可避免相互依存的周期。在每个操作阶段，小生产者和大商人之间互相依赖。假如春耕时商人未能及时交付肥料，农作物产量下降，农民饥肠辘辘。假如从农户那里购买棉纱或土布的经纪商没来，松江的小生产者只能“干站着等死”。[84] 同样，城镇“机户”也依赖类似的经纪商和商人提供原材料，才能将其纺线织布做成面料。假如织布机不运转，那些大型产业作坊中为棉织品进行染色、卷染、砑光和加工的雇佣劳工就没活干。假如那些带来肥料的运输商人返程的航船没有棉织物，甚至那些聒噪的“泥头”都要失业。反过来，整个过程依赖国内甚至国外市场的棉纺织品的价格。

综上所述，棉花和商业创造了繁荣，到清朝盛世时期，总的来说，整个江南尤其是松江府和上海县成为中国最富庶的地区。商人的财富为建设上海县城作出了贡献，

82 《上海县续志》，3:6b-7a。

83 叮嘱商船会馆控制其“泥头”的铭文记录在《江苏省明清以来碑刻资料选集》第478-479页和《上海碑刻资料选辑》第69、182、201页；见杜黎《鸦片战争前上海行会性质之嬗变》，第24-25页。毫无疑问，在黄浦江两岸经常性地清除淤泥和黄沙，对拓宽河道、减少淤积并加强锚地的深水航运有极大帮助，因为，当1840年代英国人叫领事馆前面地块上的“泥头”工人停止挖泥时，淤积问题马上接踵而至，要保持河道畅通必须疏浚。

84 引自伊懋可《市镇与水道：1480—1910年的上海县》，第447页。

修建并维护了诸如豫园、城隍庙、县学和书院等地。但是，繁荣的另一面则是不断上升的市场依赖度。

在清朝时期，进口大米作为粮食和漕粮，进口肥料以供棉花农田，同时出口丝绸和棉布，成为大规模海上商业活动的焦点，反过来又依靠松江手工业生产者。明朝和清朝早期的一般商业周期的常规起伏很可能因为缺乏数据而被掩盖了。也许可以假设，在17世纪中叶清军入关所引起的骚动可能造成市场的低迷，但是几乎没有具体数据来支撑这样的假设。经济学家表明，中国在18世纪经历了一段缓慢且一般来说有益的通货膨胀，有助于提高生活水平和增加人口。清朝扩大棉花市场为松江的生产者带来了繁荣，反映在上海县的市镇数量增加以及城市实际地盘扩张。

从1785年海关手册《上海大关则例》中的清单判断，清朝盛世期间从上海港通过的各种产品相当惊人，包括从黑貂毛皮到草帽和鞋子的各种穿戴服饰；本地消费或沿北洋航线出口的茶叶；葡萄酒；烟草；食品包括豆类、大米、蔗糖、牛肉、火腿、各种蘑菇、海河鲜、水果和蔬菜；各种各样的棉花，范围从未处理的籽棉棉铃、棉线棉纱到各种等级和重量的成品织物；各种丝绸，从蚕卵到最精致的成品绸缎；苏州出产的各种纸张；蜡烛；食用油和灯油；皮革制品；批量木材和竹子，以及木材、竹、金属等的加工制品；黄金；玉和珍贵珠宝；骨头、犄角、羽毛和皮草；各种药品；煤炭；木炭；北洋航线用来压舱并作为肥料出售的“淤泥”。进口货物如日本纸、日本刀、外国纱、奢侈品如美食汤羹所用的燕窝，则征收高于本地出产的进出口货物的关税。[85]

中国在清朝时期存在这样一个“国内市场”是经过激烈辩论的题目。这是目前中国学者中广泛接受的命题。例如，张忠民讨论了上海棉业在国内市场的影响，但没有定义这样一个国内市场的参数或必要的特征。[86] 如果张忠民和他的同事仅仅简单地认为，整个帝国内有商品交易发生，那么，毫无疑问，在清朝盛世时期，整个帝国内确实运输且销售了商品，例如大米、丝绸和纺织品、纸成品、茶叶、肥料、蔗糖和白银。长途运输商品的贸易线路非常活跃，例如，上海和汉口都是全国性的贸易线路上的节点，明显超越了地区界限。[87]

85 《上海大关则例》，3a-31a。

86 张忠民《上海：从开发走向开放，1368—1842》，第141-186页。

87 国内市场、其范围及其局限在罗威廉《汉口：一个中国城市的商业和社会（1796—1889）》第54-62页中讨论。

但是，假如定义一个国家级别的市场需要在帝国内建立分布广泛且互相依赖的价格结构，这个论题就更加有问题了。分析18世纪长江下游地区、安徽、福建、广西和广东紧密相连的粮食区域市场，在国内和地区层面上，这些市场表明，在很长一段时间内，大米的价格异乎寻常地始终如一；这样水平的价格显然超越了即时的当地农业收获情况。[88] 除了大米之外，18世纪和19世纪盐和棉纺织品的市场竞争激烈，应对市场压力的情况也明显存在。茶叶、丝绸、蔗糖和纸张也可添加到这个清单中。但是，是否真实存在一个经过整合且具有持久性的、全国范围的市场，还有待证明。也许，在这个阶段，最准确的描述是，中国的营销系统还不完善，仅限于少数几个产品；尽管有一些产品在帝国范围内营销，价格很可能根据位置和交通便利而不同。[89]

上海不仅受益于一个异常活跃的区域市场，而且还受益于其参与扩大的帝国贸易。此外，正在形成中的棉纺织品国际贸易带来"额外"的活动。除了少数例外，参与外部市场利润丰厚且有益于城、县和地区——只是，就像1830年代贸易失败时，整个网络都受到影响，从农户到经纪商、船商甚至到底层的"泥头"，无一幸免。

我们可以更加详细、更有信心地追踪清朝后期经济衰退的影响，因为具体信息更为丰富。在嘉庆年间和道光早期，当南京布成为国际贸易的主要货品时，上海的商业行会扩张并在数量上有所增加。1820年代南京布销售崩溃之后在上海出现了明显的市场萧条。行会活动停止，甚至会馆修葺也推迟，在1830年至1850年间，没有建立新的商业、贸易或工艺协会。[90] 上海经济不仅仅受到南京布这一项商品的影响，但是，南京布销售的崩溃触发了整体的萧条，由于贸易争端、鸦片战争和外国炮舰入侵长江，南洋航线的中断日益加深。

第6章将详细讨论贸易、贸易线路、商业政策和关税。这里足以指出的是，13世纪至19世纪棉花产业一般来说有益于上海县和松江府，但是，市场依赖的负面影响却是破坏性的。尽管如此，它的积极影响——上海所吸引的商业、财富和地位——在当时促进建立了一个坚实的县城。到明朝晚期，上海由保护性的城墙环绕；到清朝，它越过了城墙范围，在县城和黄浦江之间建立起大规模的商业区。

---

88 全汉升、高乐《清中叶的米粮市场与贸易：价格史研究之一》，第44-58页；马立博（Robert B. Marks）《18世纪华南米价、食物供应和市场结构》（Rice Prices, Food Supply, and Market Structure in Eighteenth-Century South China, Dec. 1991），第64-116页。

89 马若孟（Ramon H. Myers）《现代中国经济何以发展起来的？——一篇评论文章》（How Did the Modern Chinese Economy Develop? - A Review Article, Aug. 1991），第613、614-615页。

90 《上海县续志》，3:1b-7b。

第三章

明朝上海：寺庙和园林之城

在中国，县城代表了帝制权力体系中的最低级别。上海县城的设计和组织与中国的都城有着共同的空间语汇，然而作为一个单纯的沿海城市，它在某些方面也与这些规范性原则却有所不同。从宋朝至清朝，上海作为市镇和后来的县城，随着棉花和商业、内地以及帝国的经济和政治命运，一同发展、衰落、扩张、收缩。中国人对城市空间的态度及其用途可以从上海城市形态的历史中追寻到缩影。

中国的城市设计

从周朝开始，基于对自然世界的认识，中国城市设计认为，理想的都城是一个方形平面的、有围墙的城市，依据一个严格的南北轴线网格上布置，朝向正南正北，适当考虑周围山川的环境，选择最吉祥的位置。[1] 它被城墙包围，每一边设城门，通往主要方向。这样的城市设计象征性地传递了中心与帝国之间的政治权力。[2] 从城门延伸出来的街道，在城内以网格图形纵横交错，形成东西向和南北向的大街。皇宫和官府衙门置于城市的中心，甚至还规定了市场、宗庙和其他重要建筑的位置。[3]

汉朝和唐朝的长安、宋朝的开封、明朝和清朝的北京皆是理想都城的典范。[4] 中国官僚行政秩序的等级制度中，下级单位复制了都城的城市设计原则，因此，设计上省城"复制"帝都，府治"复制"省城的设计。[5] 即使历史进程或场地配置使城市难以符合理想的设计，为了尽可能符合这些认知原则，也努力在场地上调整并构建一个这样的城市规划。[6] 这些设计原则甚至延伸到县城，通常是以四四方方的都城为模板。[7]

---

1 惠特利 (Paul Wheatley)《四方之极》(*Pivot of the Four Quarters*, 1971); 芮沃寿 (Arthur Wright)《中国城市的宇宙论》(*The Cosmology of the Chinese City*, 1977)，第 411-414 页。

2 惠特利《四方之极》，第 433-434、450-457 页。

3 惠特利《四方之极》，第 412、423-425 页；芮沃寿《中国城市的宇宙论》，第 46-47 页。

4 芮沃寿《中国城市的宇宙论》，第 50-73 页。

5 章生道 (Sen-dou Chang)《城治的形态与结构研究》(*The Morphology of Walled Capitals*, 1977) 和《中国城市化的历史趋向》(*The Historical Trend of Chinese Urbanization*, June 1963)。

6 芮沃寿《中国城市的宇宙论》，第 51-55、63-66 页；牟复礼 (Mote)《元末明初时期南京的变迁》(*The Transformation of Nanking, 1350-1400*, 1977)，第 100-153 页。

7 章生道《中国县城都市地理的若干方面》(*Some Aspects of the Urban Geography of the Chinese Hsien Capital*, Mar. 1961); 沃拉克 (Benjamin E. Wallacker) 等《中国的带围墙的城市》(*Chinese Walled Cities: A Collection of Maps from Shina Jocaku no Gaiyo*, 1979)。

不过，上海一开始并不是按照任何行政首府来设计的。它从一个村庄有机发展成为市镇，仅在后来才被提升为县城，没有任何迹象显示城市规划是有意为之的。在上海被提升为市镇的地位之后，宋末元初的一份地图提供了上海外貌的首个确凿证据。[8]这张地图重新绘制为图 7。它显示了一个组织松散、正在蔓延的城镇，尚未有围墙围起并定义它。一些小水道从城镇穿过，因而，有许多小桥跨越水道；这些水道连接到较大的松江和黄浦江，它们分别出现在地图的上方和右侧。官府中最突出的有：A 市舶司；B 元朝镇戍万户府[a]；C 元朝漕运千户府；D 榷场[b]；E 酒库（元朝政府的垄断机构）。政府设立的机构中包括官方或公立的儒塾，例如，F 宋朝市镇旧书院；G 元朝“新”书院；H 元朝县学。地图中还标出了宗教建筑，不管性质上是道教还是佛教，或者属于“民间宗教”类别，也都包括在内，其中有：1 宋初的顺济庙，后来成为著名的天妃宫；2 金山寺；3 宋时供奉城隍神的今淡井庙；4 静安寺；5 龙华寺及龙华塔；6 文昌阁。其他机构包括孔庙、寺庙、各种佛堂和私塾书院，都在这张地图的原稿中有标注，并在图 7 上用符号标识。地图原稿中的城市野史，由褚华在 18 世纪中叶《沪城备考》（意为上海历史的草稿，“沪”即上海）中重印，取自宋末元初的集成。宋朝和明朝 的机构都有名称标注，但是某些宋的机构标注为“旧宋”或“前宋”，而元的标注有时在名称里就写成“新”。除此以外，有些官府被标为“明 ”，表示是在早前地图上添加的。[9]随着时间的推移，小镇变得更有组织了。道路和运河拉直并对齐。建筑的位置经过考虑。明朝县志的一系列地图显示对现有城市的结构组织越来越感兴趣。16 世纪早期的一张地图中，地图制作者强调了直线形的方案，甚至把城市水道和街道都改为严格的线形模式，硬是挤进一个东西向的菱形中。在元朝和明朝的地图中，街道都经过拉伸，一直延长到黄浦江的岸边。[10]

---

8 《沪城备考》，首卷：2b-3a。

9 《沪城备考》是清朝中叶写成的一部上海历史的野史，相比正式的县志提供的历史，它一般是用民间传说的方式来写上海历史，因此显而易见它旨在填补县志的遗漏部分。比较正式的上海历史的编年史可见《嘉庆上海县志》，1:4b；《同治上海县志》，1:2a-24b；《上海县续志》，卷一；《民国上海县志》，卷一。

10 《嘉靖上海县志》，首卷：地图；《万历上海县志》，首卷：地图。

a 万户府是军队编制。蒙古成吉思汗建国，封右、中、左三万户，分领属下军民。元朝分设于中枢及各路，置官万户，开府治事，统属下千户。——译者注

b 榷场是宋辽金元在边境所设的互市（即通商贸易市场）。场内贸易由官吏主持，除官营贸易外，商人须纳税、交牙钱（即中间商的佣金）、领得证明文件（关子、标子、关引等）方能交易。——译者注

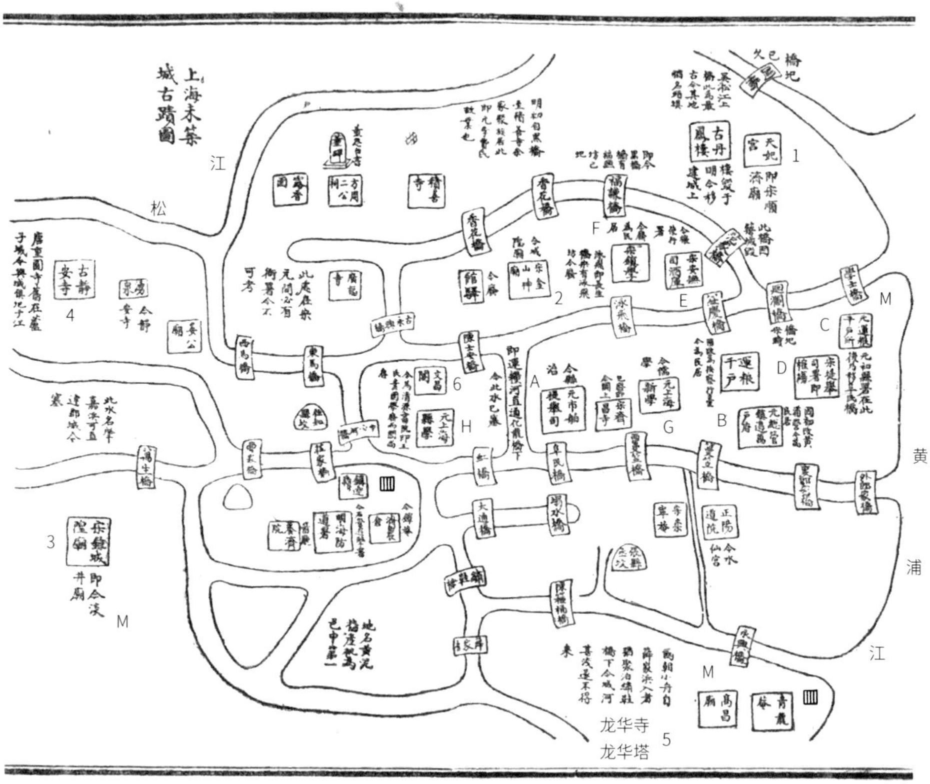

图 7 元朝早期的上海市镇
（绘编自《沪城备考》，首卷：2b-3a）

M 集市
官府
私塾书院
寺庙

A 市舶司；
B 元朝镇戍万户府；
C 元朝漕运万户府；
D 榷场；
E 酒库（元朝政府的垄断机构）
F 宋朝市镇旧书院；
G 元朝“新”书院；
H 元朝县学

1 顺济庙（天妃宫）；
2 金山寺；
3 淡井庙；
4 静安寺；
5 龙华寺及龙华塔；
6 文昌阁

随着 1554 年城墙建起，上海的地图发生了巨大变化。图 8 显示，它不是一个宽阔的矩形小镇，而是椭圆形，几乎呈圆形；轴线已经移动，造成南北方向比东西方向更长。它的尺寸较之前缩减了；街道不再延伸到黄浦江岸边，整个县城由高墙和一条护城河围起。[11] 晚明的上海在城市设计上类似于明朝后期数百个带城墙的沿海城镇，许多都是圆形的，包括附近府治松江、昆山、常州和其他位于今江苏、浙江和福建等地的沿海社区。[12] 在这方面，上海并没有什么不寻常之处。与清朝时期过度拥挤、繁忙的商业城市形成鲜明对比的是，无论如何，明朝的上海都是一个优雅而悠闲的城市；它是绿色的园林，云集了纪念牌坊，并配有大量的寺庙和儒塾。

从宋朝到明初的上海县城

虽然据称早在先秦朝时期，在今天的上海就已有人类的定居点，但是，第一个确凿证据是在唐朝时期提到的叫“沪渎”的村庄，亦称为“沪渎港”。从这些早期的发源开始，该村庄随着地区的发展，受益于隋朝堤堰的开凿，堤堰起到防护土地流失并稳固土壤的作用。在唐朝和五代十国时期，该地区的人口增加，日益繁荣富裕。更多疏浚、筑堤和圩田有助于沼泽排水、营造农田和明确水道，其结果是整合了河流，加深了河床。同时，河流和湖泊的含盐量减弱，地平面被抬高，减少了海水泛滥。黄浦江在这段时期形成了确定的水道，在沪渎附近与松江汇合。由于松江所携带的淤泥和沙子不断增加，在河口形成了河岸，海洋离上海越来越远。[13]

上海在宋朝演变成为当地商贸及其他活动的核心。然而，这个小镇似乎并没有在村庄的土地上发展，而是向它南面的黄浦江边拓展。1074 年，它被官方机构确定为市镇，由此奠定了它的正式地位。[14] 根据上海建城的编年史，1119 年，市镇已经成立一个海外贸易的官府（市舶司）；这是一个由户部管理的负责运输和关税的政府机构。[15] 除此以外，图 7 还标示了榷场（商业贸易市场）、酒库、军隘、官署、儒塾、佛仙宫馆（佛寺和道观）、氓廛贾肆（流动小贩市场和成熟的商业市井）。

在上海所有景点中，最著名的景点之一就是城南的龙华寺，现在仍然如此。根据古代编年史，这个地点早在公元前 4 世纪吴越争霸时期就已经是圣地。[16] 根据另一

11 《万历上海县志》，首卷：地图。

12 《嘉庆松江府志》，首卷：地图。

13 《同治上海县志》，1:2a-4b；邹逸麟《上海地区最早的对外贸易港——青龙镇》，第 119-129 页；王鹏程《松江府在明代的历史地位》，第 51-53 页。

14 《同治上海县志》，1:4a。

15 同上，12:2a。

16 郑祖安《上海旧县城》（1984 年），第 7-8 页。

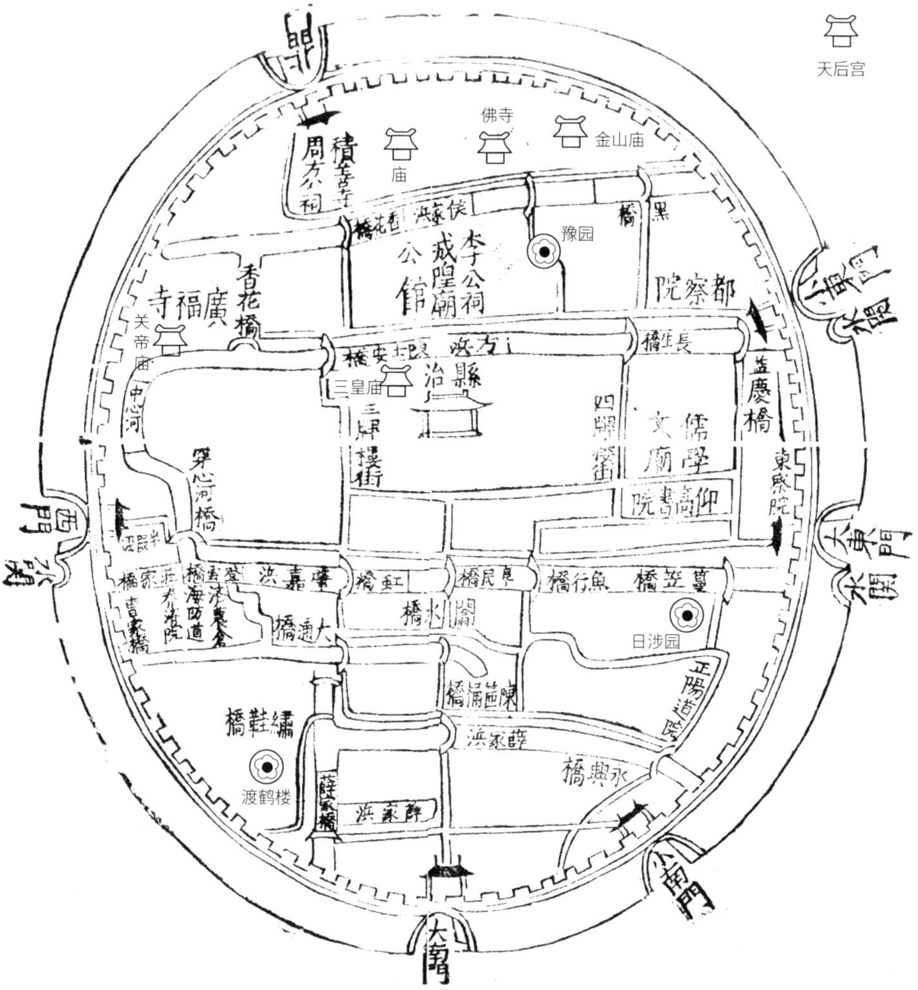

图 8 明朝晚期万历年间的上海
(绘编自《万历上海县志》，首卷)

个传说，该地点上的第一个建筑是公元 219 年三国时期由孙权建造的一座塔。[17] 后来的寺庙及其佛塔建于北宋时期，一直到明朝时仍然存在。[18]

宋朝时期建造的许多寺庙道观在后来的岁月中皆为这个城市增添风采。虽然有些寺庙可能声称拥有更久远的历史，但历史资料指出了它们在宋朝实际建造的具体日期。图 7 上的儒塾 6 文昌阁在 A 市舶司的西面。其他的宋朝寺庙包括镇外西南、供奉宋时城隍神的 3 淡井庙，以及位于东南的佛教圣地青龙庵和高昌庙。[19] 镇的北面是 2 金山庙和广福寺。

上海县在宋朝的后期继续发展。南宋时期，在隋朝大运河基础上继续往东 19 里，修建了新的海堤和堤防，进一步延伸并明确了华亭县的土地（参见图 3）。宋朝期间开始的治水项目疏浚了松江的河道，加固了整个地区水道的堤岸和水闸。[20] 通过这些方式，上海成为一个半自然半人工、有相对较深的水位的良港。到宋朝后期，地区经济繁荣昌盛，上海成了一个实至名归的城镇。这样的繁荣在元朝初年依然毫不逊色。上海显然几乎未受到因蒙古人入侵而引发的宋元战争的影响。元朝政府为了应对当地经济日益增长带来的重要性，于 1294 年将华亭县北部的五个乡分割出来，组成一个新的县，将上海的市镇设为县城。[21]

此后不久，在 1294—1295 年间，旧的市镇书院被“新”书院和元朝的县学取而代之；原来的书院本身就是一个家喻户晓的机构，声称其历史可以追溯到唐朝，当时上海仅仅是一个村庄。元朝继续宋朝资助教育的办法，县学获赠 500 亩农田。[22] 元朝初期，县学搬迁到新的位置，靠近县衙，历年来大规模修建了厅堂和庭院。[23]

在元朝几乎自由贸易的条件下，上海继续蓬勃发展，成立了重要的县级官府、一个水师镇戍万户府和漕运千户府。城内有 27 座石桥，还有城隍庙和天妃宫；不过，元朝时期的城隍庙并不是清朝时期的；而天妃宫则供奉天后（也称妈祖，对天后的膜拜起源于福建，当时天后在出海的人当中是非常受崇拜的民间神灵），该庙在这个时期相对较新。[24]

17 《嘉靖上海县志》，3:17a。

18 不要混淆上海市南面的龙华寺与从唐朝到明朝矗立在青龙江附近的隆福寺（见名词索引表）。

19 《嘉靖上海县志》，3:17a。

20 王鹏程《松江府在明代的历史地位》，第 51-57 页。

21 《同治上海县志》，1:4a。

22 《万历上海县志》，5:21a；《同治上海县志》，10:6a；另见李弘祺（Thomas H. C. Lee）《宋代官学教育与科举》（*Government Education and Examinations in Sung China*, 1985），第 129-136 页。

23 《万历上海县志》，5:20a-b。

24 《沪城备考》首卷：2b-3a，元朝的城市地图中标出了天妃宫；在《嘉庆松江府志》首卷：36a，它在同一位置。

在宋朝、元朝和明初，上海仍然由它的水道定义。这些水道从西流向东，在城市的东边汇入黄浦江——经常性地，每当涨潮时，海水倒灌入河，蔓延到城市，然后退潮时再随之流回大海。这种模式并非安排好的设计，而是自然形成的。大多较为重要的官府、行政或宗教建筑更加靠近镇中心地带，虽然它们的组织方式并没有严格的秩序感（参见图 7）。

在没有任何刻意的城市规划迹象的情况下，上海的形态看上去最多只可以说是符合一般街道和水道的原则，按方向对齐，并将正式的建筑置于城市中心。图 7 标示了最重要的官府衙门：A 市舶司和 B 镇戍万户府，在镇中心占据首要位置。大多数寺庙和书院分布在围绕中心的环线上。土地使用的模式非常混杂，住宅和商铺甚至工匠作坊和住宅都是比肩接踵，就像对宋朝时“鳞次而栉比”的描写。这样的城市混合状况在清朝的上海依然如此。[25]

直到元朝灭亡、张士诚和朱元璋争天下之前，上海一直幸免于入侵。在权力空白期间，上海县属于嘉兴和松江地区的一部分，受张士诚控制。其结果是当朱元璋取得胜利后，上海背负起与其他张士诚控制的地区相同的惩罚性税收。尽管承受着帝国最为沉重的赋税，但上海的商业活动持续强劲，加上棉花产业的增长，巩固了它在明朝初期的地位。

上海持续成功的一个重要因素是治水。长期以来，治水政策一直是中国农业和商业成功的关键。在早前的唐宋时期，只要治水以中国的北方为中心，治水重点为黄河和大运河，那么，治水就一直是由国家资助的重大工程。相比之下，南方治水主要是沼泽排水和圩田。[26]这些地方上的治水工程习惯上由府或县级官员发起并组织，由地方税收和特殊课税核定 来筹措资金。大部分圩田和筑堤由私人个体承担，以期能创造出新的（免税）农田。宋朝政府尤其积极鼓励地方灌溉和治水项目。[27]像青龙镇、浏河口和上海这些处于长江三角洲不稳定地形的港口，它们的命运在很大程度上依赖于河流的疏浚和保持港口畅通。明朝时期，当京城仍然位于南京时，附近的上海繁荣了。永乐皇帝在北方的军事需要冒险从长江地区调度军队，加上他对海上军事力量的兴致，这些很可能都是 1403 年疏浚松江和黄浦江的原因；但是，

25 张忠民《上海：从开发走向开放，1368—1842》，第 86 页。总的来说，这种住宅、商业、商铺、商店和作坊都在一个既定的社区且不分贫富共居一处的空间混合模式，在前现代的中国城市中非常普遍。关于一个 19 世纪商业城市的空间划分，见罗威廉《汉口：一个中国城市的冲突与社区（1796—1895）》，第 64-87 页。

26 王鹏程《松江府在明代的历史地位》，第 66-67 页。

27 关于宋朝及后来时期江南地区的治水倡议，见萧邦齐（R. Keith Schoppa）《九个世纪的悲歌：湘湖地区社会变迁研究》（*Xiang Lake: Nine Centuries of Chinese Life*, 1989）。

这些决定都是地方上作出的，工程的资金来源于商业关税或当地农业税收。[28]疏浚对上海作为港口城市的持续成功至关重要。当港口淤塞后，商业暂时被取而代之，而一旦河流疏浚后，商业以更加迅猛的力量重放异彩。松江的新河道将河口北移，流入长江河口的下游，不再直接往东流入开放海域。松江和黄浦江的水流合二为一，也有助于保持水源的充足。[29]长江河口的新位置将商业从长江带入上海，使上海能出入至关重要的北运航线（参见图 4）。[30]

迁都至北京大大增加了北运航线的吸引力，因为当时北京及其周围需要大量的粮食、棉花和其他商品。洪武皇帝统治期间制定的"海陆兼运"政策将粮食运往北方军队，同时利用沿海和陆路运输线路。海运的始发港是太仓。1415 年，通过沿海和陆路运输的粮食总量高达 640 万担[c]。[31]

对沿海航线的依赖使这些重要货物面临开放海域的风险。因此，永乐皇帝决定将大运河恢复到功能性运行——这是自 13 世纪金入侵宋朝以来中国未曾有过的状况。[32]疏浚和重建运河水闸始于 1411 年；从黄河到长江的大运河南段于 1415 年 7 月开通。一旦大运河通行，海陆兼运系统就被放弃了。[33]自此，大运河成为帝国每年大部分漕粮赋税的主动脉，估计每年平均大约运输 3200 万担。[34]其中，超过百分之十的运量都来自苏州 / 松江地区，剩余部分大多来自长江地区，在太仓、苏州和扬州收缴，然后运往北方。

从粮食运输方面考虑，大运河的开通造成上海损失了一些原有的交易，但是，其他商品的贸易一度保持强劲。上海以南的沿海港口之间相互交易，包括浙江、福建和广州，同时与日本及南洋[d]各国（"南海"）进行交易。但是，永乐皇帝驾崩之后，后来的皇帝对海事和水师事务失去了兴趣。永乐皇帝建立的水师实力下降，虽然保留了镇戍，但沿海地区鲜有水师防御。上海的商业活动和规模逐步衰减。把嘉靖年间（1522—1566）的

---

28 《万历上海县志》，4:12a-b，"治水"，并见王鹏程《松江府在明代的历史地位》，第 53、66-67 页。

29 《同治上海县志》，4:9b-10b；王鹏程《松江府在明代的历史地位》，第 70-71 页。

30 《沪城备考》，1:2a-b；《万历上海县志》，2:5a。

31 陈学霖《建文、永乐、洪熙和宣德皇帝统治期间，1399—1435 年》，第 252 页。

32 全汉升《唐宋帝国与运河》，第 123-125 页。

33 陈学霖《建文、永乐、洪熙和宣德皇帝统治期间，1399—1435 年》，第 254 页。

34 同上，第 255 页。

c "担"是重量单位，1 担等于 100 斤。——译者注

d 此处南洋指明、清时期对东南亚一带的称呼，是以中国为中心的一个概念，包括马来群岛、菲律宾群岛、印度尼西亚群岛，也包括中南半岛沿海、马来半岛等地。——译者注

县志中的城市地图与60年后万历年间（1573—1619）县志的相比较，可以看出，上海只增加了一条街道和两条小巷；与此同时，原先地图上的许多街道消失了。[35]

显而易见，地方与国家利益之间的冲突在相互作用。明朝政府承担了一个当地的公共项目，一方面疏浚松江，另一方面恢复大运河并考虑迁都北京，从长远来看，前者是多此一举。虽然这两个项目表面上互相矛盾，不过，假如永乐皇帝活得更长一些，原本可以把所有这些因素综合考虑进去，创建一个巨大统一的帝国，那么，他的那些更为宏伟的项目倒是有可能实现。当然，这只不过是事后诸葛亮而已。

明朝时期上海的经济形势

一个特定地区考取进士和举人的数量是传统中国社会相对繁荣的一个指标。明朝时期，上海越来越多的科举中榜取得功名的人数反映了该地区的繁荣。然而，这一结论必须经过推敲，明朝官僚体制的规模不断稳步扩大，反过来又造成中国对科举考生的需求增加。换句话说，这个分析中含有两个变量：一个是上海考生的成功率；另一个是不断扩大的明朝官僚机构需要越来越多合格的考生来填补职位。这两个因素密不可分，尽管如此，来自上海县的中榜考生的概况仍然值得研究。

在明朝最初的30年里（1368—1398），即政府还处于起步阶段，考生中只有1名进士和10名举人中榜。但在接下来的25年（1399—1426）里，考生中有14名进士和27名举人中榜。即使在明朝京城迁至北京后，上海的中榜人数继续强劲攀升。如果仅就殿试考生来分析，1426—1465年有20名中榜进士，1465—1506年有30名，1506—1522年有10名，1522—1573年总共51名中榜进士。在万历皇帝统治的48年间，上海县中榜进士42名，明朝的最后24年（1620—1644）中榜人数又增加20名。[36]

明朝中晚期，乡试中榜的举人人数也有所增加。在这种情况下，每年的平均数是一个比原始数字更能反映事实的数字。例如，洪武年间每三年只有1名中榜举人（相当于每年0.32名），但是这个平均数在永乐年间增加到每两年有1名（即每年0.51名）。这些都是在上海的繁荣时期。不过，当上海县在15世纪后期遭受经济衰退时，即1426—1506年间，每年仍然有1.4名中榜举人。在嘉靖和隆庆年间（1522—1572），即上海受海盗骚扰时，每年几乎2名通过乡试。令人吃惊的是万历年间，每年中榜3.4名，尽管1620—1644年这个数字退回到每年2名。

35 《万历上海县志》，首卷：地图；郑祖安《上海旧县城》，第82页。

36 《同治上海县志》，15:2b-34b；《民国上海县志》，1:24b-25b。

一方面，这些数字表明，在明朝时期，士绅精英的财富依然充裕。士绅家庭拥有足够的可支配收入来教育他们的儿子，足以保证他们通过全国性的科举考试。这些财富来自土地，就这个角度来说，棉花提供了大部分的财富。

另一方面，应谨慎对待这些数字。无论当地经济指标如何，例如，人口下降、海盗侵扰和各种灾难，上海县中榜考生的平均人数在整个明朝期间依然稳步上升。这一增长在举人的统计数据中尤为明显。此处结论可能是，这些数字更多为示意性的，说明明朝官僚系统的扩大，以及对乙榜[e]中试者即举人的需求增长，扩大有资格参加进士考试的考生队伍，以满足官僚任命，而不是出于上海县的经济状况。这并不意味着，把科举考试的结果作为经济指标完全没有有效性；在其他因素的证实下，例如寺庙的建设量、考试中榜的数量确实可以视为繁荣的证据（图 9）。

然而，上海县新建和整修寺庙的数量却可能是一个更敏感的地方指标，因为这仅取决于该县，并不应对全国性的需求。寺庙建筑的柱形图与中榜考生的柱形图很不相同。[37] 作为一个在万历年间比清朝时期大得多的县（青浦县析出从上海县后），上海有超过 130 座寺庙、道观、祭坛、祠堂和宗教园林。[38] 在那些记录了建造日期的寺庙中，有 15 个是在宋元时期或更早就建立了。

从明朝的记录看，洪武时期（1368—1398）寺庙建造突然激增，新建 7 座寺庙，重建或大修 3 座寺庙。最初的建造活动突然增加之后，经历了从 1399 年到 1522 年一个多世纪的低迷期。在 123 年的时间里，只新建了 6 个寺庙，而且之间的间隔很长；还有 5 个被翻新或扩建。在嘉靖和隆庆年间（1522—1572），当海盗袭击和反复破坏或摧毁许多已存寺庙时，以及因上海建城墙而要求其他寺庙搬迁到安全地带时，共新建 13 座寺庙，搬迁、重建或大修 2 座。[39] 在万历年间（1573—1620），新建 6 座寺庙，另修缮 4 座。[40] 明朝最后的 24 年间，新建 2 座寺庙，另重修 2 座。[41]

寺庙建设活动所呈现的概况与上海县财富积累的叙事史步调一致，并且可能提供了比科举中榜率更为可靠的经济资源整体局势。但是，仍然必须要问的是，在海盗

---

37 寺庙建造和日期根据《万历上海县志》，5:46b-6:7b 和《同治上海县志》，卷十。

38 《万历上海县志》，5:46b-6:7b。

39 同上。

40 《同治上海县志》，10:1a-36a。这些数据来自清朝同治时期的县志，因为明朝的万历县志只记录至万历十八年（1590）。

41 同上。但是，必须注意的是，万历和同治时期的县志之间存在差异；虽然存在这种差异，同治县志中的数据因其所列清单更加完整而一直是研究者的首选。

e 乙榜：科举制度中乡试录取结果的别称，亦称一榜。榜，即考试后揭晓名次的公告。与乙榜相对，会试录取结果则称甲榜或两榜。——译者注

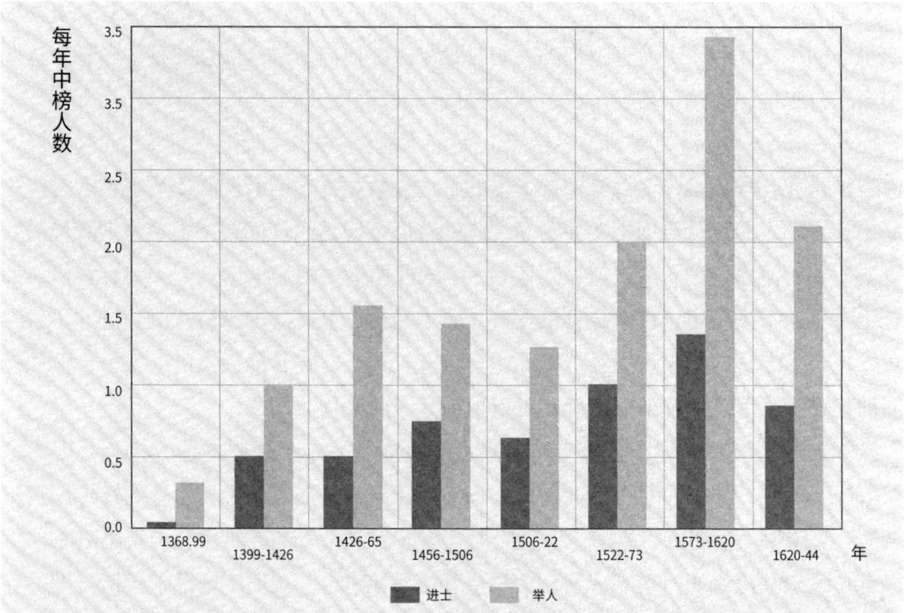

A. 1368—1644 年进士和举人人数（引自《万历上海县志》5:46b-6:22a 和《同治上海县志》10、15:2a-34b）

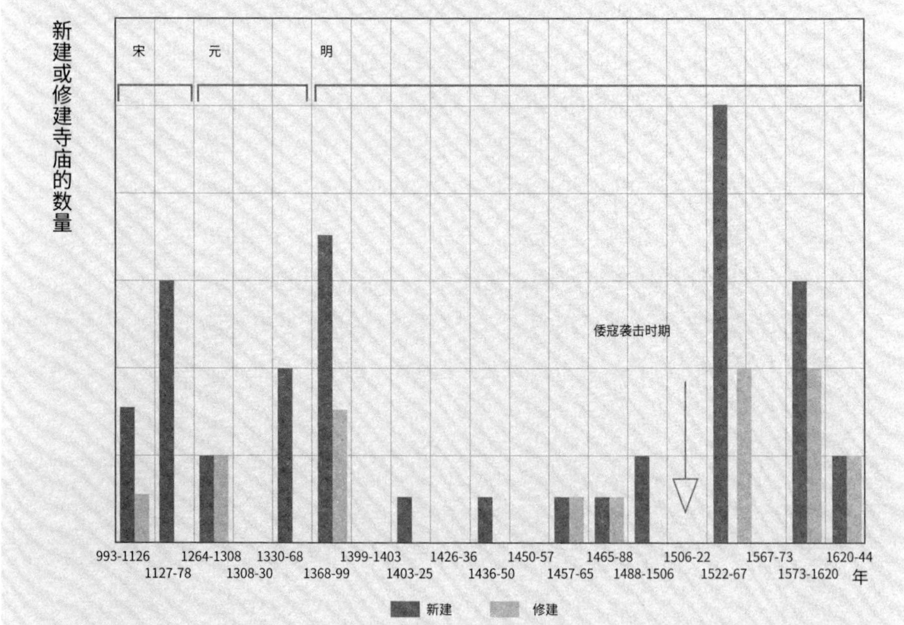

B. 963—1644 年寺庙建造和修补（引自《万历上海县志》卷六；《同治上海县志》，10:1a-26a）

图 9 明朝上海经济指标

袭击等灾难后的重建是否应视为经济实力的真实指标。在这里，我认为答案是肯定的。在下一节中，我们将讨论人们为防御海盗而请求保护，表明上海被当作这种袭击的诱人目标，一个原因是它的财富。破坏之后没有资源重建，只意味着受灾区仍然一片废墟。然而城墙的建造，以及即使面对灾难，上海居民修复寺庙速度之快，都表明经济基础雄厚并繁荣兴旺。

图 9 所示，明朝上海县的整体经济情况表明，明朝早期经济活动的能量初始爆发后，紧接着的是超过一百年的沉寂。从棉花上赚得的财富用在科举教育上，却很少用在建造更为耀眼的公共寺庙上。当遭到灾难破坏以及需要以城墙的形式提供保护时，这种剩余的经济活力非常有利于上海。16 世纪最后几年和 17 世纪上半叶是上海的繁荣时期，这同时反映在科举数据和寺庙建造上。

海盗

长期以来，海盗和走私一直骚扰浙江、福建和广东沿海。出海人家在繁荣时期是商人，一旦违反了政府禁令，他们就成为走私者，当年景艰难的时候就转做海盗。自永乐皇帝驾崩后，明朝海上贸易禁令颁布，商人无视这些法律，继续传统的做法，就成为不法分子。当地走私、非法交易、抢劫沿海社区以及在公海上的海盗行为，在过去只是偶有发生，但到了 16 世纪上半叶明显增加，程度猖獗到政府不能再坐视不管。[42]

失去水师防御系统造成城市易受海盗袭击。更糟的是，本地的土匪草寇和日本的海盗沆瀣一气。关于所谓的“倭寇”[f]（日语：わこう）的身份已经争论不休。[43] 中文使用的这个词是对日本土匪草寇的贬称，但在当地的记录中，它不加区分地用于 15 世纪和 16 世纪几乎所有的海盗和强盗，很大程度上是因为政府悬赏的倭寇人头出价要比悬赏普通中国强盗的要更高。[44] 这些所谓的“倭寇”从 13 世纪开始就在中国和高丽沿海进行海盗和强盗活动，曾经骚扰企图入侵日本的蒙古舰队。14 世纪，日本在缺少中央集权的情况下，独立的海上贸易商人和海盗（通常是一丘之貉）增多，

42 《沪城备考》，2:7b、4:8a；《民国上海县志》，1:26a。另见苏均煌（So Kwan-wai）《16 世纪中国明代的日本海盗活动》（*Japanese Piracy in Ming China During the Sixteenth Century*, 1975）；本杰明 · H. 海泽德（Benjamin H. Hazard）《倭寇和高丽的回应》（*The Wako and Korea Responses*, 1976），第 15-28 页。

43 苏均煌《16 世纪中国明代的日本海盗活动》，第 35-36 页。

44 本杰明 · H. 海泽德《倭寇和高丽的回应》，第 19-20 页。

f 倭寇是东亚地区对东亚日本人的贬称。一般是指 13—16 世纪期间活跃于朝鲜半岛及中国沿岸的海盗，这些海盗一般为日本人，故此又叫“日本海盗”。历史上倭寇来源众多，成分复杂。元朝早期以日本人为主，明朝中晚期则以沿海的南方汉人为主体。在倭寇最强盛之时，他们的活动范围远至东亚各地、甚至是内陆地区。倭寇一词的由来，源自高丽的碑文（414 年）记载，在此“寇”当动词，即“倭人侵略（某地）”之意，而之后“倭寇”二字作为名词独立，用以称呼来自日本的侵略者。在往后的反日风潮中，倭寇和日寇更成为敌视日本人的用语。——译者注

大多来自日本四国岛。到1350年，倭寇劫掠高丽沿海。[45]15世纪早期，他们的袭击有时候延伸到中国沿海。但是，当室町幕府[g]在日本实行强有力的中央政治控制时，他们的活动受到限制。但是，中国沿海的海盗问题仍然存在，并随着当地情况和内部政治而波动。

16世纪，所谓的“倭寇”和当地海盗的袭击愈演愈烈，中国政府的贸易政策反复无常更加剧了这种情况。到1545年，政府的记载中越来越多地使用“倭寇”这个词，尽管大多数海盗团伙的确切性质含糊不清。海盗到底来自中国沿海、日本还是两者合伙，到嘉靖皇帝统治时期（1522—1567），这个问题呈现出极其严重的危机。[46]早先的海上贸易禁令旨在减少非法贩运的机会并控制交易。当16世纪初期走私、海盗和掳掠问题越来越严重时，这些禁令得以强调，以保护生命和财产；海防加强，知名官员被派去解决此事。[47]

日本方面的问题超出了中国政府的控制范围。当日本战国时代[h]中央军事集权控制弱化时，大封建主互相争权夺利，政府越来越重要，日本松懈了海上禁令。据说，尤其是大内家族，伙同某些福建分子，一起支持大型海盗团伙。[48]私人交易听之任之，海上暴力和劫掠的程度急剧上升。虽然明朝政府官员认识到沿海地区海盗猖獗的背后原因与贸易有关，但他们缺乏能有效进行海防的海上力量。试图清除海盗的举措在腐败和欺诈中乱作一团。到1550年，中国政府看上去完全放弃了所有表面上假装的控制。

结果是灾难性的。包括本地和日本的各种海盗都不受控制；“倭寇”随心所欲地袭击沿海地区。政府从北京下令，加强海上禁令，减少港口活动。在某些地区，沿海居民被命令放弃他们的土地，并被迫迁移到内陆。原来派去抗击海盗的地面军队，但最终因生计反而成为农村的掳掠者。

在上海，海盗危机表现在从16世纪初开始叠见层出的威胁和攻击。相传15世纪初当地就遭受海盗袭击，据说1513年海盗（毫无疑问，当时是中国海盗）威胁到城市，造成交易瘫痪。上海幸免于难而未遭毁灭是因为一场及时抵达的台风。[49]从16世纪中叶开始，“倭寇”（或当地资料统称为“倭寇”，无论其种族血统）以越来越频繁

---

45 同上，第28页；陈学霖《建文、永乐、洪熙和宣德皇帝统治期间，1399—1435年》，第300-301页。

46 苏均煌《16世纪中国明代的日本海盗活动》，第41-72页。

47 同上，第16-17、32页。

48 本杰明·H·海泽德《倭寇和高丽的回应》，第18页；郑祖安《上海旧县城》，第79页。

49 上海被天赐台风拯救的故事见魏白蒂《上海：近代中国的严峻考验》，第11页；但在县志中，这个故事未被证实。

g 室町幕府也称“足利幕府”，是日本历史上第二个幕府政权，由足利尊氏于1338年开设，终于1573年。幕府是12世纪末至19世纪日本武家政治时期的最高权力机构。该词出自汉语，意为将军出征时的帐幕。——译者注

h 日本战国时代（1467—1585年或1615年），一般指日本室町幕府（也称足利幕府，1336—1573年）后期到安土桃山时代（也称织丰时代，1573—1603年）的这段历史。——译者注

的方式袭击没有防范的沿海地区。1552 年，宝山地区发现了“倭寇”，上海陷入恐慌之中。1553 年，海盗到了上海，明朝军队被派去保卫这座城市。“军队蜂拥而至”，海盗“看到他们后落荒而逃”[i]。但是几个月后，一支比之前强几千倍的海盗队伍在太平庙登陆，又一次袭击了上海。居民狼狈逃窜，镇被占领，大面积区域被搜刮一净，河上运输漕粮的船只被击毁，海盗船满载而归。[50] 记载在官方和非官方历史中的这些事件只是主要攻击事件。海盗在之后的几年中一而再、再而三回来，导致谣言四起，引起更大的恐慌；与匪寇和海盗的实际冲突比比皆是。事态发展糟糕到没有人可以安居乐业、寒耕暑耘或安心落意开展业务的程度，当地居民惊慌失措，生产力受损，有些人甚至逃往内地。[51]

上海居民迫切需要保护以免受海盗袭击，同时也惧怕明朝军队劫掠当地，他们向工部呈交了一封奏疏[j]，其中恳求道：

上海，宋市舶司所驻之地，治原无城垣可守。盖一则事出草创，库藏钱粮未多；一则，地方之人半是海洋贸易之辈，武艺素有通习，海寇不敢侵犯。虽未设城，自无他患。……今编户六百余里，殷实家率多在市，钱粮四十余万，四方辐辏，货物尤多，而县门外不过一里即黄浦，潮势迅急，最难防御。嘉靖戊子等年[k] 屡被贼劫，烧杀地方乡官、商人、居民不下百有余家，盖贼自海入，乘潮劫掠，如取囊中，皆由无城之故。伏望轸念钱粮之难聚，百姓之哀苦。敕工部会议开筑城垣，以为经久可守之计。[52]

潘恩[l] 是一位杰出的退休官员和当地精英领袖，他以“百姓集体智慧”[m] 形成一些实用的建议，补充了这一上书。他提议，农村居民可以贡献一小部分土地租金，而城市居民则采用募捐；如果这还不够，可能会要求商人支付一部分建造城墙而雇用劳动力的费用。[53] 在建议被采纳得到许可后，由地方上筹集资金建造城墙。

---

50 《沪城备考》，2:7a-11b。

51 《同治上海县志》，2:1b。

52 同上，2:1b-2a。

53 同上，2:2a；上海县志中有潘氏家族的传记；同上，80:48a-51b。

i 此处未找到原文古文，暂取意译。——译者注

j 嘉靖三十二年（1553）顾从礼奏疏。——译者注

k 即 1522—1567 年。——译者注

l 潘恩（1496—1582），上海县（今上海市）人，进士出身，明朝官员。其子潘允端出资建造上海著名园林豫园。——译者注

m 此处未找到原文古文，暂取意译。——译者注

第一段城墙在1554年建成，它是沿河道而建的防卫工事。后来的加建包括1557年西门外所建的鼓楼。随着时间的推移，原来的城墙历经重新加固，还建了新的箭楼和水门，直到城墙和外围的护城河完全把城市封闭。[54]18世纪的《沪城备考》是描述海盗袭击最生动的资料之一，它指出，城墙的建造始于1369年，陆续分步实施。1618年加高了城墙。[55]完工后，上海的城墙围长9里（相当于5.64公里多一点），高12英尺（3.66米），有6座城门和3个水门。城墙有30座箭楼，上方穿孔3600个雉堞用以防卫。外围护城河宽12码（10.97米），深7英尺（2.13米）。[56]城墙建成后，政府撤回了先前派驻上海抵御海盗袭击的军队，但是，抗倭的士气浩然长存，铭记于县城西北角著名的（大境）关帝庙内，该庙用以供奉武神（参见图8）。

海盗袭击的解决方案既不在于当地的防御工事，如上海的城墙，也不在于这一时期许多其他沿海城镇所建造的绕城围墙，而在于政治绥靖。日本在16世纪后期的统一远比剿灭真正的日本海盗来得奏效。明朝在浙江和福建抗击海盗骚扰的举措最终在当地取得了成功；到1567年，海盗袭击在华南沿海已经不是一个严重的问题了。某些海上贸易的禁令解禁，开启了福建和在菲律宾的西班牙人之间的交易。1573年，两支马尼拉船队满载中国丝绸和瓷器到达（墨西哥）阿卡普尔科[n]，这是多年以来的第一次。[57]

上海的城墙有效地在城市和大海之间形成一个心理屏障。虽然，它的修建是和上海县抵抗海盗袭击的特定历史相联系的，但是明末清初，整个中国都在大规模修建城墙。长江下游地区的城墙通常用泥筑成，当缺少现成的石头时，则表面贴石片、烧砖或瓦片。[58]上海即是如此。然而，更加重要的城市，例如苏州；其城墙表面用料却是采用当地石材或进口的花岗岩石块。如松江府的其他城镇，上海的城墙是圆形的，而不像其他重要的行政中心那样，通常是矩形或方形的。

明朝编年史记录了城市的建设和花絮，列出了一个又一个知县的名字，他们建宝塔、厅堂、书院和寺庙。[59]建筑成就的列表给人的深刻印象是，明朝时期，除了私宅、花园、学堂之外，城内的建筑主要是由政府赞助，而不是私人出资的一项社区事务。

---

54 《沪城备考》，6:1a-b。

55 同上，2:7b；3:6a，此页之后的页数不确定；6:1a-2b、11a。

56 《同治上海县志》，2:5b-6a；郑祖安《上海旧县城》，第81页。

57 盖杰民《嘉靖時期，1522—1566年》，第504-505页。

58 章生道《有城墙的都城形态》（*The Morphology of Walled Capitals*, 1977），第75-77页。

59 《万历上海县志》，1:1b-3a，“地理志”；5:1a-6b；早前的建设列表另见《同治上海县志》，2:1a-14a。

n 阿卡普尔科（Acapulco），始建于1550年，是一座美丽且古老的港口城市，是墨西哥著名的海滨旅游城市之一，太平洋沿岸重要的冬春度假胜地和出口港。——译者注

明朝晚期上海的形态学

海盗危机解除后，生活恢复正常。明朝后期上海潮湿的气候和休闲的节奏在康熙县志中有诗意的描写，“凤楼远眺”写道：

川原之缭绕，烟云之吐吞，日月之出没，举在眉睫；而东之雪，秋之涛，尤为伟观。[60]

明朝的上海看起来好像是较元朝的城市范围缩小了，尺寸减小，街道靠得更近，以便塞进城墙内，外围的水渠重新改道形成护城河。在形状上，明朝的城镇是一个不规则的椭圆形，近乎圆形，南北较长，而东西宽。构成上，主轴仍然是东西向，但引入了一条次要的南北向轴线（参见图 8）。县城包含通常的官府，靠近中心位置；还有各种各样的寺庙（庙、宫、寺），城内和紧挨城墙外的地方皆有；另外还有官办的县学，以及几个私塾。[61]

相比更加热闹繁华、人口稠密的清朝上海，明朝晚期的上海反而显得更加亲切娴雅。云集了宽敞的花园和纪念牌坊，这个城市有一种宁静的品质。在万历年代，城内街道和十字路口有 60 多座纪念牌坊，标志着弄巷的入口。每个牌坊在拱门上方都装饰牌匾，上面有记录事件的铭文。后来，到了清朝时期，纪念牌坊要么被拆除以拓宽街道，以便为额外的交通腾出空间，要么将其纳入新的建筑物；到 19 世纪开始的数十年内，它们大多都消失了。[62]

寺庙

在帝制晚期，城内唯一的也是最重要的宗教建筑是城隍庙。[63] 上海城隍庙和城隍神的起源之说是多种多样的；在不同时期，不同的城隍神及其建筑以己之能，各司其职。城隍神最初是护佑“城墙和护城河”的神明，据说它在上海本地的传说中可以追溯到公元前 4 世纪吴越争霸、争夺上海地区的时期。唐朝时期曾供奉大臣李德裕[o]为城隍神。[64] 但是，这些都是神话传说，难以验证。

60 引自郑祖安《上海旧县城》，第 82 页，源自《康熙上海县志》，卷一。

61 《万历上海县志》，首卷：城市地图；《沪城备考》，2:7b、4:8a；《民国上海县志》，1:26a。

62 郑祖安《上海旧县城》，第 83 页。

63 关于供奉城隍神的起源和传播，参考姜士彬（David Johnson）《唐宋时期的城隍崇拜》（*The City-God Cults of T'ang and Sung China*, 1985），第 363-457 页。

64 《沪城备考》，6:1a；注：李姓也是唐朝皇帝的姓氏，名德裕的裕字，与后来的城隍神秦裕伯的名字中的裕字相同。

o 李德裕（787—850），赵州赞皇县（今属河北省）人，晚唐著名政治家、思想家、文学家。——译者注根据现存的历史记录证实，上海最早的城隍庙建于宋朝。它位于城外的淡井庙（其名称意思是一口浅井的寺庙，表明是道观），在万生桥下的西侧（参见图 7 中 3）。[65] 由于此时的上海只是一个市镇，所以还不具备资格请城隍神或建正式的城隍庙。正式的县城隍庙要建在华亭。1292 年之后，当上海成为上海县的新县城时，淡井庙尚未被遗弃。[66]

随着祭拜城隍神的传统越来越受到官方的认可，城隍庙理应和行政官府一起位于城市中心位置。由于淡井庙的位置并不在城镇的主要部分，削弱了其继续作为城隍庙的可能性。淡井庙原来的位置可能反映了一个早期的传统，即城隍庙是在城外，就像京城的皇家寺庙那样。但是，到了明朝，城隍庙的首选地点是在城中心靠近县衙的位置，便于现任知县前往祭拜城隍神。即他作为凡夫俗子，而城隍神则作为仙风道骨和圣贤良师。城墙的修筑进一步孤立了旧庙，但是，城隍神早在城墙建成前就被请到了上海的中心。

第一个明朝城隍庙建于永乐时期（1403—1424），当时枫家泾的疏浚和吴淞江的改道使上海实现了复兴。元朝时期建造的一座叫“金山庙”的旧庙更加靠近中心，远比淡井庙的位置优越（参见图 7 中 2）。虽然金山庙建造年代不会早于宋朝，但据称这个古代遗产可以追溯到秦汉时期。[67]

永乐时期，一个精力充沛的知县张守约[p] 修复了金山庙并新建了殿堂，形成新的城隍庙。城隍庙原先祭拜霍光[q] 神主（南方捍海神），他的神像不可移撤。[68] 因此，在原先的建筑背后新建了殿堂，“后殿”成了新的城隍庙，供奉霍光神像的建筑成了“前殿”；霍光实际上成了城隍庙的门神。城隍庙在明朝的整个过程中不断扩大。海盗捣毁最初的建筑后[r]，在建造城墙和护城河时建了新庙。[69] 最后，金山庙于 1594 年在另一地点重建，城隍神就有了自己的城隍庙。[70]

65 《沪城备考》，首卷：2b-3a 地图；《嘉庆松江府志》，首卷：36a。

66 《上海通研究资料》，第 501 页。

67 《同治上海县志》，10:21a。这种说法可能是夸大其词，但是不能百分之百地确定所说的庙与公元前 4 世纪的在同一个位置；迁庙是非常普遍的做法。文中说它位于“后来县城中心的桥北”。

68 《同治上海县志》，10:20a-b；《上海通研究资料》，第 501-504 页。

69 《沪城备考》，6:1a；《同治上海县志》，10:18b-20a。

70 《同治上海县志》，10:21a。

p 张守约，生卒年不详，陕西同州人，明朝官员。——译者注

q 霍光（？－公元前 68 年），河东郡平阳县（今山西临汾市）人，西汉时期大臣，政治家，麒麟阁十一功臣之首，大司马霍去病异母弟、汉昭帝皇后上官氏外祖父、汉宣帝皇后霍成君之父。——译者注

r 嘉靖年间倭寇五次袭击，民众深受其害，因此决定建城墙。——译者注

被选为护卫上海“城池”的城隍神是秦裕伯[s]，生前曾是元朝的文人和官僚，出生于1295年。他的父亲和祖父在宋末战乱时迁移至上海。就像后来的许多上海居民那样，秦裕伯也来自一个移民家庭，因此，他非常适合城隍神这个角色。[71]当他在1344年科举中榜进士时已49岁（这种情况更可能是元朝科举制度的结果，而绝不是秦裕伯缺乏能力，因为他后来有一个漫长而杰出的为官生涯）。他先是在湖广两省任职，然后，在1350年成为山东高密县的知县，后来又到福建省任职。元末混乱时期，他是扬州的高官，随后退休回到了上海。

张士诚曾派使者试图说服秦裕伯加入其在苏州的短暂政权，但秦裕伯拒绝了。若干年后，当朱元璋听闻秦裕伯的才德后，毫无疑问被其曾拒绝张士诚所吸引，征召秦裕伯到朝廷任职。洪武皇帝三次征召已年逾70多岁的秦裕伯到南京，但是三次都被他拒绝了。1373年，秦裕伯去世，享年78岁。明朝皇帝尊重其美德，下令祭奠供奉他。[72]不知到底是皇帝的命令还是当地人的选择，不久，秦裕伯就被推崇为上海的城隍神。到永乐时期，祭拜城隍神成了风俗，建起了城隍庙，放置秦裕伯的神像。

1602年，城隍庙又一次重建，并重新册封城隍神。[73]今天的上海豫园边上的城隍庙仅仅是原建筑的一部分，但是它依旧与1588年木版画中的城隍庙如出一辙。[74]明清时期，城隍庙陆续扩大和重新装饰。类似明朝海盗袭击和小刀会起义这样的灾难发生之后，每次的重建反而导致兴建更宏伟、更华丽的建筑。

另一个著名的地标是天妃宫（参见图7中1）。在宋朝后期至清末，它矗立于上海县城外的黄浦江畔。天后的神像是在1122年由出海的商人从福建和广东传入上海。直到10世纪晚期，在福建沿海的当地民间宗教传统中，这个被神化的“小姑娘”[t]还只是刚刚被提升到本地神仙的位置；所以，考虑到这一点，1122年是一个非常早的时间。她成了南方沿海所有渔民、海员、海商的护佑神灵。[75]祭祀天后的顺济庙建于1271年，从当地购买的土地作为该庙的捐助。天妃宫在明朝海盗袭击中被毁，但重

71 《上海通研究资料》，第505-507页；秦裕伯的事迹在魏白蒂《上海：近代中国的严峻考验》，第13-14页中有概述。

72 《上海通研究资料》，第507页。

73 《上海碑刻资料选编》，第9页。城隍庙在万历三十年（1602）册封。

74 《万历上海县志》，首卷：城隍庙木刻。

75 《同治上海县志》，10:16b-17a。关于天后的历史，见华琛（James L Watson）《统一诸神：在华南沿岸推动天后信仰（960—1960）》（*Standardizing the Gods: The Promotion of T'ien Hou ("Empress of Heaven") Along the South China Coast, 960-1960*, 1985），第292-299页。

s 秦裕伯（1295—1373），上海县人，原籍淮扬（今江苏扬州）人，后迁上海，宋朝诗人秦观八世孙，元末明初政治家、文学家、书法家，后被奉为上海城隍神。——译者注

t 即妈祖。——译者注

建时规模更大，更宏伟。[76] 由于天后直到清朝才受到官方的正式拥戴，[77] 因此，从 12 世纪至清末的这个阶段，这个庙位于当地的北部边缘。在那里，天后被当作女神，人们小心翼翼花钱维护。庙的早期外观清晰地反映了来自南方沿海地区的出海商人在上海的重要性。虽然，顺济庙在当地被叫作“天妃宫”，但是，它直到 18 世纪中叶才正式改名，时间与正式拥戴天后的日期相呼应。[78] 天妃宫在 18 世纪经两次重建和扩建，一次在 1732 年，一次在 1772 年，后在 1812 年则大规模翻新。[79] 每一次的修建都重复证明它的资金来自出海商人的财富。

就连赫赫有名的龙华寺在明朝晚期也历经变化。在 1524 年版的上海地方志中，11 世纪宋朝的寺庙被称作“老龙华寺”，说明在那时，原来的宋朝建筑已经被一个较新的建筑替代了。[80] 整个建筑群于 16 世纪后半期在海盗袭击中被毁，到万历年间重建。[81]

早期的其他几个重要寺庙到明朝时仍然屹立于城市附近。最为德高望重的也许是唐朝时位于沪渎村庄的通济龙王祠，它在宋朝 1034—1038 年重建，明朝时期在上海城墙建起之前它仍然屹立于吴淞江岸边。[82] 三皇庙在洪武年间位于县衙附近。儒家寺庙文昌阁在旧县学的土地上，据当地的地方志称，它的建立年代可以追溯到唐朝；其建筑本身始于宋朝，但几乎被派驻上海的每一个继任官员，或重建，或加建，或装饰。其他寺庙相对较新，均新建或重建于城墙建成之后。例如，有着悠久卓越历史的群忠祠建于明朝嘉靖时期；被城隍庙占用的金山庙于 1594 年重建，地点位于早期旧址以北的地方。这些及其他寺庙在清朝都还存在。[83] 明朝上海的许多寺庙还值得考虑另外一个原因。就像大多未成为帝国京城的中国城市那样，上海缺乏大型公共空间供人们聚会。城内街道狭窄拥挤，商铺鳞次栉比。明朝园林都属私家。普通百姓威慑于公家官府衙门，跨过衙门的门槛只可能是在被胁迫的情况下，或为了缴税，或被逮捕。在城内所有的机构中，仅寺庙提供了真正的公共出入场所。从城隍庙到最小的祠观，寺庙欢迎所有来访者，不管是佛教、道教，还是被现代学者称之为“民间宗教”的兼

76 《同治上海县志》，10:6b；《上海通研究资料》，第 517-519 页。

77 华琛《统一诸神：在华南沿岸推动天后信仰（960—1960）》，第 292-299 页。

78 《上海通研究资料》，第 518 页。

79 《同治上海县志》，10:6b。

80 《嘉靖上海县志》，3:17a。

81 《万历上海县志》，5:48a-b。

82 《嘉靖上海县志》，4:5a。

83 《同治上海县志》，10:22a-23b。

容混合。虽然，它们的室内通常逼仄，且不打算用作大型集会，但是，寺庙都设计了前庭后院，用于公共集会。

寺庙的庭院举行各种各样的仪式，从葬礼布道、戏剧表演到宗教庆典。寺庙提供空间，纪念节日和礼仪活动时为大众聚会提供场合。寺庙内的戏台是为娱乐公众和祭奠神灵而表演戏剧和当地戏曲的地方。典礼、列队、圣日、节庆和民间活动决定了日常生活的历法，并消磨掉每年的农闲。[84]

研究意大利文艺复兴的分析家最近的著作聚焦新兴前现代社会中的场所权力，比如在14—16世纪佛罗伦萨和威尼斯发现的那些。他们指出，在强调文艺复兴城市新兴的市民特点时，权力基于宗教；教区教堂的身份认同早于政体的公民身份认同；邻里划分最初基于教堂教区，是公民行政管理的最小单元；佛罗伦萨的四个区就是以四个主要教堂命名的。甚至当16世纪中叶政府和行会瓦解时，教区作为公民单元仍然存活，并最为持久。中世纪晚期城市中教堂广场的宗教空间转型成为早期现代城市的公共空间。“威尼斯圣马可广场或佛罗伦萨领主广场中所显示的权力既神圣又世俗。”[85]

同样，在明朝的上海，寺庙所提供的宗教空间和仪式活动所给予的聚会场合是城市组成中的重要因素。城隍庙同时唤起公民身份的强烈认同，代表了民间流行的宗教。寺庙的庭院成了公共空间，尤其是城隍庙的场所。在明朝时期，宗教空间的尺度和功能远比文艺复兴时期佛罗伦萨或威尼斯的要有限得多；但是，宗教信仰和民间宗教的种类之多，以及城内外数不清的寺庙、祠堂和祭坛，对于习惯于只有一种宗教传统的前现代时期的意大利游客来说，会大吃一惊。

人们或许可以把前现代的上海看作当今台湾地区的一些小城市，到处是“土地公”的神庙、各种各样的宗祠和许多种类繁多，甚至有时候信仰交叠的寺庙。城内外有许多佛寺、宝塔、禅院和大量宗祠、神庙和墓地。除了城隍庙之外，明朝地方志还罗列了祭拜龙王、三龙王、天后和黄帝的寺庙，以及其他民间信仰中的神像。[86] 这些寺庙中有些显而易见是佛教性质的，但是其他的却较难分门别类。例如，在哪一个时间点，

---

84 民间宗教尽管在中国大部分地区受到抑制，但在台湾仍然存在且相当活跃，传统寺庙仍然执行所有这些功能。见易劳逸（Lloyd Eastman）《家庭、土地和祖先：中国社会经济史中的继承和变动》（*Family, Fields, and Ancestors: Constancy and Change in China's Social and Economic History, 1550-1949*, 1988），第41-61页；谭维理（Laurence G. Thompson）《中国宗教》（*Chinese Religion: An Introduction*, 1979）；焦大卫（David K. Jordan）《神·鬼·祖先：一个台湾乡村的民间信仰》（*Gods, Ghosts and Ancestors: The Folk Religion of a Taiwanese Village*, 1972）。

85 慕立（Edward Muir）和卫斯曼（Ronald F. E. Weissman）《文艺复兴时期威尼斯和佛罗伦萨的社会和标志性空间》（*Social and Symbolic Places in Renaissance Venice and Florence*, 1989），第89-93页。

86 《万历上海县志》，5:46a-6:4b，包括超过50页的清单；《同治上海县志》，10:1a-36b，有超过70页的清单。

原先是佛教菩萨的观音忽然变成民间万神中一个？难道在通常说明佛教机构隶属关系的地名录中，万历地方志没有指出供奉观音的主要寺庙的地位？[87] 供奉三官的“堂”是官方宗教信仰的一部分，还是一个民间宗教场所的可能性更大？[88] 关王庙算哪一种信仰？上海县号称有许多关王庙(关王是掌管关卡和战争的神，后来简称为“关帝”)，以及多至十座供奉龙王的庙和寺。城镇和村庄有供奉当地的“神”或旧时英雄的当地寺庙。[89] 当然，在乌泥泾祭拜著名棉纺织家黄道婆的祭坛是一个民间文化的纪念碑。[90] 其他的祭拜明显都援引“神”“山神”或神化的官员，作为各种各样寺庙祠观的守护神。

城隍庙、祭拜杰出官员的寺庙祠堂、文昌阁或寺（县学土地上的儒家寺庙）在本质上更具有官方性。城隍庙在“官方宗教”和民间信仰中扮演着双重角色；由知县主持的官方仪式每年在某些特定的时间举行，但平时也向一般民众开放。城隍神是以前的官员，城市和个人所关心的事务都可以祭拜。[91] 但是，我们如何将李公祠归类呢？李公祠是祭拜旧时另一位知县李公的庙，它算官方还是民间性质？[92]

明朝时期，城市中心有一些诸如此类的半官方宗教场所。在曾经发生过战争的唐宋防御性堤防的位置，以及其他象征吉祥的或历史性的地点，也建立了半官方的神庙。显然，分类是有流动性的，一种机构和另一种机构混合，或者从“官方”类别滑至民间类别，取决于个人的社会地位。一座神庙，对于受过教育的精英分子可能只是一个历史标记，而对于轻信的农民则很容易看作是仪式性崇拜场所。[93]

虽然官方的地方志罗列了寺庙和它们的建立、建造、修缮的日期，但是，在官方文献中，类似春季的清明和中秋节庆，更不用说许多当地寺庙祭拜神明的庆典，要么都被认为是理所当然的，要么就是都被忽略了。对于大多数人来说，这些庆祝活动大体确定了假日、盛宴、吉祥的场合和日常生活的节奏。民间宗教在士绅精英的回忆录中也被忽略，他们对民间信仰的崇拜多有诋毁，倾向于保持与此类事物的情感距离。[94]

87《万历上海县志》，5:46b。

88 同上，5:47a。

89 见杜赞奇 (Prasenjit Duara)《复划符号：关帝的神话》(*Superscribing Symbols: The Myth of Guandi, Chinese God of War*, 1988)。

90 《万历上海县志》，5:53a、55b。

91 同上，5:52a-54b。

92 同上。关于城隍神的角色和功能的讨论，见王斯福 (Stephan Feuchtwang)《学宫与城隍》(*School-Temple and City God*, 1977)，第 581-608 页；姜士彬《唐宋时期的城隍崇拜》，第 363-367 页。

93 关于创造天后的神化过程，见华琛《统一诸神：在华南沿岸推动天后信仰 (960—1960)》，第 292-324 页。

94 关于精英对待民间宗教的态度，见姜士彬《明清社会的信息沟通方式、阶级和意识》，第 40 页。(*Communication, Class and Consciousness*, 1985)

园林城市

明朝时期，上海还不至于拥挤到人满为患而没有空间留个花园。上海几个最大、最出名的园林修建于城市从嘉靖海盗袭击中恢复过来之后——也许是因为海盗蹂躏造成的毁坏搞得上海大片区域满目疮痍，为这些园林腾出了空间。返城的富商和官员开始大规模修建私家园林，他们效仿当时的风尚，这种做法虽算不上全国性的，但也至少是地区性的。因为16世纪后半叶，在苏州、杭州和扬州这样的城市，私人建造了许多精心设计的园林。在苏州，达官贵人雇用像文徵明[u]那样的显赫艺术家来设计他们的园林。在扬州，紧跟士绅的文化脚步，富裕的盐商建造了优秀的园林。[95]

1559年，曾在四川任官职的富有士绅潘允端[v]聘用著名造园匠师张南阳[w]（曾建造了一些苏州出色的园林），在县衙以北的土地上设计了一个大型的园林（参见图8），叫豫园（意为“准备之园”或“愉悦之园”），表面上是为他父亲潘恩所建，取“愉悦老亲”之意。潘恩即建造上海城墙的英雄，他去世后，豫园专门用来纪念潘恩。豫园于1577年竣工，占地40亩[x]。它在明朝时是一个私家园林。到了清朝，豫园并入城隍庙的庭院，也有一段有趣的历史。[96]它的转型和它所起的作用将在第4章讨论。豫园是目前上海现存的唯一一座明朝时期的园林。

虽然豫园可能是上海园林史上最大、最广为人知的园林，但它绝不是明朝时唯一的一座园林。露香园[y]（意即“春天的露珠”）在城北，16世纪晚期从原来的“万竹山房”的庭院扩建成较大的园林；其中心有露香池，园林的名字即来源于此。[97]

另一个名园是城南的渡鹤楼，较豫园稍小。渡鹤楼的园林建于明朝晚期1621—1628年间。就像其他这样的私家园林一样，它的名字随着时间的推移而变化。它也被称为“南园”，后来转型为蕊珠园（意即“珍珠花蕾之园”），即清朝道光时期（1821—

---

95 关于江南园林的调查，见童寯《江南园林志》（1937）。关于扬州园林见何炳棣（Ping-ti Ho）《扬州盐商：十八世纪中国商业资本的研究》（*The Salt Merchants of Yang-chou: A Study of Commercial Capitalism in Eighteenth-Century China*, 1954）和安东篱《扬州：清帝国的一座中心城市》。

96 《同治上海县志》，81:48a-50a；《上海通研究资料》，第507-509页；张忠民《上海：从开发走向开放，1368—1842》，第436-437页。

97 张忠民《上海：从开发走向开放，1368—1842》，第92-93页。

u 文徵明（1470—1559），祖籍湖广衡阳，直隶长洲县（今江苏苏州）人，明代画家，与唐寅、沈周、仇英合称为“明四家”，并与唐寅、祝允明、徐祯卿并称“吴中四才子”。——译者注

v 潘允端（1526—1601），父潘恩，上海县（今上海市）人，明朝官员，出资建造上海著名园林豫园。——译者注

w 张南园（约1517—1596），人称卧石山人，上海县（今属上海市）人，明代造园家。自幼从父学绘画，后以绘画构图造型法、叠造假山和造园而著名。上海县潘允端的豫园、陈所蕴的日涉园、太仓王世贞的弇园，为公认的东南名园，都出自张南阳之手。——译者注

x 豫园在明万历后期基本建成，面积达六七十亩，后式微，在清代大半归入邑庙。

y 原文为“Luchun”（露春），应为“露香”。——译者注

1850）蕊珠书院的所在地。还有一个是建于明朝后期、位于县衙东南的日涉园，以其不同寻常和玲珑叠石而著称，园内太湖石均为重金购置。[98]

就上所述，上海在明朝时的造园，是与明朝晚期广为流行的造园兴趣相平行的，代表了文人之间一种极其儒家版本的炫耀性消费。就如那些苏州和扬州园林一样，上海的这些园林也是私人行为，是为主人及其受邀客人的享受而建造。文学聚会经常在这样的园林中举行，它们的名字成了吟诗作画的代名词。[99]

学堂

上海拥有国家资助的县学和私塾的悠久历史。比较出名的是县学，它是从旧时宋朝的市镇学堂发展演变而来。这样的学堂可以追溯到唐朝，原先是由士绅建立的儒家书院。[100] 但由于仅仅一个市镇在行政城市的等级制度中没有官方地位，市镇学堂仍然只是一所私立的书院，而不能成为一所官方的学校。宋朝时，县学仍然留在原来靠近金山庙的位置，但是到了元朝时期，在小东门附近造了一个新的学堂，就在县衙东面。这个位置强调了县学和县衙之间的关系。元朝统治下建立的县学在此近600年，直到1853年在小刀会起义中被毁。[101] 之后，学堂移到城西新位置。但根据同治地方志，在19世纪中叶，原址仍然有个“旧学堂”的庙，是一个祭拜场所。[102]

上海的儒家书院至少可以追溯到元朝统治下上海的扩张时期。其中最著名的是申江书院，最早建立于元朝时期。它在元朝和明朝时在城市的文化生活中占有重要地位，得到当地知县的许多馈赠，并受到所有当地士绅精英的青睐。该书院的学生和以前的学生中许多都陆续中榜进士。到清朝时，书院明显经历了困难时期。1770年，它由知县王侹[z] 重新装修并改名为“敬业书院”。[103] 作为敬业书院，它沿袭了之前的骄傲传统，接受当地和省级官员的捐赠，在书院内举行官方的仪式和活动。几乎每个

98 张忠民《上海：从开发走向开放，1368—1842》，第93页。

99 文人聚会和吟诗作画在士大夫的私家园林中举行，功能像沙龙。浙江画派和吴门画派经常有文人在园内聚会，有时候园林也成为绘画的主题。绘画和文学流派在两本关于明朝绘画的书即高居翰（James Cahill）《江岸送别：明代初期与中期绘画》（*Parting at the Shore: Chinese Painting of the Early and Middle Ming Dynasty, 1368-1580*, 1978）和《山外山：晚明绘画（1570—1644）》（*The Distant Mountains: Chinese Painting of the Late Ming Dynasty, 1570-1644*, 1982）中有描述。关于园林及其他物质财富，见柯律格（Craig Clunas）《长物：早期现代中国的物质文化与社会状况》（*Superfluous Things: Material Culture and Social Status in Early Modern China*, 1991）。

100《同治上海县志》，9:1a-7a。

101 同上，9:7a；张忠民《上海：从开发走向开放，1368—1842》，第89页。

102《同治上海县志》，首卷：32a-33b。

103 同上，首卷：30a-33b。

z 原文为“Wang Tinggai”（王侹改），应为“王侹”。山东单县人，清朝官员，1745年曾任上海知县。——译者注

在上海县任职的知县都为敬业书院提供某种捐赠或者扩建。1861 年，书院移至县学所在地，其中一部分当时已被小刀会反叛分子摧毁。[104]

明朝上海的基督教

明朝晚期的上海游客会情不自禁被县城北门外非凡的标志性建筑所震撼。在这座园林城市那一片低矮的泥墙和传统的住宅群中，天主教耶稣会教堂和差会的欧式建筑一定显得格外耀眼，令人印象深刻。西方宗教刚刚被介绍到上海，形成了一个活跃的中心。除了在北门外的差会，城内可能也有一座教堂。上海的这些不同寻常的财产应归功于当地士绅家族成员、高级官员和虔诚的基督徒徐光启[aa]。[105]

徐光启是 1604 年的进士，他是明朝上海最为杰出的市民之一。他出身当地最为富裕和最受尊敬的士绅家庭之一，其位于徐家汇的家产闻名遐迩。徐光启中了进士之后，担任过多个重要官职：在北京任翰林院文渊阁大学士和内阁次辅。他对科学和数学特别感兴趣，尤其因为它们关系到礼部的天文。徐光启提倡运用西方科学演算方式，赞助耶稣会成员做此项工作。虽然，1623 年由于政治原因他拒绝担任礼部右侍郎，但最终在 1632—1633 年被升为礼部尚书。[106] 他退休时贫困交加，但是知恩图报的政府授予他头衔及薪酬，因此他的家产得以保留。[107]

徐光启年轻时在科举考试中榜秀才后，曾在广州任教，由华南的耶稣会传教士指引而皈依基督教。他被命名为“保禄”，在西方众所周知为“保禄·徐”（Paul Xu）。他后来和意大利传教士利玛窦一起翻译了一些数学文著，根据欧洲著作的口译写了其他科学论文。正是徐光启说服了明朝政府采用西方的大炮，首次用来对付台湾海盗，后来用来抵抗满人入侵、保卫北京。他在上海县城外徐家汇的家产上建立了一个大型教堂，在当地整个区域赞助传教活动。据说，他的孙女在上海及其周边建立了 135 个礼拜堂。[108]

104《同治上海县志》，9:21a-22b。

105 同上，19:39a-40b；恒慕义（Arthur W. Hummel）《清代名人传略》（*Eminent Chinese of the Ch'ing Period*, 1943），第 316-319 页。

106《沪城备考》，1:10b-11b。

107《同治上海县志》，19:40a。

108 恒慕义《清代名人传略》，第 316-319 页。

aa 徐光启（1562 — 1633），天主教圣名保禄，上海县法华汇（今上海市）人，明朝末年儒学、西学、天学、数学、水利、农学、军事学等领域学者，科学家、思想家、政治家、军事家，是明朝天主教教友领袖，中西文化交流和中国近代科学技术事业的先驱之一，为 17 世纪中西文化交流作出重要贡献。——译者注或许是因为徐光启的帮助，17 世纪早期，天主教差会购得北城门外的土地，建造了教堂和差会建筑。这些早期的上海欧式教堂没有照片或文字描述遗存下来。当地的地方志没有提及它们，也没有任何建筑在经过康熙（1662—1772 年）和雍正（1723—1735 年）时期能留存下来。根据耶稣会在中国同时期所修建的其他建筑来判断，上海的建筑风格应该完全是欧式的，尽管采用了当地的建筑材料。上海石材稀缺，建筑很可能是木造。康熙年间镇压基督教，该地块被政府没收。1845 年，当法国人到达上海时，位于北城门外的天主教堂旧址已是一个种满松树的花园，被法国人称为“松林”或“松园”。当时尚有一些地基和墓地残存，然而，无法确定这些是否最初是欧洲人所建。[109] 但是，1849 年，法国人借由北城门外最初授予天主教差会的土地作为索赔的基础，该土地成了后来法租界的核心。

从实际来说，上海从来就不是一个大城市。它直径大约 1 英里（1.61 公里），周长稍大于 3 英里（4.83 公里）。城墙所围出的面积大约为 1 平方英里的四分之三，近 3300 亩（220 公顷）。明朝时，光豫园就占了 40 亩，其他大型园林平均每个约 20 亩。这些私家园林、书院花园、寺庙还有县衙的庭院把上海装点成一个雅致的绿色城市。直到清朝中叶，上海仍然留存着大面积的园林。

明朝晚期的城市空间

明朝上海的城市空间设计从根本上是基于儒家思想的，符合中国城市规划的总体原则。城市呈圆形，同心布局。在核心部位是知县的衙门、县学、城隍庙，以及其他官府。豫园也非常靠近核心，是儒家中心的一部分。对于一个私人花园而言，这份荣誉似乎不同寻常，但潘允端建造这个园林是为了纪念他的父亲，体现了孝道，因此代表了儒家的道德体系。

从官方建筑服务于公众的意义上来说，上海的城市核心是公共的。[110] 知县被称为老百姓的“父母”官；老百姓有权请愿，但进入衙门的机会有限。明朝的家长式政府以“天下为公”（普天之下皆为公）的经典公式为上海的老百姓服务。[111] 然而，可以说，城市中真正最为“公”的空间是寺庙的庭院，尤其是城隍庙。由于缺乏其他类型的公众或社区组织，如行会或公所，城隍庙提供了瞩目的市民自豪感。

---

109 梅鹏 (Charles B. Maybon)、傅立德 (Jean Fredet)《上海法租界史》(*Histoire de la Concession française de Changhai*, n.d.1929)，第 26 页。

110 关于“公”(公共) 的含义的讨论，见罗威廉《近代中国之公共领域》(The Public Sphere in Modern China, July 1990) 和兰金 (Mary Backus Rankin)《中国的精英行动主义与政治转型》(*Elite Activism and Political Transformation in China*, 1986)，第 15-21、28-29、97、137、261 页。

111 关于“天下为公”警句的讨论，见罗威廉《近代中国之公共领域》，第 316 页。

围绕核心，按照同心布置宗教和书院机构，以及各种私家园林和花园。知县和其他官员经常出资建造或资助民间宗教传统中的孔庙、寺庙及神庙；即使它们在儒家编制中没有实际的地位，但也至少给予它们官方的认可。县学是上海的教育机构中最面向公众的，但是，入学受到考试或学费和寄宿费的限制。私立的儒家书院在社区中享有很高的地位，类似豫园等私家园林也经常在官方历史和地方志中被描述或提及。作为明朝上海特色的纪念牌坊也为公众利益服务，激发市民的自豪感。

就住宅和零售商铺的空间组织而言，很明显，住宅遍布整个城市。我们还不能肯定地说，明朝城市的各个行业是按照专业、交易和产品组织的，就像后来清朝时期的情况那样；我们也不能确定批发市场的位置。到清朝时，批发市场在城墙之外；而明朝时期，在城墙外很可能有临时性或间歇性的市场，但是它们在官方的资料中没有提及。官方的偏见主宰了当地历史，而其他声音仍然保持静音。尽管如此，在明朝统治下，仍然显而易见的是，后来被认为是公共领域的社区行为仍然还是受政府官员的支配和控制。在与清朝时期有关的后续章节中，我们将更详细地研究上海市民的空间、公共空间与宗教空间之间不断演变的界面。

第四章

清朝上海：由行会建造的城市

棉花产业的持续繁荣和商业活动的扩大，使上海在清朝迅速发展。由于内部空间受到明朝城墙的限制，大部分的增长发生在城墙外介于县城和黄浦江之间的新兴郊区。明朝时期的县城与其内陆腹地之间的亲密关系在清朝时期并没有隔断，而是得到一系列新的外部商业关系的补充——在清朝更自由的市场条件下，立刻显得更加有利可图，更具吸引力。在很多方面，19 世纪上半叶的清朝上海是一个由商业行会建造的城市。

城内城外

日本艺术有一个赏心悦目的类别描绘都市场景，叫作“洛中洛外图”，即“京都内外”[1]。这些画用一种地图图解的方式鸟瞰城市，展示了城墙内外风光旖旎的生活场景。清朝上海就会令人想起这样一幅画卷。在城内，它仍然保持了明朝城市的组织和外观；但是，在城外，造船厂、码头、仓库、加工棚、新海关，以及构成城墙东南两侧的繁华商业郊区的一切，都改变了上海。这些商业郊区几乎完全由商人创造，他们的价值观与统治精英的价值观大不相同。

从表面看，祥和的儒家园林城市内管理良好的街道网格与商业郊区未经规划、杂乱无章、一团乱麻的大街小巷之间，两者的差异反映了中国社会的更深层次的二分法。从最早的时候起，中国城市组织的理论就一直强调中心性，中国城市构成要素的象征意义就是中心。[2] 儒家思想强调中心，这种思想从帝国京城一直延续到低级别的县城。[3] 几乎从最早开始，在政府和市场活动之间，实际做法就已经产生了一个分水岭。在经典的城市组织上，政府机构位于中心，宗教和学术机构占据有利地点，但是，市场则被贬谪至外围。[4]

---

1 见“洛中洛外”；京都国立博物馆，《洛中洛外图》。关于这份资料，我感谢加州州立大学伯克利分校的贝里（Mary Elizabeth Berry）。

2 见鲍尔·惠特利《四方之极》；芮沃寿《中国城市的宇宙论》。

3 章生道《有城墙的都城形态》，第 75-100 页；《中国城市化的历史趋向》。

4 汉时，市场在皇宫围墙的背后；隋唐时期，官方监管的市场在城东和城西（芮沃寿《中国城市的宇宙论》，第 49、57 页）。熊存瑞（Victor Cunrui Xiong）《隋唐长安的区划》（*The Zoning of Sui-Tang Chang'an*, 1989），详细分析了唐朝时期各种社区和设施的位置。

后来的朝代放弃了对市场的严格控制，允许市场自寻级别和地点。因此，例如在宋朝晚期，上海既有给正规商人的、有组织的市场，也有给江湖小贩的非正式集市。[5]到了清朝时期，政府法规早已被充满活力的市场法则所取代，而市场经济在很大程度上独立于国家控制之外，零售市场通常分布在整个城市的邻里社区。但无论是由官方决定的、还是由原生的发展过程生成的，较大的批发市场往往倾向于落户在城墙之外。同时，这也是出于实用的选择，外部地点有利于交通设施，特别对于大批量或散装产品。

在理论层面上，儒家思想和商业活动水火不容，因此市场离官府越远越好。像上海这样的商业郊区并不是一个新现象。同理，苏州的主要商业区位于沿大运河分布的城西郊区。许多其他繁华的城市中心都在城墙外有大规模的商业郊区，京城北京尤其如此。[6]

借鉴清朝城市的个案研究证据，施坚雅提出了一种城市生态模型，一个典型的城市拥有两个泾渭分明的核心：一个是以儒家思想—政府—精英为中心，另一个是以市场—商业—商人为中心。[7]这些概括都适用于上海。

城市核心

清朝上海地图的空间分析显示，上海高度地延续了明朝，但也显示了明显的差异、增长，以及城市的一些显著特征的重新排列。一张道光时期的城市区域地图显示了一个中央城区，在中心周围同心排列了五个次要城区；其他较大的城区显示在外围郊区。[8]在城市中心，令人肃然起敬的场所是与清朝政府有关的机构。一如既往，这里有知县的衙门、县学和城隍庙；太平街等街道名称反映了儒家价值观的规范；其他街道由重要机构的位置来确定。衙门前面的主要街道被命名为“县前街”，今天仍然可以通过在衙门边的“县左街”来识别该遗址。[9]

两位重要官员在城市核心没有官府。上海最高级别的清朝官员是道员，其管辖范围包括3个府和多达15个不同的县；其官府于1732年在上海建立，位于城东靠近大东门的地方。排名第二的是掌管沿海防御的知府佐官，即“海防同知”，其管辖内

5 郑祖安《上海旧县城》，第77页。

6 施坚雅《中国农村的市场和社会结构》，第527-538页；饶济凡《清代中国之人口与市场聚落》，第60-66页。

7 施坚雅《中国农村的市场和社会结构》，第527-528、532-533页。

8 《同治上海县志》，首卷：11b-12a。

9 郑祖安《上海旧县城》，第86（注解）、37、98页。

容包括沿海防御的民事和军事事务，位居道员和松江府知府之下；[10] 其官府位于县衙门以东、靠近城内小东门的地方。因此，知县只是上海排名第三的官员，但是，由于其在县里的核心作用，县衙门象征性地位于县城的中心。

城隍庙在明朝时经过几次重建，仍然屹立在老金山庙的原址上，尽管“金山庙”本身在明朝晚期已经迁至新地点重建。[11] 清朝的城隍庙比以前的更大、更壮观。它在1602 年重建；1683 年加建；1735 年整修；1747 年，大规模加建，重建大殿；1794年和 1798 年加建了更多建筑物；一座新的殿堂于 1836 年完工。[12] 每次加建和重建都是城市繁荣的间接证据，表明这个城市可以为其守护神挥金如土。由于最近收购了包括旧豫园在内的花园，这座寺庙占据了城市核心空间的更大部分。[13]

第一个购得的园林是东园，包括叫作“内园”的玲珑剔透的围合假山。这两个园林[a] 是在康熙年间（1709）添加到城隍庙的。[14]1760 年，潘氏家族家道中落、境遇艰难，其后代欲出售豫园。上海的运输商人集资买下豫园，然后捐赠给了城隍庙。[15] 东、西园加在一起，现在占地约 70 亩，[16] 占城墙内约 3300 亩土地的 2%。[17]

豫园从潘氏家族转手到城隍庙，对城市的社会发展产生了重要影响。虽然寺庙或其相邻的园林都没有被看作是超自然的或神圣不可侵犯的（例如，像西方大教堂的圣殿那样），但原来的豫园不再是私家园林，而是转型为公共空间，对公众开放。豫园成拥挤的上海县城内最大的开放空间。回顾文艺复兴期间佛罗伦萨和威尼斯从神圣空间转型为市民空间，这些园林是否已远非仅用作愉悦怡人的庇护场所？ 18 世纪、

10 《沪城备考》，4:8a-b；《同治上海县志》，12:34b-46b。关于这些官府及其职责的英文描述，见《上海的描述》(*Description of Shanghai*, Chinese Repository, 1847)，第 545 页。

从我第一次开始描述清朝上海的官员，我用了正式的“道员”而不是非正式的“道台”来描述上海最高级别的官员。在中文里，正式的官府名称是“分巡道”（负责监督、巡察其所属道的情况）；掌管道的官员非正式地被称为“道台”，其正式官职名称是“分巡道官”（贺凯(Charles O. Hucker)《中国古代官名辞典》(*A Dictionary of Official Titles in Imperial China*, 1975)，第 211 页）。上海的道员是中国帝制官僚系统等级制度中的正四品官员；其管辖区域包括两个府（苏州府和松江府）以及一个直隶州（太仓州）。上海的道员是介于府和省之间的一个官职，位居知县和松江府知府之上。其职责包括军事管理和监督海关及征收关税；但是在通商口岸时期，这些职责扩大到包括管理对外贸易和“夷务”。尽管在中文和英文的口语中普遍使用“道台”，但是，正式和准确的翻译应该是“道员”。当代西方人对“道台”(Taotae) 的使用似有孕育蔑视的熟悉感；虽然，相比中国人把外国人称为“夷”（野蛮人）稍微少一些公开的贬义，但它仍然体现了一种过于熟悉的元素，英国人对此侮辱称谓尤为反感。

为了避免重复任何一方术语中隐含的偏见，我在著作中不使用“道台”以及“夷”或者“夷首”等字眼。相反，我选择正式和准确的中国官员职位的翻译，“道员”“巡抚”“知县”等，也采用外国官员的恰当合适的职位名称，例如“领事”或“公使”。

11 《同治上海县志》，10:21a。

12 同上，10:3:18b-21a。

13 同上，10:20a；《上海通研究资料》，第 507-508 页。

14 《同治上海县志》，10:20a。

15 《上海通研究资料》，第 502 页。

16 《同治上海县志》，10:6b、10:20a；《上海通研究资料》(1936 年)，第 507-508 页。

17 作者的计算。

a 豫园建于明代，最早是东园，其中包括内园，后来逐渐荒芜。1709 年商人购得一部分，是原来的内园，修整，为与原来的东园（即其中的内园）区别，称为西园。——译者注

19 世纪上海的商人行会所赋予豫园的用途，说明清朝上海正进行着一个并行的、从宗教到公共空间的转型过程，虽然两者之间迥然不同。

豫园的捐赠者是上海的运输商人：船主、船运商人，以及做大豆和肥料生意的商人。他们来自上海及附近苏松太道当地的县，都属于沙船业商人的行会。这些当地商人形成了上海的“大钱”；他们足够富有，出手大方，姿态高调，不仅买下了一座园林，还把它捐给了城隍庙。在捐赠之后，这些商人对园林没有进一步的特别兴趣，但是，其他上海本地的小商家很快就开始另辟蹊径，把豫园用作“城里人”的同业行会的聚会场所。这些团体重修了园中破旧的亭台楼阁，并新建了一些建筑，用作他们的办公场所。[18] 豫园几乎成为上海贸易行业的代名词。钱业公所靠近内园的庭院，其成员天天碰头，这个行会就被俗称为“内园”（图 10）。[19] 大部分园林随意向公众开放；园内设有茶馆和其他娱乐设施，豫园成了社交中心。

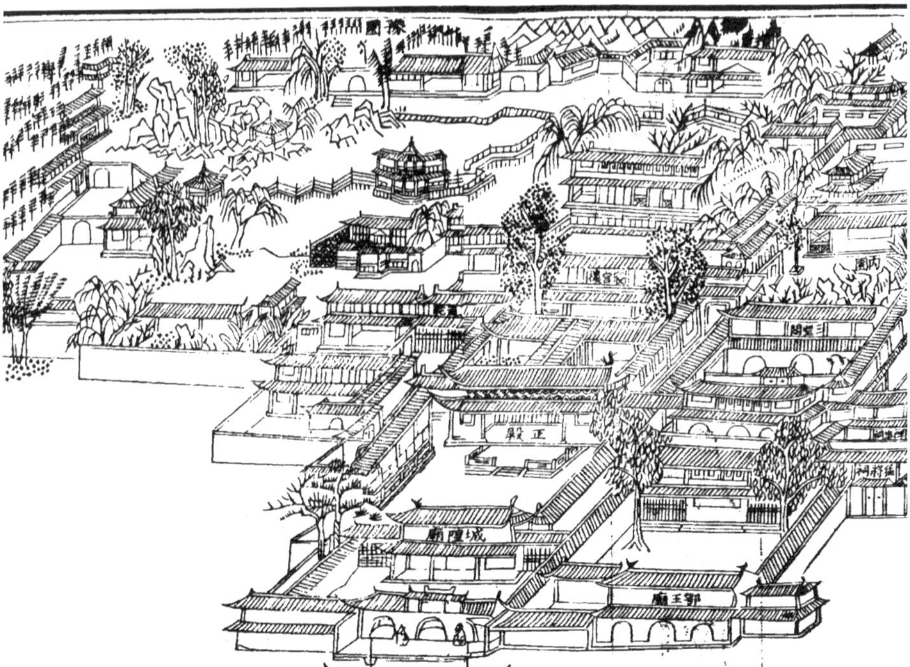

图 10 清朝上海城隍庙及其园林
（《同治上海县志》，首卷：24b-25a。）

18 《上海县续志》，3:1-16b。

19 《上海县续志》，3:3b-4a。

1842 年夏，城隍庙的园林被英国军队用作司令部，少将及其工作人员和四个营均驻扎在这个“可以容纳两倍那么多人之宽敞舒适的住所”。[20]1850 年代的英国人无视城隍庙明显的宗教性质，把豫园称为“茶园”。[21] 这是欧洲人在令人生畏的上海县城内唯一可以轻松访问的一个地方。

在城隍庙和县学之间的是 1730 年建造的关帝庙。关帝俗称为“武圣”。[22] 在明朝时期，县城内主要寺庙之一曾是祭拜“护佑关隘之王”的关王，其形象比关帝的头像更加威武一些。然而，清朝时期的关帝信仰则有着不同的内涵，尊他为战争和贸易中诚信忠贞的护佑神灵。因此，他特别受贸易商和交易商的崇拜。[23] 这个不同寻常的民间神灵被介绍到上海的时间相对较晚，意味着关帝和移民商人之间有着千丝万缕的关系。这些商人从南方沿海涌入上海，尤其尊崇关帝。许多移民的同乡行会也在家乡的土地上建有关帝庙，即使不是全部如此。

在清朝时期，关帝庙位于城市的儒家核心，靠近旧豫园，商业行会密集，这也许是商业活动与关帝崇拜之间互相联系的一种体现。然而，相比之下，另一个由外来者（也是商人，通常来自福建）引入上海的神灵“天后”自宋朝开始就存在于上海了，但天妃宫却一直位于城墙之外。关帝庙不仅位于城墙内，它还和县学及城隍庙共享城市核心地区最官方的区域。[24]

在清朝时期，核心区域一般都遵守标准的城市格局。也许，当类似道员和江海关的新官府位于其他地方时，可能会对核心的官方性质有所淡化。1853 年，当县学移到核心区域之外的新址重建时，这个趋势进一步扩大。

城墙内的周围区域

城墙内（与城墙外紧邻）的五个周围区域中，还有其他宗教机构（清朝时期比明朝时期少）、儒家学堂（包括几个新加建的在内）、私家园林（尽管，仍然并没有像明朝时那么多）和一些新机构（比如，道员的衙门和善会的善堂）。在这之间，隐藏在小巷或面街空墙后面的，是临街的民宅、作坊、商铺、饭庄、茶室和酒肆。

---

20 《上海的描述》，第 556 页。

21 关于“茶园”的简述以及它对西方游客的可及性，见《北华捷报》载《上海——城市景点》（*Shanghai - Sights in the City*, Dec. 25, 1858)。豫园另见《上海的描述》，第 555-557 页。

22 《同治上海县志》，10:3a。明朝 1582 年在此场所建造的关王庙可能是后来关帝庙的前身。见《万历上海县志》，5:54b。但是，其他资料显示，此建筑在明朝和清初时期曾被用作基督教教堂。见杜赞奇《复划符号：关帝的神话》，第 778-795 页。

23 王斯福《学宫与城隍》，第 583 页。

24 《同治上海县志》，10:3a；《万历上海县志》，5:54b。

寺庙

城北四分之一的区域在传统上容纳了许多佛教寺庙；其他主要祭拜民间信仰的寺庙祠观或宗族祭坛都分布在县城的其他地方以及城墙外。前文已述，总的来说，明朝地方志罗列了县内超过 130 座寺庙、殿堂、园林和祠观。

明朝的目录中突出的是佛教场所、祭坛和宗祠。[25] 到了清朝时期，这个数字已经减少到县内总共 55 座寺庙、祠观和佛教圣地，只有万历时期的一半。此外，寺庙的宗教性质和分布发生了改变。佛教寺庙、祠观和宗族祭坛减少了，但是，崇拜民间信仰的寺庙数目却急剧上升。

清朝地方志中所列的一些宋元时期建造的寺庙一直存在于上海；还有更多的几个始于明朝；但万历年间的目录上，许多宋、元、明朝的寺庙到清朝时都不复存在，或改名改址。在仍然存在的明朝寺庙中，包括城隍庙本身，还有建于 1369 年的两个祭坛“社稷坛”和“神祇坛”，以及建于 1370 年的“东海神坛”。[26] 几个重要的宗祠也从明朝时期保留了下来。

上海的西北区域仍然可视为一个佛教圣地。明朝时期，这里有许多佛教寺庙和宝塔，包括 1102 年北宋时建造的观音庙，还有宋朝所建的法华寺，以及 1131—1163 年所建的积善寺。其中，只有积善寺到清朝时期仍然存在；其他都已经消失，被宗祠和民间信仰的寺庙所替代，从而淡化了圣地的佛教特色。庄严的广福佛寺（建于 936—944 年）可以追溯到后晋时期[b]，直到 1870 年代仍然位于县衙正西的旧址上。[27]

清朝上海最重要的民间信仰的寺庙之一是“文昌宫”，它建于宋朝；位于旧市镇学堂的另一个文昌寺几乎同样年代久远。祭拜神灵火神的金山庙也可以追溯到宋朝时期；它从中心位置移到了靠近道员官府的地点。[28] “三皇庙”（天皇、地皇和人皇[c] 的庙）建于 1732 年，位于县学旧址的东南。清朝时期另一个民间信仰是龙王——掌管从干旱季节的祈雨到海上安全等事宜的水神。虽然上海祭拜龙王始于明朝，但“东海庙”却建于 1820 年，其位置在城内小东门。[29] 在上海，城隍、火神、文昌和天后崇拜从宋朝时期就存在了，龙王崇拜则始自明朝，清朝时期引入了一些新的民间信仰，包括关帝崇拜。

---

25 《万历上海县志》，5:46b-55b；《同治上海县志》，10:1a-25b。假如把龙华寺包括在内，一共有 56 座佛教建筑。

26 《同治上海县志》，首卷：13b-14a；10:1a-2a。

27 同上，10:4b-6a。

28 同上，首卷：13b-14a。

29 同上，10:7a。万历的地方志列出了 1038 年在沪渎建造的龙王寺（《万历上海县志》，5:55a）。

b 后晋（936—947）是中国历史上五代十国时期的一个朝代。——译者注

c 三皇，一说天皇即伏羲，地皇即神农，人皇即轩辕。——译者注

城外，位于沪渎村的静安佛寺消失了，据说它建于唐朝年间，到明朝后期仍然一直存在。[30] 同样，建于 1271 年宋朝时期、位于松江岸边靠近沪渎的顺济庙也不复存在。位于城西、在宋朝时曾经供奉过城隍爷的淡井庙也没了。把棉花引入上海县的道姑黄道婆的祠堂在乌泥泾村得以遗存，[31] 而宋朝所建、位于上海县城以南，黄浦江畔的龙华佛寺到清朝时仍然存在。然而，其他附近的佛寺都消失了，例如，城南的青龙庵和高昌庵。[32]

王斯福（Stephan Feuchtwang）确认，在官方或官方认可的第三层次的宗教中，清朝上海已完全配备了公共祭祀设施，它们通常位于中国所有都城的城墙内：[33] 城隍庙、关帝庙、祭拜火神的新金山庙、三皇庙，以及祭拜龙王的龙神庙。

学堂和书院

县学传承的是原来的市镇学堂。它最初建立之时，正值元朝，当时上海由旧时的市镇提升为县城。（县学）作为上海从元朝至清朝时期的主要机构之一，它位于县衙门之东。

它曾经移址，在嘉庆地方志（1814 年）中显示了两个地点："旧"学堂，即市镇学堂，在文昌学宫的位置；毗邻的是"现学堂"，其殿堂和庭院有更多装饰。市镇学堂旧址仍然受到尊崇，它以刻有铭文的石碑和明朝时期建起的大型纪念牌坊作为标记，后者至少在 19 世纪中叶之前是大型牌坊之一。[34] 文昌庙经常被称为"文庙"，它祭拜与教育、学堂，也就是与儒教密切相关的信仰；它尤其受到官员和士绅精英的青睐。就像那些关帝和天后崇拜，这些信仰也受到清朝政府的支持。[35]

1847 年，县学位于知县官府以东。据一位西方观察者说，这些建筑"布局宽敞且高雅"。学堂建筑和文庙并列，各有山门。在大门内，穿越"礼仪之门"（仪门）前，是一个长且宽敞的开放内院，那里有"一个大型而方正、到处刻有铭文的殿堂"。继续往里走，是其他的殿堂和庭院，有些高达三层楼。[36] 每一栋建筑、祭坛和水池，以及几乎每一间房间和每一样设施，都是由一个知县、知府或其他受尊重的地方精英成

30 《万历上海县志》，5:52b。

31 《同治上海县志》，10:8b-9b。

32 清朝地图或《同治上海县志》卷十的清朝寺庙目录上既没有青龙庵，也没有高昌庵。

33 王斯福《学宫与城隍》，第 586-587 页。另见姜士彬《唐宋时期的城隍崇拜》，第 363-457 页。

34 《上海的描述》，第 548-549 页。

35 王斯福《学宫与城隍》，第 584 页。

36 《上海的描述》，第 549-550 页。

员捐赠。藏书馆有44套清朝皇室捐献的大型殿本书籍。[37] 数百亩的土地为建筑养护和学生奖学金提供了收入。学堂每年有21个科举中榜名额，包括12个文举和9个武举。对于那些特别优异的学生，前12名可获“赏金”，第二级获小额奖金。每四年一次，将选择一名学者继续参加更高级别的考试。[38]

清朝上海的儒家私塾中，最优秀的是建于明朝时期的“敬业书院”，以及建于清朝的“蕊珠书院”和“龙门书院”。敬业书院是后两个书院的先驱。蕊珠和龙门书院位于靠近南面城墙，在城内西南方位，拥有各自的园林院落。[39] 据图11所示，这些园林类似于那些士绅精英的私宅，例如仍是私宅时的豫园。在类似这样的书院设计中，精英教育与官方地位之间隐含的联系是切实可见的。

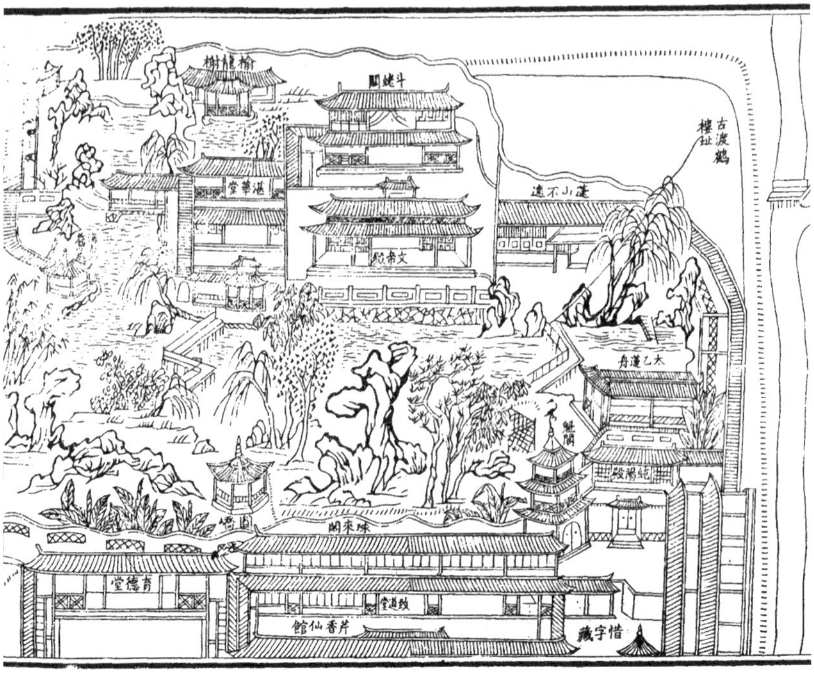

图11 清朝时期的蕊珠书院
（《同治上海县志》，首卷：34b-35a）

37 《同治上海县志》，9:1b-7b。

38 同上。

39 同上，9:32b。

建于明洪武时期的敬业书院是到清朝时期仍然遗存的最著名的私塾，它在历史上多次享有官方的资助。书院位于城内儒家核心区域，在官府以南，县学的对面。1856年后，敬业书院接管了位于官府以东的旧县学的土地。[40] 从嘉庆地方志的木刻画来看，书院看上去很实用，庭院光秃秃的；它没有龙门和蕊珠书院那样大规模的花园，其场所似乎完全用于学习，与20世纪任何一所城市的学校都非常相似。

19世纪上海最新的学堂是龙门书院，它是敬业和蕊珠书院的旁系，建于1865年，由道员丁日昌[d] 提供1000两白银的捐赠，并得到应宝时[e] 的协助，应宝时后来也将担任道员。它地处龙门花园，看起来非常像传统的书院或士绅园林，但其课程却旨在将儒家经典的研究与新的西方数学和科学的研究相结合，颇具革命性。[41] 从图12看，在书院及其园林的传统设计上，没有任何关于在这些亭台楼阁中传授激进新思想的暗示。

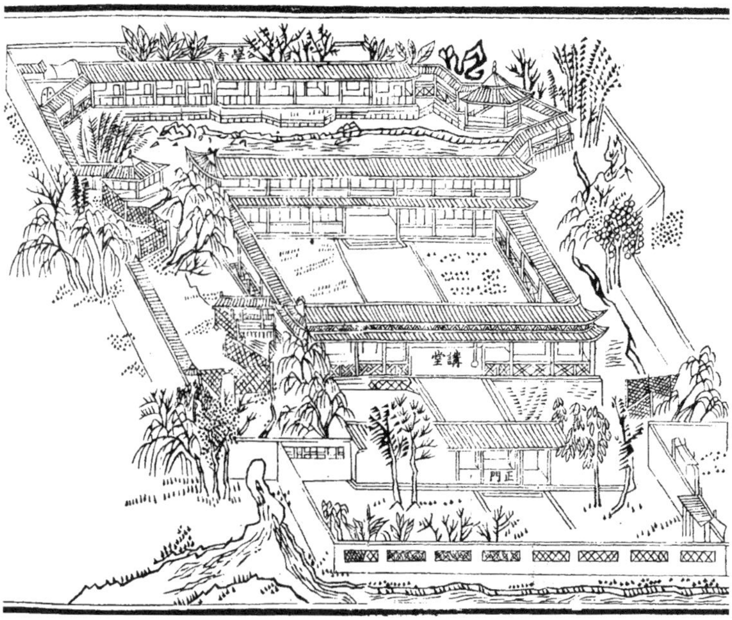

图12 清朝时期的龙门书院
（《同治上海县志》，首卷：36b-37a）

40 《同治上海县志》，9:30b-31a。

41 同上，9:33b-35a；郑祖安《上海旧县城》，第89页。

d 丁日昌（1823—1882），广东省丰顺县人，秀才出身，清朝官员，同治四年（1865）任苏松太道道员。他是曾国藩、李鸿章等的幕僚，曾帮助筹办水师，是中国近代洋务运动的风云人物和中国近代四大藏书家之一。——译者注

e 应宝时（1821—1890），浙江永康人，举人出身，清朝官员，曾接替丁日昌任苏松太道道员。——译者注

元朝和明朝时期建立的几所早期的书院，到清朝上海时不再活跃。其中有明初所建的仰高书院，它曾经在万历年间的城市地图上明显标注在城内县学的对街；沂源和清忠书院不复存在，启蒙书院则被降级为一所慈善学校。[42]

从这个对上海学术机构的简要研究中得出的结论是，政府资助的县学作为儒家科举考试制度的基本元素，经历了六个世纪；与此同时，私人赞助的书院盛衰沉浮，被较新的机构取代。但是，县学绝不是一成不变的。当情况要求时，它变更迁址；被摧毁后，则重建。县学拥有馈赠的土地，其租金用于维持。另外，它几乎从所有在上海任职的知县或高级官员那里都能收到礼物和捐款，许多学生入学靠政府的奖学金。对比之下，私立书院主要靠学费和杂费支持，但也从官员那里收到礼物和捐款。诸如蕊珠和龙门书院等较为近期的机构，从其历史中汲取的灵感暗示，不断变化的课程是19世纪中期私立教育改革的主要推动力。[43] 在这些趋势和改革中，城内西南方位出现了新兴的书院区。

善堂

明朝之后的另一个新生事物是善会。根据韩德琳（Joanna Handlin Smith）和夫马进（Fuma Susumu）的研究，这些机构最初是在明朝后期在河南发展起来的，但很快就传播到了江南地区，以应对当地政府不再解决的地方危机和紧急情况。捐助者通过切实的慈善活动来证明自己的道德价值，以其精神需求来回报社会。[44]

这些由慈善捐款支持的机构由当地精英组成的独立董事会管理。他们向贫困人群发放食物、衣服和药品，照料孤儿，经营公立或慈善学校，抚恤病人，以及扶助丧葬费用——这或许是最常见的活动了。19世纪中叶，位于城内南门的善堂中，有为穷人提供葬礼、为城市贫困居民分发各种各样善举的同仁堂（同修仁德，济世养生）、向穷人施药的合一堂，以及育婴堂或弃儿医院。[45]

同仁堂的大厅宏伟优雅，有着华丽的装饰，周围是一些“宽敞适宜的建筑”，它在城南混乱的民宅及其他建筑中显得鹤立鸡群。与它相连的是几个义冢。[46] 就连

42 清朝存在的学堂和书院列在《同治上海县志》，9:2a-36b；关于原启蒙书院被降级成慈善学校，见 9:37a-b。

43 因此，看上去甚至早在太平天国起义之前就已经有改变传统课程的趋势。

44 韩德琳《善会：明末清初慈善事业的改革》（*Benevolent Societies: The Reshaping of Charity During the Late Ming and Early Ch'ing*, 1987)，第 320 页；夫马进 (Fuma)《征信录》（《徵信录》と いう もの，1990)、《同善会小史：明末清初在中国社会福利史上的地位》（同善会小史：中国社会福祉史上における明末．清初の位置づけのために一，1982) 和《善会善堂的出现》(Fuma, 善会善堂の出发，1983)。

45 《嘉庆上海县志》，1:9b-10a；《同治上海县志》，首卷：13b-14a。

46 夫马进《清末上海的近代化坟墓问题》（上海——清末上海の近代化と塚问题，1989)。我在此感谢夫马进教授向我提供其文章的单行本。

1840 年代在上海的传教士都承认——这些传教士往往倾向于批评任何与基督教领域相竞争的中国机构，同仁堂“管理得非常好，令人钦佩，非常重视理财”。[47]

1840 年起，同仁堂、育婴堂和几个其他善会的年度征信录都小心谨慎地罗列了该年善会的捐款者和接受者。征信录披露了慈善服务的规模、收入来源和资金使用的方式。

根据夫马进引用的 1831 年征信录（《徵信录》というもの，1990），同仁堂的年度预算多达 544 万文；36% 用在施棺和助葬；15% 和 18% 是各自用于恤嫠和赡老；3% 用于救火。善会还管理着几个贫民义冢。[48] 同仁堂在道光二十二年（1842）的年度征信录中称，它的运营预算为 590 万文，包括前几年的盈余结转。[49] 把这些数字按照白银以平均兑换率 1:1650 来换算，年度预算相当于 3575.75 两白银。[50] 团体捐款者中有海关和江海关（两个独立的实体），豆业，几个不同种类的棉布、籽棉的棉业贸易商和经销商，以及银行（钱业）。31 家商铺或个人组成的团体即南帮（南方帮派）向善会捐款，还有净棉行业的 18 家商铺或个人。26 家银行在捐款者名单上，与“钱业”和其他团体的名单分开。[51] 除了来自团体的捐款，另外还有来自房子租金和未提及的行业之个人捐款，可能是来自社会贤达或鸿商富贾。

捐款是通过某些产品的税收来收取的：每 100 担豆类或 200 担豆饼各收取 25 文；轻质棉布每匹 5 文，普通棉布每匹 10 文；但籽棉一小包只要 1.5 文，或一大捆 2.5 文。银行和某些棉花经纪商每月定期提供标准捐款，各个行业各自按标准捐款。在征信录中以行业名称列出：木业多少，纺织业多少，等等。[52]1842 年，开支总计 3568.48 两白银，因此善会的经营在该年有少量盈余。但是，1849 年，收到捐款总计 4332.12 两白银，比 1842 年多 756 两，然而支出 4545.45 两，因此那一年善会亏损超过 200 多两白银。[53]

1710 年建立的育婴堂，经营规模小得多，其捐款多种多样，最大的开销是嬷嬷[f]的工钱。1840 年，育婴堂收到 1846 两白银，支出 993 两；但是在接下去的两年中，

47 《上海的描述》，第 558 页。

48 夫马进《清末上海的近代化坟墓问题》，第 280 页。

49 《上海同仁堂征信录》，1843 年：60a-b。注意这个预算与夫马进《同善会小史：明末清初在中国社会福利史上的地位》中引用的 1831 年数字大致相同，说明在困难时期收入来源仍然稳定。

50 兑换率是根据罗威廉的评估。罗威廉《汉口：一个中国城市的商业和社会（1796—1889）》，第 315 页。

51 《上海同仁堂征信录》，1843 年：30a-32b。

52 同上，23a-b。

53 《上海同仁堂征信录》，1849 年：68b-69b。

f 嬷嬷即奶妈。——译者注

平均收入只有600两多一点，开支却和1840年大致相同。[54]根据育婴堂1843年的征信录，它收受团体和个人捐款少于500两白银，但却支出787两，造成几近287两的亏空，虽然这部分显然由所谓的“赤字捐款”弥补了。[55]最大的捐款者是布业公所和朱氏家族的两个成员；“商船船主”和悦盛[g]豆行虽然捐款数目不大，但属于定期捐赠者；超过700个定期捐款者为个人，他们各自认购一至两张票子，每份捐款价值360文。[56]

徽宁思恭堂由徽宁会馆经营，也出版征信录。这个善会的预算超过6600两白银，资金来源于会员“长期”捐款（超过1200两）和会馆所拥有的房屋及田地的租金（3000两）。捐款按照个人姓名列出，支付给会馆所服务的同乡，但他们是否是行会的实际会员却不清楚。实际的行会会员资格可能仅限于商人；会员是富裕人士，支付对象不适用于会员，而是为贫困人士服务：寡妇、儿童或任何来自家乡、有需要的人。[57]

慈善机构的发展，例如这些善会，标志着上海的城市团体性质的变化，是公共领域的一个重要的扩展，同一时期中国其他城市也有类似的情况。罗威廉研究了汉口在私营部门公共服务上的制度化发展。在19世纪期间，善会承担安置无家可归者、捐资治水项目、提供救生船服务、义渡服务、办慈善或公立学校（义学）、孤儿院和救火设施。罗威廉认为，公共领域的扩展是19世纪中国社会历史的重要发展之一。[58]

伊懋可追溯了1905年上海作为一个独立的市议会成立之前的团体身份感，它是建立工部局的部分原因，其运作类似于善会。到1862年，上海有11个这样的局，成立的目的是提供地方政府或上级政府不提供的公共服务。这些局中包括船捐捕盗局、会防局、义渡局，所有这些本质上都是公共服务。[59]

这个新的公共领域所提供的慈善和市民服务，部分来自政府。过去，政府机构提供了许多这样的公共服务，但现在它们不再能够满足当地的需求。当政府机构提供的此类服务较少时，其采取的措施就转交给私人机构。但是，只有部分公共领域最初得到了这样的待遇；可以说公共服务的规模和范围也发生了变化。在饥荒时期，

---

54 育婴堂的信息是根据1843年《上海育婴堂征信录》；该文件的翻译出现在《上海弃儿医院征信录》（*Report of the Foundling Hospital at Shanghai*, 1845）。

55 《上海育婴堂征信录》，1843年：19a-b。

56 同上。《上海弃儿医院征信录》，第192-195页。

57 《徽宁思恭堂征信录》，1844年，72a-b。

58 罗威廉《汉口：一个中国城市的商业和社会（1796—1889）》，第115、248、318-321、333页。罗威廉在《汉口：一个中国城市的冲突与社区（1796—1895）》第135-186页中详细讨论了几个这样的机构和其他类型的公共服务。

59 伊懋可《上海市政（1905－1914）》（*The Administration of Shanghai, 1905-1914*, 1974），第245页。

g 原文“Yuejing”。应为“悦盛”。——译者注

曾经由国家打开公共粮仓来填饱国民的肚子，现在则由私人慈善机构为当地的贫困人口提供食物和援助，即使在没有发生饥荒的情况下也是如此；甚至在经济繁荣时期，也为当地的贫困人口提供棺材；渡轮服务和消防器材纯粹也都是当地提供的。这些活动中至少有一部分可能来自宗教领域，寺庙也向饥饿的穷人施舍食物，为颠沛流离的人群提供服务。因此，公共领域的部分增长可能归因于清朝时期寺庙数量的减少，特别是佛教寺庙的数量，如上所述。

兰金（Mary Backus Rankin）在审视太平天国起义后浙江新兴精英的活动时发现，士绅和商人是主角。[60] 这两者之间的界限模糊，因为士绅将他们的儿子送到商界，富商们捐钱修学校，并教育他们的后代去参加科举考试。上海的善会年度征信录显示，几乎所有的捐款来自商人，不管以是个人还是以团体的名义。

官府

前面已提到，上海最高级别的官员是道员和管理海防的松江府佐官海防同知。“海防同知”的官府自明朝时期就在上海存在了，其位置在或非常靠近曾经的元朝军事万户府。1736 年之后，上海出现了一个新的重要官府，即道员的衙门。尽管从 1685 年康熙皇帝解除商业海禁开始，上海就设有海关的分支官府，但是直到 1735 年巡抚张楷的呈文之后，松江府和苏州府的主要官府才从苏州移到上海。第一任道员朱一凤[h]的任命更早，他是巡抚张楷推荐的。朱一凤是进士，1725 就任。1736 年，市舶司和万户府合并，给予道员附加责任，在官阶上提升了一级。次年，太仓县并入，建立了苏松太道。[61]

因此，道员负责苏州府、松江府和太仓州的军事防御，以及管理那里的主要海关即“大关”。上海的海关管理被称为“江海关”，即“江和海的海关”，不同于仅称为“海关”的其他沿海关卡。上海的道员监管大关和三个府的无数分卡，监督所有税款和关税的征收。他的级别比知县要高两级。在政府的等级制度上，俗称为“道台”的道员是上海最高级别的官员。作为海关的管理者，他是负责监督在上海的外国商人的官员，但是从 18 世纪晚期直到 1843 年，上海仍然处于对西方贸易关闭的状态。

新的道员衙门位于城墙内，靠近大东门。明亮的红漆大关矗立在小东门外的黄浦江岸边。尽管道员的官府位于偏离中心的位置，但是它在城墙内，处于城市的商业

60 兰金《中国的精英行动主义与政治转型》，第 87 页。

61 《同治上海县志》，12:18b-19a。

h 朱一凤，河北涿州人，进士出身，清朝官员，雍正三年（1725）出任苏松太道道员。——译者注

区域中，可以与城外的大关迅速联络。因此，在定位道员衙门时，儒家意识形态让位于实用性，这可能表明了上海的新视角在河流以东，从那里一直延伸到海洋。

商铺

几乎每条街上都有零售商铺。但是，特定的行业和手艺往往集中在某些地区或街道上，例如“珠宝街”和“花衣街”。到道光初期，根据清朝文人张春华[i]的描述，“城东南隅，人烟稠密，几于无隙地。”[62]上海的许多建筑物必定是无处不在的两层木质铺面房，就如罗威廉所描写的同一时期的汉口，可以看到较低的楼层含商铺或作坊，而主人和他的家人住在二层。[63]如图13所示，19世纪开始时的上海地图给出了一些城墙内城市拥挤的状况，但完全忽略了城墙外面新兴的郊区。

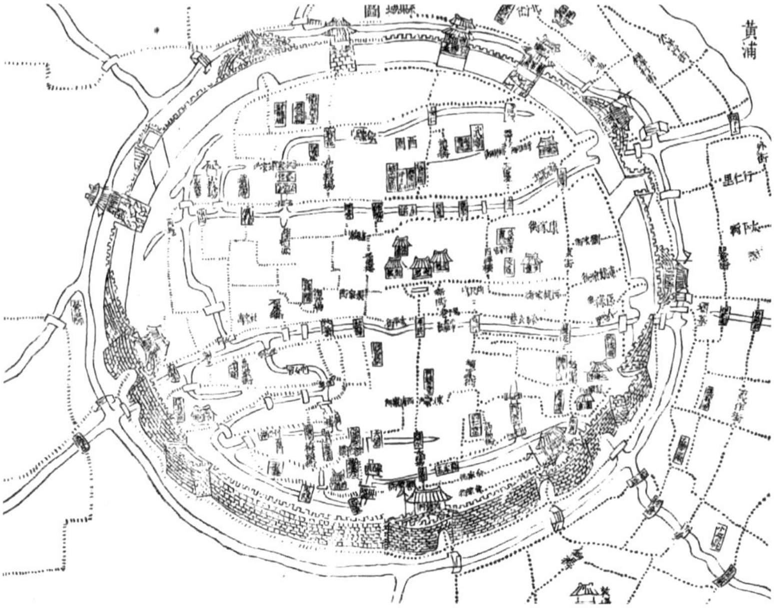

图13 嘉庆时期的上海地图，约1800年
（《嘉庆上海县志》，1:9b-10a）

---

62 郑祖安《上海旧县城》，第84页。

63 罗威廉《汉口：一个中国城市的冲突与社区（1796—1895）》，第65-66页。

i 张春华，清朝人，《沪城岁事衢歌》作者。——译者注根据19世纪后半叶（1876年）的一段描述，专事“洋货”的商铺靠近小东门。1843年前，进口商品的数量有限，仅有例如机织棉花；但是到1830年，至少一个“花糖洋货”的行会已经在城内建立。[64]织布店和棉花零售商位于县城的另一侧，聚集在大西门附近那一带的彩衣街和东街。县城中心可以找到书店，它们靠近县学，并在纪念牌坊矗立的市镇学堂旧址边上。北门内是县城的娱乐区，有许多精美手工艺店，包括经营玉雕、金银、珠宝、制作眼镜和售卖书法的商铺。这里，用典型夸张的说法，有着“万家”当铺，随时准备提供参差不齐的估价。[65]继续往里，聚集着城内经营丝绸和茶叶的经纪商及商人，靠近名称恰如其分的丝茶业公所。[66]图13中19世纪初期的地方志地图，以及图14和图15中1872年版县志里的街道地图，提供了晚清时期的县城外观形态的视觉描述，表明它在60年的时间内扩展到了郊区。

清朝时期对县城生动活泼的市井的描写，显示上海并不符合那种静态的城市形态，如牟复礼（Frederick W. Mote）笔下的苏州。[67]上海至此已有数百年的城市历史，在城墙内不断发展着、演变着，而城墙外的变化甚至更大。

郊区的产生

自康熙期间海上禁运解除之后，一座崭新的商业城市在城墙之外崛起了。在元朝和明初时期，城内的街道曾经一直延伸到黄浦江边。但是，当城墙围起时，街道萎缩了。街道被切断，城墙在城市和河流之间形成一道壁垒。在明朝后半叶，港口功能几乎消失殆尽，城市转为向内，依靠内地而不是港口来维持生计。

到了清朝时期，城市视角发生了变化，上海再一次向外生长，转向港口，寻找新的活力。由于城墙内已经没有空间了，它在城墙外的街道和小巷中、在城墙和河岸之间的土地上扩展。比较康熙、乾隆、嘉庆和同治地方志中的地图，可以发现，城墙外的街道和小巷越来越多。同治地方志脱离了之前的所有先例，提供了一张单独的、远郊区域的街道地图（图14、图15）。[68]

64 《上海县续志》，3:6a。

65 郑祖安《上海旧县城》，第84页。

66 见《同治上海县志》，首卷：16b-17a。《上海——城市景点》。

67 牟复礼《中国城市千年史：苏州城的形态、时间和空间概念》（*A Millennium of Chinese Urban History: Form, Time and Space Concepts in Soochow*, 1974）。

68 《同治上海县志》，首卷：16b-17a。

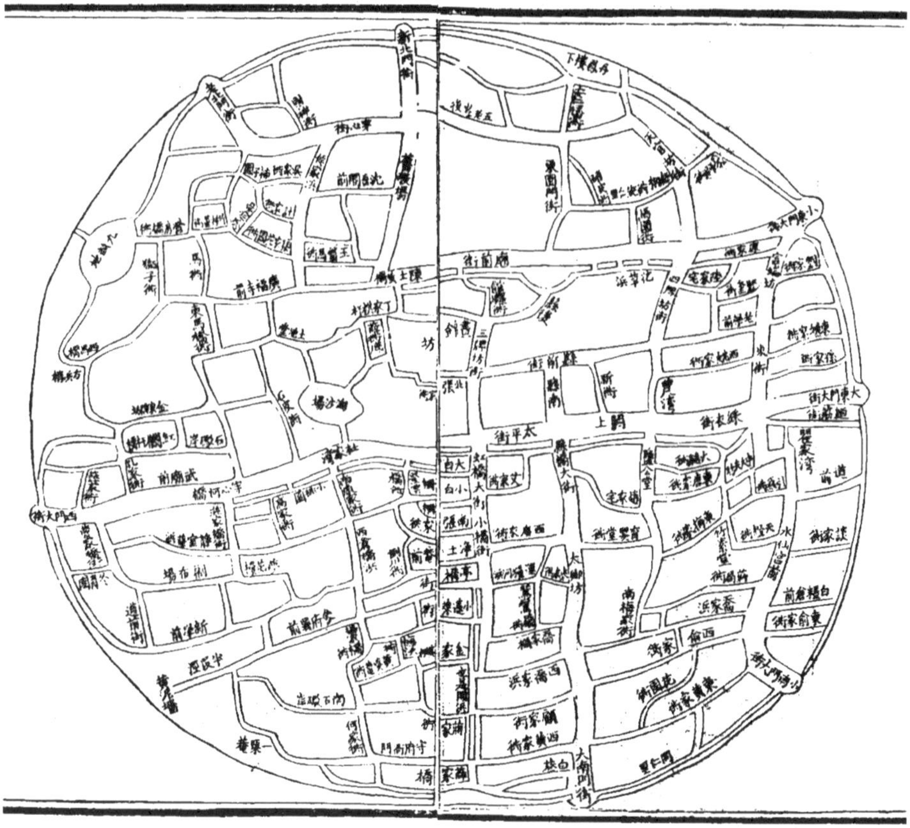

图 14 同治时期的上海城市街道地图，约 1858 年
（《同治上海县志》，首卷：13b-14a）

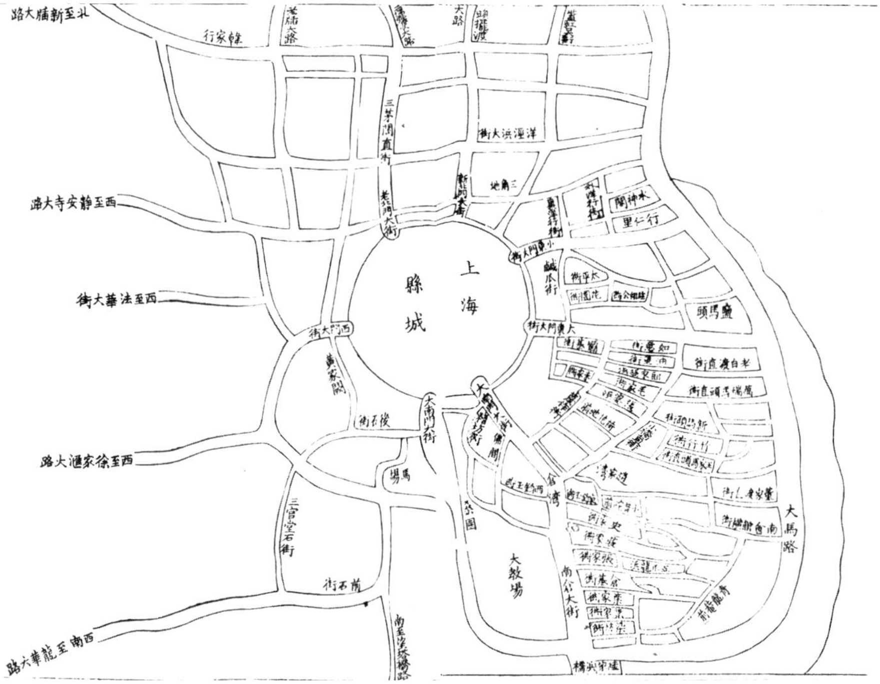

图 15 同治时期的上海郊区地图，约 1858 年
（《同治上海县志》，首卷：16b-17a）

街道名称反映了商业利益：“外街”沿河岸展开，宽度足够通行车马，后来被称作“马路”。一些较为丰富多彩的街名有：南会馆街、大关路（海关大楼前面的街道）、洋行街、盐码头街和咸瓜街。许多小巷都以它们所属的手艺和行业来命名，例如竹行街、木行街和油坊街。其他街道只是以当地家庭所从事的生意名字来命名，例如李家巷和张家巷。[69] 所有与长途商业有关的装备——码头和船坞、干船坞、造船厂、仓库、船夫的廉价住宿（毫无疑问还有其他设施）——都位于郊区蔓延的马路、街道、小巷和弄堂。许多外来商人的大型行会大院则位于码头区域和城墙之间的街道上。远郊地区的每一片小区域都有它自己特定的性格和功能。

69 《同治上海县志》，首卷：16b-17a。

在县城东北角，天妃宫位于洋泾浜汇入黄浦江的地方，它风度优雅、仪表堂堂，正如19世纪中期的一位欧洲观察者注意到，航海的中国人通常在此祈祷献祭。[70] 在寺庙稍南的地方，与它相邻的是泉漳会馆的大院，即福建贸易商的会所。小东门外，有拥挤的商业街道，街上有商铺、仓库和几个较小的会所。在这个区域还有火腿弄和咸瓜街。县城的大东门外，继续沿着南岸，是码头和船坞。“海神庙”（第二个供奉龙王的寺庙）位于大东门外，为了方便信仰该神灵的出海商人。然后，人们来到大关，其多层的红塔显得异常精彩。附近有一个重要的善堂，叫“久生堂”，也许是由徽宁会馆经营，向穷人提供善举。[71]

在郊区的南部区域有安徽和福建茶叶商人的洋行，以及位于南会馆街的上海运输商人的会所，即商船会馆；这些行会都有其自己的船厂、船坞和仓库。附近有畜力装备的工坊进行大豆榨油。在县城的南门外，在江家药巷[j]上有专为孤儿男童设立的学校，以及药草和制药店。篾竹路是小型手工艺品制造商铺的所在地，制作各种形式的竹制及木制器具和工具。[72]

在县城北门外还有一些区域，那里有许多手艺作坊，包括那些棉加工、丝绸纺织、木雕、制蜡、染色、制革和轧棉的手工艺匠人。[73] 然而，北边最著名和最有特色的机构是成立于1796年的四明公所，即福建和宁波商人的会所。它拥有超过30亩土地的深墙大院，内有厅堂、寺庙、寄柩所和其他设施。除此之外，四明公所在县城的北郊还有大量的墓地。[74]

从明朝到清朝

将清朝上海与它在明朝的前身进行比较，第一印象是，虽然清朝城市是其前身的人口更多、更大扩展的翻版，但在任何根本方面都没有什么变化。上海仍然是县城，仍然被明朝时期建造的城墙和护城河环绕，县衙门、城隍庙和县学仍然位于同心布置的城市设计的核心。

---

70 《上海——城市景点》，第83-84页。通讯记者做导游，带领犹豫不决的西方游客穿越上海县城。开篇向好奇的西方人保证，上海县城非常安全、很有趣且不那么令人厌恶，但是夏季臭气熏天、蛮烟瘴雨，最好在冬季访问，那时这些气味不那么明显。虽然语调有点居高临下，强调了那些能满足19世纪英国中产阶级所追求的异国情调、如画风景或好奇尚异，但是，该游历异乎寻常地提供了对上海非常准确到位的描述，提及了地方志中一般略去的许多事物。

71 同上。

72 同上。

73 同上。

74 《上海县续志》，3:4a-5a；根据根岸佶《上海的行会》，第33页，行会在县城北门外的这个位置有超过30亩土地。

j 原文“Jiang Family Medicine Lane”，未找到中文名称（疑似药局弄），此处按意译。——译者注然而，仔细观察后，城市的许多方面都发生了变化。它更加繁忙了，原先悠闲雅致的氛围已经被商业活动所取代。城内园林和纪念牌坊少了，绿地小了，更多拥挤的民宅和商铺的灰色屋顶，尤其在东区。虽然开放空间不太明显，但公共空间却更多了：城隍庙扩大了，东、西园向公众开放。清朝时期，还有更多民间信仰的寺庙和祠观，但是，明朝及更早时期在上海存在的许多佛教机构已经不复存在了。（城市）引进了新的机构，其中主要有大关、道员的衙门、几个也向公众开放的大型善堂，以及一些新的寺庙，包括城隍庙旁边的新关帝庙。

这些变化最初可能看起来无关紧要，但随着城市的各个部分获得新的特征，清朝的上海正在经历一个缓慢演变的空间分化。部分核心转为专事商业活动——例如，一些行会在豫园设立了办事处。以前，核心区域独一无二聚焦的是政府和精英；现在，由于商业社区实际上已侵入了以前“神圣不可侵犯”的区域，诸如道员的衙门和海关大楼这样的官府转移到核心区以外的区域，因此，核心区域随之减弱。

利用类似 19 世纪初嘉庆地方志中重新绘制的图 13 和清朝地方志中的木刻图片，再附以西方游客的描述，可以看到 19 世纪上半叶上海的全貌。虽然海盗已销声匿迹许久，但是这个城市仍然有着明朝为防御海盗而建造的高高的城墙和城门。不过，到 19 世纪中叶，大多用泥土和未烧结的砖块建造的城墙已是残垣断壁，有几段城墙倒塌了，虽然修修补补，但完全不足以成为一个防御工事了。[75] 环绕城墙的是护城河，四个水闸连接内地的运河和水道。根据西方的描述，城内的护城河和水道堆积了大量的淤泥和垃圾，几乎不能用作水道。退潮的时候，这些水道都是干涸的。[76]

城墙环绕着一座城市，其低矮的一层或两层的住家、店屋、办公场所形成的轮廓被较高的寺庙和佛塔的剪影打破，并且在豫园和书院区周围镶嵌着树木和绿茵。就连官府的建筑也是低矮的，鲜有超过两层高的。城市的主要街道从 6 ～ 12 英尺（1.83 ～ 3.66 米）宽，路面有标记，或者铺砌了石材、砖或屋顶碎瓦片；若碎瓦边缘朝上铺的话，形成“又好又结实的道路，且价廉物美”[77]。好天气的时候，街道熙熙攘攘，有各种商摊、小贩、摊位、茶铺、算命先生，一如既往，到处是人。

住宅大小和质量各不相同，从屋顶用茅草或芦苇垫子覆盖的棚屋，到屋顶铺设瓦片的宽敞住宅。典型的建筑是四方的，围绕一个开放的庭院建造，庭院用作花园，或在不太优雅的环境中用于工作或手工作坊。在上海，几乎所有的建筑都是木制的，

75 《上海的描述》，第 536 页。

76 同上，第 538-539 页。

77 同上，第 541 页。

因为当地没有建筑石材的来源。木建筑外面涂一层抹灰或刷浆非常普遍。许多建筑涂了漆，大多是黑色和红色。其他的，尤其是内院的墙壁，抹灰并涂白粉刷。大多低调的建筑有笔直、毫不显眼的灰瓦屋顶；但是，从地方志提供的这些建筑的木刻图片判断，寺庙和官府的屋顶较为雕饰，有斗角和飞檐。大多数此类大院有或大或小的园林，园内有池塘、绿色植物和假山石。[78]

根据西方的描述，一幢“较好类型”的房子可能会在一侧占边长200英尺（60.96米）的正方形土地。有些很宽敞、整洁和舒适，“这样才可能受到所有人的尊重”。但是，欧洲游客觉得在上海的大多数住宅低矮、黑暗、潮湿，如此逼仄、窒闷，夏天几近不卫生，冬天则不舒适。[79]

县城的北部区域在明朝时为寺庙，现在是游乐区，包括当铺、餐馆和卖淫场所，尽管寺庙和宝塔高高的屋顶仍然点缀着城市景观。核心区域拥有儒家的宁静，以城隍庙的豫园绿化和官府衙门建筑的低屋顶为标志。儒家私塾集中在城市的西南部分，这里形成了一个明确界定的“书院区”。

东部的商业特征在明朝时期就很明显，到清朝初期和中期，随着越来越多的商铺和工艺作坊的涌现，这一特征得到了加强。城市的东部拥挤、忙碌、繁华，很像两个东门外的郊区。在这里，建筑物更加密集地堆积在一起，有时三层偶尔甚至四层，因为原来的建筑物加建了。城市这部分的街道和小巷更加拥挤，因为它是人口最稠密的地区。

所有这一切的最大变化都发生在城墙以外的区域，这些区域在清朝上半叶呈指数级增长。在这里，密集的居住区域延伸到黄浦江边，城墙内的规则网格被抛弃了，街道和小巷沿着不规则的道路行进，随着城市向外延伸有机地发展。天妃宫和大关的宝塔主宰着天际线。行会的会馆宅院装饰高调阔气，虽然其剪影较矮，但仍然相当显眼。北门外的宁波行会最为耀眼，有着大型的宅院和大规模的墓地。[80]

北部的郊区一般都比较开阔，有坟地、园林、大片出租房屋和露天场地，偶尔可以看到坟包从平坦的景观中突出。在东郊，则没有空地。在城市大规模的蔓延中，到处是商铺、作坊、仓库、船坞和许多其他设施，伴随着人口密度和压力，纷纷拥拥。

---

78 《嘉庆上海县志》，卷一；《同治上海县志》，首卷。

79 《上海的描述》，第542页。

80 《上海——城市景点》。

清朝人口统计资料

清朝上海的发展和变化说明了城市的面积和人口在同时增长。但是，当我们试图发现上海在这个时期的实际人口时遇到了一系列问题。首先，城市地区没有与县人口普查分开制表，因此，对城市人口的任何估计充其量都是有问题的。其次，清朝人口普查数据众所周知是不可靠的；它们根据习俗、收集统计数据的目的，以及可用于人口普查的资金和人力而有所不同。

清朝上半叶的人口统计数字表示为“丁”，代表徭役劳动力或土地税配额，而不是实际人员。这种方法在1775年得到纠正，当时对人口普查进行了修订，以计算实际人员而不考虑纳税义务。[81] 施坚雅相信，嘉庆皇帝统治下所进行的人口普查是清朝晚期最准确的测得数目。[82] 因此，县志中1810年人口普查的数据被用作人口估计的基础。

1810年，上海县的税收人口数字仅为46 923丁，但是，16～60岁的非优免[k]成年男女的实际人数为248 020名男性和236 182名女性，共计484 202人。[83] 优免成年人、士绅也许可以增加5%至7%的总人口。加之数万名军队驻扎在该县，估计总人口超过50万人。到1852年，官方的人口数字增加到非优免544 413人，但是，根据饶济凡（Gilbert Rozman）和施坚雅的研究，这些数字可能不如早期人口普查的数字来得可靠。[84]

住在上海县的50多万成年人中，有多少是县城居民？在没有单独的县城人口普查计数的情况下，这很难估计。1840年代早期，欧洲观察家认为县城人口在25万人。[85] 这个估计与中国人口普查计数的不同之处在于它仅凭大致印象，甚至不能算作是一个初步的统计数字；并且因为西方的估计包括儿童和那些60岁以上的。更重要的是，18世

81 何炳棣《1368—1953中国人口研究》（*Studies on the Population of China, 1368-1953*, 1959），第13-14页、47页。

82 何炳棣和许多其他学者提出了操纵人口普查数字的问题，但施坚雅《19世纪四川的人口——从未加核准的数据中得出的教训》（*Sichuan's Population in the Nineteenth Century: Lessons from Disaggregated Data*, 1987）最为确凿地证明了这一点。

83 《同治上海县志》，5:9b-10a。注意上海县女性与男性的比例很高：每名女性有1.05名男性。根据饶济凡的研究，自然分娩比例在有利于男性的1:1.02和1:1.07之间变化，但正常的减少会使成年人的比例降低至1:1。在清朝中国的许多地方，杀女婴的习俗会将女性的数量减少到男性超过女性的1.18到1.25或更多。见饶济凡《清代中国之人口与市场聚落》，第32-33页。在大多数人口普查中，官方正常程度的女性代表性不足非常普遍，然而，尽管如此，事实上这个比例在上海县的分布如此均匀，加强了早先的观察到的情况，即因棉花加工的技能，上海地区妇女的价值增加。

84 饶济凡《清代中国之人口与市场聚落》；施坚雅《19世纪四川的人口——从未加核准的数据中得出的教训》。

85 福钧《华北诸省漫记》（*Three Years' Wandering Among the Northern Provinces of China*, 1847），第104页。

k　优免，指清朝时期缙绅在赋税徭役方面拥有一般百姓所享受不到的优免特权。——译者注

纪末和19世纪初，大量的商人和劳工涌入上海，但这些人仍然注册在其他地方，因此不包括在县人口普查报告中。

调整一下欧洲人的估计，去掉儿童和老人（大约20%），估计人口将达到20万人。[86] 从县城已经建立的“外来”行会的数量，以及现代记事中描述上海的人口包含大量此类“外来”人口来判断，其中多达三分之一的人可能是移民。鉴于这些调整，县城及其人口稠密的郊区可能是大约20万成年人的家园，其中估计有12万是县内登记在册人口。因此，19世纪上半叶，县内50万人口中大约有25%在县城居住和工作——这在任何前现代社会中都是高比例的城市化，但相比高度城市化的江苏省，还不至于高到异常。[87]

当然，清朝中叶的上海比海盗袭击后明朝时的上海的最低点要大得多。县城本身的物理变化和郊区的大规模增长证实了这种扩张。但是，它比明朝城市到底大多少——两倍、三倍还是四倍——却很难说。比人口估计更有说服力的是城市的物理和空间扩张。居住在这个城市的人们的性格也发生了变化。取代明朝时期当地城镇居民和小规模创业者的清朝人口中，包括来自浙江、福建和南部沿海，以及中国其他地区的大量商人和移民。

清朝时期，城市的发展方向也发生了重大变化。明朝的县城向内看，其中心是帝国政府的官府所在地；它的经济依赖于与它相邻的腹地，依赖棉业和手工业以及棉花所引发的当地商业化。清朝的县城向外看，向河流、向“桅杆林立”的港口、向商人和商业船运、向中国其他地区，最终向世界经济。潮州会馆的历史简要介绍了这一方向的变化，这是一个来自广东的商人行会，他们在上海的存在象征着对沿海贸易新生的兴趣。潮州会馆的会所建于乾隆年间，但在1808年被焚毁。1810年重建时，它不再朝向城内，而是向外了，“易向为前江后隍”[88]。

86 饶济凡《清代中国之人口与市场聚落》，第34、57页，估计19世纪末满16岁的中国人占35%，但居住在城市的儿童少于在农村的；此外，很大一部分的上海人口是由无家小的男性移民组成的；所以估计上海的儿童人口为20%似乎是保守的。

87 饶济凡估计19世纪江苏的整体城市化率为7%；但这个数字在该省最商业化的地区要高得多。例如，苏州府的人口密度为每平方公里838人（迄今为止是帝国最高的）。上海在商业化或人口密度方面与苏州相差无几。同上，第13-14页。

88 《上海县续志》，3:3a。

第五章

造城的行会

几乎所有的城市生态的变化都将清朝上海与其明朝的前身区分开来，这些变化主要归功于 18 世纪和 19 世纪在城市中蓬勃发展的各种商人、商人团体和商人行会进行的商业活动和所从事的事业。沙船业行会的商人买下了豫园，并将其捐献给了城隍庙；商人资助天妃宫和关帝庙，建造了城市的码头、仓库和交通设施，几乎“创造”了郊区的所有住房。

所谓的“巨贾”从事长途运输和交通，以及棉花、丝绸和肥料等主要商品的生产。中层的商人为当地社区提供服务，如银行业务和鲜肉、农产品、服装甚至帽子的供应；经纪商进行棉花、丝绸、茶叶和豆类交易，并建造了仓库和交易所来安置他们的生意。当地手工业者、工匠和店主是小本生意人，经营无数零售商铺、当铺、榨油铺、竹行、棉织家庭作坊，以及城墙内外挤在弄巷里的所有其他行业。

来自中国其他地区的移民在城墙外建造了大规模的会馆大院。他们建起寺庙、会所、戏台、办公场所、宿舍和寄柩所，在大院内建造园林和天井；他们购买土地，建造出租房屋，建立大规模的墓地。来自广州、惠州和宁波等地的商人所创造的工作机会吸引了数千名这些地方的工人和劳力。被称作“公所”的贸易协会由当地工匠和城市服务提供者组成。这两种协会[a]都被西方人称为“行会”，西方人将他们的活动比作欧洲中世纪行会[b]的活动。

在中国，传统上的行会分为两种不同类型的组织：商业或手艺联合会即“公所”（也称“同业”）；由来自同一籍贯的人组成的“会馆”（也称“同乡”）。根据何炳棣（Ping-ti Ho）对同乡联合会的研究，这种类型的行会的起源可以追溯至 16 世纪在京城的“考寓”，专门向进京赶考的书生或等待走马上任的官员提供住宿。一个特定的考寓专事特定的地区从属关系、方言和地方菜肴；顾客以住宿为中心拉帮结派，组成朋党，以寻求互助、便利、饮食和祭拜。一开始，顾客或这些协会的会员都是书生和候补官员，但是包括富有的商人在内的其他暂住者也被这样的地区机构所提供的设施而吸引。渐渐地，商人成分占据了主导地位，这些团体演变成了商业协会。[1]

1 何炳棣《中国会馆史论》（1966 年）。其他研究包括马士（Hosea Ballou Morse）《中国行会考》（*The Gilds of China, with an Account of the Gild Merchant or Co-hong of Canton*, 1919）、葛平德（Peter J. Golas）《清代前期的行会》（*Early Ch'ing Guilds*, 1977），第 555-580 页。

a 指会馆和公所。——译者注

b 欧洲中世纪行会指欧洲在 11—19 世纪为了保护本行业利益而互相帮助、限制内外竞争、规定业务范围、保证经营稳定、解决业主困难而成立的一种联合组织，其名称有“兄弟会”“友谊会”“协会”“联盟”等。——译者注日本学者根岸佶同时研究了“会馆”和“公所”，发现两种行会的组织基础是各种各样的派系，即“帮”。最初是由商人建立的自发团体，他们的共同利益是基于原籍，或基于手工业、贸易或职业的业缘关系，很少通过宗亲关系联系在一起。[2] 何炳棣指出，中国社会基于三个强大因素：①家庭和宗族；②与原籍的纽带；③行会。他认为，同乡或同业的“帮”先于行会的形成，行会是几个这样的“帮”的组合，其中最早可以追溯到北宋时期。[3]

作为一个私人商业组织，行会的现代化身可以追溯到明朝时期，虽然根据何炳棣的研究，从汉朝到宋朝都可以找到诸如文人的半官方“郡邸”（当地的客栈）等先例。在汉朝的洛阳，曾有100家或更多的“郡邸”，它们分为两种不同种类，服务文人或客商。唐朝时期，京城有来访“进士”和“举人”的书院，宋朝时期也有类似的机构。[4] 而且，根岸佶指出，宋朝时就可以找到特殊利益的“帮”，或原始行会。何炳棣和根岸佶均认为，与原籍的纽带在中国社会中具有强大的根基，它基于亲情纽带和孝道，并且通过科举制度和官僚任命的选拔方式得以加强。[5]

为了确保来自不同地区的考生有平等的机会，科举考试系统对不同地方实行配额。原籍是政府任命官员需考虑的一个因素，其中“回避制度”禁止官员在其家乡当地服务。[6] 孝道不仅包括父母，也包括祖先，并且包括对这些灵魂居住的地方的崇敬。官员在父母去世时必须停职回乡服丧。因此，一个官员的“老家”激发了其对家庭、宗族和地方的强烈忠诚。

随着时间的推移，考寓提供的服务扩大到包括当地神灵祭拜仪式的寺庙，以及尸体等待运葬故里的寄柩所。随着考寓从京城普及到其他城市，除了官员之外，他们还接待客商，尽管他们可能会将商人与文人分开安置。[7]

到了晚明清初时期，三种不同的行会是显而易见的。最突出的是“会馆”，即同乡协会；还有手工业和商人协会，称为“公所”。在制造业占主导地位的城市，如苏州，手艺协会数量最多；但在汉口和上海这样的商业集散中心，暂住者的会馆和商业公所都很突出。[8]

---

2 根岸佶《上海的行会》，第14-20、31-36、52-72页；《中国的行会》(Negishi, 中国のギルド Guilds of China, 1953)，第5-12、36-43页。另见仁井田陞《中国社会和行会》。

3 何炳棣《中国会馆史论》，第1-13页；根岸佶《上海的行会》，第1、14-15、35-36、192页。

4 何炳棣《中国会馆史论》，第11-13页。

5 同上，第1-6页；根岸佶《上海的行会》，第1-5页，涵盖了同样的故事。

6 何炳棣《中国会馆史论》，第5-6页。

7 同上，第18页。

8 关于苏州的行会，见刘永成《史论清代苏州手工业行会》、宫崎市定《明清时代的苏州及轻工业的发展》。关于汉口，见罗威廉《汉口：一个中国城市的商业和社会（1796—1889）》，第213-240页。关于上海，见根岸佶《上海的行会》。

行会和帮派

当地地方志在上海行会的介绍中指出，与其他城市不同，在上海，习俗上作为暂住者客栈的会馆和作为行业协会的公所没有太大区别，因为这些术语已经可以互换使用。[9]上海的历史进程揭示了是发展导致行会的形成。在会馆和公所类型的正式行会之前有许多“帮”的组织。[10]“帮”是一个通用字，据说这个字来自一个术语，该术语最初意味着船只系在一起用于停泊。作为社会组织，“帮”的团体可以是任何规模，并且围绕几乎任何类型的共同利益进行组织，从地方或贸易到文学、政治和宗教。“商帮”倾向于以原籍或同业这条线来形成。

在明朝后期，已知有几个这样的“帮”出现在上海。其中有来自山东或关东的“北方商帮”以及来自浙江和福建的“南方商帮”。清朝早期商帮中，突出的是宁波附近的镇海和定海县的所谓“宁波帮”商人。在稍后阶段，他们的邻居加入，即来自杭州、绍兴周围的浙江东部地区的“浙帮”。[11]到乾隆年间，几个浙江“帮”组成正式的行会，相互竞争。来自附近地区的其他地方的“帮”，如东山和西山（苏州洞庭山），自明朝以来也一直活跃在上海，但未能形成任何正式的行会，只是停留为“帮”。[12]

基于同业原则的其他人加入了基于原籍从属关系的“帮”，包括“钱庄”（即钱铺）银行业者、建筑工和造船工，还有丝绸、棉花、蓝靛和棉布经纪商，以及其他行业的成员。上海最早的行会有关东帮与山东商帮合建的“关山东帮”的行会、商船会馆、棉业公所、钱业行会和鹾业行会。[13]

鹾业公所的名称出现在几个铭文中，表明它早在1732年之前就很活跃。[14]18世纪上海迅速摆脱了早先对自然资源和自给农业的依赖，在这个城市出现这样一个鹾业行会似乎是一个奇怪的时代错误。取自沿海沼泽地的盐是唐朝时期上海地区的重要收入来源，当时的县还是一片“鱼盐”之地。[15]到明朝时它仍然举足轻重，明朝最后几年关于盐政法令的铭文仍然存在于上海。[16]但是，棉花产业的崛起使盐产量黯然失色，盐场被棉花和大豆所取代。到了清朝时期，盐在长江以南的各地都是一

9 《上海县续志》，3:1a-b。

10 根岸佶《上海的行会》，第1页。

11 同上，第14-15页。

12 同上，第32-33页、38-41页。

13 张忠民《上海：从开发走向开放，1368—1842》，第250页。

14 同上，第259-260页。

15 元朝时，上海县是主要的盐产地。张忠民估计在两浙路所产的盐中每48吨就有10吨来自上海县；6个最大的盐场每年产量超过2500斤。张忠民《上海：从开发走向开放，1368—1842》，第23页。

16 《上海碑刻资料选辑》，第81-82页。

个衰落的产业。[17] 也许，鹾业公所的形成表明了在竞争日益激烈的环境中为生存所做的努力，但是由于缺乏更具体的信息，我们对这个行会的性质和构成知之甚少，也不知它是由上海本地居民还是由外来者组成。幸运的是，对于其他行会，我们有较可靠的证据。

同业和原籍利益的结合导致在上海形成了一个关东（辽东）帮和四个山东帮，每个帮都来自不同的地方。众所周知，这五个北方帮的成员是从事豆饼肥料、棉花和运输的商人。早在顺治时期，他们就一直活跃在上海，共同建立了“关山东公所”，但是由于其浓厚的商帮身份，在公所成立之后多年它仍然被习惯称为“关山东帮”。他们的大院位于县城小东门外的郊区，同时，他们也在城西用 50 亩土地建了墓地。[18]

1684 年取消海禁之后，商业活动的步伐加快，刺激了互相竞争的“帮”之间形成联盟，并促进了成立更正式的商业行会。关山东行会是第一个这样的联盟；第二个是在 1715 年由当地商人和船主组成的，他们从事棉花和肥料贸易，与五个北方帮直接竞争。与成员是外来者的关山东帮形成鲜明对比的是，商船会馆成员是来自上海和附近宝山、崇明岛等地区的当地人，都属于苏松太道。[19] 这个团体的活动早在康熙年间就开始了，虽然后来才得到正式承认。[20] 它的名字取自北洋航线上所用的“沙船”。

沙船商的行会将船长和船东的同业组织的功能与同乡会的功能结合起来。它的经营场所位于城墙外东郊靠近码头的南会馆街。在那里，会员们建造了一个雕饰华丽的会馆大堂，祭拜天后及其他神灵的寺庙，一大排货仓、船坞、造船设施和码头。[21] 其会员是运输商人和船长，他们的共同利益与山东商人和广东商人的利益相悖，并在相同的线路上与北方“帮”竞争贸易。毫无疑问，这样的竞争在行会成立之前早已存在。这些沙船商还有一个额外的优势，那就是他们的船与关山东行会的不同，可以同时服务北洋和南洋航线。这些当地的商人和船长经营各种各样的产品，包括大豆、豆饼和棉产品（与关山东帮竞争），还扩展到南方的木材和糖。他们的行会是近 200 年来上海最大、最具影响力的行会之一。

---

17 到了明朝后期，当长江三角洲向东扩展，内陆的河流盐度减弱，盐床不再产盐；在某些区域，盐产量下降 70%。到 19 世纪初期，上海县仍然每年产盐 800 万斤，但这只是早年总和的 25%。张忠民《上海：从开发走向开放，1368—1842》，第 122-132 页。

18 《上海碑刻资料选辑》，第 72、194 页；杜黎《鸦片战争前上海行会性质之嬗变》，第 21 页。

19 杜黎《鸦片战争前上海行会性质之嬗变》，第 22 页。

20 《上海县续志》，3:1a-b；张忠民《上海：从开发走向开放，1368—1842》，第 250 页。

21 《上海县续志》，3:1a-b。

组织原则

罗威廉分析了清朝时期在汉口的单一型和复合型行会之间的区别。单一型行会只有一个功能，或为“同乡会馆”，其会员来自某一个原籍；或为“同业公所”，专事某一项手艺或贸易。随着时间的推移，一些单一型行会发展成为复合型行会，要么在内部细分，要么从外部整合分支，以便它们能够实现多种功能。[22]

根岸佶对上海行会组织的研究区分出三种类型的行会：①基于原籍纽带的行会（基本上是“会馆”）；②基于原籍和同业的行会；③仅基于同业的行会（基本上是“公所”）。通常相对独立存在的“帮”，其分支受财务、派系或有时是个人利益的影响，倾向于或凝聚成一团，或分裂。[23]

概观迄今所讨论的三种行会：从我们知之甚少的鹾业行会来看，它似乎是一种简单的同业（公所）类型的组织；相反，关山东公所无疑被视作一个复合型行会，因为它同时结合了同业和同乡的特点。根据根岸佶的分类系统，鹾业公所应该是第3类机构，而关山东公所则是第2类的机构。[24] 商船会馆结合了同业和同乡的功能，也归入第2类。

这些行会彼此在北洋航线上进行豆饼和棉花贸易的直接竞争。商船会馆最终胜出，体现在这个行会后来成为上海最强大的行会之一，一直活跃至20世纪，而关山东帮却在道光时期之后从记录中消失了。[25]

自明朝晚期以来，在上海运行的众多浙江帮则展现出一种不同的组织历史。这些“帮”一般由来自宁波、绍兴或杭州的商人或创业者组成，他们活跃于特定的服务行业，例如售卖木炭、提供新鲜肉类和鱼类，或以钱庄银行业者活动；有些人从事运输或造船（在宁波，早在宋朝这就是主要产业了）。在上海，“浙帮”基于单一的地区和有限数量的行业，其存在的初期就倾向于排他性。

在18世纪，随着原籍浙江的人数在上海的增加，绍兴帮和宁波帮同心协力，联合组成行会。第一个浙江同乡行会是浙绍公所（浙江绍兴），它成立于1736年，位于穿心街。其会员活跃于钱业、运输和大豆及煤炭生意。[26] 行会的办事处原先位于城内北门的一条街道上，即使后来行会的其他设施建在城墙外面之后，它仍然留在原址。

---

22 罗威廉《汉口：一个中国城市的商业和社会（1796—1889）》，第264-267页。

23 根岸佶《上海的行会》，第7-14页。

24 同上。

25 1918年《上海县续志》，1a-1b中关于行会的部分没有提及关山东帮；碑刻中最后一次提及这个行会是在道光五年和七年（1825，1827）。见《上海碑刻资料选辑》，第72、194页。1906年一个山东会馆的铭文陈述，山东商人从清朝早期开始就活跃于上海；山东会馆可能是早期“帮”的一个后来的分支。同上，第194-196页。这个行会出现在1890年代的地方志中，虽然没有具体的成立日期。《上海县续志》，3:13a。

26 根岸佶《上海的行会》，第31-32页。

27 《上海县续志》，3:4a；杜黎《鸦片战争前上海行会性质之嬗变》，第7页；根岸佶《上海的行会》，第38-40页。我很感谢俄勒冈大学的顾德曼（Bryna Goodman）关于城墙内一些早期移民的行会地点的评论。

27

紧随浙绍公所其后的是1796年建立的四明公所，它也是上海最强大的行会之一，虽然这已到浙绍公所成立60年之后的嘉庆时期早期了。[28]其中一些会员来自几个先前就已存在的“帮”，特别是来自宁波地区的“大宁帮”；其他的则从较早且更“精英”的浙绍公所中分离出来，这是许多内部分裂之一，产生了新的行会。[29]四明公所在超过30亩的土地上建造了一个非常大的会馆建筑群，相关的墓地占用了另外的土地。主要建筑群位于县城北门以西的土地上，后来被法租界征用。它非正式地被称为“宁波商会”，其成员参与金融生意、零售、屠宰、煤炭、烟草、鸦片、航运、造船和建筑业。[30]

据上海历史学者杜黎解释，浙绍公所是由来自绍兴和宁波（早期绍帮和宁帮）的商人建立，目的是促进其会员利益；会员是店主和船东，它不包括较低的阶层。相反，四明公所起源于浙帮的会员，它吸收了各阶层成员，有十倍之多的人数，从经理到手工业工人，只要他们来自宁波或绍兴。它的目的是为各阶层提供慈善服务，提供宿舍、祭拜堂、寄柩所和墓地。[31]在一定程度上，民粹主义的四明公所与更精英的浙绍会馆的分离源于利益和目标的分歧，不过当然也是由于现实的驱动：即18世纪晚期，越来越多宁波、绍兴地区的工人涌入上海，在旧组织内他们却没有资格成为会员，其中包括由宁波方氏家族[c]带领下新来的团体。[32]

浙江商人和创业者一直活跃在当地的服务性行业的行会中，例如银行业和屠宰业。他们在这些行业中并不孤单，而是和来自苏州的团伙及由上海本地人组成的“本帮”一起合作或者与之竞争。在他们所建立的行会中有：乾隆年间由上海和宁波的店主、鱼贩和屠夫[33]组成的“鲜肉公所”，以及由来自宁波和上海的钱业或钱庄庄主建立的“内园钱业公所”。自明朝后期以来，这些行会的一些组成部分，即“帮”，一直活跃在

28 四明公所的名称取自宁波附近的四明山，是该城诗意的比喻。《上海县续志》，3:4a-5a；根岸佶《上海的行会》，第33-35页；杜黎《鸦片战争前上海行会性质之嬗变》，第42-44页。

29 杜黎《鸦片战争前上海行会性质之嬗变》，第43页；根岸佶《上海的行会》，第53页。

30 《上海县续志》，3:4a-b。

31 杜黎《鸦片战争前上海行会性质之嬗变》，第43-44页。

32 曼素恩《宁波的金融业：“钱庄”，1750—1880》（Finance in Ningpo: The Ch'ien-chuang, 1750-1880, 1972），第58-60页；《宁波帮与上海的金融势力》（*Jones, The Ningpo Pang and Financial Power in Shanghai*, 1974），第73-96页。另见根岸佶《上海的行会》，第32-37页。

33 《上海县续志》，3:2b，注：来自上海、宁波和苏州的三个“帮”建立了一个屠宰场。张忠民《上海：从开发走向开放，1368—1842》，第260页；根岸佶《上海的行会》，第95-98页。

c 宁波方氏家族曾是浙江省镇海柏墅方的名门望族，这个家族是“宁波商帮”的一大成员。方氏家族的形成和发展的过程，在一定程度上反映了“宁波商帮”发展的过程。——译者注

这个城市。行会在1709年康熙年间就造了第一个会所，但是直到乾隆后期，它也没有在县衙正式登记在册。它的办事处位于城隍庙西园的院落内，被称为“内园”，行会会员每日碰头核对收据、清算账目。仅它所处的位置就说明它在上海县城及其当地利益和居民中具有高度的认同。

在上海的同乡会馆中，似乎存在两种不同的类型。一些会馆组织复杂，例如广东帮和商船会馆，它们同时具有同乡和同业的特点，其会员来自几个不同地区，但主要是由同业的利益捆绑在一起。另外的一些公所，例如浙绍公所和四明公所，主要是同乡联合会，尽管包括了不同行业的成员。因此，即使是在上海最初建立的一打行会中，也没有一个是单一模式占据主导地位，每个组织都有其独特性。总之，就如1918年的地方志提到的，根据会馆和公所之间通常的区别，不可能分辨出其组织的性质。

鉴于上海行会复杂多样的性质，也许最有用的区别既不是基于会馆和公所的命名，也不是基于复合型和单一型之间的组织差异，而是基于地理位置——行会的会址在城墙内还是在城墙外。早在康熙时期，在上海出现了当地人和外来者之间的地域差异，到了嘉庆时期这一地域差异就变得清晰可辨。笼统而言，“城里人”指上海县登记在册的居民，而“外来者”严格地说是指主要住所在其他地方的移民。因此，来自关东和山东的商人组成的关山东帮显然是“外来者”；组成大多同业联合会的上海当地商人则属于“城里人”，即使行会会员包括了一定比例注册在其他地方的“外来者”。[34] 城里人在城内设他们的行会，最常见的是在城隍庙的园林中；外来者则在城墙外城门以东、以北和以南的繁忙郊区。

虽然规则是外来者位于城墙外，但是有个例外最值得注意，即浙绍公所。它由浙江的商人组成，自1736年以来一直在城内的穿心街设有办事处。这是怎么回事儿呢？首先，浙绍公所属于上海最早建起的行会，当时地域原则可能尚未完全根深蒂固。此外，它是一个精英组织，经由挑选出来的商人领袖组成，它并没有试图为大量同乡提供设施，这些事实可能有利于其在城内的继续存在。但是，必须注意到，当浙绍公所修建一个较大的大院时，尽管没有硬性要求，这些设施均设在城墙外。这种情况也旁敲侧击证明了预期“外来者”团伙应该位于城墙“外”的原则。1807年，属于这个行会的绍兴商人在上海拥有不少于42栋房屋或商铺；到1830年，浙绍公所名下包

34 出现的两个问题是：①怎样定义居住在上海？②居住在上海的移民多长时间仍然保持在其他地方的原籍？如果上海不提供具体的证据，这些问题很难回答。但是，来自其他城市的家庭居住在上海，经过几代人却仍然继续注册在原籍，这种现象也并非不寻常，例如汉口和扬州。在汉口，至少必须居住20年才能申请改变居住状况。在上海，根据严重低估的城市居民的人口数据来看，19世纪上半叶的大多数移民似乎都拒绝认同上海身份，并坚持他们的原籍。关于汉口，见罗威廉《汉口：一个中国城市的商业和社会（1796—1889）》，第235-243、250页。关于扬州，见安东篱《扬州：清帝国的一座中心城市》。

35 张忠民《上海：从开发走向开放，1368—1842》，第250页。

含 209 个物业。[35]

行会会员所从事的专业类型也可能对地点问题产生影响。“城里人”通常提供当地商业服务，例如棉花经销、银行、食物供给和医药；长途商贸、航运和造船则是外来的专业，位于城外滨水地带。地方志中提到沙船商的行会，表明它的会员是“巨贾”和船长，也许有助于它在城外的状态。另一方面，该行会为类似同仁堂这样的当地善会作出了巨大的贡献，表明它高度参与上海社会事务。最后，随着时间的推移，最初原籍在其他地方的会员很可能会转到上海登记入册，因此，沙船商的行会最终可能会与上海有更加紧密牢固的联系，而不是原来就有的情况。

同乡会

半地方化的沙船商的行会和外来的关山东帮之后，还有几个外来者的行会，它们将同乡服务与同业利益结合起来。来自安徽的茶业商人所组成的“徽宁会馆”于 1755 年开业，虽然这些商人此前已经在上海很活跃。[36] 徽宁会馆位于城墙外的南郊，完全符合“外来者位于城墙外”这一规则。这一规则将成为上海的格局。此时的上海并非欧洲茶叶贸易的参与者，但它与北方沿海港口的茶叶贸易一直蓬勃繁荣。由安徽商人运输的茶叶先在上海的北方茶仓集散，通过大运河或海运运往北方，前往山东和满洲里的北方港口，棉花和豆饼贸易即起源于那里。从这些港口，茶叶经由内地运到北京以及其他北方的城镇，或许还抵达边境地区，有证据表明，那里长期有着活跃的茶叶和马匹交易。

当英国商人最初抵达上海时，他们见到一个运作中的北方茶仓，但是将茶叶运往南方港口却是被禁止的，例如广州。[37] 也许，一些从上海运出的安徽茶叶的最终目的地是莫斯科和圣彼得堡，但是这些茶叶当时并没有出现在伦敦。“南方”茶叶，包括那些运往欧洲的茶叶，都是直接从茶叶产地经由内陆线路运到广州。不过，安徽商人联盟的早期及其行会的规模和实力，都证明了从乾隆时期起就存在大量的北方的茶叶贸易。然而，除了茶叶，安徽商人还有其他的利益。徽州商人在盐业上发了财，到清朝中叶，他们从事许多不同的生意，特别是银行业。

1757 年，来自福建的商人和船主成立“泉漳会馆”，并于 1769 年开始在城墙外的东郊建造会馆会所。[38] 来自南方沿海地区的福建和台湾的船主及商人专事糖、木材和其他商品的生意，他们在上海的存在说明，乾隆年间上海的贸易已经扩展到了南方。

在上海建会馆是一项昂贵的举措：必须收集会员的捐款，购买土地，建造建筑物，

36 《上海县续志》，3:1b-2a。

37 英国外交部档案 F.O.225/43，1844 年 1 月 27 日，江苏巡抚孙善宝致巴富尔。

38 《上海县续志》，3:1b-2a。

提供保养和未来收入，以及为会员提供从宿舍住宿到丧葬费用的服务；最重要的活动之一是实践当地的宗教信仰。这些行会的尺度以及建造一个典型的“外来”同乡会所需支出的规模，可以从泉漳会馆的描述中得出结论，该会馆属于福建商人，位于县城小东门外的咸瓜街：

闽省泉州之同安、漳州之龙溪、海澄三县商人捐建。经始于乾隆二十二年（1757），阅六载而告成。

某些神灵的殿堂以奢华的规模建造，对捐款也做了记录：

前殿供天后，后殿供观音。庭中置鼎一，重千余斤，输捐姓氏皆铭焉。殿前有戏台，两廊绕以楼。殿之右，厅事一，颜曰：敦聚堂。厅之西，为议事厅，月议事一次，研究商务。大门外，凿池贮水，以备不虞。四周余地，建屋出赁，取租充经费。

行会还在偏远的郊区建造了设施，那里有更多的空间兴建园林和墓地：

又泉漳别墅在外……此大殿供观音，后厅为客座厅。前后有假山，有亭有池及桑麻花果之属。西厅祀有功于馆事者。左右平屋十余椽，左为馆主室，右为寄榇处，后楼房一所，设泉漳公学，课相人子弟。东西北缭以垣，长百余丈。东有地三十余亩，为义冢。南面有芦田四十余亩云。[39]

建立这样一个行会并修建其会所和园林不是一项小工程；支付这些行会的会费所得的利润显然是可观的。刻在铜鼎上的捐款者的名字可能是为了向认捐者致以敬意，但它的另一个目的也是赞扬捐款者并让那些没有贡献的人自惭。

1842年，泉漳会馆有43家“商号”（店名）、来自金氏家族的7位远洋船主以及41位其他船主。行会集资1663银元（一枚银元大致相当于一两白银）。每条远洋船各出资60银元，5位船主各出资20银元，还有一个出资60银元；其余的船主贡献较少的款项。交通运输的利润很高，好年景每条船可以达到1000锭黄金或更多。航行收益分红根据投资，提供本金的投资者和船长通常拥有最多的股份；船员和水手收益较少，但是即便如此，他们每次出海的收益仍然能高达20或30锭黄金。[40] 这些

39 《上海县续志》，3:1b-2a。

40 杜黎《鸦片战争前上海行会性质之嬗变》，第31-33页。

d 原文误为“Guandi”（关帝）。——译者注

e 椽又称椽子，是密排桁上，与桁正交，直接承受望板及其上屋面的重量的构件。——译者注

f 原文误为“hostel”（宿舍）。“榇”为棺材的意思。——译者注

g 康孟达（commenda）又译“康曼达”，劳资合伙经营的一种商事契约，产生于欧洲中世纪的地中海沿岸诸城市。——译者注

航行的融资由行会会员进行，与威尼斯或热那亚的中世纪“康孟达契约”[g]没什么两样。[41]码头上的搬运工和其他陆地上的体力劳力（相对于船上的帮手）根据需要雇用，从小东门和大东门外的待雇劳力中挑选，按小时付工钱。[42]因此，劳工待遇参差不齐，将航行收益的股份分给水手，但是码头雇工则根据需要按天结算工资。这与同时期美国运输业及捕鲸业的做法大同小异。[43]

泉漳会馆之后，很快又有另外一个来自较远的南方沿海港口的运输商人的团伙。1759年，“潮州会馆”建立，商人来自广东，从事蔗糖、烟草和鸦片进口。他们的行会总部建在小东门外的郊区。[44]

嘉庆年间和道光早期，更多福建商人被上海吸引。1822年，第二个福建行会“建汀会馆”成立，商人来自建宁和汀州，从事运输和纸、绳、棕榈纤维商品。[45]第三个浙江行会是“浙宁会馆”，最早由宁波商人于1819年建立，但是到1829年才正式登记注册；来自宁波的方氏谱系在这个行会中很突出。[46]在鸦片战争之前的上海，来自福建和浙江的移民组成了“外来者”中的大多数，但是在开埠之后，同样多的原籍广州的移民加入了他们的行列。

1830年，第二个来自广东的行会成立，商人来自沿海两个县（潮阳与惠来）；最初它被称为“潮惠公所”，后来成为臭名昭著的“汕头鸦片公所”。[47]1865年，它更名为“潮惠会馆”，就像其他类似的行会那样，它不限于同乡，也包括了同业。[48]虽然大多数同乡会所代表的是来自江苏省以外的团体，但是至少有一个江苏商人的团体也建立了同乡会，即“祝其公所”，它代表来自青口镇市镇的商人，这些商人从事

---

41 在14世纪和15世纪，热那亚“康孟达契约”在威尼斯和拉古萨（现代的杜布罗夫尼克）（克罗地亚东南部港口——译者注）被称为Collleganza（联合股份公司的一种基本形式，其创立目的是为单一的贸易活动提供财政资助——译者注），基本上为商人投资者和商船的船主或船长之间形成的合资合伙；每个合伙人接受航行所得利润的一个百分比，而不是固定的收益（弗雷德里克·莱恩（Frederic Lane）《威尼斯和历史》（*Venice and History: The Collected Papers of Frederic C. Lane*, 1966），第59-61页）。对于长达3～5年的航行，通常的收益分配方式是，驻守当地并负责筹资的投资者得四分之三的利润（弗雷德里克·莱恩《威尼斯：航海共和国》，第52、53-54、138-140页）。

42 杜黎《鸦片战争前上海行会性质之嬗变》，第33页。

43 再也没有比梅尔维尔《白鲸记》开篇更形象地描写19世纪美国捕鲸业的劳工雇用和报酬方式。捕鲸船的船长和船东作为股东从航行所得利润中获得收益，水手也一样（第73页）。小说的叙述者讲到被雇为海员，可得航行收益的股份，他反对一开始提出的“拆账”（即红利——译者注）只得1/770之后，确定为1/275（第76-77页）。相反，码头劳力是按时薪雇用。

44 《上海县续志》，3:3a。

45 同上，3:5a；杜黎《鸦片战争前上海行会性质之嬗变》，第3-36页。

46 《上海县续志》，3:5b-6a。

47 同上，3:7a-b。1897年9月23日、1879年10月10日和17日，《北华捷报》向西方人社区报道了著名的汕头鸦片公所的案件；见韩格理（Gary G. Hamilton）《19世纪中国商人结社：阴谋或联合——汕头鸦片行会个案》（*Nineteenth-Century Chinese Merchant Associations: Conspiracy or Combination? The Case of the Swatow Opium Guild*, 1977）。我很感谢顾德曼基于她对《申报》相关问题的阅读而辨认出潮惠行会。

48 《上海县续志》，3:7a-b。

49 同上，3:5b。

表3 上海的行会

同乡行会	合并/复合型行会	同业行会
	关山东帮（公所），1660年左右；来自山东和关东的航运商人；大豆和肥料	
	商船会馆，1684年；来自附近城镇的航运商人；大豆和肥料	棉业公所，康熙时期
		水木公所（建筑和造船），康熙时期
浙绍会馆，1736年；来自绍兴、浙江的商人		醝业公所，1732年前
徽宁会馆，1755年；来自安徽的茶叶商人		“内园”钱业公所，康熙/1776年前；来自宁波和上海的商人；钱庄银行
泉漳会馆，1757年；来自福建的商人		靛业公所，1767年；本地棉花和染料经纪商
潮州会馆，1759年；来自潮州和广东		京货帽业公所，1796年左右；本地京货帽业零售商
建汀会馆，1796年；来自福建建汀的商人		
四明公所，1796年；宁波商人		药业公所，1788年；本地医生、药剂师和药商
浙宁会馆，1819/1829年；宁波商人	豆业公所，1813年；豆类和豆类产品、肥料商人和货运商人	南北货公所，1808年左右；批发及洋货商人和货运商人
揭普丰公所，1821年左右；来自广东的商人	花糖洋货业公所，1822/1830年；福建商人	成衣公所，1827年；成衣布料商人和零售商
祝其（青口）公所，1822年；来自江北青口镇市镇的商人	豆油公所，1820年代	
豫章会馆，1831/1841年；江西商人		南市花业公所，道光晚期
潮惠会馆，1839年（从潮州会馆分离出来）		

来源：《上海县续志》，3:1b-16a；杜黎《鸦片战争前上海行会性质之嬗变》，第6-9页。

油饼和包括茶叶在内的“山货”。[49] 上海行会成立的顺序和日期在表 3 中列出。

行会通过征收会费和募集会员的捐款筹集资金，这些会员的名字和捐款偶尔会公开，尽管可能没有全部公开。每个行会最初的成立和随后的维护，以及其封闭的大院、寺庙、会堂、园林、宿舍、寄柩所和墓地，都意味着在上海的生意中投入了巨额金融投资（图 16）。

为了同乡的利益，由同乡会举办的活动不向非会员或公众开放。同乡会并没有完全参与 19 世纪在上海出现的公共领域，尽管它们确实为大量会员提供公共服务。[50] 会所和祭拜服务、宴会、商务会议和戏剧表演，这些服务由会员按特定事项支付费用，或通过会费，或通过捐款。慈善服务面向会员及其家属。根据不同程度，也面向陷入困境的同乡职员或其他工人，尽管他们本身并不是行会的精英会员：受益的有失业者、

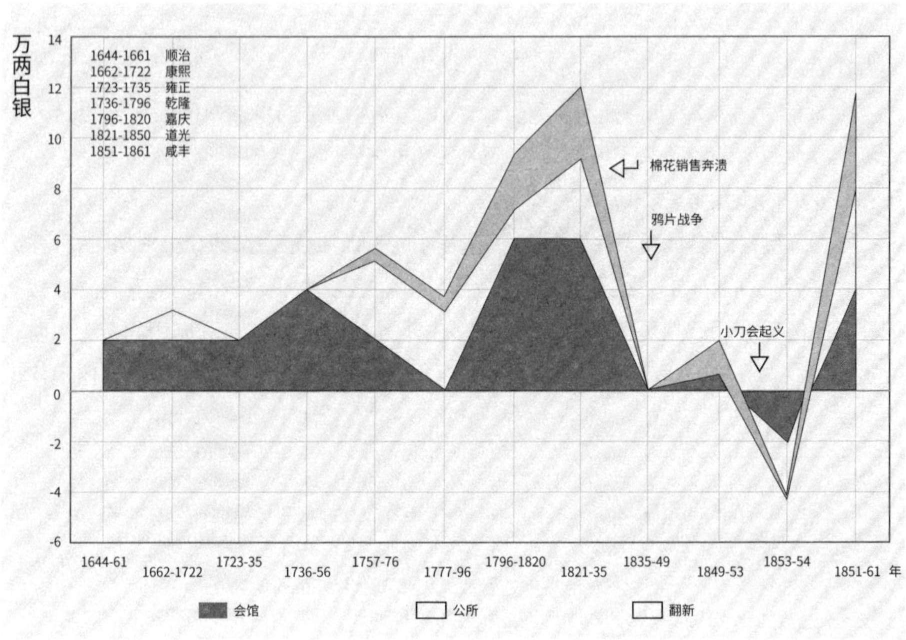

图 16 行会的建造和修复，1644—1860 年

（根据《上海县续志》，3:1b-16a；杜黎《鸦片战争前上海行会性质之嬗变》，第 5-7 页）

50 《上海县续志》，3:1a-26b 描述了行会从事的各种各样公益服务和慈善事业；另见杜黎《鸦片战争前上海行会性质之嬗变》，第 45 页。

病人、寡妇、孤儿、穷人和那些远离家乡的离世者。

营葬可能是同乡会最重要的一项服务。[51]（尸体等待运葬故里的）寄柩所和墓地由行会提供。墓地一开始通常很小，毗邻行会的会所大院；但是随着时间的推移，墓地满了，不得不购买新的土地，将墓地移出沿着周边不断扩大的郊区，迁至城市西北。在上海，当一个行会有成千上万的会员时，就像四明公所那样，对临时的寄柩所设施或实际的墓地空间的需求可能会非常惊人。[52]

行会会员资格的问题令人困惑。在大多数大型的外来会馆中，会员资格似乎仅限于商人、店主和其他责任方，会费评估基于他们的生意。通常，行会每年从会员中挑选或选举管理人员；行会的会计师也是如此产生，按月工作。[53]这个表面上民主的程序事实上被修改，因为大多数行会实际上由一小撮朋党运作。这些经理一起管理行会的事务，并就他们履行的职责获取工资或津贴。捐款者以个人姓名或生意、商铺的名称记录。[54]18 世纪，大多捐款是按照个人姓名列出，但是随着时间的推移，趋势是改成商铺或生意的名称。到 19 世纪中叶，几乎所有的捐款都是按照生意名称而不是个人姓名来罗列。[55]

个人的会员资格并局限于某个行会。许多商人既是同乡会馆的会员，也是一个或多个同业行会的会员。宁波的方氏家族不仅和作为同乡会的四明公所有关联，而且还和同业的内园及鲜肉公所相关。[56]

但是，行会的会员资格在性质上各不相同。例如，浙绍会馆的会员资格是特许的，它不允许劳工、兼职员工或失业者加入。从上海的铭文中也可以清楚地看到，虽然诸如沙船商的行会没有招募普通劳工为会员，但行会期望会员监督其雇用的劳工，防止劳工滋事。1796 年，沙船商的行会有一段铭文训诫其经理没有行使职责，控制肆无

51 根岸佶《上海的行会》，第 38-41 页。

52 据《上海的描述》的作者写道，“经常不合时宜地展示出租的棺材”极不顺眼，对健康不利（第 559 页）。在租界初期，中国人的坟墓和棺材经常引起英国领事的投诉。夫马进讨论了中西方墓地习惯之间的冲突（《清末上海的近代化坟墓问题》，第 279-280 页）。关于英国人对中国坟地的烦恼，另见程恺礼（Kerrie L. MacPherson）《一片沼泽地：上海公共卫生起源，1843—1893》（*A Wilderness of Marshes: The Origins of Public Health in Shanghai*, *1843-1893*, 1987），第 124-125 页。

53 根岸佶《上海的行会》，第 38 页。行会记录命名一个“司年”（年度经理）和一个“司月”（月度经理）（《上海县县志》，3:6b-7a）；根据根岸佶，这些职位反过来由总经理或董事来任命，这是行会最重要的会员之一。

54 这些捐款者名单的例子保存在铭文中：《上海碑刻资料选辑》，第 208-209、216-230 页。

55 18 世纪行会捐款者名单包含个人名字，虽说这有可能引起征税官或逼着慷慨捐助者“自愿”捐赠的政府官员的注意。逐步地，随着时间的推移，这样的操作发生了改变，公司的名称替代了个人姓名。罗威廉提到，这种变化可能是转向更完全的商业化市场功能的自然结果，而不是为了避税所做的努力（引用来源：私人沟通）。1840 年代本地善会捐赠名单同时包括个人和公司名称。《上海同仁堂征信录》，1843 年；同上，1849 年；《徽宁思恭堂征信录》，1844。

56 关于宁波方氏家族的活动，见根岸佶《上海的行会》，第 55、95 页；曼素恩《宁波的金融业：“钱庄”，1750—1880》，第 59-60、73 页；《宁波帮与上海的金融势力》（*Jones, The Ningpo Pang and Financial Power in Shanghai*, 1974），第 76-77、80、84-85 页。

57 关于商船会馆和“泥头”，见《上海碑刻资料选辑》中的碑刻，第 69-70 页。

忌惮的“泥头”劳工。[57]

然而，补助是另一回事。慈善或慈善服务的受益人不必是行会管理层的会员，只需是行会所服务的同乡就可以获得补助。[58]就四明公所的例子来看，这类会员资格涵盖大量工人及其家属和急需救济的无业人员。到19世纪晚期，这一层次的行会会员可能数以千计，或者，以宁波和广州的行会来看，甚至上万，但是在管理阶层，行会只有几百人或甚至更少数目的公司会员。

乾隆时期这座城市蓬勃发展的商业气氛迅速吸引了越来越多的商人及其行会。大多数这些“外来”行会没有明确的区分同业和同乡的目的，反而往往两者兼而有之。然而，随着时间的推移，像浙绍会馆这样的行会分裂成不同派系或分支，它们变得更加专门化，更加清晰地区分同乡会和同业组织之间的职能。第二种行会是与“外来”会馆同时发展的、当地的同业联合会，即“公所”类型的组织，它是基于成员所遵循的手艺或行业的类型。[59]

同业联合会

这个类型的行会通常被称为“公所”，由当地商人组成，虽然也可能包括有限数量的外来者。“公所”这个词在某些情况下实际上被同乡会那样的机构所占用，例如四明公所和潮惠公所，但是，它还是恰如其分地属于同业服务或手艺组织。因此，如先前所示，会馆和公所之间的区别有可能在中国其他城市的行会中清晰明了，在上海却是剪不清、理还乱。

在上海，除了18世纪初的鹾业公所若隐若现之外，下一个最早和即将成为最重要的永久性同业联合会是内园行会，其活动据说可以追溯到康熙年间。水木公所的会员由建筑和造船业的手工艺工匠组成，据说它也起源于很早的时候，但直到很久以后才正式登记注册。 在17世纪和18世纪的这些同业联合会中，建于1673年的花业公所可能是最早正式成立的手艺行会，也是占据了城隍庙西园的第一个物业。[61]在乾隆时期，成立了豆业公所、鲜肉公所和药业公所。[62]1767年，靛业公所成立，办事处设在城隍庙的东园。[63]这些行业联合会之后，在道光初期，成衣公所加入，甚至还有一

58 根岸佶《上海的行会》，第33页。

59 张忠民《上海：从开发走向开放，1368—1842》，第259页。

60 杜黎《鸦片战争前上海行会性质之嬗变》，第38页。

61 同上，第16-18页。

62 《上海县续志》，3:1b-7b。

63 张忠民《上海：从开发走向开放，1368—1842》，第260页。

64 《上海县续志》，3:1b-7b。

个由店主组成的行会，叫作“京货帽业公所”，专门售卖官员的官帽。[64]

经纪商经常在同业行会中扮演重要角色。他们的活动多种多样，从会议安排和交易管理到代表政府官员征税——这是清朝上海广泛实行的一种包税形式。同业组织之间的竞争非常激烈，它们根据地点和产品分为不同类别，有些由经纪商建立，其他的则由小商人或店主组成的联盟。[65] 早期棉业行会和豆业行会是以经纪商形式组织的两个实例。经纪商获取原材料，在买卖双方之间设定价格，并收取关税或税款。后一项活动解释了为什么 1785 年的《上海大关则例》中没有列出大豆、豆饼、豆油或其他豆类产品。这些产品的关税由经纪商或类似商船会馆这样的航运行会收取，而不是由政府官员。[66] 经纪商经由当地政府官员批准获得许可，叫“押行”（正式批准）。[67]

在运输和关税的要求上，对于大豆和棉花是一视同仁的；装载大豆和肥料的船从北方港口到上海，返回途中也载运棉花。大豆经纪商与类似那些关山东帮和商船会馆的运输商人讨价还价，商定费率，并操控棉花和大豆市场。

在棉花生意方面，运作方式略有不同。棉花经纪商有若干不同的层次：小规模棉花经纪商在市镇设立商铺，并在相当于当地包出制的情况下，向纺线工提供籽棉，向织布工提供纱线。在生产过程的每个阶段，从一个地方到另一个地方，经纪商都会以各种形式运输棉花——籽棉、纱线和布匹。棉花生产最重要的一个环节是对棉布进行染色和精整。棉花有可能在农村种植、纺线和织布，但是染色和精整却是在城市。1683 年商业海禁解除之前，松江曾是染色生产的中心，在那里，大型经纪商牢牢控制着棉花精整行业。但海禁解除之后，大多数的生意移到了上海，染色和精整作坊相对脱离经纪商的控制。到 18 世纪晚期，上海有大约 23 家染色作坊。这些作坊在乾隆晚期每年加工 11 万至 12 万匹布，实现年收益超过 30 万两白银。[68]

在上海，大型经纪商主导交易，大量棉花买进卖出。他们在买方和卖方之间牵线，促成会面，安排交易，设定货物交易的价格和标准，控制允许参与交易的外来者数量，安排航运并运往帝国的遥远地带，还监督竞争。[69] 然而，1785 年的关税清单上列出了几乎所有形式的散装棉、纱线、编织品、花边、锦缎和其他棉制品，其存在证明了行会在这种情况下未能成功控制棉花关税的收取。[70] 海关官员在码头上收取关税，关

65 杜黎《鸦片战争前上海行会性质之嬗变》，第 9-10 页；根岸佶《上海的行会》，第 214-217 页。

66 《上海大关则例》，在文中到处可见（没有提到豆类）。

67 见曼素恩《中国社会主义之前作为企业家的经纪商》和《地方商人与官僚政府（1750—1950）》，第 58-59 页。

68 杜黎《鸦片战争前上海行会性质之嬗变》，第 10-16 页。

69 同上，第 19 页。

70 《上海大关则例》，7a-11a、35a-37a。

税手册列出了所有可以想象得到的棉布、棉线、纱线和花边的类型和样式。

大多数同业组织是由经营批发或零售的商人或钱业商人组成，但是也有几个从事运输业，至少有两个在国际贸易中间接参与。顾名思义，成立于1808年的南北货联合会从“北洋”和“南洋”港口运输商品——将这两种线路之间的传统分工系统组合起来，非常不寻常，值得特别关注。在交易的商品中有外国纺织品。[71] 事实上早在1785年，外国棉花即“西洋布”就出现在海关清单上。[72]1822年左右，花糖洋货业公所由从事蔗糖和洋货以及美国商品（并非偶然）的福建商人建立。[73] 同业组织一般不设大型院落，它们也不向自己的会员提供宗教或慈善服务，因为它们的会员大多数由当地人组成；相反地，同业联合会支持城市的公共慈善机构。

当代观察家和学术界对于行会，特别是同业组织的功能和作用，一直存在大量的辩论。[74] 它们是否像欧洲的手工艺行会那样挑选和培训学徒，并控制行业的准入条件？它们是否如某些中国学术著作中所讨论的抑制竞争和自由经济，从而阻止了“资本主义萌芽”的全面开花？会馆组织似乎没有这种情况。建汀会馆的章程规则共有23条条款，其中有7条关注内部经济管理，11条涉及慈善活动，3条讨论日常运行事项，1条为杂项；没有1条是关于规范商人活动的。[75] 同样地，同业行会的规则也关注类似内部评估的事项，而不是排斥。例如，靛业公所规定，制定评估每个“客籍”商人的费用，设立新建商铺的规则，建立学徒制度的期限和颁发学徒许可证的条件；其主要职能之一是调解商人纠纷。[76]

1847年，两个未能成功建立的行会，为其内部的运营提供了线索。这两个行会用来专门对付西方商人：一个经营茶叶，另一个经营丝绸。暂时先忽略涉及西方人的那些组织的详情，我们将在后面两章详细讨论这个问题，两个组织的目的都是为茶叶

71 《上海县续志》，3:5a。

72 《上海大关则例》，9a。

73 《上海县续志》，3:6a。

74 马士《中国行会考》的结论主要基于上海的情况，他抱怨各行会控制的垄断，并将行会视为中世纪制度，限制私营企业和自由贸易的发展，特别是不公平地保护中国市场以限制欧洲涉足。何炳棣《中国会馆史论》（第114页）调查中国各地的行会，发现一般来说这些行会有助于经济秩序和发展，而不是抑制它。葛平德《清代前期的行会》，第569-580页，提到虽然行会试图限制竞争、建立垄断和控制价格，但它们也助长了社会凝聚力；第576页，葛平德指出一些马克思主义学者中存在的一种倾向，把行会视作阶级剥削的工具。中国史学学者的这个倾向也许被杜黎《鸦片战争前上海行会性质之嬗变》，第53-56页中所呈现的一个互相竞争的解释所抵消，这个论点令人信服，即上海的行会是“资本主义萌芽”，它们提倡私人企业和发展资本投资。根岸佶《上海的行会》，第388-397页，对于上海的行会在现代化上所起的作用提出了问题。罗威廉在《汉口：一个中国城市的商业和社会（1796—1889）》（第289、294页）中，通过对汉口的行会进行的调研，他争辩，行会行使职责以增加经济理性化并有利于当地商业的世俗化。根据罗威廉（第331页），引自伊懋可《上海士绅民主：1905—1914》（*The Gentry Democracy in Shanghai, 1905-1914*, 1967），第43-44页，19世纪晚期上海全城性的行会联盟是中国第一个现代市政府的直接前身。

75 张忠民《上海：从开发走向开放，1368—1842》，第263页。

76 同上，第266页。

77 英国外交部档案 F.O.223/76，1847年4月26日，上海道员吴健彰致阿礼国，附丝茶公所建议书。

和丝绸交易建立秩序和责任。[77]

根据行会规则，所有牵涉茶叶或丝绸的公共事务必须送呈丝茶局，并由该局颁发官方分类账。只有登记在册的公司才能参加，约有47个丝绸业商人签署了初步协议。该局的管理层由两名董事监督，这两名董事需是品行高尚的人，由会员选出，任期为一段时间。一项主要任用资格是“完全熟悉官方业务、海关、关税和收费站的各个方面”。除了董事外，还挑选出几个“具有公平正直品格、不谋私利，且值得信任、可以依赖的”[h]人作为助理。在任职期间，董事和助理要住在行会的宅邸内，在那里办公，以避免贪污财产和秘密交易以及走私等道德败坏的行为。新来的商人要经过面试和荐举才能加入该局，所有经纪商和翻译（与西方人打交道所必需）都必须在该局登记。该局的规章制度必须公示于众，在知县和道员那里注册。

丝茶局的费用可以通过以下方式来支付。最初，每包生丝征收2枚银元（相当于2元）税款（以1847年的价格计算，每包平均价值为265枚银元，税率约为0.7%）。[78]在筹集到足够的资金之后开始运作，首要任务是购买土地建丝茶局办事处，然后，向京城解缴关税的费用需要补足（政府津贴不足以达到目的），并支付董事和员工的工资及开销。丝茶局可以购买土地并在其上建造租赁住房，以便为该局提供额外收入。它还预留出资金，用于调整损失。有人提到以这种方式筹集的公共基金：

它将被分为十个相等的部分或十份。十分之七将被用来建立一个综合的公共基金；十分之一用于支付捐款，该款项用以支付将税款（解缴至京城）而产生的费用；十分之二用于支付该局在公共账户上发生的所有各种费用和支出。如果后者仍有任何盈余，则必须将其转入公共基金的收款中，因为任何负责人都不得有大量的支出。[79]

丝茶局明确表示将负责收取有关商品的关税。此外，还要提供额外资金以将税款“解缴至京城”。这是支付运输物资到北京所产生的额外开销的惯常费用。隐含的顺序是行会将收取标准的税款和解缴费，然后以通常的方式将总额交给海关。报告需每天呈送道员和海关，并保留官方分类账：每个局各一册呈送海关监督、知府佐官及海防同知，每隔十天检查并归还，另一册则留在该局。该过程描述如下：

迄今为止，生丝一到，商人就通知店主陪同他前往（海关）报告。但是（丝茶局）现在已经建立，当他们（原文如此）能够明确将这些生丝计入商人原籍所在地区的正

78 《北华捷报》，1854年3月4日，按年份给出包的数量。英国外交部档案 F.O.228/116，1850年2月13日，阿礼国致文翰（Samuel George Bonham），1847年的出口估值。

79 英国外交部档案 F.O.223/76，1847年4月27日，上海道员吴健彰致阿礼国，283a-b。

h 以上两处未找到原文古文，暂取意译。——译者注

> 式账户，并记下其货物的印章（标识货物责任方）和数量时，商人只需要与（该局）沟通。然后，他们将提供类似的妥善证明，并带领商人到（海关）进行报告。账簿每天都呈送至（海关），并且将计入的货物总量与后一处保存的账簿进行比较，以杜绝走私的机会。[80]

行会旨在密切监督所有关税，并与海关合作。虽然这些税款由行会收取，并由其保管，但是行会每天都会立即向海关提交一份报告。处理这些事项有非常具体的方式，例如要保留的记录的份数以及进行检查的指定时间和方式，这强有力地说明对茶叶或丝绸等商品代收关税的包税做法是一种公认的、习惯性的标准化程序。

"公共基金"中超过一半的费用基本上是一个保险基金，即当单个公司的失败可能会危害到整个行会的偿付能力时，该基金旨在"影响损失的调整"。[81] 保险不会挽救失败的公司，但它可以偿还其债权人。丝茶局还承担处理破产案。义升行仓栈的失败就是这样的一个案子，引起了直接关注。该局监督仓栈的清算，并将收益支付给那些曾经的债权人；但它不会支付高于清算所筹集款项的拖欠损失。[82] 但是，在未来，保障基金将在能够实现的范围内提供此类损失的赔偿。

公所章程中所引用的条例并未标示商人或经纪商，通过确定费用和优先顺序赤裸裸地竭力控制和限制贸易。乾隆时期的豆业公所或许真是如此，或者就像在汉口发生的那样，盐驳船卸货的优先顺序理论上是由"官府"调控，但在实际操作中却是由行会决定。[83] 然而，这种基本的竞争规则很可能隐含在上海丝茶业公所的设计中。

另一种限制见第 8 条，其中规定："在（局）办事处管理其事务的各方必须是明确了解所有官方事务的商人，谨遵守不雇用任何不属于这一层次的人。"[84] 这项限制可以解释为旨在防止广东人在组织中担任职务，他们是英国人带来的买办[i]——英国商人就是这样理解的。类似靛业公所以及由建筑工和造船工组成的水木公所这样的手艺行会，包含雇用和培训学徒的条款。根岸佶认为，这些条例垄断了某些行业，从而阻碍

80 英国外交部档案 F.O.223/76，1847 年 4 月 27 日，上海道员吴健彰致阿礼国，285-a。

81 同上，287-a。

82 同上，288-b。这项政策非常类似曾国藩于 1863 年在汉口所制定的政策，即经纪商必须登记在册，他们的公司需要签订一份双方的保付单，对任何不当行为的财务责任将由港口的所有"押行"（即从事典当抵押的地点——译者注）平均分担。见罗威廉《汉口：一个中国城市的商业和社会（1796—1889）》，第 112 页。

83 同上，第 110 页。

84 英国外交部档案 F.O.228/76，1847 年 5 月 6 日，阿礼国致戴维斯，附阿礼国和上海道员吴健彰的信件副本。

i 买办是指中国近代史上受雇于外商并协助其在中国进行贸易活动的中间人和经理人，是西方与中国进行双边贸易的中国商人。买办通常外语能力强，一方面可作为欧美商人与中国商人的翻译，也可处理欧美国家商界与中国政府之双向沟通。除此之外，买办还自营商铺，因此致富者颇众。——译者注

了竞争；而通过设定价格，行会抑制了自由贸易。然而，手艺行会还规范了度量衡，并解决了内部纠纷，促进所有成员互利互惠。[85]

水木公所的内部分工也在不同技能的工人中发展，如木匠和造船工。新划分的部门制定了自己的内部规定，涉及会员资格、会费、工资和学徒条件（收费、学徒时间长短等）的要求。最初，行会也包括几个地区“帮”，但是1841年重组之后，宁波帮和绍兴帮脱离了上海帮。1841年，大约12 770名工匠是行会会员。已公布的条例也适用于上海帮，并在知县那里备案。[86]

在公所职能的另一个例子中，内园的会员每天在豫园大院内一个专门的亭子里碰头，比较和校正账簿，就一个成员银行相对于其他银行的汇票进行对账，计算每日的余额。这个程序使城内所有的钱庄成员可以彼此合作，这样在一个银行开出的汇票可以存入另一个银行的账户。成员银行也签发支票（钱票），这些支票由其他成员银行兑现。成员银行还兑现由主要“公行”或仓栈签发的、代替现金的“商票”。在现金短缺、币种稀缺且不易交换的情况下，这些服务对于上海作为主要贸易中心的运作至关重要。就如拟议的丝、茶业公所那样，内园的会员捐款至共同基金，旨在一旦其中一个成员银行失败，这个基金将用于偿还债权人。[87]

对以上问题比较合格的回答是，上海的公所实际上就是中间人，收取关税，提供经纪服务和互助保险，并设定度量衡标准，但却不过度垄断或限制贸易。即便是大豆经纪商，也没有完全控制豆业；同样，棉花经纪商显然也没有成功控制染色和精整作坊或接管征收关税的功能，而内园则分明是促进商业交易的。

慈善和公益活动

在上海，行业联合会的另一个职能是为当地慈善机构和公益事业筹集资金。城隍庙和豫园由来自行会的捐款资助。正如会馆为其会员提供各种社会和慈善服务一样，公所也从事慈善活动。然而在公所，受益人不局限于同乡和移民，而是扩展到整个社区。[88]士绅、官宦、商人、私人和公所，通过公司或个人捐款，支持粥厂、免费医馆、掩骼会、义冢、恤孤局和弱势群体的义学。在本书第4章的讨论中，上海各个善会的报告显示了来自整个商人团体和来自个人或企业团体的捐款。

例如，同仁堂收到的公司捐款来自海关和江海关，来自豆业商人，来自棉布和

85 葛平德《清代前期的行会》，第565-566页；根岸佶《上海的行会》，第292-296、317-318、321页。

86 杜黎《鸦片战争前上海行会性质之嬗变》，第38-42页。

87 同上，第34-35页；《上海钱庄史料》，第10-11页。

88 《上海同仁堂征信录》，1843年，30a-32b；杜黎《鸦片战争前上海行会性质之嬗变》，第34页。读者参考第4章关于善会的讨论。

籽棉的零售商，来自钱业商人。“南帮”有31家商铺或个人以及“净棉”商铺向同仁堂捐款。捐款名单上列有26家钱庄，但这些捐款并不一定都由内园管理。[89] 此外，育婴堂收到来自布业公所、商船会馆和悦盛豆行的捐款。[90] 因此，豆饼业商人、当地钱庄和棉业商人援助同仁堂，而育婴堂则由运输业商人、籽棉零售商和布业公所资助。同业行会以善会作为媒介，广泛参与公共服务，在这一领域与士绅联手合作，实际上是在公共服务方面推动了政府的共同参与。

上海的郊区云集了许多大型、通常精雕细琢的同乡会大院，这些联合会的会员几乎建造了整个郊区。相比之下，同业联合会并没有建造大院，它们的办事处位于城墙内。如果外来会馆通常拥有宽敞的大院，让会员有宾至如归的感觉，那么同业组织的物业则较为低调。由于同业公所主要由当地居民组成，它们不需要宿舍。作为当地居民，他们祭拜的神灵是上海的城隍神；城市中各种各样寺庙道观和佛塔供奉其他的神灵。负担得起的人有家庭墓地，而贫困者则被埋葬在义冢，因此没有必要设定特殊的埋葬规则。豫园中的亭台楼阁用来开商务会议绰绰有余，而且当地的会所可以用作宴会服务。同业组织维护豫园、建设各自的会所和庭院，并向上海的公众开放。

上海早期的行会倾向于在不加区分的“复合型”组织中将同乡和同业的特点结合在一起。尽管如此，即使是“城里人”组成的同业联合会都不是完全符合单一型的定义，因为它们通常是由几个非常复杂的“帮”组成的。[91] 可以看出的一个趋势是，早期的复合型行会随着时间的推移产生差异化，分裂成高度专业化的组成部分，建立了自己的行会。这些行会，要么更精确地定义了同乡会（例如，与几个府或整个省相比，结合了来自邻县的商人），要么成为单一行业的同业联合会，更接近于真正的单一型组织。杜黎将复合型行会分裂成各种各样专业化的组成部分视作这些组织走向现代化的一种趋势。[92]

这种分裂的一个例子是潮州会馆，它由来自广州三个府的商人于1783年建立。这个会馆产生了三个下属行会：潮惠、日揭和普丰公所。[93] 由于上海聚集了更多来自特定地区的人，其他大型一般化的会馆往往会根据更加细分的地区划出更小的单位。会馆或公所内部互相竞争的“帮”会造成分裂。1840年后建立的几个棉布和棉花经纪商的行会似乎就是这种竞争的结果。市场和人口的增长导致更大的商业化以及更具体的行业和贸易，反过来又提高了行会组成的精确性。张忠民认为，行会对上海的商

---

89 《上海同仁堂征信录》，1843年，23a-b。

90 《上海育婴堂征信录》，1843年，19a-b。

91 杜黎《鸦片战争前上海行会性质之嬗变》，第7-9、26、38-39页。

92 同上，第52-53页；另见罗威廉《汉口：一个中国城市的商业和社会（1796—1889）》，第279-284页。

93 《上海县县志》，3:3a；资料中未提及从属行会的功能。另见根岸佶《中国的行会》，第36页，广州的行会下属组织构架图。

94 张忠民《上海：从开发走向开放，1368—1842》，第267页。

业和资本的发展具有一种渐进的效果。[94]

商业化城市中的形态学和经济学

在上海，与其他大多数具有行政职能的城市一样，其核心主要致力于官方、宗教和教育功能。商业行会的存在是儒家核心的一个意外补充，例如豫园的公所。在中央核心之外、但仍然在城墙之内的，是几个同乡会的办事处，包括可以追溯到 18 世纪建立的浙绍公所和浙宁会馆。浙绍公所的办事处在穿心街，浙宁会馆位于荷花池的尽头（县城西南），而建于 1839 年的潮惠会馆则位于北门附近。[95] 由于城内空间有限，诸如会堂、宿舍、寺庙和墓地等设施就建在城墙外。1853 年小刀会起义之后，大多数行会将它们的所有功能都移到了城外。

一般来说，同乡会置地或租地，在郊区大兴土木建造大批行会物业，同时修建作坊、商铺、仓库、商行、码头；在远郊购置大片墓地。有些行会甚至有乡村别墅。郊区街道名称往往相当商业化，听上去相当特别——例如，南会馆街、咸瓜弄、洋行街和盐码头街。[96] 从乾隆年间仅有 12 个行会开始,行会建设在接下来的几年中向外扩展。所以, 通常最早的大院建在靠近城市的地方, 而后来的行会则更远。到 1830 年上海已有 21 个会馆和公所。墓地一开始建在郊区外围, 但在 19 世纪整个过程中, 当郊区也变得越来越拥挤时, 墓地移到更远地带。图 17 示意了 19 世纪上半叶上海行会的大致位置。

行会不仅影响到上海的实际布局，同时也反映了上海经济的运行状况。旧豫园中的“内”园和郊区大量同乡会大院是炫耀性消费的自豪表现。行会大院的大兴土木使资本投资的形式有目共睹。然而，尽管在土地、建造和服务上的投资性质可以落实到细节上，在财政上的贡献却难以估计。虽然，同乡会的捐款和善会善举的名单时有留存，但是这些资料充其量都是败鳞残甲。通常，它们被刻在纪念性的容器或碑匾上，起到公共关系的作用；描述某一人贡献大小往往注重象征意义而非实际的数字。引用的货币杂乱无章，令人困惑：有铜钱（文）、碎银（银两）、墨西哥铸造的银元（即加罗拉银元[97]，其头像与西班牙卡洛斯皇帝相似）——中国人称其为“银元”，以及

---

95 《上海县县志》, 3:4a、5a:7b。

96 《同治上海县志》, 首卷: 13b-14a、15b-16a;《上海县续志》, 3:1a-16b。

97 虽然加罗拉银元在墨西哥铸造, 但银币上的头像是西班牙的皇帝, 墨西哥当时是西班牙的殖民地。“墨西哥”“加罗拉”和“西班牙”银元的名称在中国沿海和长江流域是通用的, 成为当地标准货币, 中国人称其为“元”。但是, 到 1840 年代, 加罗拉银元不再铸造。随着这种货币越来越少, 它们的价值升高, 直到它在中国获得高达 30%至 50%的溢价。商业社区因此不得不放弃加罗拉银元, 取而代之的是上海白银的银两,1856 年中国和外国政府双方协议接受其为标准货币。白银是官方碎银。由于假银币相当普遍, 所有铸币的银子(除了加罗拉银元) 应先熔化, 再重新铸造成“元宝”形状的白银之前, 到政府批准的熔币作坊 (英国人称之为“银师作坊”), 根据成色和重量加以分析。但是, 由于加罗拉银元仍然流通, 1855 年时被视作与标准白银相同价值, 只要出现在市面上, 这些银元就一直被商业交易接受, 数字则记录为两 (白银)。耿爱德 (Eduard Kann)《中国货币论》 (*The Currencies of China: An Investigation of Silver and Gold Transactions Affecting China, with a Section on Copper*, 1927), 第 126-129 页。

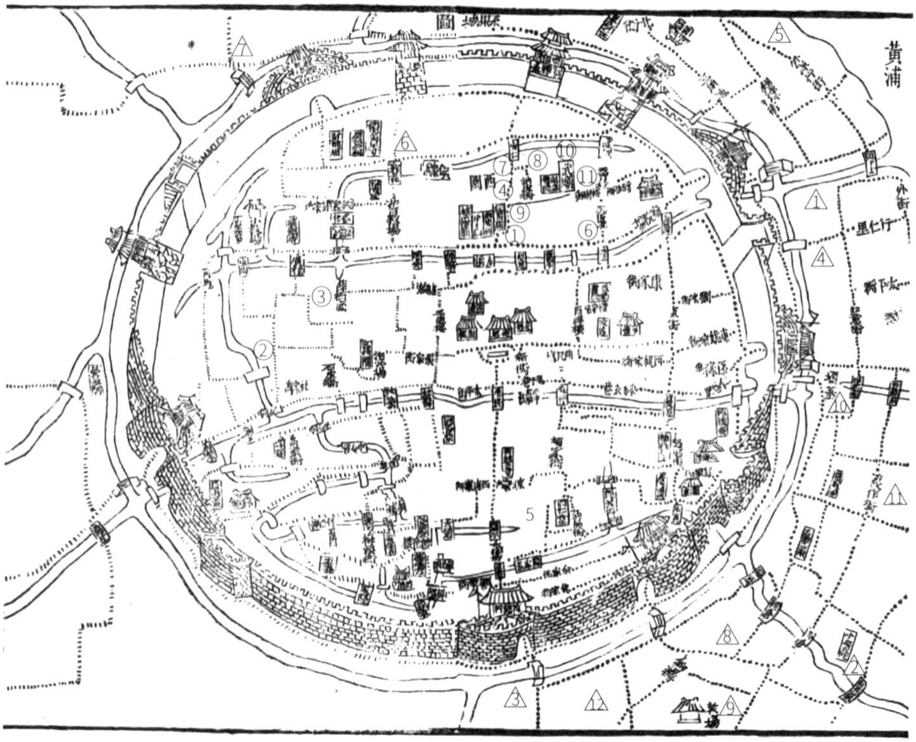

商业行会（按年代排序）

图中○为同业　△为同乡

○ 同业联合会
① 棉业公所（Cotton gongsuo，康熙朝）
② 丝业公所（Silk Merchants gongsuo）
③ 茶业公所（Tea Merchants gongsuo，1847）
④ 鲜肉公所（Fresh Meat gongsuo，乾隆朝）
⑤ 药业公所（Medicinal Herbs gongsuo，1788）
⑥ 内园钱业公所（"Nei Yuan" Financial gongsuo，1776）
⑦ 京货帽业公所（Capital Hat gongsuo，1796）
⑧ 南北货公所（Southern and Northern Commodities gongsuo，1808）
⑨ 成衣公所（Ready-made Clothing gongsuo，1827）
⑩ 花糖洋货业会所（Sugar, Candy and Imported Goods gongsuo，1822/1830）
⑪ 豆油公所（Bean-oil and Bean-cake Fertilizer gongsuo，1820 年代）

△ 同乡联合会
△1 关山东帮（Guanshandong bang，1660）
△2 商船会馆（Sand-junk Merchants huiguan，1684）
△3 徽宁会馆（Huining huiguan，1755）
△4 泉漳会馆（Quanzhang huiguan，1757）
△5 潮州会馆（Chaozhou huiguan，1759）
△6 浙绍公所（Zheshao gongsuo，1736）
△7 四明公所（宁波、浙江，"Siming" gongsuo，1797）
△8 浙宁会馆（Zhening huiguan，1819）
△9 祝其会馆（Zhuqi huiguan，1822）
△10 建汀会馆（Jiangting huiguan，1796）
△11 潮惠公所（Chaohui gongsuo，1830）
△12 江西会馆（豫章会馆，Jiangxi huiguan，1841）

图 17 上海及其行会，约 1858 年
（来自《嘉庆上海县志》，1:9b-10a，和根据《上海县续志》，3:1b-16b 的信息）

各种各样碎金和金币；数字如此繁复，在任何状况下都难以构想。

由于财产通常是秘而不宣的，现存的资本投资的记录零碎残缺，想用这些记录来编制统计数字仍是勉为其难。引证一个来源的资料，举钱庄的例子，小型和中型钱庄的股本一般从最小作坊的500两白银到中型运作的1000两白银，但是据说那些“大钱庄”的支持者均为非常有钱的富人，账面上却只显示3000～5000两白银，尽管实际的投资毫无疑问远远超过这个数字。[98] 匿藏财富通常是为了避税和防止许多不得不交的“自愿”捐款。因此，花费在建造和维修行会物业的真实总数永远不太可能为人所知，更不用说行会会员对上海经济所做捐款的实际数额。

尽管缺乏全面周详的财政数据，但是还是可以根据鸦片战争之前所建行会的类型和数量及其相应的建筑项目和投资，尽力估计出行会对上海经济的贡献。[99] 这些项目在当地地方志的行会记录中有详细说明。[100]

对于同乡会来说，投资开支牵涉到购买或租赁土地，建造寺庙、戏台、会所、园林、宿舍、寄柩所和墓地。对于同业联合会来说，建筑材料费用不太重要，因为这些团体的区域通常较小；但是，它们的投资往往包括为会员提供保险资金，高达行会资产的50%或甚至更多；因此，它们的资本投资实际上大于它们的房地产持有数额。这两种类型的行会都定期向会员征收捐款，用以养护物业和派发工资；行会也经常为扩建、维修和翻新其物业而筹集新的捐款。

浙绍公所在道光初期的一段铭文显示，其在一年内所收到的捐款超过16万钱。[101] 其他记录表明，成立一个主要的会馆需要筹集大量资金，而维修和养护需要较少数额。[102] 虽然，任何行会明显对大多的捐赠秘而不宣，但是所涉及的数额很可能确实相当可观。小型或中型规模钱庄银行的资本投资范围从5000～10 000两白银不等，而上海的一些主要银行估计远超过2万两白银——这样的规模在内园钱业公所中有100多家。[103]

根据这些片断数据，保守估计建立一个行会所需要的资金大约在2万两白银，

98 《上海钱庄史料》，第6页。

99 《上海碑刻资料选辑》，第254-255页。关于用建设量作为经济指标的可比性研究，读者可参考戴维·米勒（David B. Miller）《纪念建筑作为基辅和蒙古时期北方罗斯经济趋势的指标，1138—1462》（*Monumental Building as an Indicator of Economic Trends in Northern Rus' in the Late Kievian and Mongol Periods, 1138-1462*, 1989）。

100 《上海县县志》，1a-16a。

101 杜黎《鸦片战争前上海行会性质之嬗变》，第30-33页，详细介绍了泉漳会馆收取的大笔资金。他认为，收取的这些资金导致资本主义转型。

102 《上海县县志》，3:4a。

103 《上海钱庄史料》，第6-8页。

这大约是此时建一个大型银行所建议的资本金额。一些超大型的同乡行会，例如商船会馆、四明公所和潮州会馆，其投资比小行会要多得多，它们的初始资本投资一定远远超过这个数额。对于同业组织，资本投资可以估计为 1 万两白银。换句话说，相当于一个典型的同乡会所需投资的一半，接近一个中型本地银行所需资本。[104] 于是，修理或翻新可以估计等同于建立一个同业行会所需资金的一半，即 5000 两白银（约为一个小银行所需的数额）。虽然，在此再次说明，重建其中的一个较大同乡会大院的费用会远远超过这个平均数值。通过这种方式，可以在统计数值上有些了解行会对上海经济的贡献；不过，只要记住这些数字仅仅代表估值，旨在解释投资的大致比率，而不是实际总数。

这样看来，这些数据可以用几种不同的方式来解释。一种方式是编制上海历年繁荣指数（这个方式在图 16 中进行总结）；另一种是估计上海经济增长的累计资本

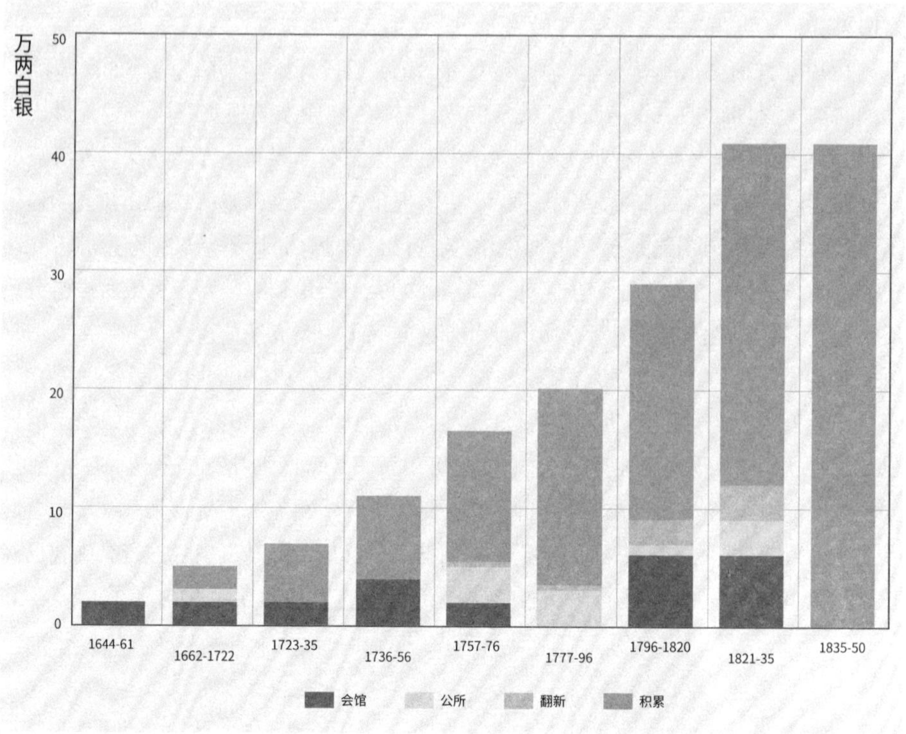

图 18 行会投资累计（1644—1850 年）

104 《上海钱庄史料》，第 6 页。

投资总数（图 18）。

行会投资的编年图显示，密集投资时期与缓慢增长时期交替出现。活跃高峰出现在 1757—1776 年乾隆中期，紧接着是 1777—1796 年乾隆后期的疲软减速；1796—1820 年嘉庆时期，商业繁荣，1821—1835 年道光初期达到顶峰；而 1835 年之后，当南京布的出口外销市场崩溃，所有行会的活动停滞；1835—1849 年间根本没有任何活动。

1820 年代，当中国其他地区正在经历所谓的全国性的“道光萧条”[j]时，上海的经济却依然强劲，直到 1830 年，甚至到 1835 年，导致这段时期在江南是“道光繁荣”。从 1830 年代中期开始，上海经济活动出现显著收缩，预示南京布出口市场崩溃，其次是鸦片战争；萧条大幅影响商业和行会活动。在上海，萧条持续了整整 15 年；它始于鸦片战争之前，经过了战争年代和 1840 年代。1849—1850 年开始出现微弱的复苏迹象，但是 1852—1853 年小刀会叛军攻占上海，带来了又一次的打击，无数行会被毁坏，海关被攻占，造成官方商业交易实际停止——尽管有充足证据证明黑市交易有增无减。

1849 年江西会馆成立，标志着经济复苏的第一阶段开始。同年，该会馆正式注册，虽然其商人长期以来一直活跃在这个城市。1851 年，原来的棉业公所分裂，形成两个新的公所：花业公所和布业公所。如果不是因为意想不到的小刀会起义，经济复苏或许可能以一条平稳的曲线的形式继续下去。但是，叛军攻占城市，杀死知县，逼得道员逃命，并霸占或摧毁城内以及豫园的某些行会物业。帝国军队试图夺回城市，却把郊区烧成灰烬。在这个过程中，几个城墙外的大型会馆被毁。当叛军最后被击败、城市被收复后，经济复苏迅猛，城市及其郊区在三年内完成了重建。

从图 16 可以看出，1850 年代后半期经济的快速恢复和行会的重建表明，从 1850 年代早期开始，当地经济已具有相当程度的弹性适应力。1850 年代早期的繁荣增长也反映在当时对外贸易的恢复，这个主题将在后面几章详细介绍。虽然，1850 年代的经济复苏在 1850 年至 1852 年之间的行会活动中并不明显，但是，为弥补小刀会起义造成的毁灭性后果却花费了大笔资金。据此可以看出，叛乱发生之前行会确实已经积累了大量资金，这为紧随其后的几年中能迅速复苏经济奠定了基础。在 1854 年和

---

105 《上海县县志》，3:1b-8b。公所包括 1855 年成立的茶业会馆。虽然它自称为“会馆”，却是同业联合会，而不是同乡会，就如腌腊公所（1856 年）和洋布公所（1856 年）。1857 年，福建木料商人成立了木业会馆。同上。

j “道光萧条”，是 20 世纪末起，由吴承明、李伯重等学者提出来的新名词，指的是第一次鸦片战争前后，晚清道光年间持续三十年的经济大萧条现象。——译者注

1860年之间，7个行会重建了其物业，3个新的公所和1个会馆成立。[105]

从某种意义上说，行会是造成城市大部分实际范围扩大的原因。同业联合会在原来的豫园和城隍庙的东园、西园内修复庭院和园林，建造会所和亭台。同乡会用壮观的大院、码头、栈桥、船坞、仓库和货栈装点郊区；行会投机出租房，购买土地，并规划墓地。

图18粗略显示了上海资本积累的规模，使用与图2相同的统计基数。该图显示了这些商人在这个城市的投资增长。由于每个时期的新投资都表现为先前投资的积累，资本积累率从清初到1835年呈现出相对均匀的曲线。1835年之后，投资保持不变；再其后没有建造新的行会会所，而修理仅一例。

就像亚当·斯密（Adam Smith）的经典形式，私人利益最终服务于公共利益，这些行会的私人商业利益和公益服务也以多种方式致力于公共领域。"外来"会馆提供祭拜场所、住宿和集会场地，并扩大会员入会资格，提供营葬和公益服务；它们向饥饿的会员施粥舍饭，服务穷人；它们提供暂厝棺柩服务，出资运柩回乡落葬；对于无法运葬故里的，行会则购买墓地，"净"土掩埋。会馆起到了缺席的家庭和社区的支持作用。行会向穷困、失业或濒死的移民实施的这些公共服务减轻了上海当地政府机构的负担，但是这些措施通常仅仅局限于行会自己的组织成员。

"外来"行会提供的公共服务也面向更为广泛的社区。许多行会建出租房，收取租金，这么做也就相当于为城市不断增长的人口提供急需的住房。商船会馆在河两岸挖泥运沙（作为船运压舱之用），有助于疏浚清淤，保持河道畅通。船主和运输行会规范码头设施，监督锚地泊运，调度沙船和其他船只码头入坞和卸货地点。徽宁会馆维护供水水箱，泉漳会馆"大门外，凿池贮水，以备不虞"[106]。罗威廉表示，汉口的消防是在政府管辖之外建立的最重要的公共服务之一。到1800年左右，政府提供的消防措施可悲地不足，在汉口众多的"外来"行会中，徽州行会和陕西—山西行会是两个提供消防队的行会。[107]

伊懋可在考察20世纪初上海地方自治的兴起时，将其本土起源追溯到由士绅运营的慈善基金会提供的19世纪公共服务、商业行会的活动，以及具有专门行政职能的地方政府委员会的建立。在上海，一支55人组成的消防队由该市的一个善会——果育堂维持。[108] 善会反过来从行会收到一大部分资金。19世纪后期，同仁堂收取汽车税和

106 《上海县续志》，3:2a-3a。

107 罗威廉《汉口：一个中国城市的冲突与社区（1796—1895）》，第163-168页。

108 伊懋可《上海市政：1905 — 1914》，第245页。

109 同上。

商铺税，以支付该市的一支小型巡捕部队，并对城市街道进行维护、保洁和亮灯。[109]

“城里人”的公所在向上海的社区提供市民服务方面尤其活跃。行会买下原来的私家园林豫园，并捐献给城隍庙，此举将以前的私人空间变成了公共空间。行会在豫园内建造它们的办事处和会所，美化园林，也有助于形成城隍庙四周的城市面貌，并不断延伸到上海的商业郊区。伊懋可描绘了行会民主聚会的发展，全体成员就重要议题和选举月度及年度经理召开公开会议。[110]

伊懋可描述，到 1862 年，专门的局包括船捐捕盗局，该局原先由商人运营——这是行会活动转为公共服务的一个例子；一个义渡局；一个会防局；还有一个巡防保甲[k]局和一个改过局（监狱属下的看押所）。这些局习惯上由候补官员或士绅来管理，但是如果牵涉到商业，例如棉花验水局[l]，则通常由准官方的副职官员和涉事的该行会董事一起。[111] 在这种情况下，商人在代表公共利益上扮演了很重要的角色，即使管理层表面上是由士绅提供的，但士绅本身与商绅之间的界线早已变得如此模糊，以至于商人经常担任经理。

上海的行会以上述各种方式创造了公共空间，并服务于公共利益。因此，这些行会与家长式政府监督截然不同，它们促成了一种不断变化的、共同的市民身份的认同感。市民身份的认同早在 1842 年以前就在这个城市中有所发展，它肯定会因为一群新的“外来者”——英国人的到来而加剧，他们在 1842 年的夏天首次在战争中短暂占领了这个城市，然后在 1843 年秋末作为商人开始定居。

---

110 伊懋可《上海市政：1905 － 1914》，第 243-244 页。

111 同上，第 246 页。

k 保甲制度是宋朝时期开始带有军事管理的户籍管理制度。它的最本质特征是以“户”（家庭）为社会组织的基本单位，而不同于西方的以个人为单位。——译者注

l 棉花的销售根据棉花的品质和重量结算。一些不法商人，为了获利售卖未晒干的棉花，甚至故意在棉花中掺水以增加重量，致使棉花在运输途中就出现霉烂现象，为了阻止和打击这种恶劣行为，上海道署会同花业公所联合成立 “棉花验水局”，这个机构就是今日“上海纤维检验局” 的前身。——译者注

第六章

上海县城的贸易和商业

上海有幸位于帝国三大最重要的水上贸易要道的核心地带：长江、大运河和沿海航线。由于其战略位置，它从一开始就受到帝国干预的影响，这种干预强加于当地活动领域，并以有效的方式改变了原本的进程。

隋唐和宋朝时期政府政策支持堤防建设，保护土地免受入侵和沉浸，助力长江三角洲的自然延伸，实际创造了上海县的土地。在8世纪或9世纪的某个时间，政府在沪渎村附近选址建水师基地；随后，在宋朝后期选择上海设置“市舶司”的办事处，鼓励了航运和商业的发展。在元朝早期建立新的上海县，同时设其为县城，对该地区和城镇的未来发展至关重要。

在明朝永乐初期（1404），政府实施疏通和改道松江，不仅使上海避免了青龙江的时乖运蹇，而且还将城市重新定位为面向沿海航线的城市。政府的主要关注点是让明朝的京城南京拥有另外的入海口，疏浚松江只是众多便利交通的项目之一，然而对于上海来说，其效果却是扭转乾坤的。

甚至在唐朝之前，长江三角洲就标志着北洋和南洋沿海航线的分界。[1] 只要松江向正东方向流动，且其河口位于长江入海口的南部，那么任何进入或离开松江的船只就只能驶入南洋航线。河口向北迁移至长江下游后（此时改名为吴淞江），航运可以在北洋和南洋航线之间做出选择（图19）。

永乐皇帝后来决定将京城从南京迁往北京，并重新启动大运河而不是使用海上航线，意图并不是为了让上海黯然失色。然而，这些举措却让上海搁浅在原本曾经占据贸易和漕运中心位置的航线边缘，并把上海县甩回到依赖其内部资源的境地——实际上，这些举措使该城市陷入300年地方性的商业活动之中。此外，在迁都之后，沿海航运和居住立即受到一系列限制，然后是16世纪中叶的海盗袭击。

明朝海上贸易的禁令对航运造成重大打击，虽然这些限制并未完全阻止所有的海上交通，但商业航运业受到严重限制，尽管非法沿海贸易在此期间仍在继续。[2] 对于人口和商业发展来说，明朝的禁令和海盗袭击可能远没有人们所认为的那么严重，但是在整个明朝下半叶，这个城市仍然继续繁荣发展，虽然节奏较为松弛。

1 许大龄、吴承明编辑《中国资本主义的萌芽》，第650页。

2 傅衣凌《明清时代商人及商业资本》。

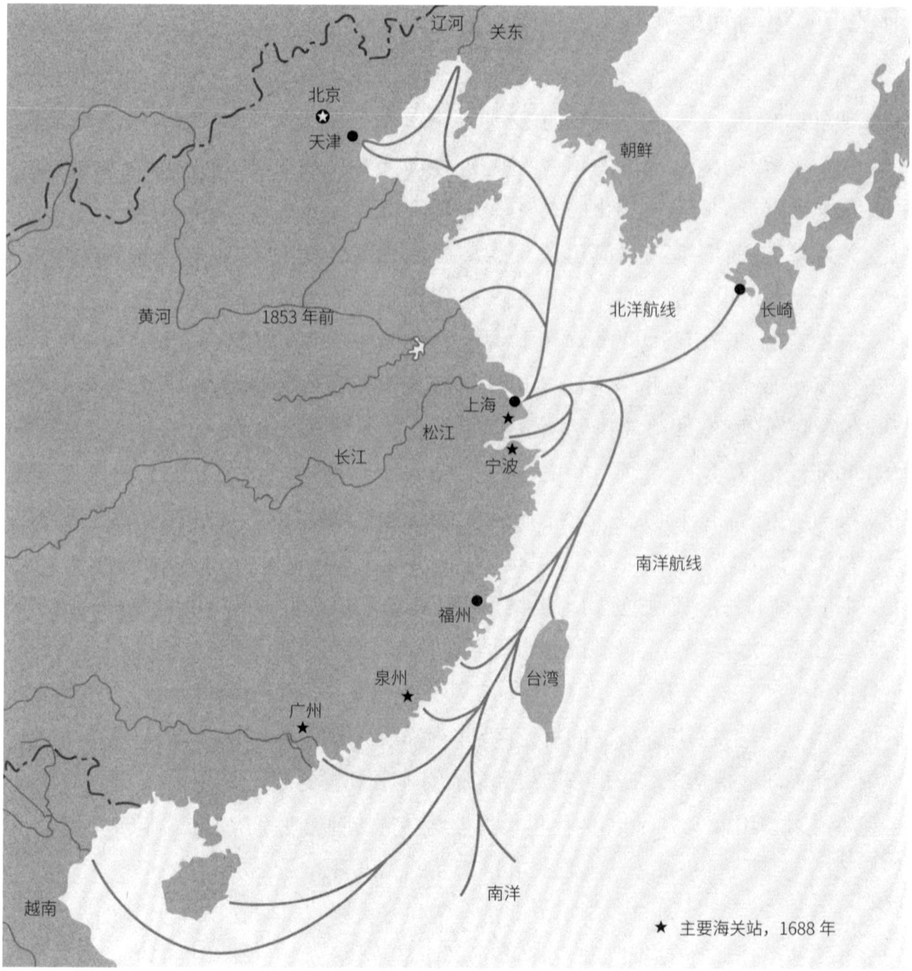

图 19 明清时期沿海和海上航运线路示意

然而，从 1684 年取消海上贸易禁令开始，一系列帝国带来的结果即决策最终导致 1730 年的（雍正八年）。上海设立江苏的海关总部，重新开放沿海航线，将海上贸易合法化，使上海在清朝又一次成为一个具有竞争力的港口城市。可以说建立行会的商人随后在 18 世纪和 19 世纪建造了这座城市，因此他们的存在和他们的繁荣都仰仗政府的决策。

海关、关税和贸易线路

明朝下半叶，棉花产业、地方商业和交通运输的发展，为支撑这一时期的上海发挥了重要作用。正如明朝禁令促使上海衰落一样，康熙皇帝取消禁令，使海运合法化，增加了贸易机会。康熙的诏令还旨在加强政府对贸易的控制并获得税收。新法规的一个显著特点是对新合法化的贸易严格执行控制和征税法律，从而消除腐败。为实施这一政策，政府在南方沿海建立了一系列关税和海关站点。当上海在清朝时期再次成为一个主要的沿海港口时，城市经济复兴的第一阶段开始了。

1688 年，南方沿海 4 个省设置了 4 个主要的海关关卡：（其大致位置为今）广东省的广州、福建省的泉州、浙江省的宁波和江苏省的松江（见图 19）。[3] 江苏的关卡称为"江海关"（拼音意指）江和海的海关），因为它同时监督长江和沿海的关卡，与广东、福建和浙江仅仅称作"海关"的主要办事处形成鲜明对比。每个主要的关卡也有一些分支机构。当松江为江海关总部时，在苏州、南京和扬州设分支办事处，其"下"设分卡，位于镇江、浏河口、上海、常州和其他镇——大约总共有 22 个江和海的港口。[4]

关税有两种，一种按货物，根据重量或价值收取；另一种按船只收取，根据船的长度计算，由长度确定，满载的船只需同时支付两种费用，而空载的船只仅支付船只费用。根据 1781 年制定、并于 1785 年颁布实施的《上海大关则例》中的关税税率，港口费用在北洋和南洋航线之间有所区别。南洋航线有两条支线：安南—南洋、福建—广东。北洋航线包括广东—山东航线和远至日本和朝鲜的"北海航线"。到达偏远地区和冬季时费用减少。[5] 产品的关税根据类型和具体种类而有所不同，1785 年，费用从低至 2% 到高达约 6% 不等，尽管外国产品的关税通常要高得多。[6]

新规定仍受当地差异的影响，旧法律很少被废除。自唐朝以来，特定港口被指定为北洋或南洋线路，禁止同时在两条航线上从事贸易。一个港口同时容纳两条航线的运输非同寻常。太仓州镇洋县的浏河口（即今天的太仓）被指定为专门从事北洋航线的港口，上海则被指定为南方贸易。[7] 甚至直到 17 世纪，这些规定仍然白纸黑字存在于正式文书中。[8] 两条不同的航线使用不同的船只。在北洋航线上使用的沙船，

---

3 《同治上海县志》，2:14a-b；黄户臣《清代前期海外贸易的发展》，第 152 页。另见许大龄、吴承明编辑《中国资本主义的萌芽》，第 653 页。

4 《同治上海县志》，2:14a-b；黄户臣《清代前期海外贸易的发展》，第 152-155 页。

5 《上海大关则例》，2a、40a-b；《同治上海县志》，14:9a-20b；将地方志中的产品清单与关税手册中那些征收关税的产品清单进行比较很有启发性。另见张忠民《上海：从开发走向开放，1368—1842》，第 310 页。

6 《上海大关则例》；黄户臣《清代前期海外贸易的发展》，第 154 页。

7 许大龄、吴承明编辑《中国资本主义的萌芽》，第 652 页；《同治上海县志》，7:21a-b。

8 张忠民《清前期上海港发展演变新探》，第 86 页。

尺寸不一，从最大可承载 1500 石[b]，到容量为 800 ～ 900 石的中型船，到容量仅为 400 ～ 500 石的小型船。他们将肥料和大豆从北方港口运到上海，并将棉纺织品和“淤泥”运往北方。在道光时期，来自上海、崇明、嘉定和邻近地区的“十三帮”的船主和商人共同拥有一支 1500 ～ 2000 艘船只的船队。[9]

服务于南洋航线的是非常大的舢板，被称为“乌船”或“洋船”。它们从南方把木材和蔗糖带到上海，并在返航时携带棉花和杂物。这些船平底敞舱且吃水浅，其中最大的可以承载 3000 石，而较小的船只容量为 1600 石。即便是最小的乌船也比最大的沙船还要大。道光时期（1820—1850 年），上海有 40 ～ 50 家公司从事“南洋贸易”。[10] 当来自福建和广东的乌船抵达上海时，它们并不是停泊在码头，而是直接抛锚于河中，用小船卸载；码头从小东门以北的地区一直延伸到南门以南，但即便如此，也还是没有足够的空间。[11]

到清朝初期，指定“北”货和“南”货的规定已经不合时宜，在执行上违规多于遵守；早在顺治时期（1644—1661），来自山东和关东的北洋航线商人的行会活动就证明了这一点。这些商人的成功证明了上海和北方港口之间有着活跃的贸易，尽管一纸空文的限制仍然挥之不去。[12] 清政府不再执行这些规定，在乾隆皇帝即位后，上海开放了这两条航线。[13]

到 18 世纪晚期，北洋航线更有利可图。张忠民估计，到清朝中叶，单是肥料贸易，每年就超过 200 万两白银。[14] 乾隆时期（1736—1796），浏河口的港口淤塞。到了 19 世纪初，几乎所有以前的交通都转移到上海。1801 年中有 10 个月的时间，275 艘沙船满载肥料，从北方港口出发，抵达上海，每艘船载货 500 ～ 1500 石。其中，250 艘船直接停靠上海，只有 25 艘船停靠浏河口。[15]

1715 年原先在松江的江海关主办事处转到苏州。第二级的办事处有位于南京附近、著名的明朝造船厂[c]所在地龙江港；长江北岸垄断盐业的著名港口扬州；以及大运河上的苏北淮安。由于龙江港归掌管工程的工部管辖（或许因为它靠近造船厂），

9 许大龄、吴承明编辑《中国资本主义的萌芽》，第 654 页。

10 张忠民《上海：从开发走向开放，1368—1842》，第 301 页。对长江船只的设计和制造最为详细的描述见伍斯特《长江之帆船与舢板》。

11 张忠民《上海：从开发走向开放，1368—1842》，第 315 页。

12 杜黎《鸦片战争前上海行会性质之嬗变》，第 20 页。

13 《同治上海县志》，1:12b，北洋和南洋商业的讨论。

14 张忠民《上海：从开发走向开放，1368—1842》，第 170-171、177-178 页。

15 同上，第 298 页。

b 石，容量单位，十斗为一石，十升为一斗。——译者注

c 明朝初期，郑和曾在龙江港附近建宝船厂，建超大吨位的宝船前往南洋各国宣扬天威。——译者注

而上海、苏州、淮安和扬州的站点归掌管财政的户部管辖，因此情况进一步复杂化。[16] 这三个关卡及其下辖机构，分别负责收取当地、沿河和沿海交通的关税，以及与南洋和其他外国港口之间的进出口关税。由此产生的情况造成贸易上的混乱，征收工作重复，以及滋生逃税和腐败的机会。[17]

1730 年，雍正皇帝颁布第二部诏令，将最近才在苏州落户的江海关主要办事处迁至上海，上海的未来得到了保证。该诏令使上海成为“外部”或对外贸易的“高级”海关关卡。当地的上海地方志将这一政策变化归功于江苏巡抚张楷，他在 1725 年上书皇帝，提到当地上海分支关税办事处的内部管理，批评该办事处由知县及其下属操纵。他指出，相比之下，扬州和南京的官员却是由巡抚独立委派。

张楷要求在上海任命一名永久性的道员，负责监督由苏州府、松江府和太仓直隶州组成的苏松太道，以收取关税并“控制不法分子”[d]；唯有如此，才能保证官员的诚信，并收齐合理的税款。

巡抚观察到：上海远在海隅，更为宵小出没之地，盗案最多。若委该道经理关务，移驻上海，不但关税得有专责，并可办查奸匪，似于地方更有裨益。[18] 他还推荐了一名合适的道员人选，即出生于涿州直隶州、1725 年新晋的进士朱一凤。[19]

选择上海作为主要江海关办事处的地点，似乎是地方当局（至少在省巡抚一级）确实影响了帝国政策的一例，但这种转变实际上是雍正时期落实贯彻的一系列大变革中的一部分。道衙在上海成立，权力和人员不断增加，这与同时期其他道衙大同小异。上海是“吸引”对外贸易而建的道衙，是前瞻性选址的一个例子。[20] 朱一凤由清政府直接任命，为第一任道员，其官阶高于其他知县，是上海的最高长官。[21] 他属户部的下属官员，负责关税的征收及道的军事防御。

随着 1735 年江海关总办事处在上海的建立，上海成为整个长江下游地区产品和沿海交通的主要出入口。道的搬迁也对外贸产生了深远的影响。到 18 世纪中叶，上海接受来自各国的进口。《上海大关则例》中列出了来自东南亚的燕窝等异国情调的

16 费正清《中国沿海的贸易与外交》，第 256-257 页。

17 《同治上海县志》，2:14a-b。

18 张楷的奏折印在《同治上海县志》，2:14a-b。但是，关于哪位官员启动了迁关有一些争议。梁元生（Leung Yuen-Sang）《上海道台研究：转变中之联系人物，1843—1890》（*The Shanghai Taotai, Linkage Man in a Changing Society, 1843—1890*, 1990）第 22 页指出，最初的建议由江苏巡抚尹继善在 1729 年提出。假如确实如此的话，尹继善很显然是听从了张楷的建议。梁元生引用了《上海研究资料续集》，第 63 页作为资料来源出处。另见《上海通研究资料》中关于江海关的讨论，第 61-66 页。

19 《同治上海县志》，12:19a。

20 施坚雅《城市与地方体系层级》（*Cities and the Hierachy of Local Systems*, 1977），第 333 页。

21 《同治上海县志》，12:19b。

d 此处未找到原文古文，暂取意译。

物品和来自日本的刀具、纸张和烟草，还有来自“西方”的大米和棉花零售商品。[22] 一般来说，进口产品的关税平均约为当地大米、烟草、纸张或棉织物营收的2倍。对于日本烟草来说，关税过高，但在其他更实用的东西上，费用较低，可能反映了物品的价格，而不是故意保护中国本土产品。与其他政府政策一样，这一政策也有一些意想不到的后果，就是保护本地制造商免受外国竞争。

《上海大关则例》中使用“西”（西方）字，语义暧昧。“西米”很可能来自东南亚，但是，“西布”即西方的棉花，却可能来自印度或欧洲。到1785年，印度或欧洲的棉花可以通过广州来到上海。尽管没有直接的证据显示1760年前有欧洲船只停靠过上海，但是少数几艘还是有可能的。1760年后，直接通往欧洲的航运仅限于广州，但是包括宁波、泉州和上海在内的其他港口仍然向欧洲以外的其他国家的商业开放。同时，与日本及南洋地区的活跃贸易继续蓬勃发展。[23] 从《上海大关则例》列出的货品来看，显而易见，除棉花外，1780年代经过上海的大部分商业交通都来自过境，而非来自本地或以本地为最终的目的地；出口包括苏州制造业和整个江南地区的贸易，含食品、手工业品和农产品。

茶叶和粮食

茶叶和漕粮这两类商品值得特别关注。19世纪，早期禁令在上海仍然有效的一个痕迹涉及茶叶。（禁令）不允许上海经手运往包括广州在内的南方港口的茶叶，但茶叶确实运往北方地区。关于茶叶的规定似乎与早先将上海限制在南洋航线的规则相矛盾——或许可以证明清朝中叶的商业法规看起来有多么混乱。

在上海开埠成为通商口岸之后，当英国人希望将茶叶直接运往伦敦时，他们遭遇了涉及“北洋茶叶”贸易的业主和商人的强硬抵制。伦敦为目的地的航线被定义为“南洋”，因为那里的船只是为“南方海域”（南洋）而定。上海道员在1844年向英国领事乔治·巴富尔（George Balfour）上尉解释道：

22 《上海大关则例》列了清朝中叶时期的货品及其相对应的关税，4a、4b、8b－10b、12b、17b和27a－b。这里可以看到本土和进口货品的区别。例如，中国烟草的关税每100斤为3～6钱，但是日本烟草每100斤为1两6钱白银，几乎是当地货品的45倍之多；日本纸的关税是中国纸的2倍；西方的大米比当地的大米所付关税为20倍之高；西方棉布的关税至少是当地产品的2倍。

仔细研究后发现一些有趣的细节。进口自南洋的燕窝按照两种质量来缴税：第一种质量（白色）每100斤为4两白银；第二种质量（红色）每100斤为2两白银（4b）。烟草、小型刀具和纸张进口自日本，日本烟草每100斤缴税1两6钱；福建烟草，每100斤6钱；本地烟草，每100斤3钱（《上海大关则例》，4b）。小型日本刀具按照每盒5分缴税（17b）。小张日本纸每1000张缴税2分；小张中国纸，每1000张1分。西方大米（“西国米”）每斤2钱5分（4a）。进口至上海的西方货品包括棉布、卡其布、衬衫布和手帕，西方布按照每匹1钱缴税；同种类的中国布，每匹若干分（8b-9a）。西方卡其布（斜纹布）按照每匹1钱5分缴税。西方衬衫布每匹1钱缴税；中国衬衫布，每匹3分（9a－10b）。西方手帕按每100条8分缴税；中国手帕，每100条3分（12b）。

遗漏的部分也相当有启发作用：尽管大豆以食品列在其中，但是却没有提到主要大宗进口的大豆、大豆饼肥、豆油、糖或棉纱，也没有提到籽棉、棉纱和茶叶的出口。

23 《上海钱庄史料》，第6页。对中国沿海早期贸易较为详细的描述可以参考傅衣凌《明清时代商人及商业资本》。

因为在上海港的茶叶迄今为止都被运往北方海域，在奉天、天津等地卸载，他们从未被带到过南方海域……在北方茶叶仓库，茶业商行（商人协会）有责任在海关确定其斤两的数量并支付其税款。[24]

1844年以后，包括欧洲和美国在内，为南方区域增加了茶叶贸易，这是上海商业的重大扩张。另一方面，从明朝初期开始，粮食就是一项标准的进口货物，用以消费和支付苏松太地区所有县应缴纳的漕粮。1395年，仅是苏州一地的税款配额就达180万担，几乎是整个帝国所有赋税的十分之一。[25]尽管后来有所减少，但是，一直到进入清朝时期，漕粮的配额仍然惩罚性地处于居高不下，上海地区也需要支付其在该地区的配额比例。

漕粮通常的收集点是苏州。长江中上游地区种植的大米沿江而下，福建的配额从杭州进入大运河。上海县和松江府的大米先运到松江，然后运往苏州。从苏州出发，漕粮驳船一路向北，沿着缓慢但安全的大运河航道，前往京城。只要漕粮一直是靠运河运输，除了必须购买指标以满足当地配额的需要之外，它对上海就没有直接的经济影响。

过去，由于大运河的问题，漕粮偶尔不得不用海运。例如，在元朝时，大运河缺乏维护，常见从浏河口通过海运将漕粮运往京城。在明朝初期，浏河口是始发港，但是当1404年吴淞江改道后，运输分卡改成了吴淞口。[26]1413年，即大运河重新启用的两年前，从长江下游地区运出超过400万石漕粮。[27]

然而，大运河重新启用之后，明朝限制海上交通的禁令和沿海海盗猖獗，造成各种运输的问题比比皆是。因此海运停止了，大运河成为北上运送漕粮的主要航道，通常也是唯一的运输航线。只有在紧急情况下才会对内陆运输的规则作出例外处理，这种做法在清朝时期仍在继续。苏州是收集漕粮的港口，并运往大运河，虽然在嘉庆年间，运河沿线发生的灾害有时会造成严重的延误。

---

24 英国外交部档案 F.O.225/43，1844年，上海道员致巴富尔上尉的备忘录。从这份参考资料可以看出，这些大宗货品的关税由行会或经纪商分开收取；这事实上是包税制。显而易见，这就是后来的做法，1850年代记录了关税由行会收取。木业会馆通常收取税款，填写收据，并颁发航行许可。《上海县续志》，3:8b。曼素恩揭示了在政府那里注册的经纪商通常是如何对各种货品收税的，包括海关税款；见曼素恩《中国社会主义之前作为企业家的经纪商》，第614-636页；《地方商人与官僚政府，1750—1950年》，第59-69页。

25 陈学霖《建文、永乐、洪熙和宣德皇帝统治期间，1399—1435年》第295页。关于苏州漕粮的影响的不同观点，见马克尔·马默《人间天堂：苏州的崛起，1127—1550年》（*Heaven on Earth: The Rise of Suzhou, 1127-1550*, 1993）。关于清朝中叶大米大体的市场和税收，见全汉升和高乐《清中叶的米粮市场与贸易：价格史研究之一》。

26 张忠民《上海：从开发走向开放，1368—1842》，第303页。

27 《同治上海县志》，7:21a。

在黄河主河道的一次周期性改道之前，道光皇帝的统治被洪水泛滥和堤坝决堤困扰。自上一次元朝时黄河改道以来，这条河一直沿着南边的河道，流经山东南部和江苏北部，并排入淮安以东的海域。1824 年，江苏北部高家堰[d]大堤溃决，导致运河暂时封航，漕粮不得不海运，上海作为始发港。[28]上海航运被征用，以应对紧急情况，大约征用了 3500 艘舢板进行装运；从小东门到港口以南 5 ～ 6 里处，船只沿着河边一字排开。人们夜以继日装船，1 万盏灯笼沿着滨水地带排列。[29]

但是，随着咆哮的黄河开始往北边河道历史性改道并排入山东以北的渤海湾时，更多洪水滚滚而来。这一改道过程一直持续到 1855 年才最终完成（图 19）。[30]尽管为恢复运河采取了大规模的紧急措施，但到 1840 年，济南以北已经无法通航，迫使当局永久性地转向海上运输。因此，上海成为转运和始发的主要港口。[31]

由于通过运河运送漕粮的平底驳船不适合海上运输，上海当局委托建造适航船只，并租用或征用大量私人沙船。运输当局征用了不少于 1200 ～ 1300 艘船只，容载量在 1000 ～ 3000 石之间。从现代的角度来看，每艘船的平均容载量为 100 吨，为漕粮运输提供了约 13 万吨的总容载量。被征用船只的船主实际上从政府的新需求中获利，因为北上运输漕粮可以与南下运输大豆和肥料相结合。从上海出发的舢板，不再需要棉花用作它们唯一的货物，也不需要“淤泥”用于压舱。

1840 年后，漕粮成为上海商业领域的永久组成部分。除此之外，棉花是上海内部贸易网络中最重要的产品。国内市场的纺织品在出口中占主导地位；来自南方的糖和木材，以及来自北方的肥料和大豆，是主要进口产品。茶叶被运往北方，1844 年西方商人介入后，也从上海运往南方。不过，上海内部贸易的实际规模只是一些大致推测。研究清朝初期上海商业发展的中国学者估计，1740 年江海关贸易总吞吐量价值接近 1400 万两白银。据说这些数字相当于在同一时期广州贸易吞吐量价值的一半多一点。[33]到 1820 年代，这些数字翻了一番：上海港每年贸易吞吐量

28 同上，7:21b-22a；兰道尔 · 道金（Ronald A. Dodgen）《黄河水利的水力演化和王朝衰弱，1796—1855》（*Hydraulic Evolution and Dynastic Decline in the Yellow River Conservancy, 1796-1855*, 1991)，第 36 页。

29 张忠民《上海：从开发走向开放，1368—1842》，第 315 页。

30 兰道尔 · 道金《黄河水利的水力演化和王朝衰弱，1796—1855》，第 55-56 页。

31 辛顿（Harold C. Hinton）《晚清漕运制度》（*The Grain Tribute System of China, 1845-1911*, 1956)，第 7 页。

32 许大龄、吴承明编辑《中国资本主义的萌芽》，第 655-656 页。

33 黄户臣《清代前期海外贸易的发展》，第 161 页。

d 原文为“Gaoyan”（高堰），应为“高家堰”。高家堰原名洪泽湖大堤，始建于东汉时期，位于江苏省淮安市境内，是阻拦淮河形成洪泽湖的大型堤堰工程。文中指黄河水倒灌洪泽湖，造成淮安清江浦高家堰大堤溃决。——译者注

总价值约为 3000 万两白银。[34] 据张忠民估计，1825 年，从北洋和南洋航线上经过上海港的总吞吐量每年达 160 万吨。其中，南洋航线每年产生 42 万吨，占总数的四分之一多一点，其余部分都来自北洋航线。[35]

早期西方游客的描述进一步加深了上海商业繁荣的感受，证明了上面的统计数据。1834 年，一个到上海的游客形容港口“桅杆林立”，本地船运“比广东翻番”。[36] 罗兹·墨菲估计，1832—1834 年，据报道上海的贸易已使该市成为世界上最主要的港口之一，同期的运输量等于或大于伦敦。[37] 费正清指出，紧接着 1844 年开埠之后，上海仅从华北的年进口量价值在每年 1000 万加罗拉银元，而那些来自南方的进口量可能价值有此两倍之多。[38]

东西方的各种学者摆出的论据是矛盾的。西方的估计主要依靠主观观察，而近年来中国的学术界则利用关税记录和其他资料来源。但由于海关关税是按配额而非实际运量记录的，因此关税并不是实际贸易量的可靠指标。康熙、雍正和乾隆三朝，上海的关税配额平均大约为 22 000 两白银，但是还要另外收取贸易盈余的费用，以支付当地收集税款的成本。1800 年，这部分盈余费用已纳入配额，提高至 73 683 两白银。[39] 尽管存在这种含糊之处，但从各方面来看，中国内部贸易规模庞大，上海港在国内市场中占据突出地位，这一点显而易见；相比之下，它的对外贸易只是一条涓涓细流。从 1760 年至 1843 年，上海与西方国家唯一的贸易是间接的，即通过广州进行的。

广州的外贸

来自东南亚和“南洋”的贸易船只长期以来一直在广州和泉州停港；来自台湾的贸易船只则停靠泉州和福州。远至阿拉伯半岛、非洲和印度的航船习惯于也在这些港口停靠。1685 年后，在广州、泉州和宁波设立海关总部，表明这些城镇作为南方沿海的主要港口，对外贸易将有所增加。来到这些港口的贸易商包括为人熟知的阿拉伯和印度商人以及新增的欧洲商人。

34 潘君祥、陈立仪《十九世纪后半期上海商业的演变》，第 154 页。

35 张忠民《上海：从开发走向开放，1368—1842》，第 315 页。

36 麦都思（Walter Henry Medhurst）《休伦号日记》（*Voyage of the Huron*, 1836），第 310 页。

37 罗兹·墨菲《旁观者》，第 40 页。

38 费正清《中国沿海的贸易和外交》，第 312 页。

39 张忠民《上海：从开发走向开放，1368—1842》，第 308-309 页；费正清《中国沿海的贸易和外交》，第 262 页，内有上海关税配额的图表。

17 世纪，葡萄牙和西班牙的商人们一直活跃在中国沿海地区。荷兰人稍后抵达，在台湾建立了殖民地，并在 18 世纪初主导了贸易。[40] 到 18 世纪晚期，英国人替代了荷兰人，成为中国沿海的主要贸易商人。英国对中国贸易的兴趣在很大程度上是由于其国内对茶叶不断增长的需求。茶叶不仅仅是一项奢侈品，在 18 世纪整个过程中，它成为推动工业革命的饮料，取代朗姆酒和杜松子酒，成为工人阶级的茶点。在 18 世纪的最后几年，广州的茶叶出口急剧增长。1783 年，英国进口了 5 857 882 磅（263.60 吨）茶叶。1785 年，茶叶关税减少后，进口量每年增加 2 倍，超过 1500 万磅（6750 吨）。到 19 世纪初，英国财政总收入的十分之一来自进口茶叶的关税。[41] 自 1780 年代开始，除了茶叶之外，棉花也成为中国向西方出口的一项重要产品。

最初，英国东印度公司垄断英国与亚洲之间的贸易。1813 年，议会撤销了它与印度的贸易垄断，但是中国的垄断地位一直持续到 1833 年。与此同时，甚至在 1813 年之前，越来越多的私营公司在印度成立，在运营上与东印度公司合作并含蓄竞争。这些独立的公司被统称为“港脚商人”[e]，它们在 18 世纪晚期和 19 世纪早期活跃于中国沿海。但在 1760 年之后，他们的船只，像东印度公司的那些船只，仅限于广州的单一港口停靠；西方贸易的关税也是分开收取的。

清政府有充分理由将广州的西方贸易与大部分普通贸易区别开来。来自朝鲜、南洋或日本的普通外贸关税由位于广州、泉州、福州的海关关卡及其各自的分支机构在户部的指导下收取。相比之下，西方贸易被认为是贡赐贸易。因此在广东掌管对外贸易的监督人是皇家内务府的代表，而不是户部的代表。[42]

负责接受西方贡品的官员制定了一项战略，即通过中国商人公司的联盟（行）来管理和控制贸易并收集税款。这些资本雄厚的商行，通常数字上是 8 个，统称为“公行”。公行实际上是一个已获授权的、能与欧洲人交易的经纪商公所联合会。欧洲商人被分配到公行的某些成员公司，并被禁止独立交易。

在广州，除了茶叶、瓷器和棉花等出口产品的合法贸易外，还有鸦片。英国人发现，是东印度公司支持在印度种植鸦片，但却由港脚商人出面进行交易；对于用以支付中

---

40 概要见费正清《中国沿海的贸易和外交》，第 46-48 页。

41 关于茶叶贸易，见格林堡《鸦片战争前中英通商史》（*British Trade and the Opening of China, 1800-1842*, 1951）。

42 在广州负责收取外国关税的官员通俗地称为“海部”（即“粤海关监督关部正堂”，指广东海关监督的官员。——译者注），通常被视为就是指户部。然而，据魏斐德（Frederic Wakeman）说，外国人错误地认为这位官员是户部的一名代表；他实际上是由帝国皇室的内务府委派的。魏斐德《广州贸易和鸦片战争》（*Wakeman, The Canton Trade and the Opium War*, 1978），第 163 页。

e 港脚商人（country traders），特指为大英帝国服务、在东亚南亚经商的英国公民、印度人、中国广州人。该名称年代久远，第二次世界大战后已不再使用。通常以英国人为老板，华人及印度人为跟班。很多英国国会议员就是老板，以贩卖鸦片为主，兼从中国向英国运送茶叶、中国古代文物、珠宝、白银。——译者注

国茶叶和棉花的大量货币来说，鸦片是一个有利可图的平衡砝码。根据中国法律，在中国任何地方种植、营销、进口或出售鸦片都是违法的。东印度公司试图避免让它自己的商人违反中国法律，因此通过港脚商人出售鸦片。这些港脚商人对待法律没那么一丝不苟，他们将鸦片运往中国，装载鸦片的船只在三更半夜到海港外与小船接头，偷偷违法出售鸦片。

中国的中间商购买鸦片，支付白银碎银或加罗拉银元；然后港脚商人将这些银子兑换成汇票，仅在伦敦支付货币，但这样一来东印度公司就很乐意接受，以便购买更多鸦片。该公司运送鸦片的船只随后掉头，用中国的白银在广州合法购买茶叶和棉花，将盈余收入囊中。[43] 到 19 世纪开始，英国人已经在广州的贸易中占主导地位；其他欧洲国家的参与减少，或者由于拿破仑战争[f]被挤出局。只有美国人是重要的竞争对手，出售皮草、人参和土耳其鸦片[g]，同样也购买棉花和茶叶。[44] 像英国人一样，美国人在“公行”结构中被正式分配给他们自己的行商[h]。

乾隆末期，为应对内部的不稳定，“公行”公所设立了保险基金，以保护其成员免于破产。行会的每个成员都将其利润的十分之一交给这个共同基金，用于支付腐败官员“敲诈勒索”的需求，并应对清朝政府的紧急行动。例如，遏制叛乱的军事开支和黄河洪水的救济捐款。该基金还用于支付与欧洲人交易中遇到的意外损失。东印度公司报告称，在 1807 年至 1813 年期间，公开汇入该基金的付款达到近 500 万两白银，但其总共收集的关税数额却一直秘而不宣。[45] 全部总数可能是这个数额的很多倍。英国人认为，这个名为“公所”的公所基金是在过度收费或“敲诈勒索”对外贸易的基础上积累起来的。[46] 该基金对自由贸易的限制以及广州城墙内不允许外国人居住的限制，构成了英国商人投诉的基础。

---

43 概要见魏斐德《广州贸易和鸦片战争》(*Wakeman, The Canton Trade and the Opium War*, 1978)，第 164 页。

44 关于美国与中国的贸易，见爱德华·格莱姆 (Edward D. Graham)《与中国的特殊关系的美国想法，1784—1900》(*Graham, American ideas of a Special Relation with China, 1784-1900*, 1988)。

45 魏斐德《广州贸易和鸦片战争》，第 165 页。

46 同上，第 164-166 页。另外还有一种名为“指税”(重复派定的税) 的款项，旨在抵消征收的费用。1838 年，指税每年达到 320 两白银。张忠民《上海：从开发走向开放，1368—1842》，第 309 页。

f　拿破仑战争指 1803—1815 年拿破仑称帝时期爆发的各场战争，这些战事可以说是自 1789 年法国大革命所引发的战争的延续。——译者注

g　土耳其鸦片在中国被称为“金花土”，又称为“小土”，是一种质量比较差的鸦片，跟印度出产的“大土”相比，金花土的价格十分便宜，所以很快就在中国打开了市场。在鸦片贸易上，美国是后来者居上，超过了老牌帝国主义国家荷兰和葡萄牙，仅次于英国。——译者注

h　行商 (háng shāng)，贩卖，批发商。清前期对外贸易主要集中在广州，尤其是乾隆二十二年 (1757) 御令以后，广州成为唯一的对外贸易口岸，所有海上对外贸易全部集中在广州进行。广州的行商制度 (又称“洋行制度”)，是清政府利用特许的垄断商人集团工具，来干预、控制和垄断对外贸易的一项商业经济制度。在当时的历史条件下，行商制度具有特殊的垄断性质。——译者注

由于英国对非法鸦片收入的依赖，以及中国对预付款和"敲诈勒索"的要求，（东印度公司的）财务状况变得越来越不稳定。1833 年，当议会撤销（东印度）公司的垄断地位时，情况进一步岌岌可危。及至此时港脚商人，在竞争上毫不留情，百无禁忌，无法无天，把越来越多的鸦片推向非法市场上出售。由于茶叶、丝绸、瓷器和棉花的出口，中国在 19 世纪最初的几十年中享有良好的贸易平衡，但因非法鸦片销售的增加，局面有所变化。1826 年至 1838 年之间，2600 万银元的贸易顺差一下子被消灭殆尽，留下 3800 万银元的赤字，几乎完全归咎于鸦片。[47] 这些年来棉花贸易的增长和下降值得特别关注，因为在广州销往西方的棉花实际上是上海的主要产品。

南京布

江海关海关总部首先转移到苏州，1730 年后转移到上海，主要影响内陆地区的河流和运河的内部贸易以及沿海商业。直至 1759 年前，上海的对外贸易主要对象是辽东、朝鲜、日本、琉球以及南洋。很少有欧洲人知道上海的存在；因此，当乾隆皇帝于 1760 年发布一项专门将欧洲商业限制在广州、将俄罗斯商业限制在恰克图[i]的诏令时，对上海几乎没有任何不利影响。但是，通过广州的间接贸易，上海正在积极参与国际市场经济。

尽管如此，上海棉花的主要市场仍然是内部市场。根据《上海大关则例》，1785 年，各种各样的大宗棉花、棉纱、纱线、缎带和织物通过港口进行交易。[48] 内陆贸易线路有四条：①北线，经大运河和陆路到达河北、两淮、北京和辽东；②西北线，经汉口陆路到达山西、宁夏等地；③经长江西至四川、南至河南；④南线，经内陆和沿海线路到达福建和广东。张忠民估计，甚至在明朝晚期，从上海运到这些国内市场的棉布平均每年有 2.5 万～ 3 万匹，价值 5 万～ 6 万两白银。[49]

随着清王朝的来临，带来了东北的开放以及 1685 年沿海禁令的解除，需求呈指数级增长。辽东和山东的寒冷气候使得结实、保暖的衣服成为必需品，到 19 世纪初每年要消耗 300 万匹布，这些棉布的大部分来自上海。南方地区更喜欢较轻质的彩色印花棉布；这种面料通常在苏州或松江进行染色和精整，但是从上海运出。除了商业销售之外，由于政府的税款以实物征收，也需要额外的布料。1699 年，仅上海县一

47 魏斐德《广州贸易和鸦片战争》，第 173 页。

48 《上海大关则例》，7a-11b 。

49 张忠民《上海：从开发走向开放，1368—1842》，第 147-152 页。

i 恰克图，清代俄中边境重镇，今俄罗斯布里亚特共和国南部、与蒙古国隔河相望的城市。——译者注

个县就有 3 万匹布用以缴纳这个税。[50] 张忠民估计，清朝上半叶，松江府和上海县每年在中国销售 350 万至 400 万匹棉布，价值高达 8000 万两白银。[51]

虽然到目前为止，江南棉花市场的最大需求无论是当地还是全国，都还是在本土，但也有大量的需求来自国外。日本和南洋占了一些外贸棉花市场，这是一种直接与上海港进行的贸易。相比之下，上海与西方的棉花贸易却是间接的，形成了通往福建和广东的南方贸易线路的一个分支，最终落在广州八个商行的手中。西方人偏爱中国北方销售的一种类型，这是一种较重的斜纹布，染成靛蓝色或棕褐色。作为西方知名的产品，它是一种结实的面料，做齐膝短裤的需求量很大，还有可能作为奴隶贸易的商品。本书第 2 章已经提到，“南京”这个词出自（一般西方人误解的）“南京省”，是他们对江苏省的俗称。虽然棉花是在松江府种植，主要在上海和苏州纺织、染色和精整，然后运出上海，运往广州，但是毫无疑问，棉花实际来自江苏省，所以广州的商人习惯性地称之为“南京布”。同样地，从上海出发、前往日本的船也被称为“南京船”。[52] 这个误导性的名称从此无法摆脱，并被西方商人将错就错地普遍使用，虽然这个词在上海本身的中国人社区中似乎没有使用过。[53]

最近,中国的学术界提出,在广州附近的佛山有可能存在南京布的第二个生产基地,它使用来自孟加拉国的进口“洋”纱,但这一理论远未被普遍接受。[54] 即便考虑到广东某些棉纺织品生产的可能性,下面引用的贸易统计数据主要是指上海棉花(图 20)。上海在 18 世纪末和 19 世纪初与国际贸易的接触主要是通过向广州出口棉纺织品。南京布兴衰的故事提供了一个最具戏剧性的例子,即外贸对上海经济产生了积极和消极经济影响。

广州的销售记录显示，从 1786 年开始，出售给外国商人的南京布，数量适中，为 37.2 万匹；但到 1795 年至 1810 年间，很快上升到平均每年超过 100 万匹。尽管美国市场远远小于英国市场，但这些年来广州棉花销售的很大一部分，包括南京布和其他面料，都是卖给了美国人（图 21）。“在我少年时期，中国的棉织物被称作‘南

---

50 张忠民《上海：从开发走向开放，1368—1842》，第 154-156 页。

51 同上，第 159 页。

52 同上，第 191-192 页。

53 全汉升《鸦片战争前江苏的棉纺织业》，第 36 页。

54 彭泽益《鸦片战争前广州新兴的轻纺工业》，第 109-116 页。由于华南不种棉花，籽棉必须从广西或江南地区进口到广东。在 19 世纪初，英国人也从孟加拉进口籽棉和纱线。他们是黄宗智说的“经常被引用的广东佛山（棉花编织）的例子（根据 19 世纪早期的外国旅行者的说法）……结果是一篇关于丝绸的夸张报道”（《长江三角洲小农家庭与乡村发展》，第 86 页）。南京布是否在佛山制造似乎令人怀疑；然而，它肯定是在江南的其他地方生产的，有时使用少量进口的孟加拉棉和纱线，称为“洋纱”（外国棉纱）。

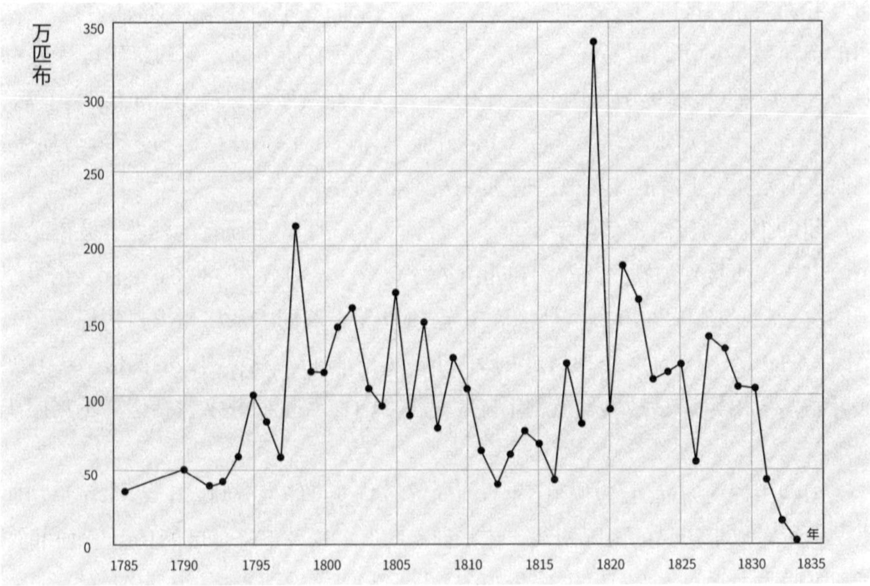

图 20 棉花出口（1786—1835 年）
（根据全汉升《鸦片战争前江苏的棉纺织业》第 40 页）

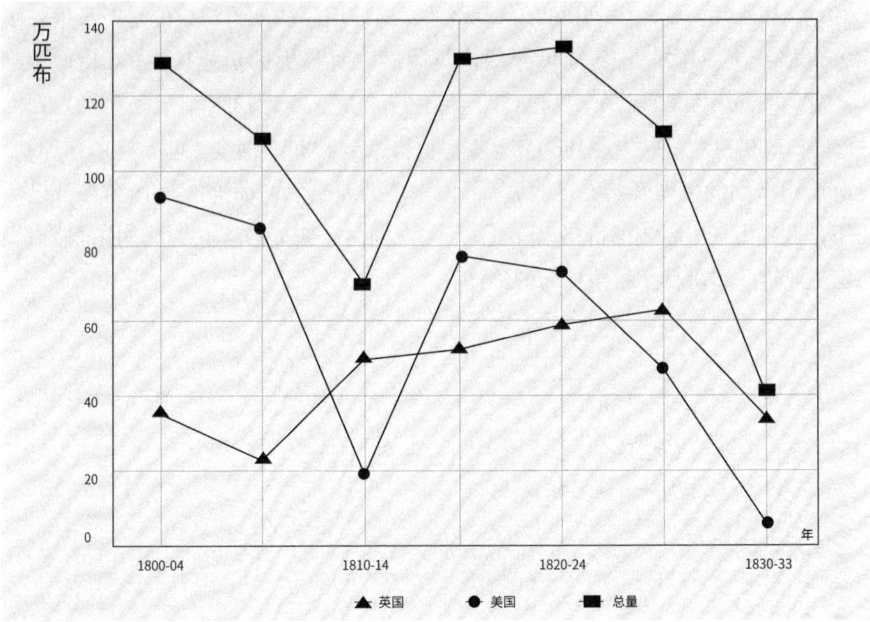

图 21 英国人和美国人购买的中国棉花
（根据严中平《中国棉纺织史稿》第 33 页）

京布'，在新英格兰被广泛穿着，即使是穷人。" 霍瑞斯·格里利（Horace Greeley）说。[55] 从广州的出口数据所示，贸易在1810年至1815年之间有所下降，平均每年运量为60万匹布；1817年，122.9万匹出口；到1819年，这个总量增加到超过300万匹；其后，直到1830年，平均每年出口远远超过100万匹。[56] 但是，1830年之后，交易全线崩溃，随之而来的是整个上海的经济似乎遭遇一次严重的紧缩。

广州的棉花销售绝不仅限于南京布。美国人购买了大量便宜的棉花，并不是要在美国出售，而是到加勒比、欧洲和非洲进行交易。1800年至1833年之间，出口至美国的总量比英国高出20%；从1800年至1809年，美国人从广州出口的棉花相当于英国人的3倍；1815年至1824年间，美国人的平均订单是英国人的两倍。从1820年代开始，美国购买总量出现急剧下降（见图21）。[57] 这些数字包括但并不局限于南京布。

美国购买棉纺织品运往加勒比和非洲的贸易减少可能部分归因于19世纪最初四分之一世纪对奴隶交易的国际制裁。在某种程度上，这种下降也可能是由于19世纪第三和第四个十年间，美国棉花制造业的实力不断增强。中国棉纺织品出口的最低点正好出现在美国发明轧棉机、奴隶贸易停止、英国机织棉布变得廉价，以及东印度公司失去其垄断地位的时期。

19世纪最初的三分之一世纪，在英格兰，棉纺织品的动力织机使得产量增长了四倍，价格减半。1820年至1840年间，英国厂家对籽棉的消耗从5.4万吨增加到20.8万吨；大部分的增加出现在1825年，消耗7.6万吨，以及1838年，增至18.9万吨。与此同时，价格持续下跌，到1860年，零售价格掉至1780年时的13%。1830年代初，降价对英国市场的影响开始变得明显。[58] 由于美国发明了轧棉机，到1830年代已广泛使用，世界市场上籽棉的价格也降低。[59] 与此同时，新英格兰正在发展中的蒸汽动力纺织工业进一步降低了机织棉布的价格。

---

55 爱德华·格莱姆《与中国的特殊关系的美国想法，1784—1900》，引用霍瑞斯·格里利。

56 全汉升《鸦片战争前江苏的棉纺织业》，第39-40页。

57 严中平《中国棉纺织史稿》，第33页。

58 米切尔（B. R. Mitchell）《欧洲历史统计 1750—1975》（*European Historical Statistics, 1750-1975*, 1980），第449页。另见菲利斯·迪恩（Phyllis Deane）《第一次工业革命》（*The First Industrial Revolution*, 1979），第91-92页；法尼（Douglas A. Farnie）《英国棉花产业和世界市场 1815—1896年》（*The English Cotton Industry and the World Market, 1815-1896*, 1979），第83页；乔尔·莫基尔（Joel Mokyr）《工业革命经济学》（*The Economics of the Industrial Revolution*, 1988），第59-60页。

59 伊莱·惠特尼的关键发明，即美国轧棉机，与元朝时中国引进的机器非常相似，人们很想找到一些中国出处。惠特尼是否在开往中国的船上带走了机器？有没有可能熟人向他展示了一个奇妙的装置图？这个装置在中国700年来一直有效地从棉铃中去除棉籽。

或许更直接的意义，中国棉纺织品出口市场的崩溃恰好与1834年英国停止东印度公司垄断中国贸易的情况完全吻合。[60]1834年前，英国人在广州购买棉花是由东印度公司操纵，几乎所有英国在亚洲的合法贸易都是如此。英国方面的棉花交易占中国棉织物出口总额的三分之一到二分之一。东印度公司进口印度籽棉、棉纱和棉纺织品到广州，购买中国的南京布和精细的印度棉花运至英国，但是拒绝将英国机织棉制品出口到亚洲。

格林堡（Michael Greenberg）在他对中国贸易的经典研究中指出，东印度公司垄断的决定性压力并非来自广州，而是来自曼彻斯特，那里的纺织品制造商长期以来反对进口类似南京布这样的纺织品。随着机器制造业的竞争日益激烈，东印度公司的垄断行为被视为自由贸易的障碍。1829年，纺织品制造商在英国开展了一场针对东印度公司的重大活动，到1833年，他们成功地说服了议会，解除了东印度公司对中国贸易的垄断。[61]

但是，如果中国纺织品出口的下降是由英国人发起的，那么美国人则给了致命一击。

美国商人在违反东印度公司禁令的情况下，携带少量英国棉花到广州，并出口印度和中国棉花，从而建立了自己的营销网络。在美国国内，棉花制造商急于开发自己的产品，并控制进口产品以防倾销。普罗维登斯[j]的棉花制造商于1815年向国会请愿，要求扶持美国制造的棉纺织品，尽管请愿书没有提到产品的出口。[62]美国制造的棉纺织品实际出口至中国始于1820年，最初只是试探性的，量很小。但是，到1828年，大量美国纺织品出售到广州，大大减少了美国的贸易逆差。[63]

英国机织棉纺织品出口到中国始于1820—1822年，停顿了几年，于1826—1829年再度开始。在1826年和1832年之间，越来越多的英国棉纺织品被运至广州，从1825—1826年适度的1895匹布开始，增加到1830年超过30万匹。1831—1832年，贸易差额决定性地转向有利于英国。1833—1834年，45万匹布被运到广州（图22）。[64]

60 格林堡《鸦片战争前中英通商史》，第175-195页。另见梅可铿(Hoh Cheung Mui)夫妇《管理垄断权》(Mui & Mui, 1984)，第135-136页。

61 格林堡《鸦片战争前中英通商史》，第179-180页。

62 同上，第181、185页。

63 爱德华·格莱姆《与中国的特殊关系的美国想法，1784—1900》，第86-87页。

64 严中平《中国棉纺织史稿》，第33页。

j 普罗维登斯（Providence）是美国罗得岛州首府。——译者注

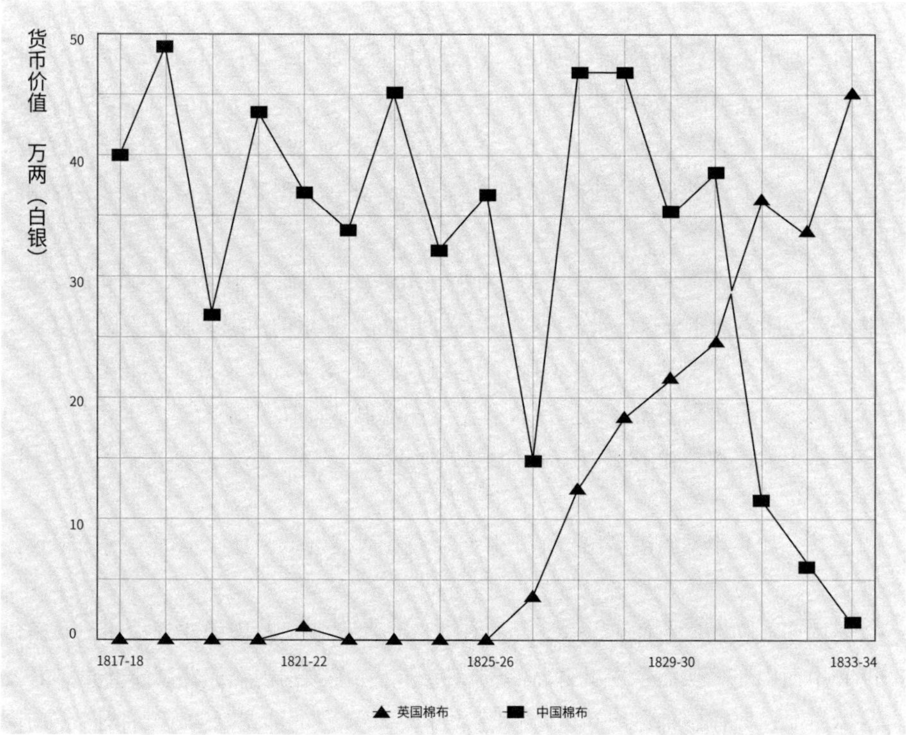

图 22 中国出口的国产棉纺织品和进口到中国的英国造棉纺织品
（数据根据严中平《中国棉纺织史稿》第 33 页）

当东印度公司的垄断在 1833 年被打破时，市场被大大打开。私人英国商人和独立的美国商人至此都可以自由地出售市场需要购买的任何产品。英国和印度的港脚商人主要卖掉更多的鸦片，英国机织纺织品反而成了次要的进口产品。美国人无法获得大量鸦片供应，被迫依赖他们自己的产品。美国棉纺织品在质量和价格方面与英国生产的棉花竞争激烈，美国机织棉纺织品进口急剧增加。在东印度公司失去垄断权之前，1826 年，美国纺织品出口额少于 1.5 万美元；到 1832 年，这个数字攀升至 8.7 万美元；到 1833 年即垄断撤销那年，数字跃升至 19.2 万美元；到 1838 年，美国纺织品的出口额达到 50 万美元。单是 1842 年一年，广州进口了大约 50 万宗美国棉纺织品。[65]

65 爱德华 · 格莱姆《与中国的特殊关系的美国想法，1784—1900》，第 87-88 页。

因此，对于外国棉纱的抵制、英美机织制造业的价格和质量竞争，以及广州的习惯性贸易渠道的瓦解，南京布市场同时受到打击。英美商人试图在中国做他们早些时候在印度做过的事情，也就是说，扭转贸易格局，停止从中国进口成品纺织品，而是向中国出售外国机织纺织品。在很短的时间内，进口取代了出口，扭转了市场模式，即从中国棉纺织品向外流动转为英美纺织品涌入。

与此同时，尽管内部市场所服务的规模庞大，但上海的经济健康状况越来越依赖于通过广州进入国际市场的棉花贸易百分比。1820 年代出口至西方的棉纺织品平均每年大约 6000 吨[66]，张忠民估计通过北方和南方线路进出上海的棉布在这个时期达到平均每年 42 万吨，[67] 南方线路运输的部分货物包括运往广州的棉花，这些棉花通过西方人出口到其他国家。因此，这一时期上海出口对国际贸易的贡献只是间接的。就出口市场的份额而言，这个数字大概接近南方线路出口量的 28%。这一数量的棉纺织品出口到外国消费，为上海各个行业的商人带来了利润，从运输商到经纪商、到制造商，从染工到纺织工到农民，使之成为城市贸易中独一无二的重要组成部分，同时也是城市经济情况健全程度的一个特别敏感的指标。

19 世纪早期影响中国棉纺织品的市场因素无可争辩属于国际范畴。棉纺织品出口崩溃的原因对中国商人而言，是超出了可控制范围甚至可能是无法理解的。确凿无疑的是，在上海，南京布以及各种棉花的订单突然减少，然后蒸发得一干二净。19 世纪的上海商人被他们一无所知的市场力量所摧毁，后果是毁灭性的。

棉纺织品市场崩溃，紧随其后的是，由于鸦片战争，导致贸易缩减；同时，在苏北和山东地区，由于黄河洪水泛滥，出现饥荒的影响。就如行会活动所反映的，直到 1850 年代中期，上海才重新恢复繁荣。1843 年，根据《南京条约》的条款，上海和其他四个中国港口（即广州、福州、厦门、宁波）向欧洲贸易开放，西方商人此时来到上海实属不幸，因为当时正是上海经济历史上的最低点。

66 严中平《中国棉纺织史稿》，第 33—34 页。

67 张忠民《上海：从开发走向开放，1368—1842》，第 315 页。

第七章

英国人来了

1843年的秋天格外寒冷，英国人抵达上海准备做生意。接待他们的中国官员似乎对他们的意图怀疑不已，对他们的出现充满敌意。1842年的《南京条约》向欧洲贸易开放了广州之外的另外四个港口（其中包括上海），形成总共五个港口。尽管条约是在1842年8月29日签订，但直到1843年11月，第一个正式的英国代表团才乘着一艘小火轮[a]麦都萨号（Medusa）抵达上海。

代表团成员有：新任命的领事、英国陆军现役军官（之前在马德拉斯[b]野战部队）、34岁的巴富尔（1809—1894），传教士和翻译麦都思（Walter Henry Medhurst），作为教会翻译的麦都思之子麦华佗（Walter Henry Medhurst），外科医生和助手黑尔（Frederick Hale），职员斯特罗恩（A. F. Strachan）和"一位商绅"；副领事罗伯逊（Daniel Brooke Robertson）稍后前往。1843年11月8日傍晚，这一小队人马"为了开放英国贸易的特殊目的"，预祝"这个曾经晦涩难懂的城市"的伟大和荣耀未来而干杯"敬酒"。第二天早上，他们登岸，拜会当地官员。[1]

英国代表团受到新上任的苏松太道道员宫慕久[c]的接待，他是在场的最高级别官员。此外还有：松江府海防同知[d]沈炳垣[e]、知县蓝蔚雯[f]，以及其他当地官员。[2]与外国人的会晤礼数周正，小心谨慎。中国官员后来礼貌地回应了领事的到访，隔天到麦都萨号船上回访。[3]

---

1 麦华佗《上海开埠的回忆》(*Reminiscences of the Opening of Shanghai to Foreign Trade*, 1864)，第80页；兰宁、库寿龄《上海史》两卷，第1卷，第247-277页。

2 费正清《中国沿海的贸易和外交》，第194页；梁元生《上海道台研究：转变中之联系人物，1843—1890》，第7-8页。

3 《筹办夷务始末（道光朝）》，70:12b-14a。费正清指出，在官方报道中，这次回访被一笔带过；当地官员得到保证，巴富尔受到了适当的尊重。（《中国沿海的贸易和外交》，第194页。）

a 火轮即汽轮。——译者注

b 马德拉斯（Madras），现称金奈，是南印度东岸的一座城市，于17世纪由英国殖民者建立，并被逐渐发展成为相应区域的主要中心城市和海军基地。它坐落于孟加拉湾的岸边，是泰米尔纳德邦的首府，印度第四大都市。——译者注

c 宫慕久（1788—1848），山东东平人，举人出身，清朝官员，道光二十三年（1843）任苏松太道道员。——译者注

d 海防同知，官名，知府之佐助官。清朝凡沿海紧要地区之府、厅，均置海防同知，以协助府、厅长官专管海防事宜。——译者注

e 沈炳垣（约1784—1855），浙江省桐乡县人，举人出身，清朝道光年间官员，历任上海知县、松江府海防同知等职。——译者注

f 蓝蔚雯（?—1857），浙江定海人，监生出身，清末官员、外交官，曾代理上海知县、松江府海防同知、苏松太道等职。——译者注

作为苏松太道的道员，宫慕久负责收集整个江海关道的关税。开放通商口岸之后，他的职责还包括“夷务”（蛮夷事务），处理与外国人的关系。[4] 虽然他似乎没有和西方人打交道的过往经验，但他还是在 1843 年被选中接替代理道员颜以燠[g]，并在这个位置上一直做到 1847 年。宫慕久来自山东东平州[h]一个传统的文人家庭，1820 年中了举人，在完成上海的工作后，升任省级按察使[i]。[5]

与在广州的“海部”[j]不同，上海的道员（或非正式地称为“道台”）是通过正规的政府渠道进行的官僚任命。宫慕久是上海最高级别的政府官员，比蓝知县和松江府知府佐官沈同知的官阶要高。宫慕久是举人出身，但以往的道员通常都是进士出身。[6]18 个月前，当英国人夺取并占领这座城市时，所有在场的官员中都是新上任的，但他们非常清楚掌管“蛮夷”对外关系事务的钦差大臣耆英[k]所阐明的中方政策。这项政策的核心就是“羁縻蛮夷”。因此，可以理解上海官员在应对这个代表团时所表现出得小心翼翼。

开埠的中国官方报告由两江总督壁昌[l]和江苏巡抚孙善宝[m]提交。他俩官职过高，没有出面正式接待英国人，但在谈判时这些官员还是在附近宝山或省级都城苏州，密切注视道员宫慕久及其下属的一举一动。报告描述了巴富尔领事及其一行人乘坐一艘火轮抵达，指出巴富尔是由驻香港的英国全权公使璞鼎查爵士（Henry Pottinger）委派的官方代表，前来办理上海市场的正式开放。在官方语言中，巴富尔的行为举止“极为恭顺”。他于农历九月十七日（1843 年 11 月 9 日）在衙门和海关受到接待。第二天，中国官员根据礼节和蔼回访，英国人被描述成“均能懔遵”。万事顺利，港口在 9 天

4 《同治上海县志》，14:34b；关于道员的年龄和任命，见梁元生《上海道台研究：转变中之联系人物，1843—1890》，第 22-23 页。出身举人的上海道员的就任平均年龄为 54～55 岁(同上，第 28-29 页)。宫慕久在 1820 年中得举人，这发生在他被任命为道员之前 23 年；如果他在通过科举考试时已经 30 岁，那么当他成为上海道员时，已经 53 岁。虽然没有证据显示他以前有“夷务”方面的经验，但是在他的官方传略中有报道，“力持大体，抚辑中外……世尤重之”。这些品质，加上优秀的判断能力，使得他在上海任职期间表现出色。

5 《同治上海县志》，14:34b；费正清《中国沿海的贸易和外交》，第 187-188 页；另见梁元生《上海道台研究：转变中之联系人物，1843—1890》，第 46 页。

6 《同治上海县志》，12:2a-34。梁元生仔细调查了上海道员的历史，核查了每个人的学位、籍贯、家乡、合格条件、从政经验、过往官职和上海任职结束之后的情况、任职时的年龄和任职时长。1843 年之前任职的 50 个人中，23 个为进士，7 个为举人；但在 1843 年之后，比例颠倒过来了，接下去的 30 个人中，只有 5 个为进士，但有 10 个为举人。梁元生《上海道台研究：转变中之联系人物，1843—1890》，第 20-32 页。

g 原文误为“Yan Yi' ao”（颜一燠）。应为“Yan Yiyu”（颜以燠）。颜以燠（1793—？），广东连平县元善镇人，举人出身，清朝官员，1842 年任苏松太道道员。——译者注

h 山东东平州现为山东省泰安市东平县。——译者注

i 即江苏按察使。按察使是中国古代的一个官名，主要任务是赴各道巡察，考核吏治，主管一个省范围的刑法之事，相当于现代的省级公、检、法机关首脑。——译者注

j “海部”即“粤海关监督关部正堂”，指广东海关监督的官员。——译者注

k 爱新觉罗·耆英（1787—1858），满洲正蓝旗，清朝宗室，大臣。耆英是《南京条约》签订的中方代表之一。——译者注

l 壁昌（1795—1854），又作璧昌，蒙古镶黄旗人，姓额勒德特氏，清朝官员。——译者注

m 孙善宝（1772—1853），山东济宁人，举人出身，清朝官员，曾任江苏巡抚。——译者注

之后即农历九月二十六日（1843 年 11 月 18 日）正式宣布开放商业。[7] 报告用词谨小慎微，反映了官员担心行事不当，想要面面俱到，遵守所有的规章制度。这以前的官员没那么小心，为此遭罪。

自从《南京条约》签订后，两艘英国船抵达上海查看基地，一次在 1843 年 3 月，另一次在 5 月。两艘船都被正式拒绝入港，但是对这些来访模棱两可的反应造成了前任道员颜以燠被撤职。[8] 这件事让当时在场的官员印象深刻，在和英国“蛮夷”打交道时需极为谨慎。[9]

对上海当地的居民来说，他们对 18 个月前的袭击事件记忆犹新；南京当时外国战舰和军队向上海守军开火并占领了城市；英国人沿着长江向上游南京推进，导致清政府投降，紧接着签订了《南京条约》。影响上海官民的态度不仅来自官员的小心翼翼，还因为城市被侵占的记忆，以及在面对蛮夷的威胁时清政府及当地官员落荒而逃，无力抵抗，丢尽了颜面。

占领上海

英国人下决心要在中国开辟更多的外贸港口，其背后是近百年积累的贸易经验，最终以中英鸦片战争（1839—1842 年）达到高潮。很多作者和学者都非常详细地讲述了鸦片战争的故事，所以在此仅调查导致影响到上海的冲突局势。[10]

尽管清政府禁止在上海与欧洲进行直接贸易，但上海的商业行会已经越来越多地间接参与向西方出口棉纺织品。就如前面章节所述，上海地区出产的南京布是重要出口产品，当 1833 年广州的市场崩溃，其结果是上海进入严重的萧条。不过，这场灾难的原因在上海只是隐约可见，棉花并非战争的起因。

由于一方面清政府竭尽全力试图终结鸦片走私，另一方面英国商人日益憎恶所谓的“一口通商”[n] 的限制，战争于 1839 年在广州爆发。外国人反对中国对鸦片的禁止、用“公行”来限制对外贸易，以及更普遍的是对贸易和住所的限制，再加上对中国“公所”的贿赂基金的怨气，都助长了外国人的敌意。与广州的贸易受到英国封锁的影响，

7 《筹办夷务始末（道光朝）》，70:12b-14a。

8 施维许（Earl Swisher）《〈筹办夷务始末〉中的中美关系：1840—1860》（*China's Management of the American Barbarians*, 1951），第 120 页，引用 1843 年 5 月 31 日诏令。

9 英国人认为，中国人使用的“夷”字（野蛮人）是贬义的。关于这方面的讨论，见费正清《中国的世界秩序》（*The Chinese World Order*, 1968），第 2-33 页。

10 关于鸦片战争的标准著作包括彼得 · 沃特 · 费（Peter Ward Fay）《鸦片战争 1840—1842》（*The Opium War, 1840-1842*, 1975）；毕清（Jack Beeching）《中国鸦片战争》（*The Chinese Opium Wars*, 1975）；格林堡《鸦片战争前中英通商史》；魏礼（Arthur Waley）《中国人眼中的鸦片战争》（*The Opium War Through Chinese Eyes*, 1958）；魏斐德《广州贸易和鸦片战争》。

n “一口通商”指中国 1757 年至 1842 年签订《南京条约》之前，清政府规定西洋商人只可以在广州通商的政策。——译者注

上海的贸易下滑，市场进一步萧条。

1842 年 6 月，英国军队入侵长江地区。从东沙岛到黄浦江口，舰队包括皋华丽号（H. M. S. Cornwallis）、白隆特号（H. M. S. Blonde）、三艘护卫[11]舰和几艘火轮，其中有传说中的复仇神号（Nemesis）。据英国消息来源报道，吴淞炮台[o]疯狂地向外国船只开火，杀死三名英国水手，杀伤若干其他人；英国人进行了回击，到 6 月 13 日晚上 8 点，他们制服了炮台，占据了长江入海口。[12]

英国对占领上海的报道叙述了这座城市几乎毫无抵抗就被占领了。6 月 19 日，军舰在两排火轮引航下进入上海，两队炮兵从吴淞口向内陆推进。吴淞口南岸的炮台向军舰开火，但是炮火未及造成“任何伤害”就悄无声息了。从吴淞口进入内陆的军队速战速决，使炮台迅速陷入寂静，军队继续向上海挺进。城内可以说没有一点抵抗，城墙上的枪支未发一弹。官员和军队都已撤退，城门大开，毫无防御。到下午 4 点，英军整个登陆，聚集在城隍庙的花园（豫园）内。[13]

在上海短暂的停留中，陆军中将郭富爵士（Hugh Gough）、其下属以及三个军团均驻扎在此。他们发现，豫园“宽敞而且建筑风格优美……有许多避暑和假山的房子，被园林内的池塘环抱而相互隔开，适合士兵安营扎寨。”[14]建筑结构“轻盈飘逸”“奇妙的木桥飞跨接踵而至的蜿蜒池水”。不过，在议论豫园之美时，其中一名年轻军官利洛上尉（Granville Gower Loch）也指出，三支军团驻扎在豫园，享受着为最富有的主人所建造的房间，许多精美装饰、寺庙雕饰、雕刻屏风等都被拆卸下来，用作士兵煮饭的燃料，因为找不到木材。[15]

至于这座城市，他们注意到除了最贫穷的人家之外，几乎所有的房屋都带有园林，并挂满累累果实。有栋房子有宽敞的藏书楼，内有超过 30 个书架。城内有无数当铺，但是几乎所有的房屋和商铺都大门紧闭，居民东躲西藏。尽管如此，军队不费吹灰之力便寻到补给，“充盈质优”。[16]军队占据城市 5 天，于 6 月 23 日撤离。远征军留在吴

---

11 中国称吴淞江；黄浦江是在上海汇合的一支支流。吴淞江下游的名字和黄浦江混淆，可能就是从这一事件开始的。

12 彼得·沃特·费《鸦片战争 1840—1842》，第 349 页。梁元生写道：“尽管在陈化成指挥下，中国军队英勇抵抗，但是他们完全被训练有素和装备精良的英国士兵所覆灭。”（《上海道台研究：转变中之联系人物，1843—1890》，第 41-42 页）。

13 巴加（William Parker）《攻占吴淞口和上海：海军中将威廉·巴加的报告》（*Capture of Wusung and Shanghai: report of Vice-Admiral William Parker*, 1865），第 30-31 页。另见巴加《海军中将威廉·巴加的报告：攻占上海》（*Report of Vice-Admiral William Parker: Capture of Shanghai*, 1843），第 341-345 页。

14 郭富《郭富爵士的电讯：攻占上海》（*Dispatches of Sir Hugh Gough: Capture of Shanghai*, 1843），第 343 页。

15 利洛《英军在华作战末期记事》（*The Closing Events of the Campaign in China*, 1844），第 59-60 页。

16 巴加《海军中将威廉·巴加的报告：攻占上海》，第 291-293 页；另见《上海的描述》，第 555-556 页。

o 吴淞炮台位于上海市吴淞口两岸，扼守长江门户，清顺治十七年（1660）建。吴淞炮台屡经战火，西炮台是 1842 年 5 月第一次鸦片战争中抗击英军的主阵地，江南水师提督陈化成等守卫将士殉国于此。遗址为上海市文物保护单位。——译者注

淞口超过两周，聚集增援，然后于7月6日率大约75艘船只组成的整个舰队，沿着长江而上，前往镇江。镇江在7月20日被攻占，打开了通往以南京为目标的道路，标志着战争的结束。[17]

从英国人的观点来看，攻占上海简短而平静，唯一的实战发生在吴淞口。英国军队只是短暂地占领了这个城市，然后毫发未损，有序撤离。在英国鲜有提及占领之事；但是英国人比以往任何时候都更加确信，作为通商口岸向西方开放，上海是一个理想的城市。英国官员至此已证实，早些时候成功访问上海的传教士所写的报告称，上海是与内地进行贸易的关键点，一般来说，它可以被视为一个适合外国居住的宜人场所。

中国人对这一事件的感觉却大相径庭。自明朝中叶海盗袭击以来，上海还从未受到这种方式的攻击，英国人占领上海所产生的焦虑和恐慌远远超过了实际遭受的破坏。6月里英国军队向上海挺进的那13天，占据城市5天后撤离，"夷患"让居民心有余悸。[18] 面对英国人的挺进，军队和政府官员弃城而逃，上海县城毫无防御。居民陷入惊慌失措的状态。有能力的，寻得藏身之处；剩下的，听天由命。好些天，谣言四起，传言灾难迫在眉睫，人人脑海中久久萦绕凶残暴虐的行径。对灾难的预期基于高度夸张和耸人听闻的谣言，也可能是受清朝军队习惯性烧杀劫掠行为的影响。不管怎样，恐慌实实在在。

当英国人最终于6月19日抵达时，他们和平地占领了这座城市。中国方面报道此事件时，指出外国军队洗劫掠夺，恐吓虏获的居民，绑架他们，抓至外国船上过夜，不管他们的年龄、地位或社会阶层、士绅还是穷人，强迫他们干重体力活，甚至殴打男人、强奸女人。英国人杀了一些俘虏的报告可能是夸大其词。上海南门不远的当地保甲局队长曹晟[p] 讲述了故事。[19] 我们不清楚曹晟的职业，但是从他的描述来看，显而易见他有家室，拥有一栋房子和一些财产；虽然很明显他是文人，但他并不认为自己属于上层商人或精英阶层的一员。

当城市被疏散时，曹晟没有逃离，因为他觉得有责任保护祖先墓地和家庭财产；同时，作为一个队长，他负责保护当地居民。他指出，即使当那些富人和重要的人全部逃走、只留下穷人时，他觉得他有责任留下。现在，在这座荒凉的城市中，曹晟在

---

17 巴加《海军中将威廉·巴加的报告：攻占上海》，第293页；利洛《英军在华作战末期记事，利洛上尉著》，第60页；彼得·沃特·费《鸦片战争1840-1842》，第350-351页。

18 曹晟《夷患备尝记（1876）》，前言，1b。"夷"（野蛮人）字用在曹晟回忆录的题目上，但并未在文中出现。因此，"夷"字有可能原先并没有使用，而是后来1876年出版时的添加。

19 同上，2a、2b。

p 曹晟，字静山，上海人，道光二十二年（1842）撰《夷患备尝记》，记录鸦片战争时英军短期占领上海的情形。——译者注

附近巡逻；一旦发现任何仍然住人的房子时，他敦促居民联合起来进行自救和防卫。过了几天令人神经紧张、心烦意乱的误报警报之后，英国军队终于在6月19日抵达。英国士兵中有很多印度人，用曹晟的话来说，表现得像土匪。他提供了鲜明生动的目击者见证，描述对城市的洗劫以及对他家的入侵：

天曙已久，……已有数洋人持械破门。予……挺身阻之，为所执。入室倾箱倒箧，凡一切银钱首饰细而软者，虽微必攫。迨抄掠毕，以刃加予颈，索蓄藏，曰番饼番饼者良久。予力告以困苦状，且手示之得释。又至侄居，予应之，洋人略搜数处，皆书籍，舍而去。又至族叔少园门，予亦启之，搜如前。又叩砂雨兄居，予出户往应之……[20]

事实上，曹晟后来听说，只有三个平民被杀：一个当官的，一个老妇人和一个年轻女子。虽然有报道称，在上海和附近有“上百死尸”，但是这些有可能是在吴淞之战或镇江之战中被杀的官兵。[21] 当英国军队攻占了上海，来不及逃走的妇女惊恐万分，躲在空的墓穴以及土坑废墟的深草丛中；有的穿了男人的衣服或乘着月黑夜深偷偷回到城内。据说，每当士兵找到女人，就会强奸她。曹晟写道，在某些区域，有个女人穿上白色丧服，撕扯自己的头发，大声号哭，这样才能安然无恙走过街道，因为当外国士兵瞧见她如此行为乖张，他们认为她一定是疯了，因而不敢碰她。[22] 就连狗都害怕外国人，它们不敢吠叫，而是躲起来了。曹晟自己的狗躲在厨房里，一整天不进食；只有当外国军队离开后，它才从灶台后面出来。[23]

曹晟重复着八卦和传闻，但他对那些他自己亲眼所见的事情却非常具体。他在描述时用语没有贬义，而是称英国人为“英人”（英国人）或“洋人”（外国人），称英国军队为“英兵”（英国士兵）或“洋兵”（外国士兵）；仅在回忆录的题目上用了“夷”字（野蛮人）。从曹晟的描述中显而易见的是，英国人的入侵震惊了所有人。上海死亡人数很少，但是劫掠却是普遍的；被劫掠损毁的其他地方有浙绍会馆。[24] 当地人对“洋人”的火炮和无法无天记忆深刻，使得官方和人民深信不疑，这些外国人极其危险。

---

20 曹晟《夷患备尝记（1876）》，8b-9a。

21 例如，在镇江，有1600个满清旗人，满清士兵宁可自杀也不投降，他们在自杀前杀死他们的妻子和儿女（魏斐德《广州贸易和鸦片战争》，第208页）。对于这一事件更全面的描述，见欧立德（Mark C. Elliott）《旗人与民人：十九世纪江南族群的张力》（*Bannerman and Townsman: Ethnic Tension in Nineteenth Century Jiangnan*, 1990）。

22 曹晟《夷患备尝记（1876）》，24b。

23 同上，28a。

24 同上，8a。

选择上海

1842 年占领上海之前，英国人对上海的预期来自中国商人的报告，以及少数曾经访问过这个对外封闭的城市的游客所提供的似是而非的描述，这些游客中有跟随 1832 年阿美士德号（Amherst）和 1835 年休伦号（Huron）轮船远征的几个传教士及翻译。

上海最初吸引英国人的注意是在 1832 年，东印度公司代表林赛（Hugh Hamilton Lindsay）在翻译兼偶尔传教的郭士立（Karl Gutzlaff）医生陪同下，登上了阿美士德号船。起初当地官员对他们的访问置若罔闻，但他们登门造访了道员的衙门，受到茶水款待。[25] 在他的报告中，林赛描述上海是一个重要的港口，“七天内有 400 艘以上的帆船驶过吴淞口，从北方进入上海，运载豆类和面粉，同时来自南方的帆船以每天 30 或 40 艘的数量抵达。”[26] 他们的评估虽然有可能带有郭士立传教理想的色彩，但是林赛看到市面上出售的英国机织纺织品及对鸦片的需求，上海的商业可能性给英国商人留下了深刻的印象。林赛对在上海进行贸易的潜力大为热忱，称赞它是“长江的海港和东亚主要的商业中心”[27]。

此外，1834 年，传教士和语言学家麦都思牧师在一个叫史蒂文斯（Edwin Stevens）的商人陪同下，乘坐休伦号轮船，作为律劳卑（William John Napier）使团的一员，到过上海，带回了类似的乐观报告，指出这个城市同时具有贸易的潜力以及大量等待改宗（信仰基督）的灵魂。[28]

对于那些不带传教志向的描述，1834 年的《香港纪录报》（*Hong Kong Register*）[q] 印有详细、地道的报告，英国人的看法多建立在此之上，尽管并非总是准确的：

最大尺寸的船只可以驶入河流并停靠在城市面前，（城市）有壁垒或城墙，护城河环绕 5 或 6 里……（但是）城墙没有堡垒、外部防御或沟渠。郊区的房子……整个区域在某些面造得和城墙非常近。各种各样的商铺成千上万。城市至少有 30 万人。

25 关于阿美士德号的来访及鸦片问题，见费正清《中国沿海的贸易和外交》，第 66-67 页；当时的道员是 1820 年翰林（皇帝的文学侍从官，从进士中选拔。——译者注）出身的吴其泰。根据梁元生的评价，吴其泰一开始对英国人采取了强硬立场，但是后来有所缓和，将贬义用词“夷”安抚性地改为“英国商人”。针对违反现行政策，吴其泰允许英国船只在上海停留 18 天，同意非正式的商业交易。他很有可能在交易的范围和接待的性质上故意误导了江苏巡抚林则徐。梁元生《上海道台研究：转变中之联系人物，1843—1890》，第 40-41 页。

26 林赛和郭士立《阿美士德号远征》，第 551 页。

27 同上。

28 麦都思《休伦号日记》，第 329 页。

q 《香港纪录报》前身为《广州纪录报》，1843 年 6 月由澳门迁至香港，改为《香港纪录报》，由怡和洋行发行。——译者注作者继续用华丽辞藻描绘港口的商业，它“是苏州城真正的港口……（苏州）被中国人看作是他们国家的天堂”。航运从三个方向抵达上海：内陆从长江及其大量支流、从“北海”和从南方海域及沿海线路。他汇报说，除中国航运之外，还有从新加坡、马六甲、槟城、爪哇、苏门答腊、婆罗洲、波斯湾和印度洋，以及波利尼西亚群岛的船只抵达上海港，带来各种各样的货物。[29]

在 1844 年上海开埠成为一个通商口岸的三年之后，英国议会就中国贸易的潜力进行了听证会。1847 年，原英国驻上海领事巴富尔上尉（1843—1846 年任职）在伦敦休假，出席了听证会，为上海辩护。他的证词强调了将上海选为四个新的通商口岸之一的原因。首先，他并没有把上海自身的显著性作为选择的原因，而是援引了上海靠近苏州，是进入中国内陆的通道。[30] 巴富尔辩解说，上海注定要成为中国贸易的伟大中心，主要基于开埠后内陆产生了对英国货物的需求。[31] 选择上海的重要原因是它靠近长江入海口的战略形势，为进入内地市场和据估计至少数字在 1.5 亿的人口提供了便利的通道。[32] 上海也是中国江海关的位置，管理来自长江所有港口的进出口。[33] 这是英国人可能在 1843 年所不知道的事实，但到了巴富尔的证词时，他们肯定都知道这一点了。

英国商人和政府官员就是根据类似这样的报告建立起他们的预期，他们认为，只有开放沿海港口，欧洲贸易才能摆脱广州的束缚，才能收获翘首以待的无限利润。据最后的分析，很可能是威廉·渣甸医生（William Jardine）做的决定，他以前在贩卖鸦片的怡和洋行（Jardine, Matheson）任职[r]，敌意爆发之前他退休回到英格兰，1841 年成为国会议员。渣甸曾经建议过外交大臣巴麦尊勋爵（Lord Palmerston）“签订商业条约”，允许英国与北方[s]的港口厦门、福州、宁波和上海通商。[34]

《南京条约》在 1842 年 8 月 29 日签订（1843 年 6 月 26 日在香港双方批准），据条款 2，开放五个港口，包括“广州、厦门、福州、宁波和上海之城镇”，向英国人开放，英国人可以从事商业活动为目的而居住在此，不得骚扰和限制。领事官员住

29 《上海启事》(*Notices of Shang-hai*, 1846)，第 469-472 页。这些观察据说是一个曾经于 1843 年访问过上海的西班牙人所写。

30 《英国，议会文件，中国》(*United Kingdom, British Parlimentary Papers. China*, 1971)，38:329。

31 同上，225。

32 《上海的描述》，第 529-565 页，代表了 1840 年代早期英国人对上海的概念及其战略重要性。

33 《同治上海县志》，2:14a-b。

34 费正清《中国沿海的贸易和外交》，第 82 页。

r 怡和洋行前名渣甸洋行，1832 年 7 月 1 日在中国广州创办，是著名老牌英资洋行及鸦片走私商，远东最大英资财团，清朝时即从事与中国贸易。怡和洋行对香港早年的发展有举足轻重的作用，有“未有香港，先有怡和”之称，也是首家在上海开设的欧洲公司和首家在日本成立的外国公司。——译者注

s 指广州以北。——译者注

在各个港口以监督贸易，维持与当局的沟通交流。当局合理的税款及其他费用将由上述英国人妥为支付。条款 10 再次重申了关税，声明将确定“公平和正规的进出口海关关税及其他费用”“作为公开信息颁布”。[35] 关税后来定为货物价值的 5%。

把香港割让给英国在条款 3 中达成。条款 4 涵盖对在广州没收和销毁的鸦片的赔款。条款 5 废除了令英国人深恶痛绝的“公行”：当局许可的行商被解散，英国商人被授权可以和任何他们喜欢的人进行贸易。[36] 这些条款，尤其是关于收集税款的条文以及废除“公行”的那几条，成了后来上海作为通商口岸发展而进行的旷日持久的谈判议题。然而，此时此刻，最直接适用的条款牵涉到开放港口，进行外贸和拥有居住的权力，就如英国人所诠释的那样，是“在城内”。[37]

英国人来了

让我们回到 1843 年 11 月那个寒冷阴霾的日子，英国一队人马初次抵达上海：城市已经相当拥挤，当地人口和来自中国其他地方的移民快速增长，其中包括被上海的贸易所吸引的广州人。同年稍后造访的罗伯特·福钧描写道，城内“房子密密麻麻”，而郊区尤其是最靠近河边那一侧的城市却“铺得很开”，有着拥挤、狭窄的街巷。[38]

与英国人见面的中国代表为道员宫慕久、松江知府佐官沈炳垣、上海知县蓝蔚雯，他们只是在更深层防守中打头阵的。未出面的是两江总督壁昌、江苏巡抚孙善宝和钦差大臣耆英的代表咸龄[t]。壁昌对英国人的到来极其忧虑；孙善宝在附近的苏州原地待命，一旦需要他出面，他可以随时赶到上海；咸龄则在暗中徘徊观望。中方决定让宫慕久和巴富尔见面，因为中方觉得，领事是小官，巴富尔只不过是“蛮夷”商人的头领，虽然事实上他是英国政府的代表，但他不是正式的官，因此不能由较高官衔的官员接待。[39]

双方进行了礼仪上的互访之后，据中方官方报告，第一项要进行的商务就是巴富尔领事“极为恭顺”地提交请求，在最初居住在岸边的临时住所之后，寻找一处让

---

35 梅辉立（Mayers）《中外条约集》（*Treaties between the Empire of China and Foreign Powers*, 1897），第 1-2 页。

36 同上。

37 “每个英国领事在建立领事馆时的首要任务是‘通过在行政城市的围墙内悬挂英国国旗来维持英国的威望’。”（费正清《中国沿海的贸易和外交》，第 200 页。）

38 福钧《华北诸省漫记》，第 108-110 页。

39 费正清《中国沿海的贸易和外交》，第 194 页。梁元生《上海道台研究：转变中之联系人物，1843—1890》，第 7-8 页，注释道员为正四品；同知为正五品，但是类似在上海的“海防同知”则为二级同知，为正六品；知县的级别为正七品（在九品官衔系统中）。

t 咸龄，满洲人，清朝官员，曾接替宫慕久任苏松太兵道、上海道道员一职。——译者注

商人可以造他们自己的“会馆”的地方。据此，宫慕久选了“一块废弃用地”[u]用以建造可居住的“馆”，这样商行（行）就可以从他们目前的临时地点移出。另外，还需要一家用于查验外国洋钱并将其转换成中国银元的熔银店铺。[40]

西方对开埠的描述略微改变了商务的秩序。在巴富尔的报告中，礼仪互访之后的第一件麻烦事是选择“官银号或兑银铺”。为此，有个钱庄被道员选中，并获得巴富尔同意，操作这项必要的业务。该钱庄有六个股东，位于从小东门通往河边的街道上。[41]英国的报告此时没有提及会馆的位置，也许是因为巴富尔及其同伙并没有理解这个词。其他的记录强调了在城内选临时居住点所经历的困难。

当代表团要求在城内觅地设馆经营业务，中国官员回复道，整个城市全部住满了，找不到这样的房子。麦华佗认为，“诡计多端的当局已经下定决心……将他们（英国代表团）安置在城墙外某个方便严加监视他们的地点。”[42]英国人似乎痴迷于决心阻止那些类似在广州限制外国人的情况在上海发生。麦华佗的断言也许是正确的，即道员想将外国人安置在城墙之外。但是，如果真是这样，安置在城内，监控更容易实现。除此之外，宫慕久道员的目的可能是像对待其他在上海的“外来者”那样对待外国人：所有“外来”行会的居住设施都位于郊区。

作为职业军人的巴富尔宣布，假如找不到合适的住所的话，他非常乐意在豫园内支一个帐篷安营扎寨。不过，就在代表团离开道衙不久，街上就有一个友好的商人和他们搭讪，即刻提出可以出租“第一流的府邸和整套家具”。此人姓姚，广东人，与来自香港的一个商人是合作伙伴。在麦华佗看来，姚氏希望通过广州的商行与外国人保持垄断贸易。[43]

巴富尔受命于他的直接上司约翰·戴维斯爵士（John Francis Davis，1795—1890），坚持在城墙内设领事馆。戴维斯接替璞鼎查成为商务总监及香港总督，是女皇陛下在中国的全权公使。在上海，王室官员要求大英子民执行条约条款，永久废除“一口通商”的幽灵，建立新的先例。巴富尔因此接受了姚氏的提议，小队人马住进了这栋建筑的楼上。据姚氏说是他自己的房子，这一点后来引起了一些纠纷。

不久，毫无戒心的英国人发现他们成了一些好奇的中国人窥视的展品，满脑子是生意经的姚氏居然出售门票，招揽观众优先观摩“‘白人鬼佬’吃饭、喝水、写字、

40《筹办夷务始末（道光朝）》，70:13a。

41 巴富尔《上海 1843 年开埠》（*Shanghai Opened to Foreign Trade in 1843*, 1865），第 32 页。

42 麦华佗《上海开埠的回忆》，第 81 页。

43 同上。

u 此处未找到原文古文，暂取意译。——译者注

洗漱、穿衣和睡觉”。领事马上叫停“真人秀”，不过他发现，在一个外国人依赖中国仆人和补给来维持生存的城市中，应付日常生活中的困难并非易事。然而，更重要的是，陪同他的商人利用当局强加的“对贸易的各种限制和羁绊”，不断赋予戏狙，用麦华佗的话来说，他“一刻都无法容忍”。他们需要补给和土地来建造房屋，因为他们很快就发现，道员是正确的，既没有合适的房屋供英国商人在城内居住，也无法“找到在任何合理风险下可投保的任何仓储设施”。[44]

然而，尽管当局不赞成，但领事发现当地或广东商人愿意出租房屋作为领事馆，当第一栋房子不尽人意时，很容易找到一个更合适且更私密的住所。到2月，第三个房子被相中，租自“一位顾氏，该房（被称为）‘敦春堂’，（它）位于西姚家（原文如此）弄……面南”。[45]巴富尔对选中这个地点以及自己坚持在城内做了以下辩护：

领事馆和领事办公室设在上海城墙内出于特殊考虑……甚至在中国人中，城墙内的房租相对较高。自我抵达后，我就非常重视将领事馆和领事办公室设在城内。

他引证，来自中国人的尊重以及方便与道员、海关当局沟通交流是在城墙内设领事馆的主要原因，尽管他也承认，设在城墙处于“商人所在地”的欧式风格的建筑内，就领事来说，或许对个人舒适度和便利性可能会更佳。[46]

苏格兰炮兵上尉乔治·巴富尔，14岁时曾经加入马德拉斯炮兵部队。鸦片战争时期他被选中作璞鼎查的私人职员。巴富尔在处理战争赔款上所显示的能力受到璞鼎查的赏识。[47]他是单身汉，他的个人需求极少，尽管他会因迟迟未到的领事制服而惴惴不安，一直穿着军装，直至制服从伦敦抵达上海。对办公室的需求是他的首要关注点。英国人租下的房子位于城内靠近小东门的一条主要街道上，距离供欧洲船只使用的指定深水锚地相当远。[48]但是，领事馆位置的最大优势是它靠近道衙和海关。因此，巴富尔有了不可多得的机会，可以随时和宫慕久道员沟通交流，他们的关系以相互尊重和合作为标志。

巴富尔领事抵达不几日，1843年11月14日，他宣布，在上海的通商口岸将于11月17日向外国贸易开放。在公告中，巴富尔确定了外国锚地的位置和规则，港界范围如下：

44 麦华佗《上海开埠的回忆》，第82-83页。

45 英国外交部档案F.O.228/76，1845年，巴富尔致戴维斯。大院内有4栋两层高的房子，上下共52间房间。院内还有一个水井、一个“必备”（指厕所——译者注）和一扇后门。巴富尔付了640两白银押金，年租金为$834.78（加罗拉银元）和“一小笔租金”用以支付6两白银的土地税。

46 英国外交部档案F.O.228/54，1845年9月12日，巴富尔致戴维斯。

47 帕特里克·D. 科茨（Patrick D. Coates）《驻中国领事：英国领事官员，1843—1943》（*The China Consuls: British Consular Officers, 1843-1943*, 1988），第25-26页。关于巴富尔，见《英国人名事典（1901）》，补充，1:114。

48 巴富尔《上海1843年开埠》，第32页。

在由宝山向西，河右岸炮台，入海口吴淞口以下，向西南所组成的线内……靠泊和装卸的锚地位置尽量靠近左岸，位于吴淞（江）的河流弯曲处，离开上海城墙脚下大约 0.75 英里（1.21 公里）处。

船只需要前后停泊，以便保证河流的导航航道通畅和吴淞口大开。[49] 后来，航道由浮标标记，标记以内的水域被确定为仅受英国司法管辖。[50]

建立英租界

商人在河上停泊船只，在锚地边的岸上开展业务。陪同巴富尔的单身商人以及随后抵达的几位商人暂时住在城内的英国领事馆。虽然领事可能对“城墙内”表示满意，但是空间之局促几乎无法安置如怡和洋行、仁记洋行（Gibb, Livingston）[v] 这样的贸易公司；也无法提供需要大型建筑的宝顺洋行[w]（Dent and Company），它必须设安全围墙，其代表能居住、开展业务并存储他们的货物。安全、保税仓库和可保险性也是上海县城内无法满足的考虑因素。此外，就算中国人愿意容纳他们，商人们也马上反对，认为城内任何地点都限制他们的行动自由。

1847 年，巴富尔向议会特别委员会作证，他回顾了 1842 年 10 月他和亨利·璞鼎查爵士在《南京条约》签订之后前往上海访问，勘察了当地情况，并为商人的未来住所和仓库选择了合适的基地。[51] 但是，在中国官方报告中，要求设一个“会馆”及选一块合适的“废弃土地”发生在 11 月 9 日和 10 日双方第一次互访之后。因此，要么在当时或后来，巴富尔和宫慕久道员见面，并一起勘察了商人可能建点的基地。无论是根据道员的建议，还是通过早前选地得到的知识，巴富尔同意了据说是早先就指定分配给英国的同一块基地。它位于吴淞江和黄浦江交汇处附近，毗邻已经划为外国锚地的水域地区。巴富尔领事将定义基地边界范围作为他首要职责之一，并布局了街道、码头和临河地界的平面。[53]

49 巴富尔《上海 1843 年开埠》。

50 英国外交部档案 F.O.228/76，1847 年 3 月 23 日，阿礼国致戴维斯。

51 《英国，议会文件，中国》，38:320。

52 《筹办夷务始末（道光朝）》，70:13a。

53 麦华佗《上海开埠的回忆》，第 84 页。

v 仁记洋行，1836 年 7 月 1 日在广州创办，是 19 世纪末和 20 世纪初中国最重要和最知名的英资贸易公司之一。——译者注

w 宝顺洋行，又名颠地洋行，1824 年在广州创办，是 19 世纪中叶在华最主要的英资洋行之一，是英资怡和洋行和美资旗昌洋行的主要竞争对手，主营业务是鸦片、生丝和茶叶。颠地洋行在中国通行的中文名称“宝顺洋行”，主要取其“宝贵和顺”的意思，以期望在中国本地的发展有所顺利。——译者注

就如最初定义，基地离开上海县城以北大约 0.75 英里（1.21 公里）。它被称为“租界”，四至范围是：东边沿着黄浦江岸的一条拖船的纤路；北边靠近被英国人称为吴淞江的“苏州河”，但并不临河，因为一座中国炮台（即 1842 年向英国船只开火的炮台）和被称为李家场的相邻地块横在租界和苏州河之间；南边的界限是被称为洋泾浜的小河，离开城墙只有几百码[x]；西边的界限最初没有定义，但是后来界定为一条沟渠，被称为“护界河”[y]。位于苏州河和黄浦江交汇点的李家场基地后来被纳入，以便可以在优越的地理位置建英国领事馆，但是据领事自己的叙述，后来建了领事馆的这个地块有一半在涨潮时处于水位之下（图 23）。[54]

一旦基地初步的总平面布局完毕，商人就可以买进指定的地块。怡和洋行选了 1 号地块，接下去几块地由琼记洋行（Augustine Heard）[z]、义记洋行（Holliday, Wise）[aa] 和宝顺洋行（两块地）取得。[55] 虽然获取土地的许可是由条约保证的，但是实际的细节需和道员协商。因为尽管宫慕久提到“一块废弃之地”，但在指定区域的所有土地当然都已经由农户拥有和占用。首先，要向业主支付押租；此外，还有一项年度土地税，即所谓的“年租”，是欠政府的。英国人实际上成了表土（topsoil）居民，从各个业主那里获得长期租约，业主保留底土（subsoil）特权，这是江南地区的习惯做法。

与中国业主打交道简直能气死英国人。根据麦华佗回忆：“就在他们发现得把地方给‘蛮夷’腾出来时，每个人都不肯卖了，除非待价而沽，他们梦想洋人一定都是黄金做成，并且洋人随时准备好与黄金分手。”宫慕久道员和蓝蔚雯知县拒绝强制出售，声称农民是“他们贫穷无知的子女”，他们对农民负有责任。双方在第一块地确定之前举行了许多冗长和令人困扰的会议，甚至当明确的决定做出之后，卖家经常以某种借口或其他方式声称保留基地的权利。[56] 为了限制投机，宫慕久和巴富尔同意押租按照每亩土地固定价格来支付。

54 兰宁、库寿龄《上海史》两卷，第 1 卷，第 279-280 页。

55 同上，第 282 页。

56 麦华佗《上海开埠的回忆》，第 84 页。

x 1 码为 3 英尺，即 0.9144 米。——译者注

y 护界河又叫新开河、泥城浜。英国人为防止上海小刀会起义的战火蔓延租界，利用自然河道开凿深浜，并以所挖河泥筑土城墙，故称此河为“防御河”或“泥城浜”。后始填浜筑成西藏路（今西藏中路）。——译者注

z 琼记洋行是清朝时期活跃于中国的美资公司，由旗昌洋行前合伙人于 1840 年成立。公司从事出入口业务，货物包括茶叶及鸦片。——译者注

aa 义记洋行，1832 年成立于英国曼彻斯特，1835 年在中国开业，经营杂货贸易。——译者注

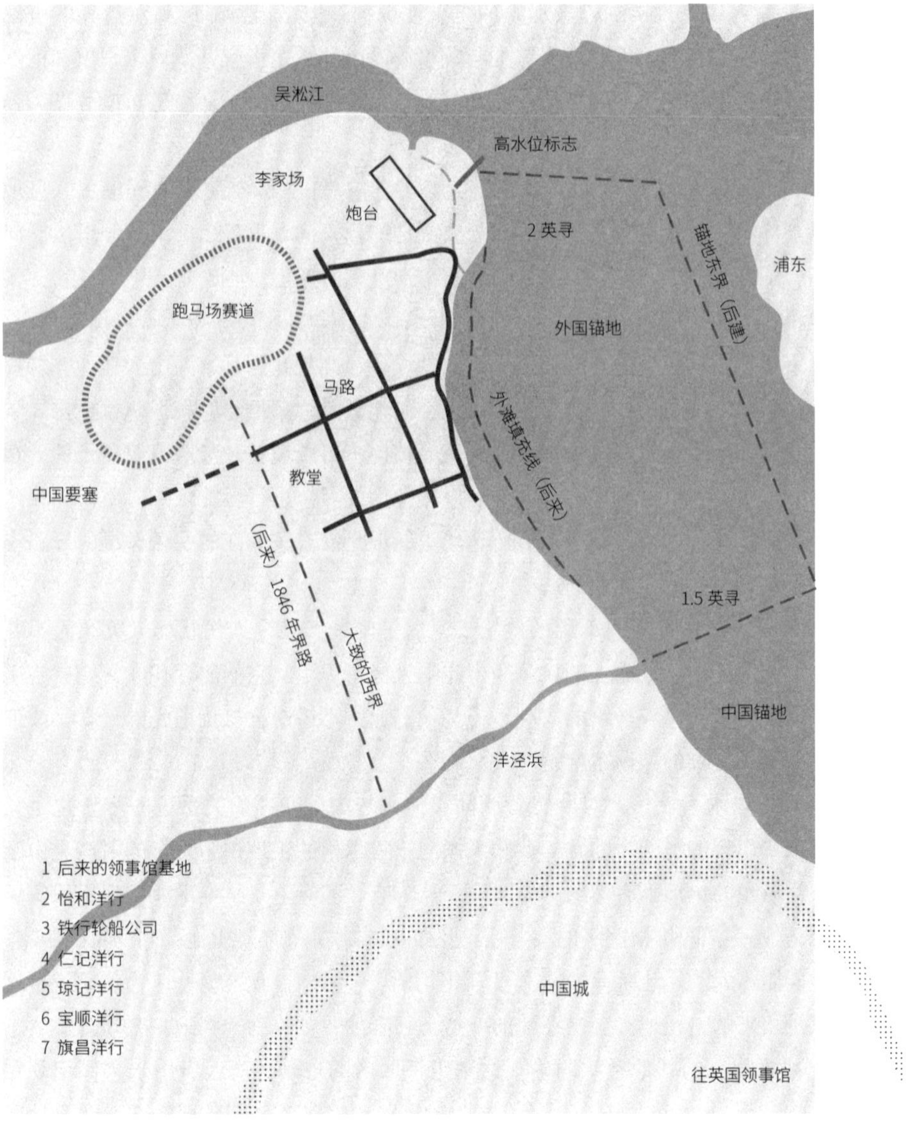

图 23 上海的英租界和锚地，约 1844 年

起初，商人们想直接到道员那里取得土地契约，但是语言障碍和对边界的争论使得这种方法不切实际。因此商人首先与领事协商土地承租事宜，然后由领事和他的翻译去向道员提出确定契约的申请。土地契约通过政府当局授予，由道员措辞作为公告发布，而不是作为双方互相同意的合同。

1845 年的《上海土地章程》标准化了 1843 年末和 1844 年制定的程序。一旦地块和道路被标出、地块进行丈量之后，想要买地的商人向领事提出申请，领事然后向道员咨询。假如获准，申请人为租约支付每亩 1500 文的押租，并提前支付“年租”（实际为土地税）。商人可以退租，收回押租；但是业主不得任意停止出租或者增加租金。商人同意不打扰土地上可能有的任何中国人的坟墓，并且允许其家人出入墓地。章程允许他们在租地上建造居住建筑和仓储设施，可建教堂、墓地、医院、慈善机构、学校、商铺及“住宅或会堂”。他们可以种花、植树，可以填补和竖墙以改良土地。章程尤其专门授予商人们建墓地的权利，可以按他们的习俗进行葬礼仪式。不得储藏违禁物品（例如鸦片）。商人们可在河中建码头，但是沿着黄浦江的一条宽阔的纤路应予保留并整修，以便漕粮帆船通过。[57]

中国人的坟墓在英国人承租的地块上，这一问题尤其令人伤脑筋。英国人不断发现这些位于沼泽地区地面上的坟墓令人作呕且极不卫生。它们的存在经常妨碍施工计划。中国家庭有扫墓或迁坟的权利，但是他们通常不情愿去打扰祖先的尸骨，或许源于他们找不到迁坟的“风水宝地”。

英国人视风水为迷信，对此置若罔闻。他们与中国业主的关系进一步恶化也突显在租界很快出现的另一个问题：英国人倾向于将承租的土地视为自己的财产。由于他们对这样承租的土地拥有契约，便趋向于认为它“实际上是从本地业主那里以每英亩[bb]46 至 74 先令[cc]的价格购买的”[58]，于是他们就自作主张了。土地合同的英文版本，但不是中国版本，表示土地是“永久性”租用的。[59]但是，领事坚持认为他们记得这块土地只是租来的，租地大会是在他的坚持下召开的，被称为“租地人会”。

《土地章程》的其他条款明确了适用于社区内的规则：商人需用永久标记划定界址，保护“至少 25 英尺（7.62 米）宽”的道路，并保持公共要道畅通。商人社区

57 英国外交部档案 F.O.671/1，1845 年 11 月 29 日，巴富尔致戴维斯，《土地章程》。

58 麦华佗《上海开埠的回忆》，第 85 页。

59 英国外交部档案 F.O.228/89，1846 年 9 月 29 日，附件：《土地章程》。

bb 1 英亩等于 4047 平方米。——译者注

cc 英国旧辅币单位，1 英镑等于 20 先令，1 先令等于 12 便士。1971 年英国货币改革时被废除。——译者注

集体负责公共桥梁和码头的建造和维修，清洁并维护公共通道和道路，竖界碑和路灯，挖沟渠便于街道排水，雇用更夫[dd]。领事有责任召集所有商人集会，协商并支付必要的费用。商人不得租地给中国人。在该章程下获得的土地若未能建造，会导致土地被收回。这些规则对英国人具有约束力，任何其他希望在租界获得土地的国家之国民，都必须向领事申请并遵守相同的规则。[60]领事收集到期的租金，定期将款项交给道员。在这方面，领事是清政府的代理人，清政府是外国人和中国土地所有者之间的中间人。这项决议的关键在于商人所处的位置，是一个涉及"数月来领事职责中很大且焦虑部分"的主题。[61]

从巴富尔给他在香港的上司的报告中可以清楚地看到，他在租界初期的大部分时间都用于布局规划平面和谈判土地申请。租界的设计延续了常见的欧洲城市规划传统，布置长方形的街道网格，指定领事馆现场办公的空间。此外，几乎同样重要的空间还有墓地、教堂，以及19世纪在亚洲的每个殖民居留地所必备的跑马场。所有主要街道通往滨水，宏伟的洋行建筑适时建起，在堤岸一字排开，面朝黄浦江，即后来被称为"外滩"的建筑群。

公共领域

1843年12月31日，租界共有25个英国人。这些新居民中有11人出席了于1844年4月12日举行的第一次公众会议，议题是"购买一块墓地"。墓地已经成了当务之急，因为已开始有欧洲人在上海死亡，虽然早期埋葬的都是在港口停留的船上的船员，而不是租界的社区成员。会议确定了一小块土地，它在上海县城的城墙外，位于北郊，在海关大楼后面的沟渠以西。巴富尔告知戴维斯，墓地十亩见方，每亩5万文铜钱，相当于460加罗拉银元；每年年租（土地税）为1.5万文铜钱。在上海的英国人出资700银元认购土地并设围墙。[62]根据1920年代出版的兰宁（George Lanning）和库寿龄（Samuel Couling）的著作《上海史》（*The History of Shanghai, 1921-1923*）中，十亩土地和围墙的费用高达712.62银元。[63]

---

60 英国外交部档案 F.O.671/1，1845年11月29日，附件：《土地章程》。

61 麦华佗《上海开埠的回忆》，第84页。

62 英国外交部档案 F.O.228/43，1844年7月11日，巴富尔致戴维斯。

63 兰宁、库寿龄《上海史》两卷，第1卷，第290页。

dd 更夫，俗称打更的，是指每天夜里敲竹梆子或锣的人。打更是古代民间的一种夜间报时制度，兼具提醒居民防火防盗，以及协助救火和防盗等作用。——译者注一年半之后，靠近城市北墙的第一个墓地被置换为一块更大的土地，位于租界中心，就是后来的山东路。第二个墓地建有石墙、大门和小教堂，花了2500银元，筹资来自自愿认捐。[64] 几年后，采用同样的认捐方式，一座得体的圣公会小教堂建成，从英国派了一个永久性的牧师来为商人社区服务。[65]

这样的一个工程是由社区而不是政府发起的公共服务，但是当捐款筹集的资金不足时，领事根据全权公使的建议，从领事馆经费中拿出500银元作为捐赠。[66] 其后，政府提供了年度补贴。1848年，毗邻墓地的第一座木构教堂匆匆建成。仅仅两年后，屋顶就倒塌了。它得以重建，该建筑一直用到1862年，才被一座较大并且更永久性的“大教堂”所替代。[67]

医院的问题也涉及公共和私人利益之间的细微差别。1846年春，有个居住在港口的艾恩斯先生（Mr. Irons）曾跑到巴富尔领事那里申请许可，想购地建一个可以作为综合医院使用的药房。巴富尔回复说，建药房没有异议，但根据定义，医院是公共设施，需要公众支持。他列举了在这样一家医院可能发生的与死亡相关的事务：死因取证、尸体检验和遗体掩埋，这些都会给领事的办公室带来额外的开支和责任。[68] 就这样艾恩斯被巴富尔拒绝了，他的计划被束之高阁好些年。1847年，科克（Mr. Kirk）和艾恩斯两位先生向阿礼国（Rutherford Alcock）领事提出第二次申请，较为成功。[69] 维多利亚时代[ee]的医院所提供的服务大多是慈善，正如巴富尔所指出，只有穷人或船上的海员，因为没有其他求助方式，只能去公立医院；而较为富裕的人则在家由私人医生看病。因此，教堂和医院都属于公共服务，尽管医院最初是私人经营的。

英租界的形状和外观反映了不断增加的收入——或者说是对这种收入的承诺。到1846年底，领事汇报说，在上海有24家洋行运行（其中3家为美国公司）、5家

---

64 兰宁、库寿龄《上海史》两卷，第1卷，第290页。

65 英国外交部档案 F.O.228/76，1847年4月13日，阿礼国致戴维斯。甚至在巴富尔抵达之前，麦都思和雒魏林（William Lockhart）医生作为传教士已在上海，但他们的努力目标在于将中国人改宗皈依基督。租界早期，传教机构“借了”一个牧师来管理英国人，一开始在城内领事租住的大院内的一个亭子里进行服务。后来，其他教士也来帮忙进行服务。1847年4月，阿礼国领事就安排在上海捐赠教堂和委任一个永久性的牧师的需求事宜，咨询了他在香港的上司。在几天之前的一个公众会议上，建造教堂和牧师住所的资金筹集通过认捐筹得总数为1万加罗拉银元（每排教堂条凳200加罗拉银元）的方式得以解决。牧师工资和教堂维修的费用由条凳持有人评估后出资。

66 英国外交部档案 F.O.228/89，1848年2月14日，阿礼国致戴维斯。

67 兰宁、库寿龄《上海史》两卷，第1卷，第440-441页。

68 英国外交部档案 F.O.228/76，1846年5月26日，艾恩斯致巴富尔；1846年5月27日，巴富尔致艾恩斯。

69 英国外交部档案 F.O.228/76，1847年5月3日，科克和艾恩斯致阿礼国；1847年5月6日，阿礼国致戴维斯。

ee 维多利亚时代（1837—1901），即维多利亚女王的统治时期。它前接乔治时代，后启爱德华时代，被认为是英国工业革命和大英帝国鼎盛时期。这个时期的大英帝国走向了世界之巅，它的领土达到3600万平方公里。大英帝国的经济占全球的70%，贸易出口更是比全世界其他国家的总和还多上几倍。与爱德华时代一同被认为是大英帝国的黄金时代。——译者注

零售商铺、25 栋私人住宅、一些仓栈、一座教堂、一个旅馆、一个药房、一个俱乐部和一块基督教墓地。保守估计，土地和建筑的开支在 632 820 银元。此外，环境应该说很健康，因为在租界运行的四年内，居民中只有三人死亡。[70] 墓地主要用来安葬在海上或当地医院去世的海员。在上海去世的、商人社区的重要成员的遗体通常被运回国进行埋葬。

一开始，上海的公共领域的扩展始于 1845 年建立“租地人会”。不久，在 1846 年，其分支形成道路码头委员会，监督建设外滩。[71] 租地人会整个团体集体负责建造、修理和维护租界内的道路、码头和桥梁。1846 年 12 月 10 日他们举行会议，同意就此目的向所有租地人征收税款。[72] 在英国，这样的公共项目一般是由市政当局承担，但是在上海，市民自己组织了自发性组织，旨在通过共同努力，重现在英国的当地政府所提供的公共服务。

大型洋行最初加固滨水地块的私人行为，成了新成立的租界开展的首批公共项目之一。购买了第一批滨水地块的商人们在开始施工前，在距离低潮标记 30 英尺（9.14 米）的地方打桩填充，加固河岸。这样形成的堤坝就是赫赫有名的外滩原型，欧洲人对此津津乐道。[73] 它保护地块免受潮汐和洪水侵袭，按照土地章程，保留了前面的纤路以便帆船通过。然后，道路码头委员会在河边修建了一条宽阔的道路。外滩也是一条街道，这并非租界原先的规划，但是它很快成了租界的主要街道。就像道路一样重要的有码头，河流上的船只所载货物得以登陆。这些码头也是公共的，它们由道路码头委员会修建。为支付码头建造和维护的费用，1849 年定下税率为每亩地 5 银元，并征收货物抵达港口的税款。[74]

慢慢地，在滨水地块上，方方正正、两层高的洋行建筑一个个逐步成形，令人刮目相看；它们将用作居住、办公和储藏，外滩就是它们的前门。这些宏伟的建筑是纯粹的“买办风格”[ff]，模式上松松垮垮地，步 18 世纪英国新古典主义[gg]建筑的后尘，对由印度沿海殖民地发展而来的风格稍加修改，就此输出到了中国沿海。[75]

---

70 英国外交部档案 F.O.228/89，1847 年 1 月 12 日，阿礼国致戴维斯，“港口状况”。

71 同上。

72 英国外交部档案 F.O.228/76，1846 年 12 月 10 日，委员会关于道路和码头的备忘录。

73 兰宁、库寿龄《上海史》两卷，第 1 卷，第 282 页。

74 英国外交部档案 F.O.228/104，1849 年 4 月 11 日，阿礼国致文翰。

75 罗兹·墨菲《旁观者》，第 101 页，相信“买办风格”这个词（葡萄牙语买办的音译，即“购买者”）和这个风格都是从印度沿海起源的。进一步的讨论见本书第 9 章第 53 条尾注。

ff 买办风格又称“康白度风格”（Compradoric style）。——译者注

gg 英国新古典主义时期是指介于 1660 年英国斯图亚特王朝复辟与以 1798 年出版的《抒情歌谣集》为标志的浪漫主义时期之间的英国文学时代。新古典主义风格是源于第一手的观察和复制仿古作品，影响主要体现在建筑、雕刻、音乐、文学等领域中。——译者注

即使在外滩竣工之前，新来乍到的英国居民已经在李家场后面的一片土地上为第一个跑马场铺设了一条赛道，这个地块后来成为英国领事馆的所在地（图 23）。跑马场也是一个私人融资的公共项目。买地和规划赛道的资金是通过认购来筹集的。比赛可能在 1847 年前就开始了。[76] 它也是在不到 15 年的时间内相继建造的三个更大、更精致的跑马场中的第一个。由于外国人被禁止在乡村自由旅行，这些外国商人们（其中大多数是年轻男人）不得不依赖上海市内的设施进行锻炼，不仅为他们自己，也为他们新近购买的中国矮种马。1852 年，第二个位于租界以西的一个崭新的、更大的“新”跑马场和公园落成，它位于“马路”[hh]（后为南京路）的尽端，此前这里是空地。第三个建于 1861 年，位于护界河以西，应该说是造在中国人的土地上。[77] 直到 1848 年，当阿礼国领事和道员同意一条沿着护界河至称为“老闸”的旧水闸一线时，租界的西界才正式确定。[78]

所有这些由租界的人口创造的项目都为新兴的公共领域作出了贡献；一些设施，例如教堂和跑马场，仅限于认购者；其他的，例如外滩和码头，则较具集体性。特别是，租地人会与道路码头委员会的自治和自我征税方面，与英国新兴的公共服务概念相结合，为未来其他公共设施和政府角色的发展创造了一个强有力的先例。[79] 正如在前面的章节中看到的，这个过程与在中国人社区中发生的情况几乎是平行的，尽管在 1840 年代，两个社区是分开的。

除了土地租赁事宜之外，英国人与当地中国人之间没有什么关联。在他们抵达的头几天发生的事件进一步疏远了双方的关系。1843 年 11 月 20 日，瓦尔帕莱索号（Valparaiso）船上的一个或多个美国海员在两个中国人的陪同下，上岸狩猎探险。当他们在距离城市大约 1.5 英里（2.4 公里）的芦苇和田地里猎鸟的时候，一些大号铅弹击中了两个躲在篱笆后面的中国男孩。当地官员向英国领事申诉，因为他是这些“蛮夷”的负责人。然而，有罪的一方是美国人（可能是船上的水手）的事实使这件事情复杂化。巴富尔不太情愿去调查英国之外的外国船只，在任何情况下，他都无权管辖美国海员。罪魁祸首的身份一直无从确定，但是巴富尔安排了领事馆的外科医生去照料受伤的男孩们，并补偿了男孩们及他们的家庭。从那时起，未经许可擅自狩猎探险被禁止。[80]

---

76 兰宁、库寿龄《上海史》，地图在第 1 卷，第 304 页对页。

77 《北华捷报》，1861 年 9 月 7 日。

78 英国外交部档案 F.O.228/91，1848 年 11 月 2 日，阿礼国致文翰。

79 这个问题见伊懋可《上海市政（1905 — 1914）》，第 239-262 页。

80 兰宁、库寿龄《上海史》，第 1 卷，第 278 页。

hh 上海的一种说法称“马路”这个名词的音译源自此跑马场。——译者注英国商人社区与普通中国人的交流有限，因为社区中几乎没有人会说当地吴语[ii]方言。在当地居民的眼中，西方人无论如何都是形迹可疑的：他们在1842年对手无寸铁的上海造成了恐怖和羞辱，现在他们显然可以射杀年轻男孩而不受惩罚。英国人并没有试图与当地人建立关系，而是带着自己的中国人即广东买办，从广州和香港一路陪同而来；英国人让广东买办充当他们与上海商人之间的翻译和中间人。这些买办大多与其他广东人之间有生意来往，他们的联系人通常与香港或广州的商人有关系。他们看上去特别努力在生意上照顾英国人，例如当道员将英国人拒之门外时，就有这么一个当地广东人走了进来，提出可以让巴富尔一行人租房。[81]

“领事裁判权条约”和税款

广州的先例让英国人顾虑重重；就英国人的立场而言，《南京条约》和补充条约的条款旨在规范海关程序，永远废除在广州滥用职权的弊端。英国领事被要求必须一丝不苟地遵守条约条款。此外，他们还被非正式地建议需遵守“领事裁判权条约”[jj]的原则，这是英国人根据他们在近东[kk]的经验建立起来的一套操作指南，这些内容视为先例将在中国港口实施。巴富尔得到指示：①不对任何不属于英国登记注册的船只提供担保；②谨慎地保护并维护英国的条约权利；③善意考虑并赢得中国人的尊敬；④遵守最严格的经济开支。[82]

自从巴富尔11月抵达上海之后，道员就期望由巴富尔来管理所有的外国人。在宫慕久看来，领事负责监管港口设施、收集关税，并控制所有外国人的行为举止——就如1843年枪击事件所显示的那样。这种期望与对其他行会的要求一致。例如，期望会馆对其组成成员负责，有些行会还对其货物收集关税。

---

81 梁元生认为这是宫慕久方面一种蓄意的隔离政策，关于此观点的进一步讨论，见《上海道台研究：转变中之联系人物，1843—1890》，第46-48页。当然，正如梁元生指出，在接待外国人的态度上截然不同，当地上海居民一般是警惕和愤慨的，但是福建和广东商人却非常欢迎外国人。

在过去半个世纪以来，随着越来越多的外来者作为移民和商人出现在上海，英国人-广东人组成的队伍与其他种族差异之间产生了共鸣。正如城内位置主要留给上海本地的行会，住房也位于不同的地方。上海本地人可以自由选择居住在城内或在城墙外的郊区。但是宁波和绍兴人往往住在城墙外各自会馆附近。宁波和绍兴的客籍人士喜欢住在北门外靠近四明公所和城外东郊靠近宁绍及浙宁会馆的区域。广东和广州人喜欢东郊南端的几个广东行会附近。见梁元生《19世纪中叶上海的区域竞争：广东人与宁波人》（*Regional Rivalry in Mid-Nineteenth Century Shanghai: Cantonese vs. Ningpo Men*, 1983）。

82 英国外交部档案F.O.228/43，1844年5月10日，戴维斯致巴富尔。

ii 吴语，又称江东话、江南话、江浙话、吴越语，是吴越民系使用的语言，是汉藏语系汉语语族的一支，中国七大方言集合之一。周朝至今有3000多年历史，底蕴深厚，分布于今浙江、江苏南部、上海、安徽南部、江西东北部、福建北一角，使用人口9000多万。——译者注

jj 领事裁判权制度最初源于十字军东征以后的15世纪中期，欧洲基督教国家同穆斯林君主之间缔结的“领事裁判权条约”。当时在东方国家定居的欧洲国家商人，在他们自己中间推选出领事，处理本国商人彼此间的争议。随着基督教国家同土耳其间“领事裁判权条约”的订立，西方国家领事权力更加扩大，取得了对居住在土耳其的本国国民的民事和刑事管辖权。世界范围内领事裁判权制度于1890年首先在日本废除。第二次世界大战后，这一与国家主权原则根本不相容的特权制度在全世界废除。——译者注

kk 指东欧、土耳其。——译者注

巴富尔根据他所收到的指令“不对任何不属于英国登记注册的船只（或个人）提供担保”，他成功地辩称，作为领事，他唯一的责任对象是英国人（即来自他祖国的人），他无法控制法国人、美国人或其他外国人的行为。宫慕久接受了这一立场，但这一立场为领事提出了另一个问题：港口还有其他不受条约约束或选择忽视法规的外国人，如何确保这些外国人无法趁此机会占英国商人的便宜？这个问题直到十年后建立海关外籍税务司制度，才找到最终的解决办法。

税款是最紧迫的事宜。条约条款规定，关税税款应由中国海关妥善收集或代为收集，但对代理机构则不明确。到底由谁收集呢？开埠给海关带来了沉重的新负担。虽然清政府并没有对新的税率吹毛求疵，但是道员长期人手短缺，而与外国人开展业务的所有交易都需涉及繁琐、耗时的翻译。因此，道员最初指定了几家商行作为中间人，而巴富尔也接受了这样的安排，即由指定的钱庄来处理洋钱并对其价值进行兑验。[83]

但是，英国人立即反对此计划，麦华佗汇报，“城内一些最有钱的商行”，包括那个广东商人姚氏，已获得“作为通报机构”的许可，负责收集关税。[84]对道员来说，依赖某些商行进行贸易谈判并收集关税也许有吸引力，是一种节省劳动力的方式，同时保证会馆收集到“在交货港全额支付”的税款。不过，指定“通报机构”让英国人栩栩如生地想起了在广州的“公行”；与在广州一样，指定的商行也可以获得对外贸易的垄断地位。领事竭尽全力抗议任何对自由贸易采取的限制，英国人认为这是条约赋予他们的权力。[85]

当英国人拒绝与中国商行合作并通过中国商行开展工作时，宫慕久一再敦促领事自己去西方人同胞那里收集税款，然后交到海关。最终的妥协是，海关和领事馆一起工作。宫慕久和巴富尔遵守的原则是共同承担责任。实际上，程序如下：任何进口或出口货物的英国商人应首先前往海关，并在那里登记货物。货物由海关官员验明，并向海关当局报告，然后由海关人员确定应缴的关税金额。船只的长度和尺寸经过测量，确定载货量应付税款的金额。总计金额算出后，商人拿到一份文件，上面标明应付金额，并加盖海关的印章。

然后，该商人将这份文件交给英国领事，领事的办公室距离海关仅几百码；在那里，商人交付文件，并支付应付予领事办公室的款项。巴富尔谨慎地指出，由于领事馆“无法承诺接受任何低于（规定的）金额”，因此商人必须交付确切的应付金额。

83 麦华佗《上海开埠的回忆》，第 83 页。

84 同上。

85 英国外交部档案 F.O.228/54，1845 年 3 月 20 日，巴富尔致戴维斯；F.O.228/54，1845 年 9 月 24 日，巴富尔致戴维斯。

当税款交付之后，领事用他的“印章”在文件上盖章。商人返回海关提交文件，并获得一张加盖了道员“印章”的航行许可证。领事馆和海关同时记录并保存所有交易的账簿。这两本账簿经常频繁地对照，以防止徇私舞弊和走私。英国当局收集的税款随后交给海关。[86]

该程序需要在海关和领事馆之间各进行三个来回。关税由海关官员确定，但由领事收集；而航行文件则由道员颁发。1845 年 9 月，该程序被简化，“通过海关办理商品和其他物品的文件”，其印章未来将由领事馆直接发给申请人。[87] 正如巴富尔给在香港的戴维斯的报告中指出的那样，新系统反映了“目前中国人对英国人的信任”[88]。在领事裁判权的指导原则下，它确保了“善意”，并证明了“中国人的尊敬”。这也是个省钱的好办法，因为新程序减少了在海关和领事馆之间往返的次数，大大简化了对中国海关官员的语言要求。它还使领事成了中国政府实际上的代理人，因为他既收集税款又颁发清关许可。

然而，又出现了另一个问题，即在双重缴纳税款方面。如果货物到港后并没有出售却转运至另一个通商口岸，例如宁波，则需要在新港口交第二次税款。英国商人认为只能对实际销售的商品征收关税，而清政府则声称对进入港口的所有商品征收关税，即使没有在该港口出售甚至停靠。[89] 巴富尔制定了一项“保税仓库”系统的计划，即货物到港但未出售或意图重新出口的货物，可以在领事的授权下放置在保税仓库中，保持未开封和未售出。货物将被注册，但在商品从仓库中移除之前不会产生任何关税。如果重新装船，该港口不收取关税，但将在新目的地收取。

该计划得到戴维斯以及璞鼎查的批准。但是，为了有效推行该计划，所有开放港口都需要采用保税仓库系统，耆英拒绝统一扩展，显然担心政府对广州的控制不足以执行这些规定。[90] 最终批准了一个更繁琐的计划，即所有进入港口的货物都要缴纳税款，但是如果这些货物重新出口的话，会发一张证明，证明已付款；该证明可以带到另一个通商口岸，在那里入港不需要再支付。

巴富尔监督这样一个保税仓库及从其同胞那里收集关税方面的职责，与行会提供的服务非常相似。例如，豆油饼肥公所从其自己的成员和“客籍商人”那里收取税

86 英国外交部档案 F.O.228/54，1845 年 11 月 27 日，巴富尔领事给英国社区的通告，日期为 1845 年 9 月 24 日；副本附在巴富尔致戴维斯的通讯中。

87 英国外交部档案 F.O.228/54，1845 年 11 月 27 日，巴富尔致戴维斯。

88 同上。

89 费正清《中国沿海的贸易和外交》，第 314 页。这件事情很严重，足以在 1844 年上诉到皇帝面前。皇帝的回应是需要谨慎管理。关于此事的文件，见《筹办夷务始末（道光朝）》，70:32b-34。

90 费正清《中国沿海的贸易和外交》，第 314 页，引用英国外交部档案 F.O.17/81，1844 年 4 月 11 日，璞鼎查；1844 年 5 月 18 日，巴富尔。

款。1785年《上海大关则例》中未列大豆或豆类商品，因为公所收集关税，对豆类商品进行评估税款，同时也为各种善会收集所谓“自愿”的捐款。[91]

19世纪中叶，木业行会的活动提供了更近似于巴富尔和宫慕久构建的系统。这个1858年由福建航运商人成立的行会，委托船只前往福建沿海港口，装载木材运往上海；抵达后，每艘船都必须向行会提交报告，然后由行会填写报关单并附上一份保单，在上面加盖适当的印章，通知海关，登记货物，并递交税款。木业行会收集关税，查验货物，并签发印章或航行许可证。没有这些许可证，任何从事拖运木材运输的船只都不得离开港口。[92] 这种包税程序在上海的行会中很常见，它无疑为这一特权付出了巨大的代价。

通过让外国人自己负责收集自己的税款，道员弥补了根据条约产生的惯常费用的削减，否则这些费用本应该包括收集税款所产生的类似附带成本。通过简化交易，道员解除了海关与外国人日常交往的大部分负担，以及翻译文件的劳动密集型任务。在中国人看来，这是“以夷制夷”这一历史悠久的原则的实践。

辞职

巴富尔显然相信自己正在履行领事裁判权的目标要求，根据条约收集规定的费用，同时赢得中国人的尊敬。他通过取消在海关和领事馆两地耗时且昂贵的双重登记，遵循最严格的运营经济。节俭是一个重要的考虑因素，因为上海领事馆的开支明显高于其他四个港口。[93] 领事馆靠近道衙，促进了巴富尔和宫慕久道员之间的沟通，双方的关系比任何后来的领事与清政府当局的关系来得更为友好。

但是，巴富尔为了避免讨厌的“公行”体制，却在无意中踏入另外一个陷阱。为了收集海关关于商品的关税以及租界承租土地的税赋和租金，领事的行为非常像是清政府的一个代理人；或者说得不那么好听一点，领事馆正在像中国的行会那样收集关税和税赋，即为清政府包税。戴维斯爵士不高兴了。

巴富尔请求在下一年请假返回英格兰。这是他20年来第一次这样的假期。他在担任领事一职的同时也担任军职。他特别担心的是自己的军职被撤销，他已服役20年，有一份有保障的退休金。戴维斯一开始拒绝了他的请假，然后立即下令他在军职和领

91 《上海大关则例》；《同治上海县志》，3:6b-7a；《上海同仁堂征信录》，1842年。

92 《上海县续志》，3:8b。

93 英国外交部档案F.O.228/92，1849年1月2日，文翰致巴麦尊。领事馆1847年租金、维修和办公家具为：上海290英镑；广州192英镑；厦门194英镑；福州197英镑；宁波152英镑。

事之间做出选择。当巴富尔坚持要保留军职，以及由此而拥有退休权，戴维斯命令他辞职。巴富尔按照 19 世纪相当于“你解雇不了我，我不干了”的说法回应。[94] 虽然巴富尔接到一份姗姗来迟的担任广州领事的委任，但他已经厌倦了领事服务，因而拒绝了，他宁愿返回英国，甚至返回印度。巴富尔对与清政府官员和英国商人打交道越来越沮丧，前者耗时且往往劳而无果，而后者的唯利是图和贪婪成性经常让他怒不可遏。巴富尔指出，这两者之中，他与中国人相处比与自己的同胞更融洽。[95]

当巴富尔厌而辞职并重返其军事生涯时，戴维斯选择了一位新领事阿礼国（1809—1897）。阿礼国自厦门开埠以来一直担任该港口的领事。[96] 他的上一个任命让戴维斯感到尴尬；该任命是在伦敦从好几个候选领事中当场选出的，这些领事在中国拥有丰富的经验。[97] 但是，阿礼国在厦门期间就已经扬名立万，即他是一个在解释条约权利时不会与中国人妥协的人。[98]1846 年 8 月，阿礼国抵达上海，他立即着手掌握这一新环境并修改了巴富尔的许多安排。阿礼国致力于自由贸易原则。他对领事的角色和职责的理解与伦敦的理解更接近，收集关税的责任视为落在清政府而不是英国领事馆。他要证明自己是一个与巴富尔截然不同的领事。

英国会馆

1843 年至 1847 年之间，上海的对外贸易以及英租界繁荣发展。在这一历史阶段的早期，租界和一个上海的“外来”会馆之间没有任何关系，尽管英国人可能并未意识到这种情况。但是，中国文件上在提到预留给英国占领的土地时，特别用了“会馆”和“馆”这个词。根据中国人关于开埠的说法，巴富尔领事与宫慕久道员讨论的首批项目之一就是建会馆，用作住所和洋行。无论是通过中国官员的刻意设计还是纯属巧合，英租界最终建在城北，恰如其分地像任何其他“外来”行会一样，位于城墙之外。

---

94 英国外交部档案 F.O.226/63，1846 年 6 月 10 日，巴富尔致戴维斯；1846 年 7 月 16 日，戴维斯致巴富尔；1846 年 7 月 22 日，戴维斯致巴富尔。

95 帕特里克 ·D. 科茨《驻中国领事：英国领事官员，1843—1943》，第 70 页。在 1845 年 10 月 24 日的电讯中，巴富尔辩论了辞职和继续领事服务之间的两个选择。从他的信中可以清楚地看出，他已预料到他自己与戴维斯之间的紧张关系，会使戴维斯将他的行为充斥在向伦敦上司提供的日常报告中。当巴富尔得知伦敦对他在上海的纪录赞誉有加时非常高兴。戴维斯转达了伦敦的称赞，或许这是一种试图劝阻巴富尔不要辞职的努力，只是姗姗来迟。英国外交部档案 F.O.228/54，1845 年 10 月 24 日，巴富尔致戴维斯。

96 《英国人名事典：1901》，补充，1:29。阿礼国最初接受过外科医生的培训，1832 年在葡萄牙和西班牙以此身份服务，在那里他组织医院。他回到英格兰，但由于右手受伤无法继续自己的外科医生生涯。

97 帕特里克 ·D. 科茨《驻中国领事：英国领事官员，1843—1943》，第 16 页。阿礼国越过李泰国（Horatio Nelson Lay）被任命，李泰国认为他自己的语言能力及以前在广州任第一任领事的经验使他更加适合上海的职位。

98 费正清《中国沿海的贸易和外交》，第 162-163 页；帕特里克 ·D. 科茨《驻中国领事：英国领事官员，1843—1943》，第 16-17 页。

即使在英国人的描述中，建立租界的程序也与那些行会建立的程序描述非常相似。首先，筹集资金用于购买土地。就像标准的中国人做法，表土权利出租给住所和商业。然后买进土地用于墓地，论及的该地区的人（去世后）可以葬于净土。当英国人墓地的第一个地点被证明不方便时，它被搬到了远离城墙的地方，就像行会迁移他们的墓地一样。最后，英国人像任何一个好的行会一样，立即为他们当地的神灵建造了一座“寺庙”：在这种情况下，即英国圣公会。在大院内，外国人被允许遵循他们自己的法律和习俗，说他们的母语英语，并烹饪他们的家乡美食，吃肉、喝进口烈酒，消费大量酒精饮料。

与此同时，商人在河边建造了大型建筑，用作住所和办公室，甚至建造了出租房屋，出租给来自他们祖国的其他人，提供收入用于改善物业。他们还为自己雇用或受到保护的中国人（通常是广东人）提供旅馆和宿舍。虽然，英国人比大多数行会占据相对更大的土地面积和更多的空间，但到1850年代中期，他们的人数还不到100名；相比之下，广东籍有几千名，来自宁波的移民也有相同数目。然而，承租中国土地、支付年租金以及重新分配给英国定居者的谈判都与行会的类似活动相似。

即使是最典型的殖民地化的、并且从根本上是英国的设施，跑马场也与行会为其会员提供娱乐的设施之间有一些相似之处。行会通常为戏剧表演搭建戏台，并为休闲享受修筑花园。1853年建造的英国跑马场及公园，以及后来在英国领事馆前面的公共花园[II]，满足了类似的消遣目的，尽管中国人觉得，英国人消耗体力的癖好实属古怪。

英国人并不是在上海从事商业活动的唯一外国人。他们限定价格，控制竞争，和中国行会的所作所为不相上下。他们独自确定了所有进口产品的价格，并且只要有可能，他们也交涉出口价格。他们通过充当其他欧洲人的代言人来限制不同国籍之间的竞争，那些欧洲人在没有代表的情况下抵达上海。该团体建立了就业规则以及关于锚地、注册的规则，并设定或谈判价格，这些仅适用于该团体的成员及其雇员，例如广东买办。仓储设施、保险和价格通常在与伦敦协商后，在团体中独家安排，其方式与行会在其内部设定价格、既定规则和控制竞争的方式没有太大差别。就像在上海的外省移民寄钱回家乡并汇回利润一样，赚到的钱一般由各种英国洋行汇往英国。

英国人声称，根据为英国人制定的条约而确立的治外管辖权原则，他们具有法定管辖权。对于清政府来说，治外管辖权原则并不令人惊讶，因为他们长期默许各种

II　公共花园，今黄浦公园，当时亦称为外滩公园及大桥公园等。——译者注

“外来”行会祭拜他们的当地神灵，说他们的当地方言，并惩罚他们自己的罪犯。根据原则，即允许一组“外来者”享有特权，应该平等地允许其他人，当局慷慨地允许英国人遵循他们自己的法律。

不仅行会财产被授予合法权利，而且还期望行会董事控制其下属。例如，上海政府官员指示商船会馆的负责人控制他们所雇用的、不守规矩的“泥头”。领事被要求让“他的”外国人守规矩，或对他们可能犯下的任何罪行负责。因此，从中国人的角度来看，这种特权最初看上去只是允许外国人在划归给他们的空间内遵守自己的法律和习俗。正如1843年11月20日的枪击事件所表明的那样，根据英国法律应如何对待其他外国人，对领事来说是一个令人烦恼的问题。在裁定外国人之间的纠纷时，他再次充当了行会做法中一个熟悉的角色。

商人们在城外设会馆，但是，像任何一位优秀的儒家士大夫一样，巴富尔将自己的住所和办公室设在城墙内，适当地远离商人阶层的大院。通过这样的行动，他符合了中国城市的空间范式，其中官府衙门位于中心，商人被“降级”到外围。因此，巴富尔在墙内的居住减轻了中国人认为领事不过是另一个唯利是图的商人的看法。

上海当局认为巴富尔是一名官员，虽然是一个相对较小级别的官——明显低于与他打交道的道员。除了在城内居住之外，巴富尔与中国人成功交往的另一个无形原因可能是他穿的制服。困扰他的一个心病以及他在官方通信中喋喋不休抱怨的原因，是他的领事制服必须在伦敦定制，价格昂贵远超过他正式工资的津贴和储蓄，且姗姗来迟。当制服最终抵达上海时，已经到他快要离职领事馆的前夕了。与此同时，在没有领事制服的情况下，巴富尔就穿军装。威风凛凛的英国军装展示了他的军衔，醒目地标志着他是皇家的公职人员，而不是一个商人。鉴于中国人认为英国是商人的国家，而儒家对商人阶级持偏见（巴富尔似乎分享这种偏见），这种区别在他与中国官员的关系上一定是一个资产。

巴富尔的角色并非一成不变。在收集并向地方当局交纳关税和土地税时，他以帝国政府的代理人身份行事。一方面，他因此是一名官员；另一方面，他是商人的代表，并更多地扮演行会负责人的角色，这个角色按照定义是出自商人阶层。例如在办理租赁契约时，领事承担了处理其支持者的交易的责任，就像行会负责人为其会员所做的那样。他甚至负责提供慈善服务，例如为死者提供棺材和丧葬，为病人提供医疗服务（由陪同他的外科医生施行），并且随着时间的推移，为贫病外国海员建立慈善医院。

那么，在很多方面，英租界几乎相当于上海的其他“外来”行会。“英国会馆”，或者英国行会，恰如其分地融入了已经存在的中国商业体系中。在中国文件中，所用的称呼是“夷馆”（蛮夷会馆）。[99] 与一些会馆有成千上万的会员相比，西方人的会馆人数之少使他们相对不那么令人讨厌。在上海郊区的多籍贯环境中，他们只是另一组“外来”人口，只不过比来自中国更远的地方更“外”一点而已。宫慕久道员的函件表明，他正是如此地看待英国商人的大院及其居民，并且视领事为地方当局和新会馆之间的官员和联络人。

这些西方人最初符合中国的做法以及他们参与到与中国商业社会融合的过程，暗示这些外国人确实是“来接受改造的”，这导致了中国官方的一种自满情绪。从中国标准来看，英国人的所作所为正像其他需“羁縻”的蛮夷一样。但是，这种看法是一种钝化了的感觉，即相比任何以前的蛮夷入侵所造成的后果，西方人对中国的安全已构成了新的、实质上完全不同的威胁。

99《筹办夷务始末（道光篇）》，70:10b-11a、13a。对于“外国人”来说，中国人经常使用这个“夷”（野蛮人）字，似乎只是一种更为方便的简称，而不是英国人所认为的故意侮辱。

第八章

中国贸易："通商大计"

1843年11月14日，在英国领事巴富尔宣布上海港的直接对外贸易立即开放之后，该年的最后六周内就有7艘船只抵达港口。其进口价值（主要是机织棉纺织品）相当于433 729（加罗拉）银元，出口价值为146 072银元。[1]每年的二季度（4—6月）通常是贸易活动有限的时期，但还是有5艘英国船只和另外4艘其他国家登记的外国船只抵港；三季度（7—9月）内地的出口丝绸到达时，有15艘英国船只抵港。这两个季度的进口总额达948 719银元，而出口相当于788 341银元——几乎全是丝绸。[2]

根据《南京条约》，上海和其他通商口岸的关税税款都由户部的分支海关管理，而不是战前“一口通商”时期将外国关税视作属于内务府的贡品。其结果是，内务府实际上被剥夺了这部分收入，相反，这些收入直接去了中央行政机构。通过取消“海部”和“公行”的权力，这些条约用标准的海关程序协调西方关税。但是，也许是因为外国关税仍然在某种程度上被认为是“贡品”，这些关税继续被单独收集并统计，与普通内部商业的收费分开制表。[3]正如我们所看到的那样，在上海，道员期望外国领事收集西方贸易应付的关税。因此，根据条约，管理收集（税款）体系的责任由双方分担，这与清政府中常见的满汉两头政治没什么两样。尽管英国人和中国官员可能在实际操作上互相合作，但他们之间对贸易的作用以及指导其行为应有的原则有着截然不同的理解。

“通商大计”

新的对外关税税率在很大程度上取决于海关所制定的征收标准。1785年《上海大关则例》明确规定了通常通过港口交易的各种产品和物品的港口费和关税。[4]新的对外关税与那些已经实施的关税不同，主要是取消一些通常的当地收费和费用，以及

1 英国外交部档案 F.O.228/43，1845 年 1 月 1 日，巴富尔致戴维斯。

2 英国外交部档案 F.O.228/43，领事通讯 1844 年 8 月 1 日和 11 月 1 日。由于 1870 年上海领事馆的建筑及其所有档案被毁，领事馆的领事文件和序列档案不完整；档案必须用在香港的通讯和副本重建。

3 在 1785 年的关税手册《上海大关则例》1a 中，显示了户部对海关的权威。1842 年之后，当贸易——以及随之而来的收入——开始分散到新开放的通商口岸时，所做的一些努力是为了补偿内务府损失的税款，而不是将接收机构改回内务府。见费正清《中国沿海的贸易和外交》第 252-263 页。

4 《上海大关则例》。上海的例子始于 1785 年，但很明显，这些程序可追溯到康熙皇帝在 17 世纪关于开放港口和建立海关的修订。

降低许多项目的费率。其结果并不是通常被表示为统一的5%从价关税[a]，而是一系列平均5%～9%的税率。[5]

港口费用没有被废除，但被简化，废止了许多杂项费用和附加费，这些费用曾得到海关的运营及其人事部门的支持——英国人根据他们在广州的经验，认为这些是腐败的做法。条约规定，关税和港口费的收益是政府的财产；清政府当局负责征收关税，监督贸易，打击走私和海盗行为。钦差大臣耆英曾由皇帝任命前往谈判《南京条约》并在总体上监督和"控制"与西方人的关系，他把商业上的安排视作主要是为了平息"蛮夷"而不是作为一种收入来源。[6]

在中国方面，通过强调新港口开放带来的扩大利润的机会，（政府）对条约条款给予了积极的评价。这一整套政策被非正式地称为"通商大计"（伟大的商业贸易计划）或"五口通商"（在五个港口的商业贸易）。它甚至作为一种游戏被提及："通商大局"（商业贸易的伟大游戏）。[7] 维多利亚时代的英国人对该短语进行了典型华丽的翻译，使其成为"商业交往的伟大计划"（great scheme for commercial intercourse）。[8] 计划包括开放五个港口，发布新的关税和规则，并改变贸易线路，以便出售给西方的产品不再只且必须经过广州。在耆英看来，新安排仅意味着以前集中在广州的贸易现在将分布到五个港口而已；他似乎没有预见到英国人认为的即将出现的贸易增长。因此，他所关注的是从关税中获得与以前相同的金额，并加上足以支付中国的战争赔偿金。[9]

"商业交往"的概念是为了公众消费，这意味着中国商人的商业机会将会扩大。然而，官员使用的商业言论具有一定的讽刺意味。商业社区的贸易受到战争的严重破坏，对利润的强调旨在促进商业社区的合作，这从根本上违背了儒家原则。商业条约考虑到了西方人所谓的贪婪以及他们对贸易和利润的痴迷——中国官员认为这是一种居高临下的恩赐态度。因此，在"商业交往"这一短语中蕴含嘲笑的因素。一个微妙

5 费正清《中国沿海的贸易和外交》第251页，指出新费率是根据帝国关税常规税率计算的，当地收费和费用不计在内，但在大多数情况下，新费率远低于以前的税率。如此制定的关税制度因而要大大归功于公认的标准中国关税。

6 同上，第119-122页、第132页。

7 《筹办夷务始末（道光朝）》70:21b。

8 该短语的英文版即"商业交往的伟大计划"，它出现在几份中国文件的翻译中：例如，英国外交部档案F.O.228/43，日期不详（1844年7/8月），上海道员宫慕久致湖口的海防同知和原山的知县；英国外交部档案F.O.228/76，1847年4月26日，中国商人欲建立丝茶业公所的请愿书翻译。

9 费正清《中国沿海的贸易和外交》第116-117页。

a 从价关税是采用从价原则、以商品价格为标准征收的关税。从价（Ad Valorem）是各国征税时通用的一个原则，即征税时按商品价格的一定百分比确定税额，随商品价格的上涨，税额增加；随商品价格的下跌，税额减少，关税收入直接与价格挂钩，是与"从量原则"对应的。——译者注

的含义是，控制“蛮夷”（在收集到的涉及与外国商人打交道的文件中，这个词无处不在）可以通过吸引他们的商业直觉，或者更直白地说，他们的贪婪来实现。[10]

耆英私下强调对“蛮夷”进行巧妙处理的必要性。他任命了值得信赖的、专业的“与蛮夷打交道之人”，派遣到新开放的通商口岸中最敏感的位置任职。其中一位这样的“通夷之才”黄恩彤[b]（1826 年进士）被任命为广东布政使掌管财政，后任广东巡抚。另外一位是咸龄，满洲人，曾任皇家四等侍卫，1842 年曾协助耆英与英国人谈判，是耆英处理上海事宜的副手，站在宫慕久道员的身后。当宫慕久晋升时，咸龄接替他成为上海道员；但后来证明他在 1847 年处理港口“蛮夷”的事件上不太老练，这将会在第 9 章讲到。

管辖范围包括江苏省和上海县的两江总督表达了一个儒家深深怀抱的观点，即控制“蛮夷”要让他们“心悦诚服”。[11] 他建议通过表现诚意和正义来实现这一目的，同时故意顺从“蛮夷”寻求利润的倾向。在实践中，这意味着通过非常谨慎地遵守条约规定，同时促进“通商大计”，来展示大清帝国的仁慈。

在上海，新任道员宫慕久有为官正直的名声。根据官方传略，他以品格高尚、廉洁公正而著称。宫慕久因劝说中国人和西方商人进行合作而受到称赞。当西方人不尊重当地县和府的官员时，他警告他们，指出“‘吾官虽尊，无刑柄，彼虽小，有刑柄，朝廷分职意也；慎毋狎，将加若刑’，商遂戢焉[c]”。[12] 虽然咸龄的官职级别比宫慕久高，但他的角色似乎主要是礼仪性的。[13] 作为道员，宫慕久是负责推进“通商大计”的最直接的责任官员，这意味着他必须“羁縻蛮夷”。

虽然，该条约及其补充和惯例与已经在实践中的程序不同，即主要是通过修改先前收取的众多不同税率，并以大多数产品的从价[d]替代新的较低税率，但是，茶叶是一个例外。茶叶的新税率实际上约为 10%，比原有的关税和费用总和高出 1/4。[14]

---

10 控制蛮夷是 1843 年《筹办夷务始末（道光朝）》，第 70 卷中官方函件的一个不变的主题。

11 《筹办夷务始末（道光朝）》70:9-11；讨论见费正清《中国沿海的贸易和外交》，第 193 页。

12 《同治上海县志》14:34b；费正清《中国沿海的贸易和外交》第 187-188 页；梁元生《上海道台研究：转变中之联系人物，1843—1890》第 46 页。

13 1846 年，咸龄接替宫慕久成为道员，但他与西方人的关系如此糟糕，以至于他在阿礼国领事的要求下被羞辱地撤职，尽管他后来在 1850 年被重新起用并任职宁波。费正清《中国沿海的贸易和外交》，第 188 页；梁元生《上海道台研究：转变中之联系人物，1843—1890》第 49-50 页。

14 费正清《中国沿海的贸易和外交》第 251 页。

b 黄恩彤（1801—1883），山东宁阳县人，进士出身，清朝官员、学者，历任江苏按察使、布政使，广东巡抚等职，《南京条约》主要签订人之一。——译者注

c 刑柄：权力。狎：亲近而态度不庄重。刑：惩罚。戢：收敛。——译者注

d 从价：是各国征税时通用的、与“从量原则”对应的一个原则，即征税时按商品价格的一定百分比确定税额，并随商品价格的上涨，税额增加，随商品价格的下跌，税额减少。——译者注

与其他港口一样,在上海,所有进出口货物都要征收关税;载货量的费用根据船只的大小和长度进行评估。在港口供英国人的社区专用或消费的物品不征收关税。[15]

从通商口岸的最初开始,中国商人就很清楚与外国人交易的诱人机会。在推动“通商大计”时,当局通过承诺增加利润使贸易修订的内容令人垂涎。中国商人纷纷涌向即将开放的港口。广东人首先迅速起跑,前往各个潜在的交易点,希望利用他们与英国人的关系,借机抓紧攫取部分财富。

外国商人也急于开放贸易。1843 年 11 月上海正式开埠之前,无数西方船只就已经开始对沿海港口进行调查,在福州、宁波和上海停靠或试图停靠,询问关税税率,寻找抢先加入竞争的任何机会。1842 年 12 月,一艘美国船在宁波被拒之门外;1843 年 3 月,又有三艘寻求贸易的船只在上海被拒入港。同年 4 月,一艘英国火轮驶入黄浦江,在被遣离港之前,船长得以成功晋见署理道员颜以燠。像往常一样,当地官员在商业活动的问题上举棋不定,左右为难。上级政府官员的上书反映了不仅对“蛮夷”、还对中国商人都怀有一定程度的不信任,就如江苏巡抚孙善宝所担心的,这些商人会抓住任何交易的机会赚钱。[16]

官方对颜以燠道员的行为进行了调查,他被指控与外国船只进行秘密交易。颜以燠在 4 月份发布了一份公告。在公告中,他建议不能进行任何交易,因为关税时间表尚未公布,但是一旦公布,商人就可以“利用这些商品的流通来实现营业额的快速周转”。由于巡抚孙善宝和进行调查的官员认为这一条款含糊不清,暗示商人可能会在预定的开放之前秘密交易,因此颜以燠被解职并被贬官。[17] 宫慕久接替倒霉的颜以燠,并被告知其前任的错误。因此,地方志中关于他的人物传略提到,他“力持大体,抚辑中外”,被正式委任这个最敏感的职位。[18] 需要吸取的教训是,与外国人交往可能是危险的——但它也可能非常有利可图。利润,就是“大计”的全部内容。像宫慕久这样的官员必须在商业利益和儒家疑虑的暗礁险滩之间谨慎行事。

上海的英商贸易

更多外国船只在上海停靠,贸易增加。起初,主要出口产品是丝绸。1846 年接替巴富尔的领事阿礼国在他 1847 年关于贸易的报告中解释,通过上海出口的大部分丝绸来自港口以南约 120 英里(193.2 公里)的湖州,湖州到上海的水路需 2 ～ 3

15 同上,第 359 页。

16 施维许《〈筹办夷务始末〉中的中美关系:1840—1860》第 112-113 页、第 116-117 页。

17 《筹办夷务始末(道光朝)》70:5a-8a。

18 《同治上海县志》14:33b,宫慕久的官方人物传略。

天的行程。湖州丝绸在上海的售价比在广州的售价低35%。通过港口运出的数量从1844年的5000包（bale）增加到1847年的18 000包以上，其结果是，英国大众获得的丝绸零售价比四年前便宜40%。[19]

茶叶是另一个主要出口项目。1845年1月，巴富尔报告称，尽管贸易前景看好，但由于从种植地区经陆路向广州运送茶叶的习俗,迄今为止从上海出口的茶叶数量“微不足道”。他认为，禁止通过上海运送“南方”茶叶的法规必须进行修订，以便能运送更多的茶叶。巴富尔预测，若新法规一经实施，茶叶的出货量将大幅增加。[20]江苏巡抚孙善宝在1844年1月致巴富尔的一封官方信件曾阐述了这些变化，并描绘了茶叶运输的新线路。他说，在上海，现在既有“北方”又有“南方” 茶行仓栈。[21]此后不久，上海道员的一份备忘录再次证实，现在有七个“南方”茶行仓栈开放，在那里中国和英国商人可以开展业务，并保留分类账簿及支付关税。[22]

这些承诺最初让英国人很放心，但是，实施茶叶线路的变化却很缓慢。到1844年7月，当来自内地的新茶仍然不见踪影时，巴富尔向宫慕久投诉。宫慕久进行了调查，发现瓶颈出现在江西省的一个转运点。湖口[e]和源山[f]是茶叶运输线路上两个关键的船运点；宫慕久在他给湖口同知和源山知县的私人信件中写道，英国驻上海领事在（1844年）7月24日向他投诉，茶叶被扣留在这两个地点并转运至广州而不是运往上海。宫慕久建议两地官员们处理一下，“根据‘通商大计’”，确保将茶叶放行并运往上海和宁波。[23]不久之后，茶叶开始流动了。

上海现在需要通过进口英国的货物（纺织品等）来平衡上海出口至英国的茶叶和丝绸。起初，英国商人的进口量超过出口量，但出口库存增加，商品运输缓慢。英国此前在印度的经验对中国的贸易行为产生了重大影响。除其他事项外，这种经验使他们相信机织纺织品，特别是英国机织棉织品，将会找到有利可图的市场。1844年，巴富尔预测，对英国制造的棉织品，特别是灰色长布的需求，是“对于大规模繁荣贸易最令人鼓舞的希望”。[24]但在接下来的一年，他报告，进口的英国纺织品在上海的销售“令人失望”。

---

19 英国外交部档案 F.O.228/90，1848年3月21日，阿礼国致戴维斯。

20 英国外交部档案 F.O.228/54，1845年1月1日，巴富尔致戴维斯。

21 英国外交部档案 F.O.228/43，1844年1月27日，江苏巡抚孙善宝致巴富尔。

22 同上，日期不详（1844年1月），宫慕久道员致外国社区的备忘录。

23 英国外交部档案 F.O.228/43，日期不详（1844年7—8月），宫慕久道员致湖口同知和原山知县的信件翻译。

24 英国外交部档案 F.O.228/54，1845年1月1日，巴富尔致戴维斯。

e 湖口县是江西省九江市下辖县，因地处鄱阳湖入长江之口而得名。——译者注

f 源山位于江西吉安市泰和县。——译者注

1844年，上海港口开放的第一个全年，150万磅茶叶和4000多包丝绸被运出。进口包括472 902件英国制造的棉织品货物和少量羊毛织品，英国的出口收入达到487 527英镑。[25]英国人可以感觉到他们已经从中国人那里赢得了重大让步，首先是果断结束了关税由当地公司监管的提案，其次是关于茶叶（运输）线路的问题。他们在上海建立了出口市场，并且正在为进口机织棉织品建立市场，至少他们是这样想的。

1845年是标志性的一年。76艘船停靠上海港；贸易总额，包括进口和出口，达到126万英镑。[26]1846年，贸易总额略有下降，达到125.9万英镑，但数量实际上有所增加；102艘船停靠港口，比前一年多了26艘。[27]阿礼国在1846年的贸易报告中指出，清政府当局愿意合作。他汇报说，在开埠的三年中，棉织品的进口从1844年的472 902件增加到1846年的1 248 584件。其中，羊毛织品的市场有限，茶叶和丝绸是中国贸易的主要产品，出口的增长最为显著。1844年仅运出了4000包丝绸，而1846年几近16 000包。茶叶出口从1844年的150万磅增至1846年的1000万磅。阿礼国说："这些事实提供了确凿的证据证明，上海作为中国的航运港口和关键城市，处在人口稠密和幅员辽阔的省份当中，不仅前途无量，而且资源丰富。"[28]

在1847年，阿礼国注意到英国制造的棉织品进口量下降；出口在价值上仅略有增加，但数量上的增长依然强劲。1847年，超过1300万磅的茶叶从港口运出，而1846年为1000万磅；同样，1847年，17 000包丝绸被运出，而1846年为15 000包。[29]但是，纺织品的进口未能弥补上海和其他通商口岸的出口，从而导致了国际收支不平衡，这个问题只能通过非法鸦片销售来解决（下面将详细讨论）。

上海可能确实是长江流域的关键，但是上海的增长存在疑问：这种增长是代表整体增长，还是仅仅以前在广州交易的货物和产品的转移？广州的贸易量减少与上海贸易量的增长成正比。统计数据显示，两个港口的出口总额的年平均值超过400万英镑。随着一个新的通商口岸的开放，预期1843年之后本应该有稳定的增长，然而这个数额实际上在1845年之后反而有所下降；总额仅仅在两个港口之间分配。1847年至1850年之间，总额绝对值下降（表4），直到1853年才恢复增长。

---

25 英国外交部档案F.O.228/54，1845年10月24日，巴富尔致戴维斯；F.O.228/63，1846年7月16日，戴维斯致巴富尔。

26 英国外交部档案F.O.228/76，1847年1月12日，阿礼国致文翰，《1846年贸易报告》。1846年的报告引用了1845年和1846年的比较数字。

27 数字引自后来于1854年3月25日出版在《北华捷报》上的贸易声明中。

28 英国外交部档案F.O.228/76，1847年1月12日，阿礼国致戴维斯。

29 英国外交部档案F.O.228/89，1848年3月10日，阿礼国致戴维斯，《贸易回报：1847年》。

表 4 广州和上海的出口比较（1844—1850 年） 单位：英镑

年份	广州出口	上海出口	总计
1844	3 883 828	487 527	4 371 355
1845	4 492 370	1 259 091	5 751 461
1846	3 222 021	1 352 530	4 574 551
1847	3 406 420	1 401 194	4 807 614
1848	1 766 661	1 142 987	2 909 648
1849	2 392 903	1 438 480	3 831 383
1850	2 355 717	1 904 894	4 260 611

来源：《北华捷报》，1854 年 3 月 25 日。

但是在短期内，像阿礼国领事那样，在上海的英国商人还是乐观的。1844 年至 1845 年，出口数据几乎翻了三倍。其后增长较为缓慢，但是到 1850 年，出口是 1844 年的四倍。上述制表引用的贸易数据是根据《北华捷报》（*North China Herald*）[g] 的文章。该文大意是为了庆祝这样一个事实，即截至 1852 年，上海的贸易总额超过了广州，但没有提 1852 年两个港口的贸易总额为 3 708 460 英镑，实际上低于前一年两个港口的贸易总额 5 848 225 英镑。上海的增长仅仅意味着广州的损失。无疑，伦敦自然无法接受上海传来的欢呼声。

垄断

在英国商人的脑海中，“公行”问题和自由贸易是联系在一起的。在新通商口岸，中国的垄断问题让人联想到，广州的“公行”给上海的商业投下了长长的阴影。英国人对自己视为垄断的任何做法深恶痛绝，认为这违反了《南京条约》，该条约在第 5 条款中指出：

凡大英商民在粤贸易，向例全归额设行商，亦称“公行”者承办，今大皇帝准以嗣后不必仍照向例，乃凡有英商等赴各该口贸易者，勿论与何商交易，均听其便。[30]

30 梅辉立《中外条约集》，第 2 页。

g 《北华捷报》又名《华北先驱周报》或《先锋报》，上海第一家英文报刊。道光三十年（1850）由英国拍卖行商人奚安门（Henry Shearman）在上海的英租界创办，每周六出报。主要刊载广告、行情和船期等商业性材料，同时也刊有言论、中外新闻和英国驻沪外交、商务机关的文告，并转载其他报刊的稿件，供外国侨民阅览。有关太平天国的报道甚多，是研究太平天国的重要参考资料，一定程度上反映出英国政府的观点，被视为“英国官报”。——译者注根据利物浦盐在印度销售回报有利可图的先例，普拉特・哈格里夫斯（Platt Hargreaves）的商行提议向中国运盐。巴富尔起初是同意的。利物浦盐比在上海当地店铺中出售的盐要更干净、更白、更纯，对于每斤相同的价格，英国商人可以获得丰厚的利润。[31] 于是，1845 年 7 月 25 日一船价值 2567.12 英镑、重 775 吨的英国盐抵达上海港。[32] 英国领事和商人显然都没有意识到中国政府对盐的垄断。当他们试图出售盐时，清政府禁止销售，令他们惊讶。

正如宫慕久向巴富尔解释的那样，上海的盐是通过浙江盐运使的垄断来控制的，任何私盐交易均为非法。违禁盐的卖方和买方均将受到处罚，私盐和任何载运私盐的船只都将被没收。他周到地在他的信函中附了一份大清盐法的副本。[33] 尴尬的巴富尔不得不向托运人解释，一项政府内部的垄断使这种商品的销售非法。这件事引发了第 5 条款的问题，该条款明确禁止中国实施垄断。政府又不肯在盐的垄断原则上让步。然而，因为盐已经运至，在这种情况下宫慕久法外开恩，允许英国商人少量出售他们的盐，以免导致合法市场无法承受。但是，他设定的价格很低，每斤只有 10 分钱，其中 3 分钱还是政府的税。每斤仅赚 7 分钱就会赔光公司的所有利润。争议持续了六个多月，而盐在公司仓库中未售出。最后，普拉特・哈格里夫斯愤怒地决定重新将盐装船，到其他地方去兜售。[34]

宫慕久道员指出，清政府控制着对盐、铁和铜的垄断。此外，禁止私人持有或出售这些物品也延伸到外国船只带入中国的任何铁或铜的再出口，从而扼杀了英国原本打算利用的另一个市场机会。与此同时，英国纺织品卖得不好；看到自己的盈利希望几乎在每一个转折点都陷入困境，被激怒的英国商人积极反对任何垄断，也包括中国商业公所的标准程序。

垄断问题的下一幕并未在上海上演，但其后果在那里产生了深远的影响。广州的桂圆公所由大约 30 家商行组成，希望购买此产品的外国人必须通过行会而不是直接与商人进行交易。1848 年，接替戴维斯爵士任全权公使的文翰（Samuel George Bonham，1803—1863）要求废除这个他称之为行会的"行"，理由是它违反了条约。英国商人应可以在任何他们高兴的时间、他们喜欢的地方，以及从他们喜欢的人手中，自由购买桂圆或中国的任何其他产品，只需支付协商的价格和海关固定的关税。[35]

31 英国外交部档案 F.O.671/1，1846 年 2 月 18 日，普拉特・哈格里夫斯商行致巴富尔。

32 英国外交部档案 F.O.671/1，1845 年 7 月 25 日，附登陆账单。

33 英国外交部档案 F.O.671/1，1845 年 9 月 18—19 日，宫慕久致巴富尔。

34 英国外交部档案 F.O.671/1，1846 年 2 月 27 日，普拉特・哈格里夫斯商行致巴富尔。

35 英国外交部档案 F.O.677，1848 年 11 月 4 日，文翰致徐继畬。

文翰的投诉到达了在广州的总督徐继畬[h]（1826年进士）手中。[36]徐继畬回复，所涉及的垄断完全是地方性的，不涉及整个帝国，商行是一个自发性组织，政府没有权力行使任何行为。[37]徐继畬不愿采取任何行动，暗示他对限制独立的自发性组织的活动无能为力。但文翰不愿就此缄口不言。最后，为了回应英国人不断的申诉，徐继畬在1849年1月2日废除了桂圆公所，撤销了当事的30家商行的执照，并指示从今往后允许每个商人都可以随意经营和运输桂圆。[38]结果，与1846年相比，1847年该木材出口增加了24 000银元以上。[39]

因此，政府垄断神圣不可侵犯，而类似行会这样商人自发性的垄断是可以成功反对的，这种理解在实践中得到了发展。在上海，巴富尔和他的继任阿礼国经常抱怨所谓的"行"对贸易的限制，他们指的是大型经纪商或行会，而且往往两者皆是。他们反对1847年中国商人企图成立丝绸业和茶业公所，专门用来与外国商人打交道。[40]

茶叶和丝绸

英国人抵达上海时正好是经济萧条时期，正如前一章所述，以行会投资来衡量，他们的存在对上海社区的经济状况改善几乎没有作为，或许广东商人比本地经济受益更多。但不久之后，上海商人就制定了一项计划，以确保他们自己能从中分得一杯羹。为促进"通商大计"，新的互惠计划需要为该港口的两个主要出口产品即茶叶和丝绸建立两个新的公所（局）。

自1844年以来，出口大幅增加，扩大的机会吸引了商人，这些商人缺乏足够的资金来维持由此产生的竞争。阿礼国领事汇报说："在1846年初……本土的茶业与丝绸业人士与英国商人之间通过经纪商进行的交易有四分之三"处于破产的边缘。该年年初，确实有几个中国商行失败，虽然没有对英国贸易造成永久性损害，[41]但当地商人却感到震惊，因为通过当地钱庄银行获得的预付款和抵押制度是以相互责任为基础的，一家商行的失败影响了他们所有人。

---

36 恒慕义《清代名人传略》第309-310页。徐继畬的正式头衔是与外国商业往来的主管。（"总理衙门行走"——译者注）。

37 英国外交部档案F.O.677，1848年12月2日，徐继畬致文翰。

38 英国外交部档案F.O.228/92，1849年1月2日，在香港。

39 英国外交部档案F.O.228/92，1849年1月19日，阿礼国致文翰，引自"1848年广州贸易报告"。

40 英国外交部档案F.O.228/76，1847年4月26日，阿礼国致戴维斯，附件。

41 英国外交部档案F.O.228/76，1847年1月12日，阿礼国致戴维斯。

h 徐继畬（1795—1873），山西代州五台县（今山西省忻州市）人，进士出身，晚清名臣、学者，是中国近代开眼看世界的先驱之一，《纽约时报》称其为东方伽利略。徐继畬最重要的著作是介绍世界各国风土人情的《瀛寰志略》，他在书中所推崇的西方政治制度，就当时而言，其思想是非常超前的。——译者注因此，在 1846 年 4 月，由顾峰景、吴晋军、朱广后、廷柯俊、姚大经、金后龄[i]等人带领的一组商人团体，向道员提出了建立两个新公所的建议，以便与外国商人办理丝绸和茶叶的交易，并重新建立贸易秩序。就丝绸业公所来说，47 家商行联合力量，并同意"所有涉及丝绸的公共事务都提交该局"。（第 5 章研究了拟议丝绸业公所的内部组织）大体来说，这两个公所将：

（1）挑选行业内有责任心的商人来管理公所。

（2）监督中国商人与西方商人之间的联系，确保所有中国商人与外国商人面对面地谈判交易条款。公所有权为没有联系方式的中国商人指定专人，促成与外国商人面谈。

（3）允许商人以现金或易货交易付款，但要求他们亲自作出所有安排。中国经纪商或翻译只允许解释，禁止为自身利益签订书面协议，或代表外国商人签订货物销售合同，或经手货币支付（从而限制诈骗机会）。如果他们以外国货物作为交换，他们可以委托另外一家商行处置，但仅限于现行市价（以防止倾销）。

（4）负责了解翻译、他们的名字以及他们所属的商行，并摒除欺诈和欺骗的机会。

（5）公开所有规则并将其提交给知县和道员，以便这些规则可以由当局强制执行。

（6）保留日常正式分类账簿，一卷交海关官员，另一卷交知府佐官及海防同知。分类账簿标明商人的祖籍，每隔十天检查并归还，以防止走私和欺诈。商人不再需要直接向海关报告，而是允许其向公所提交证书，由公所负责提交报告。在内部，每天都会检查分类账簿，输入并比较货物和关税的总数，这样就没有机会进行走私。[42]

支持公所建立的资金筹自征税，在向外国商人出售生丝之前，通过向仓栈主人征收每包 2 银元的税款（按 1847 年价格，平均每包价值 265 银元）。以这种方式筹集的资金将分为十份，十分之一用于支付向京城解缴关税的费用，十分之二用于支付管理公所的费用，剩余部分（十分之七）被存入一项共同基金，以应对任何成员公司破产而采取保险预防措施。然而，特别排除在该基金之外的是义升行仓栈，当时它正处于破产边缘。公所将监督其清算，并确保在收益允许的范围内偿还债权人。[43]

公所计划提到的一些问题已经引起了英国人的抱怨。其中最主要的是不道德的经纪商和不可靠的翻译。在此请愿书提交的前一周，阿礼国向全权公使戴维斯报告说，他和宫慕久道员已达成了一项控制欺诈和欺骗行为的协议，用宫慕久的话说，这些行

---

42 英国外交部档案 F.O.228/76，1847 年 5 月 6 日，阿礼国致戴维斯，附茶业和丝绸业公所的拟议规则和条例。

43 英国外交部档案 F.O.228/76，1847 年 5 月 6 日，附丝茶业公所的请愿书翻译。

i 原文"Gu Fengjing, Wu Jinjun, Zhu Guangho, Ting Kejun, Yao Dajing, Jin Holing"，未找到中文原文，此处按音译。——译者注

为可能成为“通商大计的障碍”。道员发布了一项限制经纪商职能和控制其活动的公告，其中包含了公所提案中描述的许多保障措施。[44]

尽管(大家)公认需要在市场上采取某种程度的控制措施，但是由领事领导的整个英国社区还是对提议的公所感到愤怒。阿礼国写给戴维斯说，他认为整个计划只不过是“一项弥补广东商人的损失的计划，……是一次试图将自由贸易（原文如此）植入一些最糟糕的限制和垄断的特征”。他给道员写道，筹集资金以“清偿气数已尽且严重亏空的义升行仓栈”并为偿还债务制订的规定，“将引入‘公行’保证系统和其他垄断特征，这些特征曾在广州的贸易中如此压抑”。他提醒道员，由于这些程序已被条约永久废除，因此不予考虑。[45]

创建这两个新公所的计划立刻不攻自破。戴维斯爵士写给阿礼国：“我当然赞成你已经尽了一切力量阻止在中国商人的不同商会中考虑建立的……垄断，如你(先前的)通讯中所详述的那样。”[46] 除了阿礼国的驳议之外，英国商人还担心(拟议计划)有一些不可告人的理由，试图将他们信任的广东买办排除在贸易之外。(具有讽刺意味的是)交易商如此激烈地反对确保中国公司免于破产的公所“共同基金”，却经常向伦敦的承运人投保他们自己的货物。此外，他们在下一年还组建了一个英国商会，以促进在上海的贸易。

由于茶叶和丝绸在城市的内部经济关系和外国出口贸易中占据突出地位，因此可以在这里仔细研究对外出口。图 7 比较了 1843 年至 1853 年间茶叶和丝绸的出口情况。在 1850 年以前，丝绸的出口一直超过茶叶的出口；就在那一年，茶叶出口大幅增加，仅在 1852 年和 1853 年再次被丝绸超越。

查看英国茶叶和丝绸出口的总价值，如图 24 所示，立即可见 1845 年至 1847 年之间的数值上升相对缓慢，随后在 1848 年略有下降，然后稳步上升。1849 年为 50 万英镑，1850 年又是 50 万英镑，1852 年几乎达到 100 万英镑，然后 1853 年接近 200 万英镑。1844 年销售产生了 50 万英镑销售额的贸易，仅在十年后就增加了十倍以上，达到了 600 万英镑。显然，上海的对外经济正在起飞，未来还有更大的利润。至此，在上海，这个“大计”似乎对英国人而言比中国商人更有效。英国人被迫接受中国政府对盐、铜和铁的垄断，但是欧洲人以自由贸易的名义，商人行会实际上被剥夺了（垄断），这不仅涉及的桂圆为一例，涉及上海的丝绸和茶叶为另一例。如上文所示的出口数字所显示的结果确实令人满意。无论 1850 年初茶叶和丝绸出口的急剧

---

44 英国外交部档案 F.O.228/76，1847 年 4 月 13 日，阿礼国致戴维斯。道员的评论的英文翻译再次使用了“通商大计”这个词。

45 英国外交部档案 F.O.228/76，1847 年 5 月 6 日，阿礼国致戴维斯，含附件。

46 英国外交部档案 F.O. 228/76，1847 年 5 月 28 日，戴维斯致阿礼国。英国人将“公所”一词按字面翻译为“公共局”，它延伸出去，在现在的英语语言中，与当时商业社区的“商会”具有相同的内涵。因此，英文文件中称其为拟议的中国“茶业和丝绸业商会”。

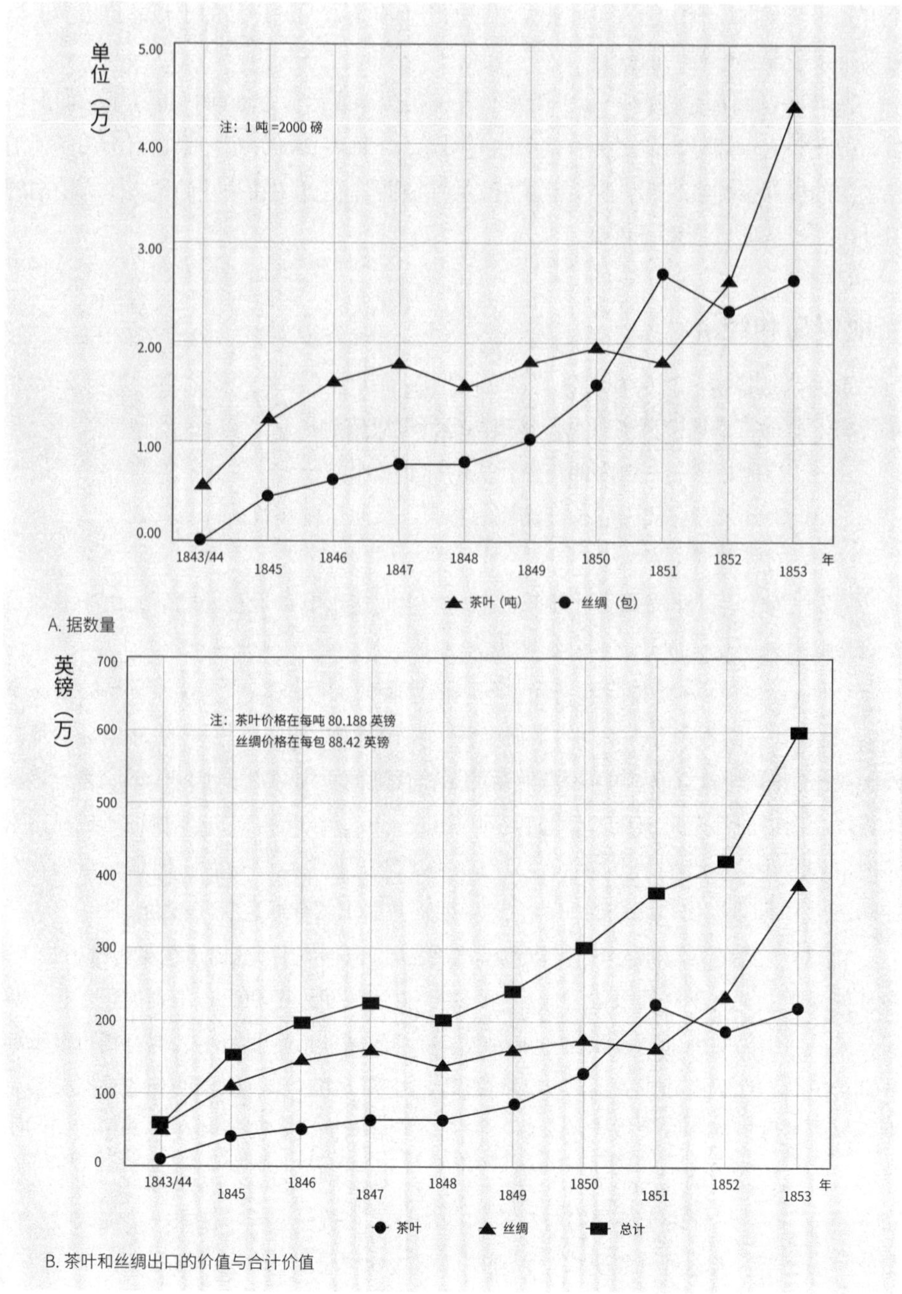

图 24 英国从中国出口的茶叶和丝绸，1843/44—1853 年
（引自《北华捷报》，1854 年 3 月 4 日。）

上升是否与英国压制中国人（商业）组织的努力有关，两种产品的出口总价值为上海贸易带来了非常乐观的前景。

茶叶和丝绸都是国内产品，上海经济仅在转运或运输方面间接得益于它们的销售。棉花和运输却是当地更为直接关注的问题，下面将详细介绍。来自行会和其他消息来源的内部指标也表明，尽管英国努力限制垄断，但丝绸和茶叶的销售也为中国的对外出口经济领域带来了利润。

当地贸易和经济

上海当地经济、行会和对外贸易之间形成了共生关系。这种共生的影响在 1830 年代的上海棉花市场中清晰可见。该市的经济健康依靠：

（1）当地经济——由内部行会代表的棉业和服务；

（2）由外来行会代表的长江流域的物产、长途运输和贸易；

（3）对外贸易。

直到 1843 年，外贸只通过前两个市场产生间接影响，但在此之后，由于通商口岸直接向对外贸易全面开放，其影响更为直接。

然而，上海经济远非英国当局曾预测的即将成为经济富矿，对外贸易的第一个影响只会进一步抑制已经惨淡的上海经济。英国货物运出上海，哪怕甚至是少量的外国船压舱的货物，都从中国沿海航运的运输代理商手中夺走了本就少的交易，这些运输代理商以前都是将棉花、丝绸和茶叶运往广州。当外国需求非常倾向于成品南京布时，农业生产者、农民纺纱工以及纺织手工艺工业都是受益者。但是，当棉花在 1840 年代中期重返出口图表时，西方对中国棉花需求的性质发生了变化。

1843 年之后，英国商人不再需要成品纺织品，而是希望将籽棉运往英国进行加工。在某种程度上，由于籽棉取代了成品纺织品，上海的纺纱工和织布工丧失了工作。尽管与成品纺织品的内部消费相比，批量散装籽棉的国外市场非常小，但籽棉以及那些从事纺织品的经纪商和中间商来自不同的商业派系。1851 年，原来的棉业公所分裂，表明棉业整体上存在越来越大的分歧。籽棉经纪商与商人分裂，并在城外建立了一个新的运营机构，被称为“花业（籽棉）公所”，而以前的行会现在被称为“布业（棉布）公所”。[47] 尽管由于外国对籽棉需求的增加导致贸易增长可能是一个促成行会分裂的经济因素，但这种分裂更多是管理层内部的分歧造成。[48]

---

47 杜黎《鸦片战争前上海行会性质之嬗变》，第 20-21 页。

48 根岸佶《上海的行会》，第 35-41 页，讨论了上海公所的组织和目标。

上海的萧条反映在1835年后行会活动几乎停止。在1835年至1849年的15年间，没有成立新的行会——甚至没有对现有物业进行维修。正如我们所看到的，1847年为建立与外国商人打交道的茶业和丝绸业公所而做的努力，是对几个商行破产的反应——几乎不能算是经济复苏的迹象。虽然这次尝试的失败并非因为缺乏资金，而是应归咎于英国人的反对，但它并没有帮助上海的经济复苏。然而，尽管这项努力失败了，到1849年，有迹象表明上海的经济正在复苏。

经济复苏的第一个暗示出现在1849年，这是自1830年以来第一个正式登记的新行会会馆。然而，建立江西会馆的商人们自嘉庆时期以来就一直活跃在上海，其会馆的正式登记只是对一个实际上已经运作多年的机构的迟来的承认。[49]它的成立，或者至少它在县衙的登记，是一个乐观的信号。江西会馆注册后不久，其他几个行会在1850年、1851年和1852年完成了一些20年来急需的修理工作。

阿礼国领事在1852年以每年1400万（加罗拉）银元的价格估算了整个海上舢板进出口贸易。海关税款总计357 091银元。整个贸易雇了大约共有3000艘舢板，容载量从400～1600担不等。据说，进口贸易占整个贸易的五分之三，出口占五分之二。在北方线路上雇用了大约1300艘舢板，每艘每年航行两次，并带来大豆、豆饼肥料、油和咸鱼，估计价值为133万银元。在南方线路上雇用了1000艘舢板，每年航行两到三次，并带来糖、米、木材、药品和其他杂物。此外，来自南洋的一些外国帆船贸易与南方线路贸易混合在一起，从东南亚市场带来外国纱线和英国纺织品、烟草、燕窝，以及其他舶来品。南方线路的总价值估计每年为835万银元。[50]

出口价值估计每年为405.35万银元。在北方线路上，出口主要是棉织物、籽棉、纸和废纸旧布。在南方线路上，出口主要是棉和丝织品、大包生丝、陶器和瓷器。海上贸易的剩余部分估计价值为1400万银元，由外国进出口构成，包括鸦片。[51]

对西方关税与那些中国海关收取的关税进行比较，揭示了一段有趣的历史。传统上，中国的关税是根据配额制度上交户部。对于上海办事处，配额定为每年65 980两白银。从1843年至1853年,实际收到的税款介于69 000～70 000两白银之间。[52]1843—1844年，从外贸收到的关税近42 000两白银。在下一年，即1844—1845年，外贸收到的关税上涨至近173 000两白银；接下去的几年中，平均每年在50万至60万两（见表5）。

49《上海县续志》，3:7b。

50 英国外交部档案F.O.228/147，1852年8月28日，阿礼国致宝宁。

51 同上。

52 费正清《中国沿海的贸易和外交》，第262页；张忠民《上海：从开发走向开放，1368—1842》，第309页。

表 5 中国关税收取

中国农历年	外国关税	中国海关
1843—1844 年	41 933	70 423
1844—1845 年	172 922	70 612
1845—1846 年	480 239	70 649
1846—1847 年	662 467	69 049
1847—1848 年	628 274	69 619
1848—1849 年	540 970	
1849—1850 年	704 612	
1850 年	1 203 395	69 855
1850—1851 年	1 243 165	
1851—1852 年	545 687	
1852—1853 年	591 941	
1853—1854 年	收税因小刀会起义暂停	

注：1850 年，中国农历和公历恰好重合。

来源：费正清《中国沿海的贸易和外交》，第 252 页。

西方关税的平均收入是中国商业收入的 10 倍，这个事实并不意味着西方商业活动是中国的 10 倍，它仅仅反映了当时根据条约在上海这样的通商口岸所采用的新制度的效率。鉴于中国传统制度要求江海关收取一定额度（上海约 70 000 两白银）关税，而不是所有商品的一个百分比，新的外国关税制度则收取成交货物的一个标准百分比。

英国人在上海的贸易在 1850 年前一直缓慢增长，直到 1851 年终于超过了上海和广州的总和，首次显现出真正的增长。尽管关税收入在未来两年内（1851—1852 年和 1852—1853 年）有所下降，但这种下降反映了当地的暂时性困难，例如货币兑换和执拗的商人，而不是实际的贸易下降。总的来说，茶叶和丝绸的出口表明，在 1850 年至 1853 年间，外贸最终显示出真正的增长。在城市的内部经济中，（对外贸易）正在建立一个基础，将为 1853—1854 年小刀会叛乱带来的经济破坏提供一个迅速的恢复回升。

在上海向对外贸易开放的前十年中，“大计”对这个城市产生了显著的影响。1843 年开始的、当时还只是步履蹒跚的贸易，到了 1840 年代末已是蓬勃发展。中国人和英国人的看法截然不同，但他们在新的基础上，废除了广州的先例，共同建立了对外贸易的基本程序。尤其，巴富尔和宫慕久奠定了相互尊重与合作的基础。

虽然，由于外国航运对沿海贸易的侵蚀，中国经济领域的问题越来越明显，但在“大计”下可得的利润吸引了越来越多国内其他地区的商人来到这个城市。1850年代开始出现新的行会，这些行会由经纪商和店主建立，他们与做进口贸易的商人合作，销售外国制成品和鸦片。鸦片销售也与上海的银行业务利益密切相关，主要由苏州和宁波的金融人士运营。贸易扩张增加了包括银行在内的服务行业的活动，刺激了类似新鲜肉类的食品处理和那些从事建筑行业的当地行会，并促成了棉花、木材、茶叶、腌制肉类和西方制造业的新尝试，所有这些都于1860年前在上海建立了新的行会。不断演变的商业协同作用正在变得日益明显；与西方的贸易为中国的创业者创造了利润。具有讽刺意味的是，为双方带来最大利润的贸易货物，却是鸦片。

前景诱人但回报令人失望

随着英国贸易的增长，相关问题也随之增加。中国提供了几乎无限的潜力，但据英国人称，到1850年它还没有实现。伴随着1849年令人失望的贸易回报，阿礼国领事向全权公使文翰发了一份长长的备忘录。他承认，如果仅看贸易数据，并不令人鼓舞。英国棉花和羊毛的进口“市场缓慢”，而出口虽然略高于1848年的总额，但仍低于1847年。茶叶和丝绸的出口每年高达约700万（加罗拉）银元，但带进来的英国商品只有这个金额的一半。1849年的结果显示贸易逆差超过300万（加罗拉）银元。[53]然而，赤字仅是表面现象，因为鸦片的非法销售弥补缺口却绰绰有余。

在随后的报告中，阿礼国试图弥补明显的赤字，他通过运用相当详尽的细节，深入地研究了地理、产品，以及他所认为的中国市场的巨大潜力。当阿礼国被要求评估温州和苏州作为未来通商口岸的地点时，他回答说，温州是“一个贸易相对较少的地方”，可以预期“仍然处于贫瘠状态，与我们掌握在手的福州和宁波迄今为止所证实的那样”。他接着说，中国商业成功的真正关键不在于相对孤立的浙江和福建南部沿海，甚至广州，因为这些地区的内陆通道有限；真正的关键反而在于通往华中和华北的长江流域，它有着大量内陆运输线路，是进入这些“巨大的内陆贸易”地区的关键点，覆盖“数千平方英里”的长江和大运河是“各省之间交通繁忙的主干线，每条线路都是一个王国的维度”。

为什么英国商人未能进入这个潜在的巨大市场？他指出，上海位于该网络的入口处，但其位置使海关在上海与内陆线路之间很容易建立一条“封锁线”，从而阻止

53 英国外交部档案 F.O.228/116，1850 年 2 月 13 日，阿礼国致文翰。

英国进入内陆市场。因此，尽管自通商口岸开放以来，茶叶和丝绸的出口数量一直在扩大，但由于这条封锁线，进口的英国商品的数量却一直在“稳步缩减”，这使得他们的市场被限制在苏州和杭州停靠点之间的一个“狭窄的地带”。由于内陆常关[j]限制了外国商品的销售和提价，其结果是，1849年仅有价值3860银元的英国商品销售到内陆市场。鸦片的销售额超过了这一数额的三倍，因为鸦片不是公开交易，而是通过走私，因此逃避了所有税收。正如阿礼国所解释的那样，清政府无法阻止走私鸦片，但“单件货物太笨重而不能像鸦片一样通过，因此只能找到有限的市场”。

阿礼国接着指出，如果无法发展进口以支付出口，那么类似茶叶和丝绸等出口的扩张价值就不大。虽然鸦片销售目前平衡了出口，但这样的贸易非常脆弱，清政府态度的改变可能会“在极短的时间内”剥夺英国进口资本的主要来源，更不用说对印度经济造成广泛的破坏。他向英国政府提出了一项挑战。“在探索和研究了世界上其他国家的市场之后，仅中国就提供了与我们的需求相匹配的原始土地和新市场”，他预见到了列宁后来的分析，提出并且评论说：“中国（将）成为我们的一个可以利用的领域，不仅仅只是利用一部分我们的资本和我们的剩余劳动力。”[54]

为了最大限度地提高英国在中国的利益，必须在“内陆交通的主干线”上占据一个可靠的位置。苏州，距离上海80英里（128.8公里），连接着通往大运河重要入口的优良水路；镇江，位于大运河和长江交汇处。这是英国人想控制的两个关键点。还有杭州，也是如此，位于运河的终点，毗邻茶叶和丝绸之乡。由于缺乏与北京的有效外交关系，那么要把这些据点搞到手的唯一方式就是通过武力。“除非我们的谈判能得到大运河河口上的一个中队的支持，否则帝国政府……不会放弃任何内陆地点……过去的经验告诉我们，攫取镇江府和杭州确凿无疑，不费吹灰之力”，阿礼国断言，并补充说：“我相信，如此重大且有利的势头，鲜有通过如此简单或如此确定的成功，或以如此之少的时间、金钱或鲜血的成本就能实现。”根据费正清，阿礼国出色地鼓吹“商业帝国主义的真正精神……使文翰深受鼓舞”，文翰将阿礼国的报告转交给了伦敦。[55]

诱人的承诺与泥泞的现实形成鲜明对比。虽然阿礼国提出中国贸易的前景几乎大到具有无限潜力，但上海的实际利润事实上主要来自鸦片。这是一种在港口无法看到的违禁物质，然而却被秘密地带入中国，走私到吴淞口废弃的船上，并在夜间出售。

---

54 英国外交部档案 F.O.228/116。

55 费正清《中国沿海的贸易和外交》，第376页。

j 常关又称“钞关”，始建于明代，在水陆交通要道或商品集散地设立的征收通过税的机关。——译者注

鸦片

在上海，一个最难以启齿的词语就是"鸦片"。为了鸦片进行了一场战争，但《南京条约》却从未提及这个词。清政府不会偏离其立场，诏令明示鸦片是非法的，涉及鸦片的商业被定义为走私。就英国人而言，他们认为，控制贸易的最佳办法是通过合法化鸦片并对其征收适度的税赋。在实际操作上，这个问题从未明确解决，但双方达成了一种默契。根据这个心照不宣的协议，清政府将注意力集中在中国臣民上，英国则根据自己的法律运作，将鸦片视为国际贸易中的合法商品。[56]这种安排预计将在几年内合法地建立治外法权。

著名的英国洋行，如宝顺洋行、怡和洋行和美资旗昌洋行（Russell and Company），还有许多其他洋行，都是建立在鸦片贸易之上的。沿着上海外滩涌现的宏伟建筑是用鸦片建造的。根据费正清的说法，鸦片从未出现在中国的通讯中，清政府维持着"保持缄默的密约"[57]。在英国的贸易记录中也不常提及。《北华捷报》的社论、文章和信函中从未将鸦片作为麻醉品或贸易物品进行讨论，但是定期的鸦片贸易报告每周出现在报纸的第二页或第三页；在所列的进出港口的船只，以及棉布（匹）、丝绸和茶叶的价格边上，也列出了公班土[k]和小土[l]的价格及数量。每期《北华捷报》的头版都刊登广告，这些广告通常刊登从英国进口的专利药，其主要成分当然就是鸦片。但是，不经意的观察者可能从未意识到这种产品对城市经济的重要性。虽然就价值而言，鸦片是上海整体商业贸易中的单一最大商品，但它在贸易方面没有记录，在阿礼国到来之前，在领事通讯中几乎没有提及。

随着一个国家制定了鸦片是违禁品的法律，另一个国家的法律含糊不清，而印度的经济依赖于它，巨大商机凝视着它，中国和英国当局达成了一个心照不宣的交易：鸦片与合法贸易分开；它将不会被公开带入通商口岸或在政府官员的眼前招摇过市，只要那些同样的官员眼开眼闭，忽视在港口外面的船上进行的鸦片交易。

由于鸦片无法进入上海港口，于是鸦片船永久地停泊在吴淞口附近的河流中，英国贸易商在河口先卸下鸦片，然后将合法货物溯流而上运往上海。不过，事实上，上海参与鸦片贸易的时间早在开埠之前就已经开始了。早在1820年代，甚至在东印

---

56 费正清《中国沿海的贸易和外交》，第135页。

57 同上，第141页。

k 公班土，产于印度帕坦地区，又叫乌土，皮黑色，是鸦片中的上品。——译者注

l 小土，产于印度土邦地区，又叫麻哇土或白皮烟。——译者注

度公司垄断被解除之前，诸如宝顺洋行、怡和洋行的港脚商人的船只就已经开始沿着长江河岸出售鸦片了。[58]

早在1842年之前，上海的银行业就与来自南部沿海贸易的鸦片错综复杂地联系在一起。到1844年，英国人每年从吴淞河口出售600多箱鸦片。[59]到1858年，上海多达60家“钱庄”与银行从事鸦片金融业务，为购买从西方船只卸下的鸦片提供白银（因为违禁鸦片交易只接受白银），并向鸦片交易商提供短期贷款。鸦片在当地和上游诸如扬州、南京和苏州等地出售，以供消费。银行提供购买鸦片的白银，鸦片销售所得收益用来偿还银行，当然银行在此期间收取溢价利息。[60]

1830年后中国出现的白银短缺，不断困扰在港口的西方商业。这种情况鼓励发展“苏州系统”，使用银行颁发的银票来代替白银。长期以来，银行银票一直作为当地交换的媒介，并不牵涉任何鸦片。银票代替白银，最早是于17世纪在苏州发行的。[61]自乾隆年间开始，从国际贸易中获得的加罗拉银元一直是港口的标准货币，而不是繁琐累赘的银锭或未经铸币的白银“元宝”；而从1780年代开始，苏州的账户通常用“元”表示，而不是“两”。

当现金和白银供不应求时，就像在上海经常发生的那样，大块鸦片或从当地银行提取的鸦片贷款的汇票取代了白银。根据内园钱业行会的票据交换系统，会员钱庄和钱铺发行的银行汇票在上海自由流通，提供现成的信贷，同时还是繁琐的货币兑换的便捷替代品。汇票可以方便地从一处机构支取，在另外一处兑付。上海的银行在鸦片上发行的票据比其他类型的业务具有更长期和更高的利率，导致每月利润在8%～10%之间。这项业务既违法又极具投机性，它可以产生高达每年120%的利润，当然遇到最坏的情况也会导致快速破产。[62]

巴富尔领事在任时的英国档案中没有讨论鸦片交易的记录。巴富尔与中国政府一致认为鸦片是违禁品，并且在其管辖范围内不会容忍提及鸦片。他对在吴淞口英国控制范围之外的鸦片船视而不见，这正是那些商人所期待的。巴富尔在1847年的一

58 关于在长江沿岸鸦片贸易的开始，见勒费窝（Edward LeFevour）《怡和洋行：1842—1895年在华活动概述》（*Western Enterprise in Late Ch'ing China: A Selected Survey of Jardine, Matheson and Company's Operations*, 1968）。

59 同上，第18页。

60 上海银行业的增长可以从几个方面看出来。根据《上海碑刻资料选辑》（第254-255页）所记录的一段铭文，1798年上海活跃着大约有125家小型货币兑换钱铺或“源”。根据上海银行业历史，钱庄银行的数量从1776年的18家增加到1796年的88家，到1858年总数为120家（《上海钱庄史料》，第7页）。

61 王业键（Wang Yeh-chien）《中国货币系统的演进》（Evolution of the Chinese Monetary System,1633-1850, 1977），第425-452页。另见滨下武志（Takeshi Hamashita）《中国对外贸易，1810—1850年》（Foreign Trade in China, 1810-1850, 1984），第387-435页。

62 《上海钱庄史料》第14页。关于“苏州系统”使用鸦片票据代替白银，见滨下武志《中国对外贸易，1810—1850年》，第407、413-415、417页。

个议会特别委员会的证词中，不愿意对鸦片贸易发表意见，但是在受到压力时，他实事求是地进行了讨论。[63]

阿礼国有不同看法。他对鸦片贸易表示惋惜，理由是显而易见中国法律对鸦片的轻视破坏了合法贸易。1849 年 1 月，他写给在香港的文翰爵士，中国对鸦片贸易的看法是英国在中国的利益的主要障碍，因为中国人把鸦片看作毒品，将英国人视为出于一己利益的生产者、运营者和销售者，并毫无疑问地要把中国人推向贫困和毁灭。中国人相信，为了维持鸦片的贩运，英国人已经挑起了战争，并主宰了屈辱性的和平。

在阿礼国看来，这些观点的对错不是问题；相反，这些信念对中国与英国的关系产生了影响，它们制造了一系列不利的情况，"在我们所有的抗议中飘荡着一种毫无诚意的气氛"。阿礼国探讨了抵消这些不利影响可能的方式，因为"合法贸易的巨大资本和巨额收入受其影响"。他可以提出的唯一答案是看到鸦片贸易合法化，从而消除它的"违禁品质"，然后可以征收合法的鸦片税，为中国的国库带来巨额收入。没有这些措施的话，"鸦片……会因为我们明显的偏见……而痛哭流涕"。[64]

阿礼国对鸦片问题进行了研究，并于几年后向驻香港全权公使宝宁爵士提交的一份冗长的机密报告中，概述了鸦片成为英国与中国、印度的所有合法贸易的方式。

鸦片的进口被帝国诏令视为非法，因此正式被两国当局（中国和英国）忽视。鸦片在货币的价值上超过我们从中国出口到英国的每年高达约 500 万英镑的总数，其中茶叶价值约 350 万英镑，丝绸 150 万英镑。

正如他接着指出的，这种"干巴巴的关于价值的声明，对我们在东方的实际贸易进口和领土所有权，提供了一个美中不足的想法"。鸦片包含印度、中国与英国之间的"必要联系"，其贸易总量每年达到 2300 万英镑以上，并且是英国与印度国库约 1900 万英镑的收入来源。因此，"它的投资具有政治意义，其重要性难以夸大"[65]。在中国销售的鸦片收益被投资于印度的棉花生产，反过来又提供给曼彻斯特的工厂。他概述了印度的投资利润转回英国的方式，即经中国通过在那里的鸦片以实物形式支付。鸦片填补了一个缺口，一方面是"不到 150 万"英镑英国制造（的货物）在中国出售；另外一方面是 "每年不下 500 万"英镑用于购买中国茶叶和丝绸。

63 《英国，议会文件，中国》，38:329-330。

64 英国外交部档案 F.O.228/104，1849 年 1 月 18 日，阿礼国致文翰。

65 英国外交部档案 F.O.228/147，1852 年 6 月 8 日，阿礼国致宝宁，机密通讯。

没有鸦片，英国制成品向印度和中国的出口将缩减，茶叶和丝绸的进口将大大减少。因此，鸦片贸易“尽管非法，却形成了一个必不可少的因素……与三国之间的每一次贸易活动都不可分割地混杂在一起”。阿礼国描述了在这些情况下商人的虚伪：

同一个商人在五个港口之一建造了一个宏伟华丽的商行……在一个通常的停泊点下方一些距离的地方有一个大型且装备精良的鸦片船。……他使用与银行票据一样的方式下订单买鸦片，用一堆剁碎的茶叶或一百包丝绸完成讨价还价，没有这样的手段，什么都买不了。[66]

不管哪种形式，几乎在所有合法业务的普通交易合同中都有鸦片。虽然他认为“现在对贸易中存在的、与鸦片的物理和道德效用相关的任何固有错误的讨论，都是多余的”，他最后建议将鸦片的交易合法化，“为了皇帝的缘故，且不亚于我们自己……（因为）它是对法律和政府当局的公开污辱”[67]。

由于鸦片贸易的隐蔽性，很难形成对其真实规模的明确估计，但阿礼国在1849年报告说，1847年在吴淞口出售了16 310箱、价值约850万（加罗拉）银元的公班土和小土鸦片；1848年增加了1600箱，估计带入约1170万银元。[68]1858年，阿礼国的继任罗伯逊报告说，1857年进口了32 530箱鸦片，比1856年“减少了”2000箱。在这个总额中，他估计三分之一的价值是以货易货的贸易方式获得，其余的都是以银条结算。[69]在后来的一份报告中，罗伯逊估计由此获得的白银价值为2050万银元，相当于6 374 222英镑。来自英国的进口额接近2 945 000英镑，而出口额估计为8 708 600英镑。[70]因此，鸦片收入远不只弥补了贸易差额的不足，并且每年仅从上海这一个通商口岸也许就有50万英镑的白银从中国流失。

鸦片贸易毫无疑问使英国人感到尴尬，并破坏了清政府的权威，一些政府官员也相信鸦片应该合法化。阿礼国向宝宁发送了一份来自清朝御史[m]的备忘录译文，内容是回应皇帝的建议，关于筹集更多资金以支付镇压太平天国的军事行动开销。吴兰修[n]主张对鸦片进行合法化和征税。吴兰修虽然同意鸦片是有害的，但他指出，采取

66 英国外交部档案F.O.228/147，1852年6月8日，阿礼国致宝宁，机密通讯。

67 同上。

68 英国外交部档案F.O.228/104，1849年4月7日，阿礼国致文翰，1848年年度贸易报告。

69 英国外交部档案F.O.228/257，1858年1月6日，罗伯逊致宝宁。

70 英国外交部档案F.O.228/257，1858年3月5日，罗伯逊致宝宁，1857年的贸易回报。

m 御史，古代官名，是专门作为监察性质的官职，负责监察朝廷、诸侯与官吏。——译者注

n 吴兰修（1789—1839），广东省梅州市梅县松口镇下坪阙里村人，举人出身，清朝学者，对南汉史学造诣尤深。见本章尾注第71条。——译者注

最严厉的法令反对鸦片是无效的。此外，他认为，明朝禁止的烟草和酒类已合法化，并且产生了大量收入。只有自我控制才能消除任何过量物品的有害影响。根据吴兰修的估计，每球鸦片征收 1 两白银的税赋（大约 11% 的税），每年约可以产生超过 700 万两白银的收入。这样的税赋也不一定会提高鸦片的价格，因为一旦合法化，它将比现有条件下所遭受的"敲诈勒索"要少得多。[71]

然而，尽管双方都认真考虑了，北京的清政府仍然对鸦片问题坚持强硬态度。无论承诺的收入多么大，合法化都是不可接受的。在上海，领事继续火冒三丈，吴淞口的鸦片船继续运入鸦片，当地银行继续从鸦片的短期贷款中获取利润。从纯经济角度来看，鉴于现金和白银的普遍短缺，鸦片票据促进了金融交易。"鸦片系统"在贸易和易货交易方面具有相当大的灵活性，并提高了上海、苏州和相关市场的经济流通速度。

另一方面，鸦片为各种走私开辟了道路。鸦片不仅继续以不断增加的数量进行交易，而且其他禁运货物也被走私进出中国。甚至用来援助太平天国的火药和硝石，也随着鸦片箱子一起，在无能为力的官员的眼皮底下走私进来，当局没法阻止走私贩运。[72] 鸦片贩运的存在是非法的，但却被广泛实践，它削弱了公众对双方政府官员的信心。中国官员显得软弱无力，因为他们无法阻止贩运，从而进一步招致漏税；外国人显得虚伪、讥诮、腐败，从而引来鄙视。最终，当然鸦片是一种令人上瘾的毒品，造成成千上万的中国人堕落和死亡。

鸦片令人上瘾的作用只是双方关注的次要问题，因为正如吴兰修所说，鸦片、烟草、酒精都会产生不利的身体影响。就在乾隆时期，鸦片还不是非法的。任何试图控制它的政府行为只会遭致怨恨，因此毫无用处。对英国人来说，如果妥善处理，鸦片是一种有价值的药物，它在 19 世纪几乎是唯一可用的止痛药。在英国，在欧洲大陆，在美洲，鸦片可以自由获取，鸦片被纳入各种各样的专利药品中，即使在上海《北华捷报》的头版也广泛宣传其有益的特性。英国人认为，如果中国人滥用鸦片，将其吸食用于娱乐或与药物性质无直接关系的目的，这种行为仅仅是下层阶级的堕落体现。

但是，英国在捍卫鸦片方面的论点很快转向经济理由。正如阿礼国所断言的那样，如果清政府和人民把西方的违禁鸦片交易视为在道德上等同于黄河决堤泛滥、泥沙俱下，甚至推翻中国的威胁，那么对英国人来说，这条鸦片河就是富饶充盈的源泉。鸦片贸易在印度、中国与英国的商业中一切公认为合法的事物都密不可分；如果没有它，

71 英国外交部档案 F.O.228/161，1853 年 1 月 29 日，阿礼国致宝宁，密迪乐（Thomas Taylor Meadows）翻译的御史"Woo Ting-poo"写给皇帝的备忘录。除了英文音译之外，没有找到任何关于"Woo Ting-poo"的身份；或许是英国人搞错了吴兰修的名字，他在 1833 年曾写过一份鸦片合法化的建议（《弭害论》——译者注）。

72 英国外交部档案 F.O.228/196，1855 年 8 月 30 日，罗伯逊致宝宁。

其他每一个商业的分支都会受到缩减和伤害。因此，其贸易对中英两国的国家利益至关重要。[73]

有了这样的论点，英国人在他们的治外法权的避风港中获得了安全感，他们开始觉得鸦片是自己的特权商品。当道员没收了福建商人手中的 25 箱鸦片时，他的行动受到英国社区的阻挠。英国商人在鸦片上投资巨大，他们坚持认为在鸦片被没收之前，道员理应先向领事咨询。副领事罗伯逊对此表示同意。令他大吃一惊的是，他从自己的上司那里获知，道员完全有权没收鸦片并惩罚藏匿鸦片的中国商人。更糟糕的是，道员的行动得到了法国和美国领事的赞成，因为美国人坚称他们反对贩运，法国人则没有参与。[74] 罗伯特被训斥，非常尴尬，但他认为，英国在鸦片战争中的胜利赋予英国鸦片贸易一种事实上的合法性，反映了该港口达成的一种共识。

到 1853 年 1 月，英国人在上海做生意已有十年。中国产品的出口市场强劲，主要是茶叶和丝绸。英国制造棉纺品和羊毛织品的进口没有达到预期，但是鸦片销售有助于平衡账面并获得可观的利润。中国白银外流造成许多后果，从港口货币短缺到农村税率恶化，但是尽管英国人对白银的稀缺有所评论，但他们似乎并没有意识到鸦片贸易更大的派生影响。

到 1853 年，其他问题似乎至少已经尘埃落定，如果说尚未解决的话。中国海关运作基本正常，走私问题暂时控制在明显可以接受的范围内。虽然阿礼国领事觉得新道员吴健彰 [o] 令人讨厌，但是英国人正与清政府当局有效地合作。

阿礼国在 1852 年关于贸易的报告中提到，本可以阳光明媚的天际却飘浮着一片阴云，内陆太平天国运动可能影响到茶叶出口。另一个值得关注的问题是港口现金的短缺，也受到叛乱的影响，这使得加罗拉银元与其他货币相比具有“人为价值”，并导致了兑换的“虚拟汇率”。第三个问题，虽然领事在这份报告中没有提及，是当地的不稳定以及城内广东、浙江和福建等地移民之间的紧张关系，他们中的许多人失业了。所有这些问题都会在今后几个月内产生巨大的后果，使 1853 年成为通商口岸的生命中最值得纪念的一年。

73 英国外交部档案 F.O.228/147，1852 年 6 月 8 日，阿礼国致宝宁的机密报告。

74 英国外交部档案 F.O.228/196，1855 年 9 月 2 日，罗伯逊致宝宁。

o 吴健彰（1791—1866），小名阿爽，洋人称之“爽宫”（Samqua），前山翠微（今珠海市香洲区翠微村）人，清朝著名买办，颇具争议性的官员。出身贫寒，在广州十三行充当仆役，乖巧勤快，善揣摩洋人心意，英语流利，颇受洋商器重。遂积累资金，与外商贸易，逐渐致富。吴积累巨资后，不断纳钱捐官，道光二十七年（1847）被授予苏松太道候补道，两年后任道台兼江海关监督。——译者注

第九章

上海的国际化，1846—1853 年

1846年8月末，阿礼国接管上海领事馆。作为领事，他比巴富尔更合乎全权公使戴维斯的口味。[1]与巴富尔不同，新领事不是一个军官，尽管他曾在军中服役，还当过外科医生；然而，阿礼国虽然不是一个商人，但他却比巴富尔对商人社区更友好。他对待中国人的态度可以在1849年4月17日的一份电讯中略见一斑，他用以下文字来描述中国的政策：

（清政府）一直有（一种）傲慢和敌对的精神，其政策是……在人民眼中贬低外国人，并为任何广泛交往……设置一切障碍，他们寻求通过各种变相和间接手段来达成目标。……条约的文字经常被（他们）引用，但是（承诺）往往只能通过道德胁迫来实现，且是最不令人反感的一种做法。[2]

阿礼国任领事期间的英国政策

经戴维斯批准，阿礼国着手修改巴富尔的许多安排。他第一步是要将领事馆从上海县城内搬到租界，找一个更新、更有声望的地点。与单身的巴富尔不一样，阿礼国有妻子和孩子，住在上海县城内一定会很孤独而且不方便，但是这里面也牵涉到一个原则。阿礼国显然认为他主要效忠于商人社区，他亲自监督英国商人，把与海关打交道的日常交易业务分配给副领事。[3]

当租界的边界刚划好时，中国炮台和李家场的地块并没有包括在租约里。这个区域大约有20英亩（约8.09公顷）或更多的土地，是租界内最理想的土地，包括了吴淞江汇入黄浦江的交汇点。巴富尔意识到这块基地的潜力，曾经试图买进，以建设未来的领事馆。虽然他致力于将主要领事馆保留在城墙内，但他认识到其他领事办公室需设在租界内，靠近商业区；他还意识到了这片土地的优越位置。炮台早已废弃，拥有李家场的中国家庭似乎愿意谈判。当巴富尔试图说服香港授权他购买这块占地23

1 《英国人名事典(1901)》，补遗，1:29。

2 英国外交部档案F.O.228/92，1849年1月19日，阿礼国致文翰。

3 英国外交部档案F.O.228/161，1853年1月29日，阿礼国致文翰。

英亩（约 9.31 公顷）的土地所作的努力失败时，他从自己的个人资金中提取了 4000 元，私下租了其中一部分土地，同时他也争取到了购买其余部分土地的优先权。[4]

阿礼国一到上海，就开始对戴维斯软磨硬泡，要他答应买进巴富尔保留的那块土地。[5] 戴维斯早些时候一口咬定，“这与外交大臣的明确禁令正相反，即在中国拥有土地或建筑物，政府既没有费用也不想陷入尴尬。”[6] 但是，阿礼国坚持不懈地向戴维斯解释说：“基于对上海当地贸易条件更为全面的了解”，投资土地并建造一个新的领事馆至关重要。

阿礼国列举的好处包括更多的业务调度、更有效地监管外国航运锚地，以及在遇到困难时改善与商人的沟通。他抱怨说，领事馆位于人口稠密的上海县城的中心，与英租界和领事馆办公室“相距约 2 英里”（译者注：3.22 公里，原文如此），这是一个严重的劣势，既浪费时间又浪费了大量资金用于往返；在夏季，城内生活危及他家人的健康，房屋受到城内频繁火灾的威胁。因此，请求允许他不再拖延，在租界内找一栋房子。他认为，这样一所房子的成本不会超过城内房产的租金，而且每天可以节省租用轿子或船只的费用。[7]1849 年 7 月 21 日，阿礼国一家高高兴兴地搬入临时住处。这个日期标志着在巴富尔首次抵达上海近 6 年后，领事馆正式从城内搬到了租界。[8]

与此同时，阿礼国大部分时间都在租界内的办公室监督商人关心的事务，城内的领事馆主要用来与清政府沟通。相比之下，巴富尔把与商人社区开展业务的事情下放给他的副领事，而他本人则待在城内与道员和海关打交道。阿礼国的行为含蓄地将工作重点从巴富尔所关注的城市和中国官员身上转移到租界和商人社区。

阿礼国也颠覆了巴富尔和宫慕久一起制定的、收集英国人税款的程序。巴富尔原来的安排是，由他代表海关收集税款，向清关的船只颁发许可证和通航文件。但是有个问题从一开始就让英国当局喋喋不休，即从其他国家的商人那里收集税款的问题，例如美国人、普鲁士人、荷兰人和法国人。假如一个英国领事负责收集其他国家商人的关税，他就是超越了自己的权限；但是另外一方面，他将收集税款的工作留给中国

4 巴富尔没有以现金支付全部款项；他直接购买了部分基地并预支 4000 元以确保购买土地的权利（英国外交部档案 F.O.228/76，1847 年 5 月 4 日，阿礼国致戴维斯）。之后估计 3 英亩的总价值为 13 577.04 元（英国外交部档案 F.O.28/104，1849 年 2 月 8 日，阿礼国致文翰，关于偿还巴富尔）。这块地的问题以及巴富尔应得报销已成为议题多年（英国外交部档案 F.O.228/76，1847 年 5 月 24 日，阿礼国致戴维斯； F.O.228/90，1848 年 4 月 5 日，阿礼国致比尔（T. C. Beale）；F.O.228/90，1848 年 7 月 22 日）。

5 英国外交部档案 F.O.228/76，1847 年 3 月 14 日，阿礼国致戴维斯。

6 英国外交部档案 F.O.228/63，1846 年 9 月 21 日，戴维斯致阿礼国。

7 英国外交部档案 F.O.228/104，1849 年 4 月 25 日，阿礼国致文翰。阿礼国原计划建造“一个像商人社区那样的大型砖房”，估计成本为 15 000 元到 17 000 元，土地、堤岸和填土的改进额外增加 15 000 元到 25 000 元（英国外交部档案 F.O.228/76，1847 年 5 月 24 日，阿礼国致戴维斯；戴维斯批准，F.O.228/76，1847 年 6 月 5 日）。这些费用远远超过原来的估计，并且建设工期用了两年时间才竣工。

8 英国外交部档案 F.O.228/104，1849 年 7 月 30 日，阿礼国致文翰；兰宁、库寿龄《上海史》，第 1 卷，第 281 页。

人，中国人不一定仔细核查，或者也许会为合谋或贿赂打开一个口子，那么其他国家的商人可能会少付税，对于遵纪守法的英国人来说，相当于被抢先了一步。在理论上，所有西方国家的人都受到相同法律的制约。1844 年 7 月美国条约[a] 和同年 10 月法国条约[b]的批准显而易见是把与这两国的贸易放到了与英国的贸易相同的基础上。[9]但是，有效收集税款是另一回事；任何其他外国商人的领事如果不像英国人那样诚实勤恳地去收集税款，就可能逃税少交，从而占了便宜、得了好处。荷兰、德国、普鲁士或瑞典的船只进港没有正式指定的领事代表，使得问题更加复杂化。

作为领事，阿礼国认为，最好让中国官员在平等的基础上与所有外国国民打交道。然后，对所有国家平等地收集税款、控制走私和限制腐败。如果其他国籍的人没有全额付款，英国商人也会这样做，领事问心无愧。

阿礼国坚决反对领事越俎代庖去做中国官员的工作。他说："英国不能履行中国（防止走私的）预防性服务职能，也不能强行维护中国自己都无力维护的财政法律和条约义务上的诚信。"[10] 因此，阿礼国很快就推翻了巴富尔关于收集税款的政策，并将责任交给了中国海关官员。只有海关官员可以签发印章和航海许可证。

与此同时，在 1846 年一个崭新的"北关"[c] 在河岸边建成，专门用来管理外国关税。新位置在洋泾浜以北的滨水地区，直接坐落在英租界内。对外国人社区来说，它比城南郊区的江海关大关建筑要更方便。商人现在可以在租界内进行自己所有的商务，而且没有必要冒险踏入中国人的"地盘"，无论是在城墙内还是在郊区。

到 1848 年，也有可能更早，所有欠中国政府的税款都只能通过新的海关支付。1 月，阿礼国再次强调，道员"对在港口收集的关税以及征收那些税赋的当地安排负全部责任"[11]。到 1853 年，当海关被反叛分子占领、停止收税并使整个外国商人社区陷入混乱时，显然当时是清政府，而且只有清政府有责任收集关税税款和颁发航行印章。任何国籍的领事只是记录所欠的税款金额，并确认他们在退还航运文件和批准清关之前已经支付了款项。

9 费正清《条约制度的形成》（*Creation of the Treaty System*, 1978），第 224 页。

10 英国外交部档案 F.O.228/104，1848 年 9 月 15 日，阿礼国：向英国社区通报有关对糖征收的关税。

11 英国外交部档案 F.O.228/104，1849 年 1 月 4 日，阿礼国致文翰。从保留的通信中无法清楚地知道他究竟何时采取的这一步骤，是否在他抵达时，还是慢慢地逐步形成。

a 即 1844 年 7 月 3 日（道光二十四年）清政府与美国在澳门的望厦村签订《望厦条约》，又称《中美五口通商章程》，是清政府与美国签订的第一个不平等条约。——译者注

b 即道光二十四年（1844 年 10 月 24 日）清政府与法国在广州黄埔签订的《黄埔条约》，又称《中法五口贸易章程：海关税则》，1845 年 8 月 25 日在澳门交换批准，是清政府与法国签订的第一个不平等条约。——译者注

c 北关又叫"新关""洋关"。——译者注

1848 年之后，英国商人完全不需要再进入上海县城。在从上海县城搬到商人聚集的郊区和英租界，这一过程的象征意义看上去贴切而自然。中国的“大关”不再需要协助外国人处理耗时且经常令人反感的流程，西方商人也不再需要承受脱离租界的不安全感来完成自己的业务。每一方都越来越远离另一方。

阿礼国在关税收集方面的举措可能是由于宫慕久的离开造成的，宫慕久是一位坚定且高效的道员，1847 年 4 月，他被提升为在苏州处尊居显的省级按察使。宫慕久的职位被德高望重的满洲顾问咸龄所取代。咸龄在 1843 年获得候补道[d]的体面职位，[12]他驻留在上海，似乎一直在等待就任，或许他会将报告转交给自己的主子，但很少参与日常事务。虽然咸龄一开始是因“通夷之才”的技能，作为耆英的侍卫随从到上海的，但是没有证据表明他在宫慕久任道员时曾经使用过这种技能。到咸龄接任道员的职务时，已经明显看不到那种巴富尔与宫慕久之间享有的相互尊重和信心，他与阿礼国领事之间的关系显得剑拔弩张。

青浦教案

1844 年 8 月，一名英国人雇用的中国翻译因被当地政府扣押而引发了一起事件。巴富尔领事要求释放这名男子 —— 显然是因为英国人的雇员受到治外法权的保护。当宫慕久没有立即同意时，巴富尔威胁将关闭领事馆，登上一条停泊在河上的船，然后驶离上海。假如那还不够的话，他会呼吁英国军舰的支持，引发“炮舰外交”的形象。他的恫吓马上起了作用，翻译被释放，中国方面道歉。[13]尽管没有动用实际的武力，但树立了一个危险的先例。从这一点开始，英国当局意识到炮舰的恐吓是解决争端的终极武器。

也许是咸龄的运气不好。自开埠以来，英国人与中国东道主之间第一次实际的角力就在他任道员一职没多久后发生的。清政府不允许在通商口岸的外国人进入内地，为防止类似的远足旅行，外国人被限制在英租界以外一定距离的范围内，通常解读为方圆 30 英里（48.3 公里）的范围内。传教士对这些限制尤其恼火，因为他们劝人转宗信教的机会因此受限，所以他们经常越界，不是乔装打扮就是明目张胆。

12 咸龄是满洲内务府的成员，曾在宫中任四等侍卫，是耆英多年的合作伙伴之一。他此前曾在广州和耆英一起共事，并且是 1843 年在上海的职位的最初人选。从那时起，他就一直在候补道的位置上。见梁元生《上海道台研究：转变中之联系人物，1843—1890》，第 49-53 页。

13 费正清《中国沿海的贸易和外交》，第 173-174 页。翻译的事件牵涉到巴富尔，费正清称之为与当地政府的一次“斗嘴”。

d 候补道是清朝官职，指官员已有道员官衔，但等候实缺。——译者注这样的一次短途旅行发生在1848年3月8日，到内地的青浦镇。据英国人说只是正好在30英里的界限内，不过中国人认为超越了界限。传教士雒魏林（William Lockhart）、慕维廉（William Muirhead）和麦都思散发基督教福音，当他们准备离开时，被一大群人挡住了，遭到骚扰、攻击和殴打。他们的小册子被没收，许多东西被抢，包括眼镜和一把银制手柄的拐杖。

这个事件中的罪犯不是当地镇民，而是失业的漕船水手。据估计，该地区有13 000名水手在运河驳船上寻找工作，这些驳船将漕粮北上运送至北京。[14]争吵的最初原因是水手想要传教士向镇民发放的那些基督教小册子。他们并非对基督教感兴趣，他们没有工钱，急需钱，只是希望通过出售印有这些福音的纸张来赚取一些现金。当地的孔庙可以赎回写有那些字符的纸张，以便通过燃烧来虔诚地处置它们。传教士知道这些水手是文盲，当他们拒绝交出圣经的翻译及其他册子时，水手就堵截他们，抢走了那些纸张以及他们携带的所有贵重物品。

第二天，倒霉的传教士被救出并回到上海后，阿礼国领事要求逮捕并惩罚肇事者。但是咸龄犹豫不决，或许因为他疑虑重重，无法确定自己是否对这些水手有管辖权，或许因为他担心煽风点火，造成事态扩大。阿礼国怒火中烧，他要求制止"野蛮无端的袭击"，并将其比作发生在广州的一起事件，在该事件中有数名英国公民被杀害。在一份给戴维斯的备忘录中，他抱怨，向道员多次陈述但没有产生任何解决方案，并且"寻求抗议和恳求同样徒劳无益，（我）通知他（咸龄），我将停止支付所有税款……直到获得完全令人满意的结果为止"。[15]

阿礼国召集其他条约国，法国、美国和比利时的领事（比利时领事实际上由一位英国商人代理）寻求支持。阿礼国在没有征询香港的情况下，就立即威胁将动用战舰来封锁漕粮运输，这是他认为对方最薄弱的环节。为支持他的威胁，他要求现有的英国军舰占据构成威胁的合适位置。阿礼国突然行动有两个原因：首先，防止肇事水手随漕粮船队驶离而变得遥不可及；其次，吓唬咸龄，要他认真对待这件事，交出肇事者。

中国关于这一事件的通讯显露出当局的恐慌。[16]宫慕久以前为了回应巴富尔的威胁而放软档，这种姿态被援引遵循，令咸龄感到尴尬。[17]1000艘漕运舢板由于英国人炮舰

14 英国外交部档案F.O.228/90，1848年3月10日，阿礼国致戴维斯；F.O.405，1848年3月10日，阿礼国致戴维斯，"关于在上海附近的青浦有三名英国人遭到袭击的事件的通讯"。另见费正清《条约制度的形成》，第232页；马士（Morse H. B.）《中华帝国对外关系史》(*International Relations of the Chinese Empire*, 1910)，1:392-393。

15 该事件的中国方面说法见《筹办夷务始末（道光朝）》，76:5b-7a。英国方面的说法见英国外交部档案F.O.228/90，1848年3月14日，阿礼国致戴维斯，"传教士的声明书"；F.O.405，1848年3月18日，戴维斯致巴麦尊，"青浦"。

16 《筹办夷务始末（道光朝）》，76:5a-9a、10a。

17 同上，76:10a。

的支持而被禁运，咸龄磨磨蹭蹭地交出了 10 名嫌犯，受害者指证了其中两名。肇事者适时受到了惩罚，阿礼国解除了禁运。但是，阿礼国仍然对他所认为的清政府的顽固态度感到怒火万丈，要求撤掉咸龄的官职。[18] 仅两个月前替代耆英、在广州新任两广总督的徐广缙[e]（以前是广东巡抚）为安抚英国人，同意了阿礼国的请求。在 1848 年 4 月 1 日的一份公告中，徐广缙公开羞辱了咸龄，因其错误地处理“蛮夷”事务而将他免职。[19]

不过，即使英国当局投诉了咸龄，吴健彰的上任也并没让他们喜上眉梢。吴健彰之前在广州，是一个级别相对较低的官员，处在候补道的位置上；他受命临时填补上海的职位。[20] 英国人称他“爽官”，知道他原是广州的行商，“他小心从业，声名卓著，而且，……身处令许多同胞……声名狼藉的粗俗恶习中却能洁身自好”。但是，由于他曾是被深恶痛绝的“一口通商”体制中的一名行商，他受到了蔑视。据称他捐纳买官，“一种仅在国家困难时期才能出售的商品”，然后通过“慷慨解囊的便利”青云直上。[21]

根据县志，吴健彰祖籍广东潮州，“监生”出身。监生是最高学府国子监的学生，未参加过任何科举考试[f]，表明是用钱捐到的官阶。[22] 吴健彰 1843 年曾短暂地出任代理道员，可能是在宫慕久上任之前派到上海协助开埠。官方的人物志未提到他作为行商的任何活动。

这一次，吴健彰又只是短暂任职，直到来自山东的举人王绍复[g]上任。但是，在王绍复上任上海道之前，他被提升为松江府知府。曾在浙江织造衙门[h]任职的麟桂[i]替代了他，任道员直至 1851 年。此时，吴健彰再一次被任命为道员，这次算是永久性的。[23] 因此，1853—1854 年上海出现危机时，吴健彰是上海的高官，当时小刀会

18 英国外交部档案 F.O.228/90，1848 年 3 月 31 日，阿礼国致戴维斯。

19 《筹办夷务始末(道光朝)》，76:10b-15a；在这些页面中可以找到清政府就此以及与英国有关的其他烦人问题所采取的对策的扩展讨论。

20 吴健彰的传略见《同治上海县志》，12:23a。英国外交部档案 F.O.228/90，1848 年 4 月 1 日公告的翻译，附在通讯中：阿礼国致香港。另见恒慕义《清代名人传略》，第 865-866 页；梁元生《上海道台研究：1843—1890 年社会变迁中之纽带人物》，第 53-56 页。

21 《北华捷报》，1854 年 5 月 6 日。这篇文章充斥偏见的语气，出版时正是英国当局与吴健彰道员发生冲突期间，使其前提令人怀疑。

22 《同治上海县志》，12:22b。贺凯《中国古代官名辞典》，第 150 页，#856。

23 根据费正清所说，英国人有可能把吴姓上海道员和曾为广州行商的吴天垣（吴爽官）的一个家庭成员混淆了。吴天垣的哥哥吴天显在 1842 年曾捐纳买官候补道，在正式开埠之前陪弟弟到江苏，在那里试图和英国人做生意未果。费正清《中国沿海的贸易和外交》，第 395 页；恒慕义《清代名人传略》，第 865 页。用费正清的话来说，吴健彰是“一个不羁于所受到的儒家正统教育而具有商业头脑并一心想发迹的‘暴发户’”。（《中国沿海的贸易和外交》，第 372 页）

梁元生在《上海道台研究：转变中之联系人物，1843—1890》，第 53-56 页中的看法不同。梁元生引用费正清对吴健彰的评价，认为他是“条约口岸的中国官商的第一个典范，他通过操纵中国的对外关系和对外贸易，以寄生的方式在仕途上向上爬。”（费正清《中国沿海的贸易和外交》，第 395 页）但是，梁元生接着讨论吴健彰在广州的关系网以及那些曾是广州商人的私人朋友。

e 徐广缙（1797—1869），安徽太和大新镇徐寨人，进士出身，清朝官员，曾任两广总督和两湖总督等。——译者注

f 科举考试共分四级：院试（即童生试）、乡试、会试和殿试。——译者注

g 王绍复，山东蓬莱人，举人出身，清朝官员，曾任苏松太道道员、松江府知府。——译者注

h 织造衙门是朝廷专办宫廷御用和官用各类纺织品的官吏驻守管理织造行政事务的官署。——译者注

i 麟桂，满洲镶白旗人，1848—1851 年出任苏松太道道员，在任期间，上海英租界得到扩展，新成立了法租界。——译者注

起义占据了上海县城及其郊区，海关陷于停顿。

外国人称麟桂为“麟”，英国消息来源的报道一般认为他颇受青睐。麟桂既不像宫慕久那样盛气凌人或左右逢源，也不像吴健彰那样毁誉参半。至少从西方的角度来看，他是一个中庸的官员，是主张对蛮夷采取怀柔态度的“鸽派”[j]一员。麟桂曾任浙江宁绍台道道员，这段经历使他在处理夷务时经验丰富。他的行事作风被一个资料来源描述为故意具有欺骗性。“一方面他与外国人交朋友，尤其与法国人；另外一方面，他在向他的上司以及中央政府汇报时，采用完全不同的语调。他把外国人比喻成‘狡猾’‘野蛮’和‘未开化的’”。[24]

正如“青浦教案”证明，阿礼国领事并不像巴富尔那样尊重一起共事的中国人。阿礼国在和戴维斯的通讯中提到了他与当地官员打交道，认为“中国人的特点（是）唯利是图、软弱松懈和决疣溃痈”。[25]不过，阿礼国对类似咸龄和吴健彰这样的中国官员的不屑一顾，也许在中国官方通讯中同样地等量齐观；在这些通讯中，外国人始终如一地被称为“夷”，翻译过来就是“野蛮人”，英国人尤其认为（该字）是诋毁和侮辱。然而，“青浦教案”建立了恫吓的先例：当一个外国领事没有得到他想要的东西时，他总是可以把炮舰叫来，对类似漕粮船队这样的必需品实施禁运，然后随心所欲提出要求。因此，阿礼国在1849年1月的一份报告中写道：

在一个像中国那样地广人稠的帝国，不花钱打一仗、不严密封锁首都，就没有任何优势。我们有力量在早春时派遣一小支中队前往大运河河口，此时正是北京所依赖的全年漕粮和贡赋的船只通过航运抵达之时；相比在中国领土上或沿海的区域内摧毁二十个城市，这是更有效的胁迫手段。……由于目前意识到了他们的弱点的奥秘，所以，维持我们现在的关系丝毫不差。[26]

英国人正是怀着这种公开的优越意识在上海维持与清政府之间的关系以及进行日常商务活动。阿礼国对有能力胁迫中国人胸有成竹，他和他的同胞容忍了其他外国人的唯命是从。

24 梁元生《上海道台研究：转变中之联系人物，1843—1890》，第50-51页。

25 英国外交部档案F.O.228/90，1848年3月23日，阿礼国致戴维斯。

26 英国外交部档案F.O.228/92，1849年1月19日，阿礼国致文翰。

j 鸽派，是一个广泛用于政治上的名词，用以形容主张采取柔性温和的态度及手段处理外交、军事等问题的人士、团体或势力。反义词为鹰派。采用鸽子来代表是因为在圣经的诺亚方舟故事中，鸽子象征着和平。——译者注

外国侨民

越来越多的外国人的到来加剧了英国人在管理租界时遇到的困难，其中许多外国人不是英国人，因此不受英国领事权威的约束。其中最主要的是法国人和美国人。自开埠以来，美国人的人数不多，但一直都在现场，主要在英租界内生活和工作；但作为美国公民，他们对英国管辖的接受度很成问题。

早在 1846 年 7 月，巴富尔领事就与新上任的美国代表吴利国（Henry G. Wolcot）之间发生了争执。吴利国在 1844 年底以商人身份抵达上海，在新法规之下租了租界内一块优越的滨水地块。巴富尔后来回忆，领事曾明确告诉吴利国，他必须像其他英国商人那样遵守相同的规则。[27] 因此，1846 年当吴利国被任命为美国领事、并在他的住所前升起美国国旗时，巴富尔要求撤下旗帜，因为它侵犯了英国的主权。吴利国拒绝了。然后巴富尔向美国驻华全权公使璧珥（James Biddle）准将投诉，璧珥的战舰文森斯号（Vincennes）当时正在上海访问。璧珥支持他的同胞升美国国旗，争辩道，条约赋予美国公民治外法权，保障他们的权力在通商口岸内仅受制于美国法律，豁免于英国的规定。巴富尔一反常态地输了阵地，美国领事馆继续骄傲地飘扬美国国旗。[28]

国旗也许是件小事，但是原则却让人很伤脑筋。当 1847 年美国领事馆的新基地选在苏州河的另一侧英国管辖区外时，美国的问题解决了。虽然这个叫作“虹口”的区域从来没有正式成立，但一般认为就是“美国居留地”或“美租界”。后来，许多美国人在英租界内购地建房屋、建仓栈，只要他们不做任何侵犯英国主权的事情，就是受欢迎的。英国当局对他国个人飘扬国旗乐得睁一只眼、闭一只眼，甚至毫不掩饰那些飘着他国国旗的领事实际上是英国商人。

自美国国旗风波之后，西方各国之间竞争管辖权的问题在 1852 年又余烬复燃了。根据阿礼国的报告，一些美国人违反了英租界仅由英国人控制的规定，通过美国领事申请土地使用权，而不是通过英国领事。阿礼国投诉，援引事实先例，美国公司旗昌洋行在外滩租地时是向英国领事申请的；[29] 但是美国领事坚决维护同胞的条约权力。不料，在香港的英国全权公使宝宁爵士觉得阿礼国所声称的专属管辖权“过分”，

27 英国外交部档案 F.O.228/76，1846 年 6 月 2 日，巴富尔领事致在美国军舰文森斯号上的美国驻华全权公使璧珥（James Biddle）准将的备忘录，引用 1845 年土地章程：“他国商人愿在划归英商承租之洋泾浜界址内租地建房或赁屋居住、存货者，应先向英国领事官申请，借悉能否允准，以免误会。”（第 14 条）和“应与英人一律遵守一切章程”（第 15 条）。

28 英国外交部档案 F.O.228/76，1847 年 2 月 27 日，阿礼国致戴维斯。在这份通讯中，阿礼国追述了英美两国在上海的紧张关系的整个历史，包括早先的美国国旗风波和璧珥准将的干预。

29 英国外交部档案 F.O.228/147，1852 年 5 月 25 日，阿礼国致宝宁。

因阿礼国与美国领事之间达成了妥协，实际上将英租界变成了公共租界（Shanghai International Settlement）。阿礼国向宝宁汇报："任何想（在租界）范围内承租或购买土地必须向其所在国的领事或领事代表申请……此领事将协议草稿交给道台……据此裁定外国买方与中国卖方之间的交易。"[30] 从这一刻起，英美租界正式被划为"公共租界"。

两年之后，在1854年，外国租地人举行了一次公共会议，通过了一项新的法规，旨在建立包括英国人、美国人和法国人的物业在内的上海自治区[k]。[31] 西方人现在拥有3806亩（253.86公顷）中国土地。法租界也包括在自治区内，尽管分开管理。公共租界和法租界的边界从北面的苏州河开始，一直延伸至南面环绕上海县城的护城河；东面的边界是黄浦江，西面是一条叫作"护城浜"[l]的小溪。[32]

自治权力属于工部局，由七名成员组成，其中五名英国人、一名美国人和一名法国人。[33] 尽管如此，法国的参与，或者说是合作，仍然存在问题。西方人中最明显的紧张关系是法国人与英国人之间的敌意，在多数情况下法国人自行其道，根本不怎么在乎工部局。反过来，工部局由英国利益控制，美国代表又总是一唱百和。

从一开始，法国人在上海的经历就与英国人和美国人的经历截然不同。虽然美国人在大多数情况下似乎满足于在英国的指导下租地建屋做生意，但法国人却试图在上海建立自己的领地，以便进行居住、贸易，特别是促进天主教在中国的传教工作。

法租界

自明朝后期开始，上海一直是天主教和传教活动的中心。徐光启在当时的上海县城外、被称为"徐家汇"的祖居附近建立了外国和中国天主教社区，直到17—18世纪在城内外都还有一些教区和教堂存在。那时，当地天主教和法国人之间并没有专门的关联，虽然历年来在上海的外国牧师碰巧都是法国人。

18世纪"中国礼仪之争"[m]的后果是没收教会物业，基督教被正式禁止，但是并不很清楚那些年上海的基督教活动是否停止。以前的教堂改作他用，甚至有一座教堂

30 同上，以及英国外交部档案F.O.228/148，1852年10月26日，阿礼国致宝宁。

31 英国外交部档案F.O.228/177，1854年7月21日，阿礼国致宝宁。

32 卢汉超《上海土地章程研究》（1984年），第105-116、130页。

33 英国外交部档案F.O.228/171，1854年8月24日，阿礼国致宝宁。

k 即上海公共租界工部局。——译者注

l 又称"泥城浜""护界河"。——译者注

m 中国礼仪之争，指17世纪至18世纪西方天主教传教士就中国传统礼仪是否与天主教义相容，从而和清王朝在学术和政治上发生的冲突。——译者注

被改成了关帝庙。但是，在表面之下，相当浓厚的基督教情绪仍然存在，19 世纪中期当传教活动在中国恢复时，基督教再度出现。对法国人来说，他们非常渴望重建在江浙的教堂。[34]

法国人自 1776 年开始就在广州设了领事馆，在鸦片战争期间一直饶有兴趣地旁观英国与中国之间的冲突。1843 年 6 月，法国使团和中国签署了一项公约[n]，并在第二年法国全权公使拉萼尼（M. Théodore de Lagrené）带着 3 艘战舰和 16 个随从抵达时得到批准。[35] 法国人申明他们的兴趣是商业性质的，但是有几位主教陪同拉萼尼随行。

拉萼尼的指示涉及与英国和美国签署的条约，关注已经确保的商业和外交优势。他最重要的成就之一就是从耆英那里取得了条约中关于保护法国人的教堂和教区的第 22 条款[o]。[36] 在 1844 年和 1846 年的皇帝诏令中，再次允许中国人信仰基督教，从而含蓄地废除了雍正皇帝 18 世纪的禁令，并归还或者赔偿在 18 世纪没收的教堂财产，允许外国传教士进入通商口岸地区。[37] 法国人的条约签署之后，一个罗马天主教区在南京建立，法国人罗伯济（Louis Marie de Besi）是第一任主教，几年之后是赵方济（F. Xavier Maresca）主教。[38] 虽然雍正诏令的意图是限制天主教徒和新教徒那样的基督教传教士，但实际上它却具有相反的效果，即支持基督教。包括上海在内的多个教区已经开始运作。从一开始，至少对法国人来说，就已经假定法国人与天主教会的利益一致。

作为归还先前被没收的教堂财产，上海天主教会获得了三块土地：位于城北郊区的一小块地（显然是明朝天主教堂的基地）、城内的一块地，以及城外南郊的一块较大的土地。[39]1842 年 6 月 12 日，在等待条约批准前夕，甚至早于那年 7 月英国远

34 高第（Henri Cordier）《远东地区两个法国机构的起源：上海和宁波》（*Les origines de deux établissements français dans l'Extrême-Orient. Chang-hai - Ning-po*, 1896），第 29 页。

35 梅鹏、傅立德《上海法租界史》，第 4-5 页。

36 引自同上，第 34 页。1845 年 8 月 25 日在澳门签署的条约（即《黄埔条约》，1844 年 10 月 24 日在广州黄埔签订，1845 年 8 月 25 日在澳门交换批准。——译者注）第 22 条款给予法国人在五个通商口岸的居住权力；租房租地；建房建店和建仓栈；同样，建教堂、医院、收容所、学校、墓地和其他类似设施，只要需要就都可以，再由领事咨询当地政府指定地块。条款还保证，假如中国人损坏或摧毁法国的教堂或墓地，那些责任人将“照例严拘重惩”，一条稍后会有深远影响的条款。见同上，第 10 页。

37 同上，第 26 页；费正清《条约制度的形成》，第 224 页。

38 高第《远东地区两个法国机构的起源：上海和宁波》，第 27-28 页。

39 梅鹏、傅立德《上海法租界史》，第 26 页。

n 即《黄埔条约》。——译者注

o 《黄埔条约》第 22 条款原文为：“凡佛兰西人按照第二款至五口地方居住，无论人数多寡，听其租赁房屋及行栈贮货，或租地自行建屋、建行。佛兰西人亦一体可以建造礼拜堂、医人院、周急院、学房、坟地各项，地方官会同领事官，酌议定佛兰西人宜居住、宜建造之地。凡地租、房租多寡之处，彼此在事人务须按照地方价值定议。中国官阻止内地民人高抬租值，佛兰西领事官亦谨防本国人强压迫受租值。在五口地方，凡佛兰西人房屋间数、地段宽广不必议立限制，俾佛兰西人相宜获益。倘有中国人将佛兰西礼拜堂、坟地触犯毁坏，地方官照例严拘重惩。”——译者注

征军占领城市之前，上海新教区第一任上司南格禄（P. Claude Gotteland）神父（法国萨伏伊地区）就已经抵达了。[40] 南格禄和他的下属收回了以前天主教堂所在的土地，建了一些临时建筑，这些建筑在五年后当法国领事抵达时仍然存在。[41]

确认归还教会物业的正式公告一直到 1846 年 5 月 6 日才颁发（几乎是南格禄抵达上海的四年之后），实际转让产权至教会名下拖延至 1847 年 11 月。与此同时，天主教会最初的努力是针对最神圣的地方，即在北门外的早期大教堂的位置。但是，由于 1847 年协议的结果，教会在城南获得了更大的地块，教区活动的主要焦点转移到了新地块上，1850 年代在那里建起了一座大教堂。城北的小地块虽然没有彻底放弃，早期建筑的地基仍然能找到，但是可以看出已疏于照管了。

1848 年 1 月，法国领事馆由新任领事敏体尼（M. Charles de Montigny）建立。上海唯一的旅馆当然是在英租界内，敏体尼对旅馆收费大光其火，他马上和主教联系上了。主教把城北基地上的一座没人住的房子借给了他。法国外交方面的努力和教会的活动之间如此休戚相关，以至于敏体尼写下这样的话："它很小……但是，在这里，我是在法国。"[42] 他对建筑的破旧条件顿足搓手，虽然凛冽冬天沐雨餐风，但他仍然宣称，比起昂贵的英国旅馆来，他更喜欢这里。以这种偶然的方式，根据领事在教会地块上的临时居所以及 1845 年条约中模棱两可的条款，上海的法租界就这样诞生了。[43]

中国方面的观点是，任何及所有的外国人都应由英国领事便利地"管理"。敏体尼经过与两任道员旷日持久地谈判之后，才为法国在上海的专属使用权建立起法律基础。一开始，吴健彰叫法国人向英国领事申请在租界的租地事宜。不过，敏体尼进一步施加压力，援引第 22 条款，威胁要喊法国军舰来支持。或许也是新上任的道员的促成，清政府默许了法国的要求。麟桂通常的怀柔政策很可能导致他批准了这项请求，但是另外的资料来源视他的行为是对外国人的"默许"，这种态度从长远来看利少害多，在上海掀起了一轮"争抢租界"，是 1898 年"瓜分中国狂潮"[p] 的一个缩影先例。[44]

40 高第《远东地区两个法国机构的起源：上海和宁波》，第 27-28 页。

41 梅鹏、傅立德《上海法租界史》，第 26 页。

42 同上，第 25 页。

43 写于 1896 年，高第争辩道，法国声称对中国的罗马天主教会行使保护，是由于第 22 条款部分内容声明"倘有中国人将佛兰西礼拜堂、坟地触犯毁坏，地方官照例严拘重惩"（高第《远东地区两个法国机构的起源：上海和宁波》，第 27 页），这为 1860 年葛罗男爵（Jean Baptise Louis Gros）在北京的谈判设定了先例。敏体尼没有争论上海的罗马天主教会所获得的赔偿（一般称为"租界"）延期，而只是法国享有给予英国的同等待遇。尽管如此，法国的领地一直被称为法租界。

44 梁元生《上海道台研究：转变中之联系人物，1843—1890》，第 51 页。

p "瓜分中国"，又称"瓜分清朝""瓜分风潮"，是指 19 世纪末至 20 世纪初，列强在中国划分势力范围、取得特权与租界的一连串事件。——译者注麟桂道员给法租界划定了边界：洋泾浜以南，绕城墙的护城河以北，东界为黄浦江和潮州会馆，西靠关帝庙和诸家桥[q]。[45]敏体尼的计划比法国贸易的现实要更加宏伟。到 1849 年底，法租界仅占据两个地块，一块为领事的居所和办公所在地，另一块则是属于一个叫雷米（M. Remi）的人（很快将成为领事的女婿）的仓栈。相比之下，1840 年代末和 1850 年代初，英租界却正在以指数方式成倍增长和扩大。

租界的成长和发展

到 1847 年底，英租界占据了 140 英亩（844 亩）土地；公共码头和道路建成，新的小教堂竣工，还购入一块新的墓地。1849 年，领事馆迁移至巴富尔原先划定的土地上。阿礼国领事的全部注意力现在聚焦在租界，他是英国领地内的首席执行长官，得到了由所有“承租人”或“纳税人”组成的联合会的协助。1844 年 4 月的第一次协会公开会议是非正式的；成员投票购买土地用于墓地，其资金将通过自愿认购筹集。[46]就这样，迈出了走向市政自治的第一步。

1845 年的土地章程规定，由每个承租人负责维护其地块边界相邻的任何道路或公共通道；承租人应该共同维护秩序，清洁和修理道路，修建桥梁和码头，并为公共利益做任何其他可能需做的事情，且应安排提供可能需要的资金来实现这些目的。[47]然而，很快就发现，并非所有物业毗邻公共道路的居民都在尽力维护道路。因此，在 1846 年，承租人成立了一个比较正式的协会，即“道路码头委员会”，以监督道路和类似码头、桥梁之类的公共设施，以及其他必要的改进。为了资助这些项目，他们以每亩 1 元的税率征收“自愿”税。每当一个新问题出现时，它往往会通过组建另一个委员会来解决。因此到 1850 年，“公园委员会”与道路码头委员会合并，以监督外滩和公共花园的建设和维护；还有一个“跑马委员会”，其工作是举办半年一度的跑马比赛，并监督在租界西边新建的跑马场。

英国社区的人口增长稳定，从 1844 年的 50 人增至 1845 年的 90 人，1846 年的 120 人，1847 年的 132 人，到 1850 年总共 210 人。[48]截至 1850 年 8 月 3 日《北华捷报》出版第一期刊物时，新兴的社区已拥有一个公共的道路码头委员会、一份周刊、英国

45 梅鹏、傅立德《上海法租界史》，第 34-35 页。

46 兰宁、库寿龄《上海史》，第 1 卷，第 90 页。

47 英国外交部档案 F.O.671/1，日期不详，“1845 年土地章程”。

48 《北华捷报》，1851 年 12 月 27 日。

q 原文名称索引表中误为“朱家桥”。——译者注

商会、公园委员会、跑马委员会、一所面向中国人的慈善医院、一个业余剧院及临时剧场、一个借阅图书馆、一座圣公会小教堂和一个外国人公墓。[49] 很快，国际象棋俱乐部（1851 年）和慈善海员医院（1852 年）加入。不久之后，由于健康及排水问题，道路码头委员会承担了排水和排污系统的规划。甚至还有一个志愿消防组织，到 1852 年有了两台救火车。

1854 年,《上海年鉴》(*Shanghae Almanac, 1854*) 列出了 276 名居民, 包括 33 个家庭、众多单身汉、几个未婚妇女（她们在社交活动中备受追捧）、56 个商业机构、7 个新教教区和 1 个独立的牧师, 此外还有服务英国人社区的圣公会小教堂及其牧师。主要的商行包括诸如琼记洋行、宝顺洋行、怡和洋行、广隆洋行（Lindsay and Sons）[r]、旗昌洋行, 以及新来乍到的沙逊洋行（Sassoon and Sons）。正式建立领事馆的有英国、美国、法国、普鲁士、葡萄牙、荷兰和汉堡汉萨自由市[s], 尽管几个较小国家的领事是由英国商人兼任。[50]

建设外滩起初是为了支撑河岸，到 1850 年初，外滩成了从苏州河至洋泾浜的一段堤岸。堤岸一边漂浮着成排的码头，另一边则是城市主要洋行的白色“买办风格”建筑，令人印象深刻。1851 年，《北华捷报》的一篇社论指出，“该城”正在快速扩张进入海湾地区，“六个月之前还是潮汐涨落之地，很快，主要部分业务就将在此交易。码头如雨后春笋般往海湾伸出去，列队成行，逐渐形成整齐的街道，而这些以前只存在于纸上”。[51]（图 25）

通商口岸的建筑

1847 年至 1850 年间, 租界最初的几年急匆匆建起的简陋小屋和仓库被诸如怡和洋行、宝顺洋行、仁记洋行、旗昌洋行和沙逊洋行这些公司的大厦所替换。18 世纪后期在广州出现的、被称为“买办风格”的建筑普遍存在于通商口岸,（这种风格）似乎是受到英国帕拉第奥风格或新古典主义的启发, 简化到一定程度, 并用当地的施工技术来完成。欧洲标准根据气候、合适的建造方式和当地可用材料的实际考虑出发, 进行必要的修改。[52]

---

49 《北华捷报》, 1850 年 8 月 3 日。

50 《上海年鉴（1854 年）》, 第 1-2 页。

51 《北华捷报》, 1851 年 3 月 29 日。

52 在 1760 年代和 1770 年代广州滨水的外国工厂的画作中, 可以清楚地看到二层高、带拱廊、白色或奶油色四四方方的房子。克罗斯曼 (Carl L. Crossman)《中国贸易》(*The China Trade*, 1972), 第 93 页。

r 广隆洋行, 又称林赛洋行。——译者注

s 汉萨同盟是 12—13 世纪中欧的神圣罗马帝国与条顿骑士团诸城市之间形成的商业与政治联盟, 以德意志北部城市为主。1367 年成立以吕贝克城为首的领导机构, 有汉堡、科隆、不来梅等大城市的富商、贵族参加, 拥有武装和金库。14 世纪晚期至 15 世纪早期达到鼎盛, 加盟城市最多达到 160 个。——译者注

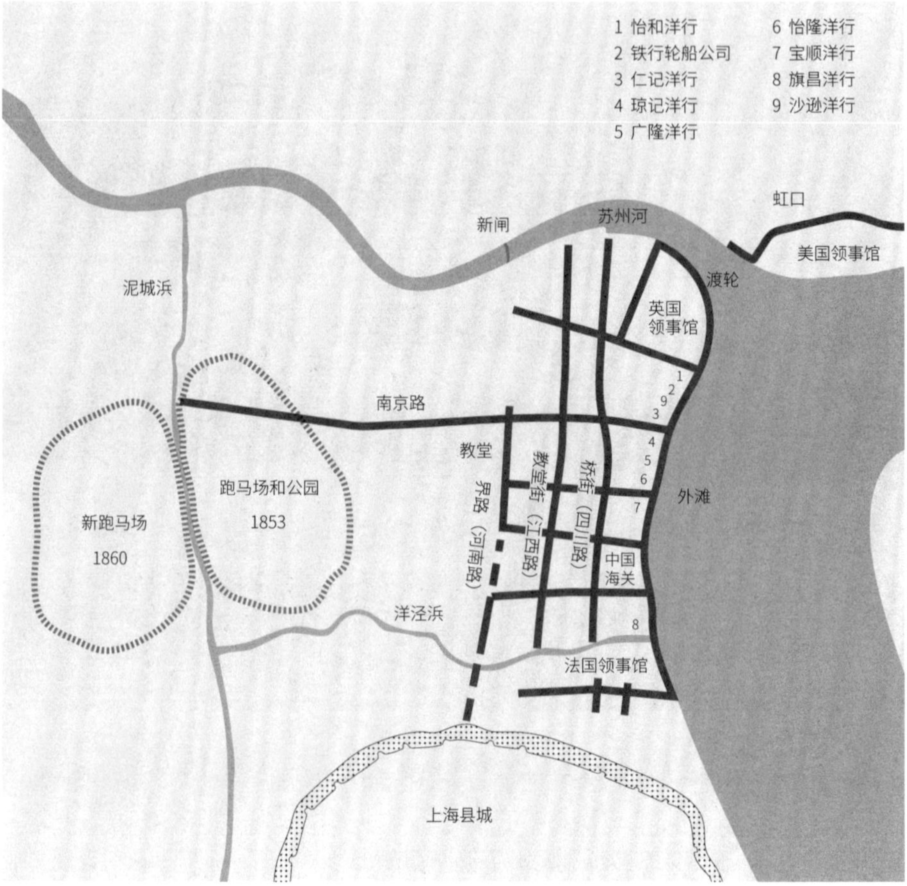

图 25 公共租界，约 1850 年

"买办风格"这个词是个双关语，一方面指使用多立克柱式的建筑元素，另一方面指在中国沿海担任欧洲商行经纪商的中国买办。[53] 这种风格如此紧密地体现了西

53 见第 7 章，尾注 75。我在 1850 年和 1860 年上海的《北华捷报》期刊中找到"买办风格建筑"的参考。尤尔爵士（Henry Yule）汇报道，在"买办风格"这个词的另外一版本的应用中，"上海外滩将要造一栋新建筑，当威妥玛（Thomas Francis Wade）爵士被问到可以采用哪一种建筑风格时，他马上回答道，在上海这个伟大的中国商业中心，它应该是'买办风格'！"（《牛津英语辞典》特别版本《霍布森 - 乔布森》，在"买办"词条下。）这个参考我得感谢彼得·德雷尔（Peter Dreyer）。此风格发展的例子，见斯旦·尼尔森（Nilsson）《英属印度建筑》(*The Architecture of British India*, 1969)；汤玛斯·R. 麦卡夫（Thomas R. Metcalf）《帝国愿景：印度建筑和英属印度》（Metcalf, 1989)；菲利普·戴维斯（Philip Davies）《英属印度的辉煌：印度建筑 1660—1947》（Davies, 1988)；珍·莫里斯（Jan Morris）《帝国的石头：英属印度的建筑》（Morris & Winchester, *Stones of Empire: The Buildings of the Raj*, 2005)。

图 26 上海琼记洋行建筑
（感谢美国马萨诸塞州塞林镇皮博迪·埃塞克斯博物馆）

方对通商口岸的态度，即买办风格成为他们典型的商业建筑，它们是“账房以及卖平纹细布和靛蓝染料零售商的建筑”[t]，以及最重要的鸦片（的建筑）。[54]

从外表看，用鸦片堆出来的房子在设计上是方方正正的结构，通常两层高，像个盒子（图 26）。简洁的长方形平面和坡屋顶可以在 18 世纪的英国建筑中略窥一斑。在中国沿海，这样的建筑由木材或晒砖坯建成（1858 年前上海没有砖厂制造欧洲式样的烧结砖），上涂灰泥或者只是简单油漆一下。建筑通常被带有半封闭拱形柱廊的露台所环绕。底层一般用作公司产品的储藏，上层用作办公和居住。

54 “账房以及卖平纹细布和靛蓝染料零售商”的建筑这一引用来自 18 世纪晚期瓦伦西亚勋爵（George Annesley Valentia）为阿瑟·韦尔斯利公爵（Arthur Wellesley）在加尔各答政府楼上的支出所做的著名辩护，瓦伦西亚的观点即英帝国的建筑风格不应该仅由“卖平纹细布和靛蓝染料的零售商思维”的商人来代表，而是渴望真正的伟大。乔治·昂丝丽·瓦伦西亚子爵《印度航行和旅行等》（Valentia, 1809），1:235- 尾页不详，引自斯坦·尼尔森（Sten Nilsson）《英属印度建筑》，第 105 页；珍·莫里斯《帝国的石头：英属印度的建筑》，第 67 页。不过，在上海，鸦片商人的建筑足够宏伟。

t 原文直译“应当是在一座宫殿中，而不是在一个账房里；应当有着王子的思维，而不是卖平纹细布和靛蓝染料的零售商的思维。”——译者注沿外滩的这些宽敞方正的白色房子和朱漆高大的海关建筑形成对比。在它们的背后是私人住宅，这些住宅基于舒适的英国维多利亚风格，以非常不同的方式建造。另外，英国人还从英国带来了对体育锻炼和跑马的激情，结果，在租界连续建造了三个跑马场、至少两个公园，还有几个体育俱乐部。自 1847 年以来就在讨论的英国商会终于在 1850 年开放。[55]

英国人认为他们对租界内土地的权利是专属的。任何不是英国人仆人的中国人或其他外国公司或家庭不允许住在租界内。大多数住在那里的中国人是英国机构下属的广东买办或仆人。在过去的半个世纪里，越来越多的外来者以移民或者客商的身份来到上海，从各地涌入这个城市的“外地人”，与这些住在租界内、会说英语的广东买办或仆人毫无二致。就如城内的空间主要留给上海本地行会，不同地区的人选择住宅时也倾向于不同的位置。上海本地人随他们的喜好，可能住在城内或者城墙外的郊区。但是，宁波和绍兴人却往往住在城墙外各自会馆附近。北门外、靠近四明公所的区域,以及城外东郊靠近宁绍和浙宁会馆的区域,则受到宁波和绍兴人的青睐。东郊南端、靠近几个广东行会的区域，是广东或广州人的首选地区。[56] 在洋泾浜以南的上海县城及其郊区，不同地域人口的分裂和紧张局势，与城北日益分裂的外国租界遥相呼应。

社区服务和公共空间

尽管缺乏伦敦白厅[u]的任命、赞助或对地方政府的直接监督，上海租地人会为了商人社区的利益，开展了一系列重要的公共服务。然而，1843 年开埠后，在土地承租人协会成立之前，就几乎立即需要一块用作墓地的净土。虽然，在 11 月，与巴富尔领事同时抵达的成员中没有人殒命，但是驶入港口的船只带来了在旅途中死去的海员的尸体。正是要安葬这些往往都是一穷二白的人，受到了社区的关注。社区的任何成员在上海去世，按照惯例他们的尸体会被运回英国安葬，许多商人和公务员就是这么做的；然而，假如不运回国的话，也可以在这块墓地落葬。

因此，1844 年 4 月 12 日，英国人社区的第一次公众会议在城内巴富尔的住所召开，讨论筹资“购买一块墓地”。初具雏形的社区有 12 位成员参加会议。按照 50 股每股 10 银元（加罗拉）售出，他们很快就筹得 500 银元，在未来的海关北关背后、沟渠

55 英国外交部档案 F.O.228/76，1847 年 7 月 21 日，戴维斯致阿礼国。

56 梁元生《19 世纪中叶上海的区域竞争：广东人与宁波人》，第 29-50 页。

u 白厅是英国伦敦市内的一条街。它连接议会大厦和唐宁街。在这条街及其附近有国防部、外交部、内政部、海军部等一些英国政府机关，因此人们用白厅作为英国行政部门的代称。——译者注

以西的位置买下了 10.5 亩土地。按规定，任何（西方）国籍的死者都可以埋葬在“墓地”，但股份只能由英国人持有。整块地设围墙，计划在附近建一座小教堂。[57]

1845 年又出售了 23 股，但到那时，这块土地已经被证明不够大，无法用作墓地。因此，英国人社区用这块土地去换了一块面积更大的地块，即在后来被称为山东路的地块上。[58] 英国人社区以出售教堂条凳筹得建圣公会小教堂的资金。在出售筹建第一和第二个墓地以及小教堂的股份中，通过阿礼国领事，政府是主要认购者。不过，阿礼国小心翼翼地指出，来自政府代表的捐款应该算作私人慈善捐赠，它们不构成直接的政府赞助。[59] 公墓和墓地被理解为私人财产，尽管它们明显是用作公共的功能。雇牧师、修小教堂的钱，以及后来于 1860 年在上海建造圣公会大教堂的钱，都是通过集体捐款私下筹集的，虽然有大量来自政府的补贴，但都是非正式的私人捐赠。

1847 年 4 月 6 日，在一次公众会议上，外国人社区决定以 6000 元的费用建造圣公会小教堂，以 2000 元建造牧师住所。该教堂至少有 60 排条凳，可以容纳 300 人。和以前一样，资金是通过出售教堂条凳来筹集。社区一致认为，尽管传教士中有神职人员，但仍需一位常驻牧师，因此，（社区）决定为合适的候选人每年提供 500 元的工资，外加一座带家具的房子。[60] 在戴维斯的建议下，阿礼国从自己的经费中预支了 500 元用在第二年建造小教堂的项目上。[61] 领事馆也为其成员认购了几排教堂条凳。

在建立社区自己的墓地时，英国人社区重复了许多“外来”行会的做法，每个行会都把将自己的成员落葬于净地作为主要职能。虽然，英国人的公墓是公共的，在这个意义上，任何西方国家的外国人都可以埋葬在那里，甚至包括不是英国圣公会教徒的那些人；但是，它也是私人的，因为它仅限于外国人，而且不向中国人开放——哪怕是中国的基督徒。其建立和维护的资金也是私人认购的，政府作为一个私人认购者。当第一栋急匆匆建起来的小教堂的屋顶坍塌时，（社区）需要资金建造一座新的小教堂，并雇用一个牧师，阿礼国便申请了一项政府贷款，数额等于从集体筹得金额，即 2280 元。英国政府捐助了等额的财政补贴。[62]1852 年，牧师住所竣工，造价 5500 元，政府提供按揭贷款，由教会偿还。靠这样一个小集体来履行这些义务是非常艰难的；然而，到 1855 年，教会获得了每年 500 英镑的政府补贴。[63]

---

57 英国外交部档案 F.O.228/43，1844 年 7 月 11 日，巴富尔致戴维斯，10 亩（约 0.667 公顷）墓地价格为每亩 50 000 文，每年租金 1500 文。

58 广隆洋行捐赠，在新基地上提供了围墙、大门和小教堂，估计费用 2500 元。兰宁、库寿龄《上海史》，第 1 卷，第 290 页。

59 英国外交部档案 F.O.228/76，1847 年 2 月 14 日，阿礼国致戴维斯。

60 英国外交部档案 F.O.228/76，1847 年 4 月 13 日，阿礼国致戴维斯，附件为 1847 年 4 月 6 日公众会议的纪要。

61 英国外交部档案 F.O.228/89，1847 年 2 月 14 日，阿礼国致戴维斯。

62 英国外交部档案 F.O.228/104，1849 年 3 月 6 日，阿礼国致文翰，申请贷款。

63 英国外交部档案 F.O.228/219，1856 年 1 月 4 日，阿礼国致宝宁。

在上海，其他公共服务也都带有这种半私人、半公共的特点，因为，租界内没有英国的那种由市长、市议会和社区组成的市民结构组织。在英国，教会获得资助的方式习惯上是通过教会成员和私人股份，与上海的社区安排墓地和小教堂的方式差不多；但是，在上海，政府的捐款却很触目。无论是在为自己的本土神灵建造一座寺庙，还是从社区成员的认购中支付费用，英国人的社区再次采取与中国的“外来”行会完全相同的方式行事。

道路和码头设施的建设和维护是另一个社区早期的关注点。1846 年，从租地人中组建了一个最初的委员会，由三名正直的市民负责“管理事务”。[64] 到 1849 年，公共服务的组织仍在进一步发展。1849 年 3 月 10 日的会议纪要透露了两项重大决定：第一，使较早的小组委员会更为正式，每年任命三名成员，组成“道路码头委员会”[65]；第二，该委员会有权征收费用并执行其收款，以筹集公共改善所需的资金。租地人会早些时候的会议表明，说服一些成员提供“自愿”捐款是多么的困难，结果导致道路维修费用出现了赤字。[66] 委员会决定对抵达港口的货物征收少量的码头费，并将住宅税提高到每亩 5 元。[67]

上海著名的外滩，是租界第一个真正的公共空间，也是一个私人利益创造了公共设施的案例。外滩起源于租界早期，那些买了黄浦江临江地块的洋行在高水位处打桩，并在其后面填土，以形成一个堤坝，来保护他们的财产免受侵蚀。由于土地章程维护了中国人的权利，即保留沿着海滨约 30 英尺宽的纤道，如此打桩填土而形成的土地无法建造（房屋）；而且，据一份当时的消息来源报道，不用多久，外滩的通道就会不适合在潮湿天气中不穿马靴去散步了。[68] 几年后，外滩延伸到河流的低水位处，并且用公共开支建造了坚固的石头护面。纤道变成一条抬高的马路，拓宽后沿着河滨形成散步场所，用装饰性的铸铁栏杆与马路隔开。[69]

道路码头委员会铺砌了外滩的道路，后来在 1855 年，堤坝向北延伸至苏州河，向南延伸至洋泾浜。[70] 通过这些步骤，中国的纤道通行权被侵蚀，并最终被外国人接管。理论上，一群纤夫仍然可以沿着外滩拖拽舢板，但很少有人敢于以这种方式侵入外国人的空间。

64 兰宁、库寿龄《上海史》，第 1 卷，第 282 页。

65 英国外交部档案 F.O.228/76，1846 年 12 月 10 日给领事的备忘录。

66 同上，以及英国外交部档案 F.O.671/1，1848 年 9 月 14 日，阿礼国致戴维斯，附件 1848 年 9 月 1 日租地人协会会议纪要。

67 英国外交部档案 F.O.228/104，1849 年 4 月 11 日，阿礼国致文翰，附件 1849 年 3 月 10 日公众会议纪要。

68 兰宁、库寿龄《上海史》，第 1 卷，第 282 页。

69 《北华捷报》，1860 年 2 月 5 日，“1859 年工部局的报告”；同上，1863 年 11 月 14 日，“工部局六个月的报告”。

70 《北华捷报》，1855 年 12 月 9 日。

在适当的时候，道路和码头委员会摇身一变，成了公共租界的工部局。根据已经建立的原则，租地人会有权对公司和个人征税，并为改善市政征收码头费。因此，协会继续铺砌道路、安装路灯、建设人行道，甚至从英国订购 17 个公共小便池放在租界内的关键位置。[71]1854 年，建立社区巡捕房；1864 年，成立救火车队。另外，还采取措施确保公共卫生。在早期，排水是通过在城市街道旁边挖掘开放的沟渠，但这样做被证明是不卫生的，最后工部局决定需要建设一个完整的排水系统。为此，雇用了一名市政工程师，进行勘测丈量，并于 1864 年建造了（上海乃至中国的）第一个市政排水系统。通过这种方式，西方社区发展并扩大了该区域的城市公共服务。

港口

上海不仅仅是一个自治市；它同时也是一座港口城市。根据中国和外国法律，水是所有公共空间当中最公共的；因为，来自所有国籍的船只均自由航行于水面之上。锚地停泊则另当别论。中国船只通常按行紧密排列在一起，锚定在岸边的浅水区。西方航运需要较深的锚地，并在锚点随潮汐起伏。因此，在上海事实上有两个港口，一个给外国人，一个给中国人。

中外城镇在与水的设计布局关系上有所不同，中国城市忽视了港口，背对着河流；但西方城镇面向河流，并将滨水地带融入其规划中。中国城市的设计，无论是没有港口的内陆城市，还是滨水的城镇，都毫无二致，它在圆形墙内是安全的，并且朝着政府核心向内聚焦。与此不同，英租界面临河流，其中最重要的建筑面向河流。租界在概念和形象上都融入了港口，使港口成为建筑设计的一部分，并成为城市的主要开放空间。[73]

暗含在港口设施分化下面的是技术问题。西方城镇的港口虽然受到现代标准的限制，但可以容纳远洋帆船，并且随着时间的推移，出现越来越多的汽轮。[74]相比之下，中国港口更靠上游，河水深度更浅，但对于河流和运河中吃水浅的舢板绰绰有余，同样对于类似沿海航运的沙船也是如此。因此，上海的港口设施（的分化）是该城居住和商业功能分化的镜像。

---

71 这些改进可以在《北华捷报》上的工部局年度报告中看到；关于公共小便池，见 1864 年 4 月 9 日发行的刊物。

72 《北华捷报》，1863 年 11 月 14 日；1864 年 4 月 9 日。

73 关于早期现代欧洲的港口和城市的设计，见约瑟夫 ·W. 孔威茨（Josef W. Konvitz）《城市与海洋：现代欧洲早期的港口城市规划》（*Cities & the Sea: Port City Planning in Early Modern Europe*, 1978），第 14-16 页；第 1 章，注释 30。

74 划给外国锚地的区域沿着河岸的长度从吴淞江一直到洋泾浜，距离大约有半英里（0.81 公里）。锚地的 800 英尺（244 米）的宽度大约河流宽度的一半。深度在低水位时从 1.5 ～ 2 英寻（2.74 ～ 3.66 米）。

尽管在上海的欧洲规划师已经控制了陆地上的城市空间设计，但他们缺乏对河流的控制。自1830年代休伦号和阿美士德号的使命以及鸦片贸易商的秘密航行以来，英国船只一直在绘制上海以外海域的海图。随着开埠，这种努力得到了加强。1845年，勘探船伯劳弗号（Plover）探查了长江入海口的沙砾和河岸，并确定了通往吴淞江的黄浦江入口航道；对吴淞江、黄浦江也进行了勘测，并确定了通往港口的主要航道。测量员建议在河流入海口设置航标灯，锚定一艘轻型船只以标识航道，并放置木杆来辨认驶进河流的入口。[75]

在伦敦，海军部同意了巴富尔转发的计划，内含伯劳弗号测量员所做的那些建议，外加一些巴富尔自己的实际经验，包括在鸡骨礁（Amherst Rocks）[v] 上设置航标灯；灯标船停靠东沙；航标灯的木杆设在崇明岛对面的浦西陆地并继续往吴淞江上游标识航道；在宝山堡 [w] 设标杆作为进入黄浦江的主要标志；沿航道设浮标；用两根石柱标出英国在上海的锚地范围，石柱正对的河里设浮标。[76]

但是，英国领事只能建议道员提供航标灯和浮标，无法实施安装。巴富尔肯定这些建议会让道员欣然接受，但是有个恼人的问题，就是如何筹集所需的资金。[77] 虽然道员同意这些改进的可取性，但是提到费用，他无能为力。领事指出，假如西方船只不断在河口岩石上撞沉，上海港将不再繁荣。迫于领事的压力，1845 年，道员终于同意设置灯标船；几年之后放了浮标，标出锚地。

1847 年，阿礼国向道员施加更大压力，叫他至少做些不需要费用的书面工作。因此，阿礼国和宫慕久一起建立了第一份港口规则，定义锚地的范围，增加它的宽度，使纤道和停泊的船只之间有自由宽敞的空间，同时要求两个锚地，保证帆船沿着纤道（后来成为外滩）有自由的通道可以拖船，以及其他更多技术性的专门规定。[78] 但是，更反映真实情况的是宫慕久发表的第二项关于主权的内容。宫慕久说，水上和锚地的主权属于中国政府，但是允许英国人在限定的锚地范围内全权处置他们自己人（例如，建立他们自己的法律和规则）。[79]

---

75 英国外交部档案 F.O.228/54，1845 年 10 月 23 日，巴富尔致戴维斯，附一份根据伯劳弗号勘测结果所做的建议的副本。

76 英国外交部档案 F.O.228/63，1846 年 5 月 29 日，戴维斯致巴富尔，附海军部的批准。

77 英国外交部档案 F.O.228/54，1845 年 10 月 23 日，巴富尔致戴维斯。

78 英国外交部档案 F.O.228/76，1847 年 3 月 10 日，“上海港外国船只锚地的备忘录”。

79 道员从来没有怀疑过中国对锚地的管辖权；1845 年 9 月，宫慕久指示巴富尔，外国船只必须前后停靠（英国外交部档案 F.O.228/76，1845 年 9 月 20 日）。1847 年 3 月，道员明确重申，“主权属于中国政府”，英国领事的管辖权凭道员高兴而决定；而且只扩展到英国人（英国外交部档案 F.O.228/76，1847 年 3 月 10 日，“上海港外国船只锚地的备忘录”）。

v 鸡骨礁为一群礁，位于上海市东部长江口外，距吴淞口 111 公里，距佘山岛东南 30.6 公里，是上海市的最东端，也是上海市最早的岛屿。——译者注

w 宝山堡，即老宝山城遗址，位于宝山的西麓，作为军事要塞建于明万历四年（1576）。清康熙八年（1669）全部坍没入长江。——译者注

这一陈述清楚地反映了中国人对待治外法权原则的看法，这是允许以夷制夷的另一个例子。宫慕久允许英国人至少可以如同在陆地上采取的改善措施那样进行操作。道路码头委员会先是使用私人征税，后来采取码头费，改善港口，将河的西岸支撑起来形成外滩，并建造浮船坞和栈桥，以方便装卸货物。虽然清政府反对建造外滩，因为它阻碍了通往中国人锚地的帆船纤道，但是欧洲人坚持己见，最终造起高出平均低水位线几英尺的永久性堤坝，并在这个过程中几乎完全湮没了纤道的痕迹。

除了从 1847 年开始增加的外滩建设外，欧洲人在滨水地带的另一个主要困难是淤塞问题。淤泥是一个长期存在的问题；它在外滩堤岸的底部堆积，除了在涨潮时，平时甚至连小船都无法停靠。任何阻碍都有可能引起淤积；它在河对岸围绕一条搁浅的小船聚积起来，形成陆家嘴；淤泥在英国领事馆前面的另一艘沉船周围聚集，形成后来公共花园的土地。当欧洲人禁止中国泥工从租界附近的河岸地区进行习惯性的泥沙捡拾工作以填充沙船压舱的袋子时，他们没有察觉正是自己的这一决定促成了淤积问题。结果，淤泥的堆积速度更快了，而且由于欧洲人声称没有管辖权，他们无法疏通锚地。

幸运的是，对于外国人来说，他们选择的锚地在吴淞江和黄浦江交汇处，河水相当深，并且由于潮汐和水流带来的冲刷淘洗，河水相对清澈。因此，航运的主要障碍不是在上海的港湾，而是在“臭名昭著”的黄浦江的河口吴淞口，退潮时几乎干涸，甚至在季节性高水位的涨潮时也只有 21 英尺（6.4 米）深。远洋船只必须等待涨潮时才敢驶过吴淞口，花几天甚至几周困在那里等待足够的潮水和有利的风向是常有的事。航运公司各自提供引航船，由熟悉水域的中国引航员协助航船驶过吴淞口，沿着黄浦江航道导航，溯江而上，进入上海。

尽管存在实际问题，这些苦衷直到 1851 年才得到有效解决。道员最终同意雇用一名外国港务长，发布规定，定义港界，并扩展到将吴淞锚地包括在内。[80]1855 年，领事和港务长一起建立了正式的引航系统，取代了原来一些大洋行的私人引航船。1860 年，创建新标准，此标准专为满足英国劳氏船级社（Lloyd' s）[x] 所要求的保险责任而设计。[81]

---

80 英国外交部档案 F.O.228/130，1851 年 3 月 14 日，吴健彰致阿礼国；英国外交部档案 F.O.228/131，1851 年 10 月 13 日，阿礼国致文翰。1851 年，贝莱士（Nicholas Baylies）船长被委任为港务长，但是这个职位看上去终止了，因为 1857 年领事推荐了一个新的任命（英国外交部档案 F.O.228/243，1857 年 9 月 16 日，罗伯逊致宝宁），1860 年，有个考特先生（Mr. Court）在吴健彰道员的推荐下被任命为港务长（英国外交部档案 F.O.228/291，1860 年 3 月 1 日，密迪乐致卜鲁斯（Frederick Bruce））。

81 英国外交部档案 F.O.228/291，1860 年 1 月 17 日，密迪乐致卜鲁斯，回顾港口的早期成就。

x 英国劳氏船级社(Lloyd's Register of Shipping，LR)，又译作英国劳埃德船级社，是世界上成立最早的船级社，其机构庞大，历史较长，在世界船舶界享有盛名，是国际公认的船舶界权威认证机构，在军工、工程等方面也颇有名气。它主要从事有关船舶标准制定与出版，进行船舶检验，检定船能，公布造船规则等。——译者注

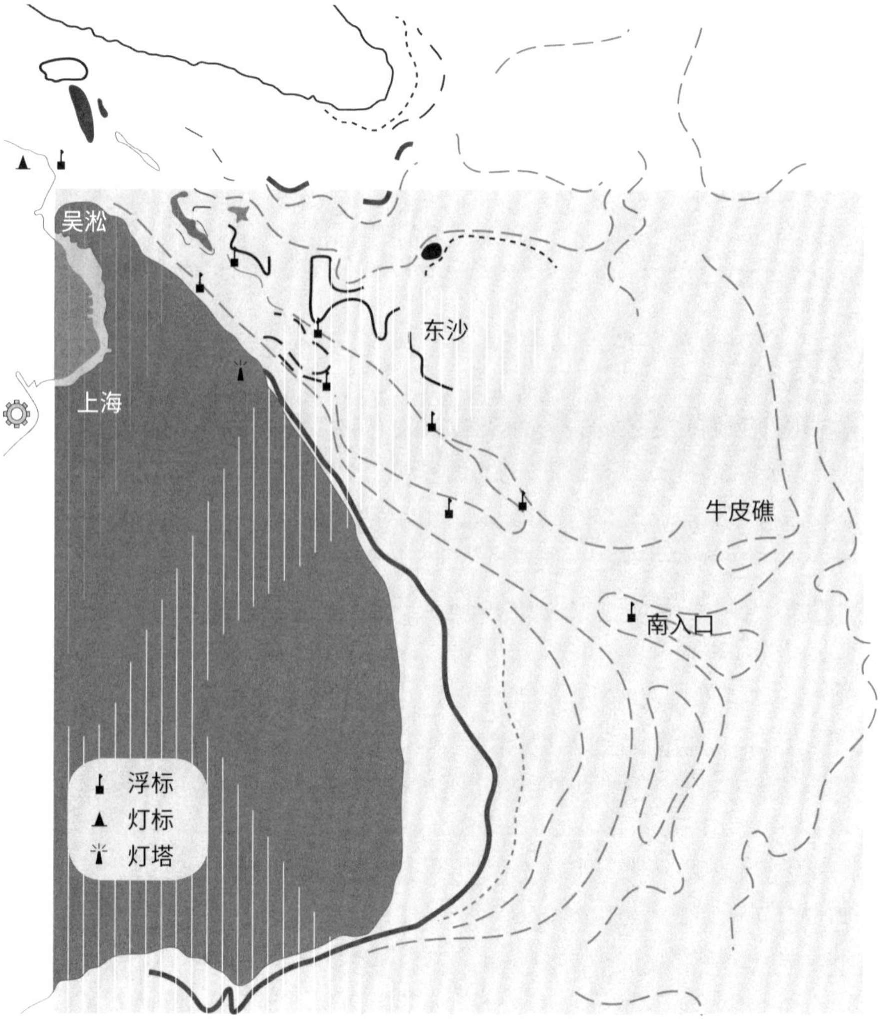

图 27 长江河口导航图
(改编自英国外交部档案 F.O.228/241)

慢慢地，由道员首先落实，然后在港务长的催促下，设置了灯标船和浮标，标出黄浦江的航道，提醒在长江河口行驶的风险。1856 年，道员置换了在吴淞口最关键位置的灯标船，在长江南岸安放了永久性的灯塔，此举距离英国海军部提出该建议已有十年。[82] 东沙岸边竖起灯塔，在牛皮礁（Ariadne Rocks）[y] 设浮标提醒船只不要靠近，在礁石南面和西面标志深水区，东沙南岸装灯标船，从那里一直到黄浦江河口用浮标标出航道。图 27 说明 1857 年最终设置的改善措施和航运辅助。公共水域在这样的方式下使得私人航运变得安全。

供公众使用的私人领域

这些港口的改善措施是中国人和欧洲人出于公共目的进行合作的最明显的案例，无论这个合作多么勉强。租界为公众进行的其他改进内容包括道路和码头、排水系统以及外滩。另外还有私人集资的私人设施，会员资格仅限于认购者，至少在理论上如此。1852 年创建的跑马场和公园是最早和最著名的私人场所。至少早在 1847 年就开始使用的第一个跑马场就位于李家场的西边。它不过是一块训练赛马和举行非正式比赛的土地，后来这块基地留给了英国领事馆。然而，到 1850 年，这块土地有建设需要，社区需要更大、更正规的运动场和跑马场。

1851 年 7 月，租地人会指定的跑马委员会寻求买地，建造新的跑马场，其中心设有一个公园。选中的土地在租界西边，其中一部分土地被福建行会用作坟地，行会被说服以 5000 元的价格出售土地（虽然暗示了 4000 元就可以接受）。委员会以价格过高拒绝了，因为他们不想买下整块土地，仅仅想要椭圆形的赛道。委员会行使了类似土地征用权的方式，开始在基地上做准备工作，吩咐个人业主向英国领事馆申请补偿。[83] 民众群起保护坟地，引起的争执上诉到英国领事和道员处。麟桂道员出于捍卫中国的立场，指出建跑马场“仅为了一点娱乐和愉悦”，而中国人对墓地的保卫影响到“中国人的祖先和父母的坟墓”，麟桂要求阿礼国停止施工。[84]

阿礼国呼吁用条约权力行使土地征用权来购买土地，不过就在他准备跨出这一步之前，（双方）达成了一项妥协，委员会被迫买下跑马道内外的所有土地，但价格

82 英国外交部档案 F.O.228/221，1856 年 12 月 5 日，罗伯逊致宝宁。

83 英国外交部档案 F.O.228/131，1851 年 7 月 15 日，阿礼国致文翰。

84 英国外交部档案 F.O.228/131，1851 年 7 月 15 日，麟桂道员致阿礼国。

y 牛皮礁，位于长江口外的上海市东端横沙浅滩南部的岛礁，北距佘山岛约 30 公里，面积近 500 平方米。——译者注

低于原先要求的。施工继续，清理了土地，圈出长度大约 0.75 英里（1.21 公里）的椭圆形赛道。资金筹集靠出售跑马场和公园委员会的会员资格，因此该设施为私人性质。据《北华捷报》报道，跑马场大张旗鼓地开张。1852 年 5 月 4 日至 6 日，上海赫赫有名的第一届半年度跑马赛会在新公园[z]召开。[85]周刊报道，那些出资认购的会员在公园里徜徉，新种下的树木为他们增添光彩，他们在跑马道上训练赛马。

"新公园"在椭圆的中心，是上海第一个专门创建的"公共"空间；然而，具有讽刺意味的是，它是私人性质的。理论上，公园只对会员开放，但是实际上，不管是英国人、法国人，还是美国人，也不管是否是会员，西方社区的成员从来没有被排除在外。据说到港的船上的海员是被禁止的，但是这条规定也很少执行。公园实质上对中国人的社区不开放。因此，这为后来更为出名的公共花园设定了一个先例，位于外滩的这个公园稍后建在英国领事馆前堆积起来的淤泥处。闻名遐迩（但纯属杜撰）的标识牌据说声称："华人与狗不得入内"，就是在这里。[86]

租界最初 20 年间建起的公共空间和市政设施具有混合的特征。基本上，在管理社区的事宜上，英国政府原则上不扮演直接的角色，社区进行自治，但由领事裁决，在他后面，是政府的默认。市政服务通过居民自选形成的团体提供，并由或多或少的自愿捐款来筹资。类似圣公会教堂、墓地和跑马场之类的设施，以及紧随其后的公园、俱乐部、图书馆、剧院等，都是私人的。建造和维护这些必要的设施所需要的资金由私人认购来筹集，设施的使用也是有限制的，至少在理论上如此。

公共和半公共设施进一步区别于为较大社区的贫困或弱势成员提供服务的慈善组织。传教活动自然划归到慈善活动这方面。另外还有"施粥厂"，开设于 1852 年 1 月至 4 月，在租界为饥饿和贫困的中国人（其中许多是难民）提供食物。在那段时间，施粥厂分发了 34 392 碗粥汤，并在 1852 年 11 月冬天再次开放了几个月。[87]另一个这样的慈善机构是英国圣公会差会[aa]于 1852 年 12 月开办的一所学校。学校由私人出资，它还向那些有能力支付每年 30 元费用的学生收取房间、住宿和教育费用。仔细阅读公告，除了教育有前途的中国年轻人之外，这个设施还面向欧洲社区的中欧混

85 《北华捷报》，1852 年 5 月 1 日；1852 年 5 月 7 日。

86 华志建（Jeffrey N. Wasserstrom）《标识牌里有什么？上海的"华人与狗不得入内"论战》（*What's in a Sign? Shanghai's 'No Dogs and No Chinese Allowed' Controversy*, 1993）提出，标识牌禁止狗和华人入内可能从来没有以这样一种形式存在于上海的公共花园，但是这块虚构的标识牌所隐含的种族歧视传统却是真正无所不在的。

87 《北华捷报》，1853 年 1 月 22 日。

z 新公园为今人民公园。——译者注

aa 英国圣公会差会，又名英国海外传道会或安立甘会。——译者注

血男孩。[88]（当然，英国小孩由他们的父母教育，之后送回“家”[bb]上学。）私人慈善机构以这种方式“拯救”了商人社区的良知。

平行发展

以上叙述的是市政自治的每一步发展。第一个也是最重要的成就是社区成员相互同意对成员征收强制性税收。从那时开始，在外国人的社区内，道路、码头、桥梁和排水成为公共事务，由自发的市民委员会管理，并有权征税和罚款。同样地，在中国人的社区，清朝时期的排水、治水以及涉及社区利益的类似事务越来越多地由自发的公众委员会管理，这些委员会由热心公益的士绅带领，尤其在上海，由同样关心社会福利的商人精英带领。

士绅在上海包括“商绅”，他们提供了许多公共服务。伊懋可指出，1825年建立了一个由士绅运作的、监督江苏漕运海上运输的局，在以前这一直是政府关注的事务。[89]更重要的是，1775年建立了一个士绅理事会，为疏浚城市的水道筹集资金。前面的章节讨论了类似同仁堂、义和堂和育婴堂等这样的善会如何在独立于地方政府的情况下开展慈善活动。育婴堂赞助了一所孤儿院，为弃婴以及为母婴提供其他服务（例如，堂养、寄养和培训谋生之道）；义和堂为穷人施药诊治；同仁堂提供各种各样的社会服务，范围从施粥厂到义冢。明朝时期由政府提供服务的更夫和救火兵丁，到清朝下半叶则由当地士绅和商绅组成的理事会提供。

上海的行会也是提供公共服务的主要参与者。同仁堂和其他善会的资金来自当地行会和个人的“自愿”捐款。其中一些捐款，例如豆业行会抽取的税，是强制性的。虽然“外来”会馆只为他们自己的会员提供大部分的慈善服务，但有些行会也会帮助更大的社区，例如为消防挖池蓄水。19世纪末、20世纪初，这些行会在建立现代公立小学方面特别活跃。与“城里人”行会一起，他们共同维护作为公园的豫园。

私人机构提供的服务中最重要和最公开的是一个新的善堂即果育堂。据伊懋可指出，这个善堂维持着一支50人的消防队。据编修地方志的姚文南说，19世纪下半叶，它“承担了每一项慈善工作（包括）清洁道路、街道照明、修建桥梁和通道以及修缮寺庙和管理民兵的工作。事实上，这是地方自治的起点。”[91]

88《北华捷报》，1852年12月11日。

89 伊懋可《上海市政（1905－1914）》，第240页。

90 同上，第242页。

91 引自同上，第241页。

bb 指英国。——译者注

罗威廉指出了行会、寺庙和市民团体等私人和社区组织在汉口创建公共领域所起的作用。他们的活动中突出的是灭火和防火；其他服务包括分区规划、建设排水渠、提供街道照明、规范污水收集和设置免费渡轮。[92] 甚至更早时，在汉口设立的第一个善堂就在港口设有救生船，这是为市民利益提供的基本公共服务，而且也有利于航运业务。[93]

1862 年前，在上海至少有 11 个公共服务的局，包括船捐捕盗局（据伊懋可，最初是由商人经营的）、会防局、义渡局和类似曹晟监管的地方性巡防保甲局（见第 7 章）。这些局由当地士绅或者由候补官员运营，因此是政府默许的，但并不受其控制。[94]

洋泾浜两岸都发展了服务于公共利益的公共领域，同时都独立于英国和中国政府之外。正如上文所指出的，中国城市发展中的公共领域与汉口的类似发展以及浙江各地的太平天国之后的活动都产生了共鸣。在兰金的评估中，这些发展提供了一个中间地带，既不是政府赞助的，也不是完全私营的；在这个中间地带，政府和社会相遇。[95] 这种努力通常由士绅—精英（“绅董”）管理者而不是政府官僚领导。兰金追溯了直至清朝上半叶这些组织的根源，但浙江公共领域兴起的真正发展却是对太平天国之后的重建的回应；在后来的几年里，他们建立了宏观区域范围内的网络。[96] 这些发展对上海来说也很重要，因为上海的许多参与者都来自浙江。但是，更重要的是，在上海发展的公共领域通过寺庙、会馆、善会和公益服务局等机构起源于 18 世纪（在寺庙活动的例子上甚至更早），甚至在太平天国叛乱之前，就已在 19 世纪上半叶兴盛起来。

在上海，中国人社区的许多这些发展显然早于 1843 年外国人的到来，因此不能归因于西方的影响。在 1843 年之后的西方区域，发展中的租地人会负责处理类似道路和码头、外滩的建立、照明以及公共安全等事务，同时还赞助建立墓地和小教堂的半私人团体和其他更多的私人机构，如跑马场和公园委员会，引领走向政府自治，强制实行惠泽自己的自愿捐款和非自愿的税收。在租界内创建的最开放和最公共的空间就是外滩，紧随其后的是跑马场和公园、小教堂及墓地。

因此，在外国人和中国人的社区中可以看到平行、但完全独立的发展，其中公共服务越来越多地由市民和商业组织、而不是政府提供。两者的目标也非常相似，包

92 罗威廉《汉口：一个中国城市的冲突与社区（1796—1895）》，第 135-186 页。

93 同上，第 108-109 页。

94 伊懋可《上海市政（1905 — 1914）》，第 245-246 页。

95 兰金《中国的精英行动主义与政治转型》，第 16-17 页。

96 同上，在书中到处可见。

括为孤儿和贫困人口建立公共慈善机构，维护街道、码头和其他常用设施，以及建立公园和休闲场所。

从1846年8月至1855年4月，在租界成长的关键十年里，阿礼国是上海的领事。在这期间，租界从住在急匆匆搭建的仓栈里的少数商人，发展成为一个拥有超过150名居民的模范社区。到1854年，租界有了一个领事法庭，以及一所监狱和一个小型巡捕房。租界成为一个国际团体组织。这种发展并非没有压力和成长的烦恼。在此期间，与中国人的关系变得更具对抗性。由于“青浦教案”，英国开始利用威胁或使用武力来支持自己的要求。这一时期紧张局势的主要原因是贸易行为和“鸦片问题”。法租界建立后，包括英国人、美国人、法国人在内的外国人之间，民族差异越来越明显。双方不同官员的人格对中英关系产生了强大影响：在外国人的社区，是巴富尔和阿礼国领事；在中国人这边，是宫慕久、咸龄、麟桂和吴健彰道员。巴富尔尊重清政府，与他们合作，反过来也赢得了宫慕久道员的尊敬。阿礼国改变了巴富尔的政策，展示了他自己的风格，但也几乎没有隐藏对中国人的蔑视，造成他无法促进与随后的几任道员的未来关系，不管怎样，这可能与他的上司的感受不谋而合。

外国人社区仍然被纳入为“外来者”设计的框架内。虽然它的规模和气势越来越大，而且其业务在该市的贸易中占据了越来越大的份额（实际上它现在已经大幅增加），但它仍然像其他会馆一样运作。西方人慷慨地被允许遵循他们自己的习俗，遵守他们自己的法律，享受他们的家乡美食，使用他们的各种语言，并在他们各自的社区中礼拜他们自己的神灵。如果有什么的话，外国飞地比以前更加孤立，因为，现在英国人已经放弃了巴富尔任内时在城墙内的领事馆宅院。从中国人的角度看，“大计”的运行一帆风顺，实现了其遏制和驾驭讨厌的外国人的主要目标；与此同时，允许中国商人从交换中获得了一些利润。从外国人的角度来看，即使大部分实际的现金都来自违禁品的销售，但也开始产生真正的利润了。

第十章

叛乱：上海“小刀会”

1843 年 11 月上海正式开埠至 1853 年初，先后有璞鼎查、戴维斯、文翰和宝宁四个英国全权公使，以及巴富尔和阿礼国两个上海领事一直在工作。在这十年内，中国方面有两任掌管西方关系的钦差大臣：耆英和徐广缙；在上海，因需要有与外国人打交道的技巧特意挑选的四任道员是：宫慕久、咸龄、麟桂和吴健彰。最初非常萧条的贸易，已经逐步复苏，并在 1850 年代早期，不仅外国商人，中国商人也开始收获实际利润。尽管受到鸦片贩运和走私的困扰，但这项“大计”终于结出硕果。不料，1853 年 9 月 7 日，上海被一支不为人所知、自称“正义军”的叛军占领，商业活动突然停止。

东方和西方的紧张关系

小小的英租界，在 1844 年不过是一组在泥泞小巷上急匆匆搭建起来的棚屋，到 1850 年早期已经发展成为一个“模范”国际小镇，有着笔直的道路、长方形地块、令人印象深刻的滨水商业建筑，以及超过 100 人的居住区。虽然租界的居民主要是英国人，但也有许多美国人。在苏州河以南、租界和上海县城令人生畏的城墙之间，坐落着一个小型而雄心勃勃的法国飞地。

到 1850 年代初，上海县城已经扩展到城墙之外很远的区域，估计当时覆盖的人口超过 25 万。蔓延的郊区正处于最繁忙的时刻，拥挤着 “外来行会”的产业和会馆、寺庙、船坞、栈桥、码头、手工业制造工坊以及各种各样的商业尝试。1849 年后，行会活动又开始增加。在此期间，上海人口的很大一部分是大量的移民，他们纷纷涌向这座城市，寻找“通商大计”所提供的工作和机会。最多的是广东人，其中许多人来到上海的直接原因是因为他们早先在广州与外国人进行商业交易；其次重要的是浙江人，由四明公所或其中的宁波会馆代表；第三拨是那些来自福建沿海的团体。

在西方人这边，英国人和他们的美国表亲之间偶尔会发生摩擦，但是母语为英语的租界与法租界之间存在更严重的紧张关系。国家之间的敌意从未爆发为彻底的冲突，但是各国之间的紧张关系却明显与日俱增。1854 年春，在上海小刀会起义的危机中，江苏巡抚许乃钊在一份官方纪要中汇报，上海道员吴健彰最不信任英国人，他

“遂阴结米法两夷酋，以孤英夷之势”，以此打击英国人对叛乱分子的援助。[1]这是历史悠久的“以夷制夷”策略之一。这种策略的成功及其影响可能会在未来几年的紧张局势中得到体现。

中国人社区在洋泾浜另一边，那里外来成员的人数远为更多，冲突的可能性也相应增大。最明显的分歧是当地“上海人”和“外来者”之间。在外来者中，浙江、福建和广东帮派之间存在重要区别。随着越来越多的事件在广东人或福建人与欧洲人之间爆发，城市及其郊区的族裔问题蔓延到法国和英国的租界。英国商人和美国商人与某些广东人之间的特殊关系则加剧了社区的分裂。

最早关于中国1843年在上海开埠的报道中提到了帮助外国人开展日常业务的广东商人的存在。[2]他们担任买办、总经理、杂役以及与中国卖家和买家之间的联络人。尽管存在这种关系，或者也许正因为这种关系，归因于广东人的问题早年就一直困扰着租界。作为领事，巴富尔经常抱怨租界内“广东流窜团伙”犯下的小偷小摸和“恶作剧”，道员及其下属“未能控制”。[3]

在上海引起麻烦的第二波移民来自福建。福建行会与广东人相比可谓新来乍到，受到人口压力的推动，要求在紧靠租界外围的土地上建立墓地。墓地靠近租界，经常被英国人投诉，指责墓地“不卫生”。[4]当英国人建议修建一个跑马场，要越过其中一块福建行会的墓地时，遭受到福建帮派的敌意。最后，英国人为建造跑马场不得不买下行会的整个墓地，并迁移墓穴。[5]

商业竞争是引起摩擦的另一个原因。1852年6月，英国人投诉福建运输商人和船东与“当地政府勾结”，一起阻挠他们进入沿海地区“经商”。很明显，阿礼国没有意识到福建和广东两地帮派之间存在敌意，他认为吴健彰道员利用福建裔作为“唾手可得的工具”伤害英国人（的利益）。阿礼国列举了从1848年至1852年间的各种不满，结论是吴健彰的阴谋诡计在英国人和美国人之间、在外国人和福建裔之间造成

1 《筹办夷务始末（咸丰朝）》，7:20b。许乃钊巡抚的奏折，3/6（1854年4月19日）。翻译见施维许《<筹办夷务始末>中的中美关系：1840—1860》，第191页。

2 《筹办夷务始末（道光朝）》，70:9b。

3 英国外交部档案F.O.228/89，阿礼国致“陛下之艾斯皮格”号（HMS Espiegle）舰长金登干（James Duncan Campbell），1848年1月14日。另见英国外交部档案F.O.228/104，1849年2月27日，阿礼国致麟桂，抱怨租界内广东人的蹂躏。例如，1848年1月，租界雇了20名更夫进行街道巡逻，尤其在晚上，以保卫租界免受广东人的掳掠；1849年，几起未查明的抢劫案据说是广东流窜团伙犯下的。

4 英国外交部档案F.O.228/131，1851年8月9日，阿礼国致文翰；英国外交部档案F.O.228/131，1851年11月18日，阿礼国致文翰。

5 英国外交部档案F.O.228/131，1851年7月10日，阿礼国致麟桂；1851年7月15日，麟桂至阿礼国；英国外交部档案F.O.228/131，1851年7月15日，阿礼国致文翰；1851年6月23日，麦华佗致跑马委员会。

互相猜疑、违法乱纪以及分裂和对立关系，福建裔“在这个港口的当地人口中是最动荡和最具攻击性的”。[6]

1852 年 8 月，阿礼国提交了另外一份报告。在报告中他指出，在过去三年里，港口的“本地舢板交易”看上去有所减少。这归因于三个原因：首先，由于大运河的关闭，漕粮通过海上运送，经常征用（当地舢板的）所有运量；第二，南部沿海海盗造成的巨大损失；第三，来自外国航运的竞争。

阿礼国没有将舢板运输的减少与当地人口的动荡联系起来，他还在报告中附上了一个通知作为附件，“在一个叫麟桂的带领下，一伙大约2000名福建人（原文如此）”，沿着运河，从这个中心位置（上海）和苏州，到处四散；他们打劫过往船只、破门入室、随意抓人，引发骚乱，并向官员“慷慨”行贿。阿礼国宣称，领头的“多次叫嚣其攻击并劫掠外国租界的意图”。[7] 在这些看似无关的事件中，英国人只是浅尝了城市本身极为严重的族裔派系分化的“边角料”。

行会、帮派和帮会[a]

长期以来，中国人社区内的族裔紧张局势在上海显而易见——自从来自中国其他地区的第一批移民到来之后，他们甚至在这之前就已形成了最早的同乡会和同业会（例如“关山东帮”）。这些移民受到本地创业者的憎恨。到 19 世纪中叶，上海最大的外省群体来自广东、福建和浙江的宁波、绍兴地区。做豆业、棉业和茶业生意的商人或钱业商人受人尊敬且富裕，在移民中属于相对少数；相比之下，大多数南方来的移民是贫穷的劳力，通常是沿海或内陆船只上的水手或海员。他们中经常有数千人失业，聚在一起结伙成团，寻求相互支持，有时转而掳掠或威胁当局，以求获得救济援助或补贴。他们还聚集在各种不同程度的正式和正统的公益性协会中。

同乡会，或称“会馆”，是内地移民中最受尊重和最引人注目的分支，它为上海带来如此多的外来人口。“公所”，虽然名义上是同业协会，但其组成往往具有浓厚的族裔或地域成分，因为同一行业或工艺的人通常来自同一地区。除了正式的同乡会馆或公所之外，还有不太正式的特定团体，称为“堂”“帮”“会”。

---

6 英国外交部档案 F.O.228/147，1852 年 5 月 28 日，阿礼国致宝宁，附吴健彰致阿礼国的通讯；英国外交部档案 F.O.228/146，1852 年 5 月 23 日，阿礼国致文翰；英国外交部档案 F.O.228/147，1852 年 6 月 2 日，阿礼国致宝宁，附关于穆雷医生（Dr. Murray）的医院的文件。本案涉及的问题是穆雷医生建议建造一座医院，医院正好可以俯瞰福建墓地的一部分。道员再次被要求介入，但是吴健彰拒绝接受此案，因为，他指出，土地章程的条款要求欧洲人遵守墓地的权利。

7 英国外交部档案 F.O.228/147，1852 年 8 月 28 日，阿礼国致宝宁。

a 帮会，是一群人为某种利益或目的结合成的民间秘密组织或团体。——译者注来自这些会馆的帮派通俗地称为“堂”。这个术语指的是同乡会的大厅或堂，有时被用来恐吓其他团体，或向特定的官员或其他目标施加压力。他们的活动范围从民间宗教信仰到犯罪袭击，但是在他们的命名中隐含着“堂”、行会或其他类型、有组织的寺庙主体的支持。另外一个分支由“帮”组成，它是有特殊兴趣或共同目的的志愿者组织，通常包括有本地渊源或同业关系。[8]

19世纪后半叶在上海活跃的“商帮”，仅举几例，包括花纱帮、棉布帮、皮革帮、绸缎帮、上海呢绒帮、糖行帮。[9]“帮”可以出于各种目的被动员起来，在建立一个正式行会之前，从控制市场上的特定商品到聚集同乡团体。“帮”可以由来自共同地点或属于同一行业的人员横向组成，或者垂直组织，吸引代表性成员，尽管这些成员主要效忠于其他行会或“帮”，并且有某些共同的利益，通常是商业上的，有时还是秘密的。最常见的“帮”是商业性质的，但是“帮”这个字也可以适用于民间宗教团体。他们通常被认为由于缺乏像行会或寺庙这样的社团赞助机构而与“堂”有所区别。

“会”或“社团”，是另外一种形式的自发性组织。它们的目的从宗教仪式到犯罪活动，并包括社团的一系列覆盖面很广的活动，范围从各种正统和公开的协会到秘密和被禁止的异端“秘密社团”。后一类别指政府禁止的宗教仪式和武术练习，这些活动暗示存在暴力或与当局对抗的可能性。这些团体多沿着地理关系划分，其他则按照依属关系划分。一个特定的个人同时属于多个协会是很常见的，因此它们之间的界限变得模糊。此外，同一团体可能称自己为“堂”或“帮”，仿佛这两字可以互换；有时甚至连“会”也叫作“堂”或“帮”，反之亦然。名称和字眼的多重性可能是故意的，意味着组织之间的界限具有流动性，旨在使身份识别变得困难，从而保护团体免受来自当局的压力。因此，怪不得西方学者同中国观察家一样，经常被这个模棱两可的术语和不确定的组织所迷惑。[10]

虽然在中国人的社区众所周知，但除非威胁到外国利益，否则大多数这些团体的依属关系和宗教分支都没有被西方人察觉。英国人早些时候成功地阻挠了建立代表特殊利益团体的茶业和丝绸业公所，但是在英国人的档案中似乎并没有意识到活跃在上海的其他公所团体。当欧洲传教士在1847年遭到青浦一伙失业船夫袭击时，英国人反应强烈，但是在英国人对这起小冲突的记录中并没有提及“帮”或“会”。

---

8 罗威廉《汉口：一个中国城市的商业和社会(1796—1889)》，描述了“帮”这个字的起源(第98、247、254页)和描述非正式行会的转化(第254-258页、第264-265页、第270-276页)。

9 《上海钱庄史料》，第481页。

10 1853年9月24日至10月15日，城市被占领后不久，《北华捷报》出版了一系列文章，代表了当时西方对中国秘密社团的认识和看法。更为学术的观点见穆黛安(Dian H. Murray)《天地会的起源》(Murray, *The Origins of the Tiandihui*, 1994)。

当然，在上海有正式被承认的、官方认可的“会馆”和“公所”，以及被认可的“商帮”和其他协会，它们的活动是正常业务的一部分。但是，除此之外，还有无数非正统和秘密或半秘密团体。1850年初，在上海的这些非正统的团体中比较显赫的有“塘桥堂”或称“塘桥帮”（由位于黄浦江东岸、上海县的塘桥镇和三林镇的人员组成）、“庙帮”或称“彭王庙帮”（一个基地为民间宗教寺庙的秘密社团，由上海以北的宝山县大洋镇的人员组成），以及由前两个团伙组成、活跃于上海县城内的联盟“白龙帮”。南汇附近还有一支“白龙帮”的南部派系。[11] 上海以南松江府嘉定县的青浦镇是“罗汉堂”成员的祖籍地，后来和“天地会”（以“拜天拜地”得名的秘密社团，是华南最大的异端联盟之一）缔结联盟。[12] 这些团伙全部都基于依属关系、宗教或半宗教以及地理属性。

外来团体中，根据地理隶属关系划分的有福建的“建帮”和“兴华帮”，广东的“广帮”“潮帮”和“嘉雁帮”，以及浙江的“宁波帮”。这六个帮派同“上海帮”或称“八帮”（这个词似乎已经在城市中被地方“堂”“帮”“会”统一使用）共同组成上海的“七帮”，即“七堂”。“七帮”反过来又和一个在1850年后首次出现于上海且称为“小刀会”的新团伙组成了联盟。[13] 广东和福建方面也有其他团伙和南方沿海城市的“天地会”有瓜葛。因此，在上海，表面上合法的商业和社会活动底下，私人利益和秘密社团的网络互相渗透，互相竞争。

更糟糕的是，城市聚集了大量游手好闲和无业的移民。从数量上看，很多是运输劳工。1853年黄河历史性改道引起的洪灾迫使江苏以北的大运河上游关闭，由此大运河毫无用处。结果，众多运河船夫就此失业。我们已经了解到，失业的运河船夫被指责为1847年“青浦教案”的罪魁祸首。漕运改为海运使得每艘船所需要的帮手减少，而且所需要的技能也和运河船夫的技能很不相同。此外，政府征用私人船只运送漕粮，造成许多原私人雇用的海员失业，这些人然后在港口徘徊，等待漕粮装运完成，以便恢复正常的就业。欧洲人侵蚀南方沿海线路的中国航运也造成意想不到的后果，使得沿海船只的劳工失业。考虑到上海人口的分布情况，大部分失业人口是来自浙江、福建和安徽农村地区的移民或“外来者”。

11 方诗铭《上海小刀会起义》（1965年），第23-24页；法斯（Joseph Fass）《上海小刀会起义：1853—1855年》（*The uprising of the Xiaodao society at Shanghai: 1853—1855*,1987），第120-128页。

12 方诗铭《上海小刀会起义》，第24页；法斯《上海小刀会起义：1853—1855年》，第121页；穆黛安《天地会的起源》，第4-88页。

13 方诗铭《上海小刀会起义》，第25页；穆黛安《天地会的起源》，第15、27、117、230、235页，第253页注释54、257页注释86、275页注释46。

在上海，各种籍贯的团伙和失业劳工在“堂”或“帮”内联合在一起，寻求互相支持和生存，许多也加入新成立的“小刀会”。它起源于华南的几个早前的团伙，包括江苏和安徽省的“大刀会”以及福建的“天地会”。天地会对在福建南部沿海通商口岸的厦门移民尤其具有吸引力，许多是或曾经是那个地区“三合会”（即三个帮派）[b]的成员。三合会被西方人称为“黑社会”（Triads），是一个由各种异端社团组成的大型、但组织松散的联盟，包括天地会的成分。[14]我们所知道的第一个“小刀会”于1849年或1850年在厦门成立。[15]小刀会势力在1853年5月夺取了厦门并占领至11月，直到被清军赶走。[16]

假如把三合会看作较大的普通组织，那么就可能把天地会和小刀会看成三合会在当地的分支，虽然每个分支相应都有其具体和独特的功能。于是，厦门和上海的小刀会代表了进一步的细分，融合了天地会和大刀会的成分，但是增加了当地和帮派的因素。这些组织看上去松散，即便是厦门和上海的小刀会首领之间的联系也很脆弱。

上海小刀会的三个首领来自几个当地社团：广东的刘丽川[c]据说早前曾为天地会的成员；还有白龙堂的潘起亮[d]和罗汉堂的徐耀[e]。[17]来自福建、浙江和其他南方沿海地区的船上的帮手和失业劳工已在港口聚集，大大增加了这些帮派的追随者。一些广东人加入他们，但是由于长期以来广东和福建派系在上海紧密相连，所以绝不是所有的广东派系都加入了小刀会。这些特殊利益集团和秘密协会及社团在上海城市表面之下暗流涌动，不过，注意力却被转移到1853年快速接近江南地区的太平天国运动。

上海小刀会起义已被千篇一律地描写为太平天国运动的一个分支，即太平天国运动源自内地，是中国民众对外国帝国主义侵略的爱国响应。[18]没有任何资料显示小刀会起义中参与的“帮”或“会”和太平天国运动有直接的联系，除非三合会和

14 同上，第20-21页；法斯《上海小刀会起义：1853—1855年》，第119-120页。

15 方诗铭《上海小刀会起义》，第20-21页；费正清《中国沿海的贸易和外交》，第410页。

16 关于厦门情况的描述，见费正清《中国沿海的贸易和外交》，第410-412页；穆黛安《天地会的起源》，第8、15、95、99页。

17 方诗铭《上海小刀会起义》，第25页。

18 方诗铭《上海小刀会起义》和《上海小刀会起义史料汇编》。中国的资料清晰地呈现此运动为反封建和反帝国主义，主要反对外国人，反清朝仅仅是次要的。另外的观点见穆黛安《天地会的起源》，第117页。

b 原文名称索引表中误为“三和会”。——译者注

c 刘丽川（1820—1855），原籍广东香山县溪角乡（在今中山市）人，至上海经商多年，清末小刀会首领。——译者注

d 潘起亮（?—1865），江苏南京人，一名可祥，又称小镜子，清末小刀会首领之一。——译者注

e 徐耀（?—1855），大场人，农民出身，清末小刀会起义人物。——译者注

天地会的各别成员有可能以个人身份加入太平天国。本土人民抵抗帝国主义的问题则更为复杂。与前述的观点相反，上海小刀会反西方情绪的证据似乎很少。但是，从更广泛的意义上讲，世纪中叶所有民间抵抗运动，包括太平天国和小刀会，都可以看作对 19 世纪上半叶日益增长的人口和经济压力的局部反抗，虽然这种压力主要由内部因素引起，但也可以追溯到外国卷入中国造成的间接影响。除了本土人口的压力之外，鸦片贸易造成的白银流失也助长了形成“道光萧条”，推高商品价格和税收，超出许多人的支付能力，导致贫困和绝望，并走向对太平天国以及其他异端事件的普遍支持。

1853 年，天平军挺进

1852 年下半年之前，太平天国叛乱的浪潮几乎没有引起在上海的外国人社区的广泛关注。这个运动始自两年前，在中国南方由一个自称皈依基督教的人士洪秀全[f]（1814—1864）发起，并且迅速扩展。从中国人和基督徒两种标准来评判，他的教义都是异端的。到 1852 年末，由华南“拜上帝会”成员以及三合会的许多成员组成的太平军，像一场蝗灾那样迅速席卷中国中部贫困地区。夏季，他们穿越湖南；秋季，抵达长江中游地区；到冬季，他们已威胁到江苏省。据孔飞力（Philip Kuhn）描述，正是在这场目标南京的北伐战争期间，太平天国起义从一个相对较小的省级叛乱转变为席卷华中的规模巨大的运动。[19]

在上海，英国人忧心忡忡地看着太平军打进“茶叶和丝绸产地”；领事担心对上海的市场产生严重影响。1852 年 11 月，越来越多令人震惊的太平天国叛乱分子进军南京的报道开始传到上海。据报道，清军正在杭州、绍兴、松江和嘉兴府[g]聚集，以便朝南京方向挺进。其他严重问题的流言来自大运河的北部，那里的黄河泛滥造成普遍的贫困。阿礼国汇报称，自己已经去过松江，但是没有发现那里有任何麻烦的迹象。[20]

1853 年初，英国人听说叛军攫取了长沙，正沿着长江而下，向南京挺进。阿礼国在 1853 年 1 月在写信给香港上司时建议，密切注视报告，一旦叛军靠近，上海将

---

19 孔飞力《太平军叛乱》(*The Taiping Rebellion*, 1978)，第 274 页。

20 英国外交部档案 F.O.228/148，1852 年 11 月 3 日，阿礼国致宝宁。

f　洪秀全（1814—1864），原名洪仁坤，小名火秀，广东花县（今广州市花都区）人，清末宗教组织“拜上帝会”创始人、太平天国运动领袖以及太平天国的建立者。——译者注

g　原文误为“Xingfu”。——译者注

采取预防措施。1 月 9 日，他向上司汇报，根据《京报》[h] 的翻译，12 月起义军已经占领长沙，离南京仅 150 英里（241.5 公里）。[21]

1853 年冬和次年初春，（阿礼国）提交的后续报告记录了太平天国起义军的进展。[22] 他们担心起义军“显然毫无阻挡地前进”，会对国家的繁荣造成严重的威胁，并因此而影响到对外贸易及其产品。在上海《北华捷报》密切关注叛乱的进展，几乎在每一期都翻译《京报》的启事和公告，并分析和推测“叛乱分子”的特点和目标。随着太平军越来越靠近通商口岸地区，关注和焦虑成比例增加，对太平天国基督教性质的猜测也是如此。

当一艘英国汽轮沿着长江溯江而上经过镇江时，清政府注意到有报告说四个太平军“叛乱分子”被带到船上。涉及的轮船事实上已经远远驶至南京，不过道员的报告忽略了这种进一步有违安全的情况。[23] 当太平军占领了帝国排名第二的城市及两江总督府所在地南京时，事态达到了危机点。清军被召集起来前去保卫。3 月 2 日，江苏巡抚通过吴健彰道员传话，请求英国人支援。[24] 中国人的粮船将被征用，以向保卫南京的清军运送火药和其他物资。他请求阿礼国派遣停靠在上海附近的英国战舰前往南京，借师助剿，摧毁反叛分子，以此“为商人提供安全并恢复乡村的宁静”。[25] 与此同时，一小支地方团练武装被派往上海，万一太平军挺进则可以保护城市；但太平军并没有进攻时，这支队伍被撤回苏州。[26] 在任何情况下，阿礼国都拒绝吴健彰军事援助的请求，理由是对于外国炮艇来说，在长江上航行的危险性太大。[27]

英国驻华全权公使文翰惊慌失措地从香港到苏州与江苏巡抚杨文定[i] 会面。[28] 文翰于 3 月 22 日抵达上海，3 月 19 日南京的城墙已被攻破，要救南京已经来不及了。[29] 南京城陷落，一经太平军占领，该城即被宣布作为太平天国的首都。4 月 2 日，苏州城

21 英国外交部档案 F.O.228/161，1853 年 1 月 9 日，阿礼国致宝宁。

22 英国外交部档案 F.O.228/161，1853 年 2 月 6 日，阿礼国致文翰；1853 年 3 月 3 日，阿礼国致文翰。

23 《筹办夷务始末（咸丰朝）》，6:9a-b。

24 吴健彰关于咨询外国军事援助的建议由提督向荣报告（《筹办夷务始末（咸丰朝）》，6:10b），征求英国援助也是如此（英国外交部档案 F.O.228/161，1853 年 3 月 3 日，阿礼国致文翰）。

25 英国外交部档案 F.O.228/161，1853 年 4 月 2 日，阿礼国致文翰，附《北华捷报》刊登的领事致商人社区的通知。

26 《筹办夷务始末（咸丰朝）》，6:13b-14a。

27 英国外交部档案 F.O.228/161，1853 年 3 月 3 日，阿礼国致文翰。为了回应阿礼国早先的预感而被送往上海的单桅纵帆战舰丽莉号（Lily）船长桑德森重申了他先前的建议，即长江的航行太危险，以至于船只无法溯流而上前往南京，但他建议从香港派出一艘轮船。英国外交部档案 F.O.228/161，1853 年 3 月 2 日，阿礼国致桑德森；桑德森致阿礼国。

28 《筹办夷务始末（咸丰朝）》，6:10a。

29 英国外交部档案 F.O.228/161，1853 年 3 月 22 日，阿礼国致吴健彰，宣布全权公使抵达；孔飞力《太平军叛乱》，第 275 页。

h 《京报》最初是清政府在北京出版的半官方性质的中文期刊，也称“邸报”，由官方特许经营的报房投递。由于《京报》只是从政府专设机构中誊抄官方拟向公众传递的资讯，只能起到公告板的作用，故不能算作现代意义上真正的报纸。——译者注

i 杨文定（? —1857），安徽定远人，进士出身，清朝官员，曾任江苏巡抚。——译者注

门上出现了不祥布告，声称南京现在已是太平天国首都，太平军将在几天之内到达镇江、苏州和松江。布告宣称："在上海的臭外国人不值得被视为男人"，"很难确保上海不会发生战斗"。[30] 第二天，报告抵达上海，镇江陷落。

上海及周边的基督教传教士在如何认识太平天国运动上有分歧。有些表示欢迎，认为这是传播基督教的证据；其他则对太平天国传播基督教教义持怀疑态度；但是西方社区里的每一个人都关注着这场独特而不寻常的运动。在 1853 年夏的《北华捷报》中，对诸如"外国传教士和广西起义[j] 之间的关系"等问题进行了广泛的讨论。受人尊敬的传教士莫里森（W. H. Morrison）曾写过一系列名为《反叛分子书籍的评论性综述》的文章。在这些文章中，他根据反叛分子的书籍检验了太平天国声称的对基督教正统主张的证据，最后得出结论：他们不是真正的基督徒。各种传教团访问了太平天国总部，虽然受到欢迎，但离开时都有了不同的理解。

密迪乐（Thomas Taylor Meadows）是领事馆职员中的一个初级翻译，曾经伪装进入内陆侦察，他向领事汇报说，太平天国运动是反对清朝暴政的民间叛乱，由一个姓朱的明朝皇室后裔领导，但不久前去世，由他 22 岁还是 23 岁的儿子继任，现在成为该运动公认的首领。密迪乐报道，该首领得到精明能干的谋士的协助，这些谋士是文人士绅和一些心怀不满的官员。虽然太平军战士的军饷不是很高，但是支付准时，这在清军中是罕见的。他说，战士纪律严明，虽然这支军队枪械不多，但他们势不可挡。在抵抗他们的城市中，据说他们把所有活人都处死，不管男人、女人还是儿童；但是，如果有一群长老代表们晋谒太平军首领时，他们不仅让该城幸免于难，而且还禁止军队入城。结果是，许多土地所有者已经自愿归顺，同意（在支付费用后）将他们的土地所有权契约以新王朝的名义得到认可。[33]

虽然密迪乐的报告后来被证明某些细节不准确，尤其是太平天国领导的名字以及与明朝朱氏家族的联系，但是这已经足以让欧洲人的社区惊慌失措了。一支由商人募集的义勇队急匆匆成立，并由领事下令发放武器弹药。[34] 但是，太平军转身走了，放过了苏州，也因此放过了上海。叛军在 1853 年夏季北上，威胁京城北京。在上海的中国人和外国人一样，一起松了一口气。

---

30 英国外交部档案 F.O.228/161，1853 年 4 月 2 日公告，由密迪乐翻译。

31 《北华捷报》，1853 年 8 月 20 日和 27 日。

32 《北华捷报》，1853 年 9 月 3 日、10 日和 17 日。

33 英国外交部档案 F.O.228/161，1853 年 3 月 26 日，密迪乐致阿礼国。

34 英国外交部档案 F.O.228/161，1853 年 4 月 14 日，阿礼国致文翰。

j 指金田起义，即 1850 年 7 月太平天国领袖洪秀全领导的广西桂平县金田村武装起义。——译者注与此同时，第二次危机已经在港口爆发。这次是货币。4月，阿礼国汇报，贸易停滞和流通货币消失，导致支付关税停顿。他说，大量船只已装载并准备清关，但由于无法支付税款，他们无能为力。为防止船只未清关就离港，阿礼国制订了应急计划，船务代理人可以抵押政府文件和土地、房屋或外国进口货物（仅限于那些投了火灾保险的外国货仓）的产权证，以此代替现金，并承诺尽快以现金赎回。[35] 担保由领事或者海关接收。

虽然这仅仅是一次由全权公使批准的临时措施，全额欠款很快（实际上在6月初）就付清了；但是，阿礼国建立了一个用担保和欠条代替付款的先例。当该年晚些时候海关由于上海县城内的叛乱而停止服务时，他再次这样做了。阿礼国自己争辩说，他只是为保护英国的商业而做了该做的，并非越俎代庖、试图代替清政府做他们的工作，但是，他在某种程度上回到了巴富尔的做法，即为中国政府收集税款。[36]

5月19日，全权公使文翰从上海启程前往厦门，他原本希望派遣蒸汽单桅纵帆战舰响尾蛇号（Rattler）到上海。到了厦门后，他发现整个地区已经在叛军控制之下，城镇如此混乱，以至于他不得不将汽轮留在现场，以保护那里的英国人。不过，他一到香港就马上派遣蒸汽单桅纵帆战舰竞技神号（Hermes），期望它到上海支援已在那里的火蜥蜴号（Salamander），并减轻上海的社区中弥漫的恐惧。[37]

在同一篇通讯中，文翰在一份机密备忘录上指示阿礼国，英国的立场是严格的中立。英国战舰禁止协助清军，也不允许给予叛军任何保护。文翰指出，假如清军胜利，政府很可能认为叛乱在某种程度上是由宣扬基督教的人引起或推动，在这种情况下，它可能会对西方社区采取报复。所以他说，“我们必须严格禁止” 任何行动，以防让中国政府臆测（英国人）支持叛乱分子或表示对叛乱成功饶有兴趣。[38] 但是，英国人也在设法避免损失而两边押注。假如“反叛分子”赢，那么他们的基督教关系可能会得到很好的利用；与此同时，英国停止向太平军走私枪支弹药的努力，其效果并不明显，对太平军若不是公开支持，至少也是默契援助。[39]

35 英国外交部档案 F.O.228/161，1853 年 4 月 14 日，阿礼国致文翰。

36 英国外交部档案 F.O.228/161，1853 年 6 月 9 日，阿礼国致文翰。

37 英国外交部档案 F.O.228/161，1853 年 5 月 30 日，文翰致阿礼国。

38 英国外交部档案 F.O.228/161，1853 年 5 月 30 日，机密，文翰致阿礼国。

39 英国外交部档案 F.O.228/161，1853 年 11 月 14 日，文翰致阿礼国，同意阿礼国的决定，不起诉英国人，该英国人被清军抓获并移交英国当局，被指控向太平军提供武器。不起诉的理由是如果起诉就会违反英国的中立。

k 周立春（1814—1853），江苏青浦（今上海市青浦区）人，天地会领袖。咸丰三年（1853），与刘丽川汇合，为小刀会首领之一。——译者注

小刀会起义

尽管太平天国叛军在华中不断挺进，广东和福建团伙对上海造成一定压力，但是 1853 年 9 月 7 日小刀会占领上海还是令外国居民大吃一惊。8 月 10 日，吴健彰道员曾向阿礼国领事建议，英国人应该采取预防措施保护自己的财产，因为"一个姓刘（刘丽川）的无法无天的恶棍，纠结一群地痞流氓无业人员，已经自封首领。"[40]9 月 2 日，知县宣布增加安全措施，加固城市泄洪闸和水闸。他还下令，发现任何形迹可疑人士进出城必须"马上进行严格审讯"，或者，假如他们反抗的话，逮捕他们并带到知县面前审问。[41] 与此同时，9 月 5 日，一支乌合之众的军队，包括许多秘密社团和小刀会的追随者，在一个叫周立春[k] 的领导下，聚集在嘉定。[42]

然后，突然在 9 月 7 日凌晨 4 点，一伙反叛分支，据报道大约有 3000 名男子，穿越上海县城北门，包围了官方的衙门。他们自称"起义军"，提出口号"反清复明"。[43] 到中午的时候，他们已占领了上海县城，接管了衙门，杀死了知县，并活捉了道员。第二天，也就是 9 月 8 日，他们入侵外国租界，袭击了海关，拿走了所有的文件和印章，劫掠建筑，但是他们很小心，没有损坏租界任何外国人的财产。[44] 小刀会在城门上张贴的公告是以明朝的名义写的。[45]

起义军现在得到邻近地区以及类似白龙帮这样的当地秘密社团成员的增援，在一周之内，它们就占领了宝山、南汇、川沙和青浦。最终，他们控制了六个县所有或大部分地区。[46] 上海县城以及部分中国人的郊区完全都在叛军的控制之下。但是很快，叛军的不同派别之间出现意见不合。一系列公告最初由新建"大明国"最高统帅（大元帅[l]）刘丽川发布，然后另一张布告由林阿福[m] 张贴，也自称最高统帅。[47] 大概是

---

40 英国外交部档案 F.O.228/161，1853 年 8 月 10 日，吴健彰致阿礼国。

41 《北华捷报》，1853 年 9 月 24 日出版，日期为 9 月 2 日的公告。

42 法斯《上海小刀会起义：1853—1855 年》，第 123 页；《上海小刀会起义史料汇编》，第 30 页。

43 方诗铭《上海小刀会起义》，第 39 页。启事的文字见《上海小刀会起义史料汇编》，第 4-5 页。

44 英国外交部档案 F.O.228/161，1853 年 9 月 10 日，阿礼国致文翰；方诗铭《上海小刀会起义》，第 39 页；另见魏白蒂《上海：近代中国的严峻考验》，第 53 页。

45 《北华捷报》，1853 年 9 月 10 日；《上海小刀会起义史料汇编》，第 6-7 页。

46 方诗铭《上海小刀会起义》，第 42-44、49 页；《北华捷报》，1853 年 9 月 17 日。

47 《上海小刀会起义史料汇编》，第 6-11 页。

l 大元帅全称为"大明国统领政教招讨大元帅"。——译者注

m 林阿福，福建人，清末小刀会首领之一，被封为右元帅。——译者注

n 清朝横越台湾与大陆之间的商船称"横洋船"，其中较大者称为"糖船"。——译者注

由林阿福领导的福建团伙从刘丽川的广东团伙中分离出来，从知县和道员的金库里拿了据说一笔价值 20 万元的白银潜逃了。[48]

11 月，上海的叛军派遣部分军队伙同“双刀会”（大刀会和小刀会的合并）攻占宁波。他们还派代表到苏州。苏州当地的天地会和小刀会企图造反，但未获成功。[49] 与此同时，清军收复了宝山、嘉定和川沙，但是，上海的叛军仍然威风凛凛地坚守在城墙后面。

英国人很快察觉出小刀会独立于太平天国运动之外。他们将叛乱归因于那些广东和福建的肆无忌惮的南方帮派，尤其是新近抵达的“糖船”[n] 上的船员。但是，为了维护全权公使所坚持的严格中立的态度，英国人拒绝干涉，甚至当他们中的一些人眼见道员作为叛军的俘虏被拖走时，英国人仍然袖手旁观。[50]

英国政府和美国政府的代表承诺保持中立；他们解释这一要求一方面意味着他们不帮助清军，也不采取任何为清朝方面带来好处的行动；另外一方面，虽然同样禁止协助反叛分子，英国和美国官员却倾向于对以私人形式给予的帮助睁一只眼、闭一只眼，向叛军出售食物和弹药或以其他方式支援他们。法国人的人数虽然少，但他们更直接地受到叛军控制的城市的威胁，因此，他们给清朝军事力量更多的支持。

清军由于太平军的威胁以及在青浦和其他地方与小刀会叛军的几次小冲突而耽搁了。最后，当清军在太仓赢了与小刀会起义军的一场激战之后，于 10 月初抵达上海县城外并向其发起围攻。与此同时，在上海的清朝高官吴健彰道员已经从叛军中逃脱了，离城而去。

当上海县城最初被占领时，知县袁祖德[o] 被杀，吴健彰没有遭受同样的下场。据报道，海防同知蓝蔚雯自杀。实际上，蓝蔚雯逃走了；他后来被任命为上海道员，替代被指控渎职的吴健彰。[51] 与此同时，在上海被即刻占领之时，吴健彰安然无恙；他被一支广东帮派劫持并扣为人质，显然他们和吴健彰关系友好。夜晚，吴健彰被美国人的一次大胆行动救出，道员小心翼翼地伪装并隐藏自己的身份，躲在一只篮子里被从城墙上放下。[52]

据事件发生后若干天出版的《北华捷报》记载，吴健彰是在抓捕他的人的陪同下进入城内较为安静区域的一栋房子内，在那里与他的家庭团聚。他然后发送信息到

48 《北华捷报》，1854 年 5 月 6 日，对吴健彰的活动提出了一个非常关键的描述，认为吴健彰从反叛者那里损失的数额为 8 万两白银。

49 方诗铭《上海小刀会起义》，第 44-45 页。

50 英国外交部档案 F.O.228/161，1853 年 9 月 7 日，阿礼国致文翰。

51 《北华捷报》，1853 年 9 月 10 日。

52 徐萨斯《历史上的上海》，第 59-60 页；马士《太平天国纪事》（*In the Days of the Taipings*, 1927），在重塑的这次离奇的事件中，哭哭啼啼的道员尊严尽失，从梯子上爬下城墙到达安全地带（第 47-48 页）。

o 袁祖德，浙江钱塘（浙江杭州）人，清朝官员，1853 年任上海县知县。——译者注

美国领事和英国领事那里，请求他们保护，免受潮州帮派追杀。他说，广州帮派在上海当地的队伍以及“最可敬的”福建和潮州团伙中“最可敬”的那些人都支持他，只要他同意，都希望他复职。领事都觉得根据中立的政策，为他说情不合适；但是“出于人道的动机……，认为应该努力把被废黜的道员从施虐者的獠牙下拯救出来”。因此，作为妥协，允许霍尔医生（Dr. Hall）和施密斯先生（Mr. Smith）两人以个人名义进入城内寻找吴健彰。找到他被关押的房子不费吹灰之力，他们制订了救援计划。因此，吴健彰脱掉他的官袍，化装成穿便服的商人，脚蹬蓝色袜子，眼带护目镜，手持大雨伞，随这两个人离开了藏身处。遇到敌人时，他们有些心慌意乱，一度迷失方向，但终于跑到城北墙下。在那里，道员和营救人员翻过城墙，用吊索把人降到城外。那天下午，雒魏林医生和韦伯先生（Mr. Webb）未受到任何阻碍，将道员家属带出北门。美国人的社区给予吴健彰及其家人临时庇护。[53]

没有明显证据显示小刀会势力公开敌视外国人社区，相反，他们想与西方合作。据报道，首领刘丽川会说一点儿英语，在夺取城市的上午曾拜访美国领事。他向外国人保证，他唯一的不满是针对清朝官员的，他答应外国人，会在行动之前通知他们。根据《北华捷报》的描述，不仅外国人被允许入城，他们“在城内不受干扰地走着，遇上叛乱分子，就观赏他们的衣服和武器，后者毫不生气，相反，（后者）非常喜欢成为这么多好奇心的对象。”[54]

刘丽川对外国人的讨好并没有止步于此。1853 年 10 月，报纸激动地宣布，刘丽川接到基督教的指示，准备安排与太平军联盟。编辑评论道：“一旦达到期望，他将取悦城市的居民，不管是外国人还是本地人，这将比他进城后所做的任何事情都要好。”[55]

反叛分子没有对外国社区表现出敌意，原因可能有几个。首先，他们可能担心外国炮舰的报复。不过，更有说服力的理由是有可能获得外国人对叛乱的支持。外国社区对小刀会和太平天国的态度不仅仅是一丝矛盾的心理，在外国人的脑海中，他们往往把这两者当作一个团伙看待。《北华捷报》讨论的语调听得出是公开支持太平军的，即太平军不是正统的基督教徒，但他们比清政府更善于对待西方文明。除此之外，甚至有英国政府最高层的人认为，如果反叛分子能够成功推翻清政府的话，就应该做好准备与他们建立联盟。因此，官方的中立态度是故意模棱两可；领事们没有停止私

53 《北华捷报》，1853 年 9 月 10 日；费正清《中国沿海的贸易和外交》，第 408-409 页。道员和他一家由美国领事馆给予非正式庇护，虽然美国人和英国人一样都承诺了中立。到第二天早上，吴健彰和他一家被安全地安置在租界内的旗昌洋行之下，可能住在旗昌洋行的大院内，或者住在河上的一艘船内，直到 9 月 24 日。

54 《北华捷报》，1853 年 9 月 10 日。

55 同上，1853 年 10 月 3 日。

人形式的援助，甚至没有停止向太平军出售武器。这种矛盾的态度也是西方与小刀会反叛分子交往的特征。在上海，外国社区的一些成员对他们很友好，私运粮食、武器和弹药入城，支援他们。尽管宝宁命令阿礼国，外国社区不应支持反叛分子，以免未来可能会激怒清政府，为其提供反对外国势力的口实；但他同时又批准阿礼国拒绝起诉向反叛分子走私物资而被抓的外国人。许多像江苏巡抚许乃钊那样的中国官员认为这种模棱两可的中立态度极有问题。

小刀会早期的公告宣称，他们是在反清复明。[56] 重建明朝的动机很快就被放弃了，叛军希望能加入南京的太平军联盟。到10月中旬，刘丽川在一份宣告里用“太平天国”代替“大明国”，公布了这样一种联合形式。[57] 但是，太平天国在南京的政府并没有谋求联盟，小刀会与太平天国之间的联系一直尚无定论。[58] 到 1853 年秋末，小刀会向太平天国的首领们提出的建议被拒绝，且大部分农村地区被清军收复，他们被孤立并被弃之不管，自生自灭。他们看上去似乎对一个替代政府没有清晰的概念，但是仍然继续以“起义军”的名义，用军事占据的方式控制着城市。[59]

上海的小刀会反叛分子在苏松太道的上海及周边社区拥有强大的根基和领导力，同时与广东、福建和浙江沿海地区的反叛派系联系紧密。他们不应该被视为一个孤立的地方团体，而应视为松散但协调良好的地区性起义的一部分，以从厦门到长江下游地区的沿海城镇为起义的目标。不过，小刀会运动的真正纲领并不明确。反清是始终一贯的主题，表现在夺取城市、烧毁政府衙门并杀死知县。对清朝的反叛包括接管清政府的资源，例如县和道的金库，但是并没有扩展到建立一个有效的新型政府。除了反清的表达之外，首领们的动机也不清楚。1950 年代和 1960 年代初，研究小刀会运动的方诗铭[p] 和其他中国历史学者出版了大量关于小刀会的研究材料，厘清小刀会起义明确的反帝国主义纲领。[60] 夺取上海县城被看作是反对在上海的帝国主义，等等。[61] 方诗铭的研究以鸦片战争期间外国帝国主义的影响开始，小刀会扮演反外国侵略的爱国角色。[62]

---

56 《上海小刀会起义史料汇编》，第 10、30-31 页。

57 同上，第 13-30 页。有一份公告以大明太平天国的名义，将两者结合了（同上，第 23 页）。

58 同上，第 34 页。方诗铭《上海小刀会起义》，第 46-47 页。

59 《上海小刀会起义史料汇编》，第 111-115 页。

60 方诗铭《上海小刀会起义》，将小刀会运动的动机归因于反帝国主义，但是仔细研究《上海小刀会起义史料汇编》中的实际文件，并没有揭示反外国或反帝国主义的修辞。

61 《上海小刀会起义史料汇编》，第 5-40 页。

62 方诗铭《上海小刀会起义》，第 1-19 页。

p 方诗铭（1919—2000），我国著名历史学家，长期从事中国中古史的研究。——译者注经验性证据在这一点上不太有说服力，在小刀会的宣言中没有任何地方有明确的反外国声明。反叛分子竭尽全力刻意地将外国租界排除在他们的袭击范围之外，并让外国居民放心。小刀会反叛分子在夺取上海和厦门的过程中，小心翼翼地避免对外国领事馆和租界造成威胁。[63] 事实上，在上海，小刀会还积极寻求外国社区的支持。

如果不是反帝国主义的话，那么上海小刀会运动是否如上述历史资料来源所声称的那样，是反封建的？从某种意义来说，反清确实是反封建，因为清王朝本身就代表着封建制度。但是，该运动的宣言缺乏专门的、反封建的社会纲领，如还田于民，制定减少地方压迫、赋税改革的计划。小刀会没有把目标局限于有政府衙门的镇，但是他们占领了市镇以及整个农村的周围地区。除了反清和效忠小刀会首领，很难确定任何专门的反封建纲领。相反，小刀会势力寻求他们可能联盟的较大实体，却不考虑那些实体的性质：先是要复明，然后想与太平军联盟，最后含糊地与其他天地会分支联合。

小刀会从 1853 年 9 月占据上海，至 1855 年 2 月最终被清军收复，其具有军事占领的特点。反叛分子的领导层及其相关的名称和头衔经历了几次变化，但是他们从来没有建立一套民政制度。[64] 与此同时，小刀会首领们寻求的政治诉求是跻身于一个更大规模的运动形式之下的联盟，这给上海的占领带来一些试探性的成色。

假如不是一个政治纲领，那么，小刀会叛乱是否具有可能被归入“千禧年运动”[q] 范畴的宗教意义？小刀会从当地“堂”和“帮”获取支持，这些“堂”和“帮”与民间宗教的寺庙相联系，例如“白龙帮”和“罗汉帮”；但是，在现有的文献或学术论述中，没有任何地方提出小刀会本身具有宗教基础。确实，刘丽川接受过基督教信仰的指导，随时愿意与太平军结盟并接受他们的信仰，以此博取西方的赞同，表明他对待宗教不管是本土的还是外国的，都具有一种折衷主义的态度。小刀会追求基督教改宗的行为取悦了外国基督教徒，他们主动接触南京的太平军首领说明他们是机会主义的。显而易见，刘丽川准备接受任何宗教，只要能对他最有利。因此，虽然可以认为小刀会运动与其他千禧年运动具有某些共同点，比如，动员民间寺庙中“堂”和“会”

63 费正清《中国沿海的贸易和外交》，第 411-412 页。

64 《上海小刀会起义史料汇编》，第 210-211 页。

q “千禧年运动”指明教关于一千年观念中的教条。明教认为每一个千年循环都是在异端和毁灭性的大灾难中结束，直至最后一个千禧年邪恶的大破坏与最终和平之王战胜邪灵后结束。有些学者认为张角领导的黄巾起义与洪秀全领导的太平天国如果从宗教角度解释，也是千禧年主义的一种。——译者注的成分；但是，它缺少对于某个特定的宗教信仰或法术仪式的承诺，无论是早前的“天理教之乱”[r]，到太平天国叛乱，还是后来的义和团运动。[65]

先不论小刀会的政治纲领，在江南的清军当时面临两个敌人：控制着南京及周边大部分地区的、强大的太平军和仍然控制着上海位于苏松太道的小刀会叛军。两者之中，太平军很明显是更大的威胁，但是清政府也不能忽视小刀会。1853 年春，中国官方关于外国人的官报聚焦在太平军的问题上。外国人被怀疑和太平军有秘密交往。英国汽轮未经许可擅自逆流而上，驶过镇江进入太平军的地盘，有迹象表明外国人与叛军之间的联盟可能正在形成，这在中央政府内引起了相当的关注，甚至传到皇帝那里。[66] 英国否认了任何与叛军之间的共谋，声称航行是为了获取叛乱情况的信息。中国官员怀疑外国的中立意味着暗中支持反叛分子。[67]1853 年夏秋，中国官方通讯中值得关注的还有美国公使马沙利（Humphrey Marshall）的任务，在这些动荡不安的时期，马沙利正试图安排一支美国使团在北京的外交接待。除此之外，俄国在清王朝北方边境也挑起事端。相比之下，占据上海的叛乱一开始并未引起官方的关注；但是，当最初根除反叛分子的努力无效之后，朝廷开始寻找结束叛军占领上海的方法。

小刀会和行会

假如反帝国主义、反封建或是千禧年的理由都没有说服力，那么运动背后的动机究竟是什么？目标又是什么？这个问题也许可以从反叛分子之间的一些派系分支中找到答案。上海是个拥挤的城市，没有开放空间容纳新的行政办公或军事总部。1853 年 8 月 8 日之后，小刀会势力控制了城墙内的区域，虽然他们跑到郊区摧毁了特定的目标，例如北海关和某些行会，但是他们在郊区并不能随心所欲、妄行出入。当清军占领了郊区并围攻城市后，他们无力反抗甚至曾占有的部分也缩减了。小刀会势力在其控制的、相对有限的空间区域内的操作具有指导意义。夺取豫园看上去好像纯粹是为了实用，但是占领豫园毫无疑问也具有标志意义。小刀会首领们故意选择豫园作为他们的指挥部，而不是占领县衙门这样的官方空间。知县衙门在最初攻占城

65 关于中国 19 世纪千禧年叛乱的讨论，其一般定义和显著特征，见韩书瑞 (Naquin)《千年末世之乱：1813 年八卦教起义》(*Millenarian Rebellion in China: The Eight Trigrams Uprising of 1813*, 1976)。

66 《筹办夷务始末（咸丰朝）》, 6:9a-11b。

67 《筹办夷务始末（咸丰朝）》, 6:12a-13a。

r “天理教之乱”又称癸酉之变、天理教起事、八卦教之乱、八卦教起事，指清朝嘉庆十八年（1813）发生的一次天理教（秘密宗教八卦教的一派）军队进攻北京紫禁城的事件。——译者注

市时被烧毁，但它也很容易地重建了。一般，新政权总是占据具有象征意义的中心，就像太平军把曾经的东方帝国首都南京设立为他们的都城，同时宣布一个新国家成立了：太平天国。

小刀会军队占领了豫园中原先上海的行会使用的亭台楼阁，这样的空间属于公共和商业领域，而不是政治空间。空间的大部分都向公众开放，大众可以徜徉于花园之中，在茶馆茗茶。从实用的观点来看，花园在城内提供了唯一宽敞的开放空间。它曾经在1843年被英国军队用作宿营地，1860年又再次这样使用过；但都是由于无知的外国人对当地情况不熟悉而利用任何可用的空间。小刀会选择豫园看上去有另外一层意思，即小刀会与民间抗议和公共空间的联系，而不是建立一个新的政治秩序。小刀会叛军彰显其避开明确的政治目标也体现在：他们在占据上海及远离中心的乡镇和村庄的过程中，缺乏正式的组织。他们在任何情况下都没有试图要建立一个政府；这些区域仅仅是停留在军事占领的状态之下。与此同时，占领豫园也许达成了另一个目的，因为反叛分子袭击并摧毁了那里的某些行会的场所。

豫园内的许多（如果不是大多数）建筑物都属于城市的商业行会。这些场所是被保留还是被摧毁也具有偶发性。小刀会夺取并占领了以前的行会建筑，但是除了某些例外情况，并没有破坏它们。不言而喻，虽然小刀会叛军并不认同商人和商业，但他们也不反对这些活动，正如许多建筑物被他们保留下来所表明的那样。

行会建筑所遭受的破坏清单有助于了解叛乱期间发生的各种零星的破坏。例如，鲜肉业公所的办事处在1853年叛乱初始就被完全捣毁，仅鹤寿堂幸免于难；[68]花糖洋货业公所办事处的点春堂位于豫园西北角，在1855年叛乱末期被毁，同时被摧毁的还有位于豫园东部的油豆饼业公所的萃秀堂。[69]建于城墙内北部的潮惠会馆的办事处在1853年被反叛分子捣毁，重建时他们移到了城外姚家[s]码头。[70]花业公所位于城内梅家街圣贤桥以东，1853年遭到反叛分子的破坏，其分支布业公所在豫园内的得月楼，也遭到摧毁。[71]另外一方面，豫园内京货帽业公所的飞丹阁没有报告受到破坏，内园著名的钱业公所也没有报告任何损坏。

68 《上海县续志》，3:2b。

69 同上，3:6a-b。

70 同上，3:7a-b。

71 同上，3:7b。

s 原文误为“Jiaojia”。——译者注在城墙外，浙宁会馆在 1853 年被毁。由江苏省北部青口镇商人所建、位于里郎家桥以西的同业和同乡联合会祝其公所同样被毁。[72] 同年，安徽茶叶商人建造的徽宁会馆建筑也遭到破坏。[73]

某些特定的而不是其他的行会遭到破坏，这种选择性的行为表明，某些机构成为标靶的原因很可能涉及不同的派系和“帮”——那些参与叛乱或同情反叛分子的行会幸免于难，而那些属于竞争团伙的，则遭到摧毁。叛乱的模式也表明，1853 年当城市不战就被反叛分子占领时造成的破坏是故意的，而 1855 年当城市被清军收回时造成的破坏很可能就是偶然的。一些行会的积极反抗也强化了这一结论。[74] 泉漳、安徽、潮州、嘉雁和宁波行会的董事组成了联盟。他们选了潘仪国[t] 作为发言人，颁布了以下公告：

> 查该董事等所陈各节，似系实情。上海为通都大邑，商贾辐辏，大量物产，荟萃于此。该下叛党蠢然思动，四乡匪徒不断滋扰。各该同乡会董事集议筹办乡勇队，协助地方治安之维护，不得不为之善策，……责无旁贷……仰阖邑民人商贾……各尽力之所及……。[75]

七个同乡行会的董事向知县提供帮助，集资创建一支地方性的团练[u]。[76] 这份重要的声明增加了反对叛乱分子的行会的数量，从中我们可以知道反叛分子来自四个乡，说明该组织的核心可能来自四个地区性的“帮”。至少其中的宁波行会、四明公所、来自福建的泉漳会馆和某个安徽及广东行会站出来反对叛军。

来自四个乡的反叛分子，即外国人描述的主要由“福建裔、广东裔和宁波裔的乌合之众”组成，袭击来自同一地区的他们的对手派系。浙江的机构在占领时期看上去遭受的破坏最为严重。如上所述，1853 年在小刀会叛军所摧毁的建筑中有豫园内的鲜肉业公所，还有浙宁会馆。城外北门的四明公所在械斗期间一再受损，其中大部

72 《上海县续志》，3:5a-b。

73 同上，3:1b-a。

74 《上海小刀会起义史料汇编》，第 190 页。有几个行会被特别点名，例如泉漳会馆和潮州会馆。但是名单上提到的其他行会在引用时则用了通用的诨名，例如宁波行会和安徽行会；由于每个都有若干这样的诨名，很难找到这些特定的参考。也提到七个行会（“七堂”）联合起来反抗叛军，表明不止一个宁波或安徽行会可能参与到反抗中。

75 同上，第 190-191 页。

76 同上。

t 上邑附城董事，见张忠民《清代上海会馆公所及其在地方事务中的作用》。——译者注

u 团练，指中国古代地方民兵制度。——译者注

分破坏发生在其周围。位于城内穿心街的浙绍公所由来自绍兴的浙江商人组成，却没有遭到破坏。这是宁波帮互相斗争的结果造成的选择性破坏吗？内园钱业公所没有被毁，其重要成员来自浙江宁波府镇海县；鲜肉业公所的某些负责人也来自宁波；四明公所是宁波的行会，浙宁会馆也同样是。

叛乱首领刘丽川来自广东，但并非所有广东的派系都支持叛乱。从吴健彰在城市被夺取后能奇迹般逃脱劫持者以及他向外国领事们评价广州派系和“最受尊敬的”福建及潮州团伙对他的支持可以看出，有些广东人和浙江人与反叛分子结盟，而其他并非如此。因此，把运动看作不同地方的团伙之间的斗争过分简单化，相反，更像是同一地方不同派系之间的互相较量。一些广东派系反对其他的派系；潮州行会和潮惠行会都来自广东，但却反对广东派系的小刀会。福建和宁波派系与其他派系之间也互相分裂对立。[77]

1854 年 4 月 3 日，包围上海县城的清军和租界的外国居民之间的紧张关系终于在“泥城浜”引发了一场激战；交战的结果是建立了租界的不可侵犯性。清军不要指望跨过英租界或使用外国物业；同时，外国人的社区处在清军围攻的侧翼，抑制了（清军的）有效军事行动。某些富有同情心的外国人通过渗透向被围困的城市提供食品和弹药，助长了反叛分子的抵抗。围攻陷入僵局，外国人手握着出入城市脆弱侧翼的“王牌”。

从 1853 年 9 月至 1855 年 2 月，小刀会对上海的占领是迄今为止整个起义中最成功的行动。到 1853 年底，其他地区的叛乱都被平定。1853 年 10 月叛军被赶出厦门，在年底前，从上海周围的乡村铲除。没有更多谈论要恢复明朝或与太平军联盟。简要提及天地会偶尔浮出水面，但是城内叛军在刘丽川领导下，被运动中的同伙孤立，被迫将生存作为唯一的关注点。

1855 年 2 月，外国人最终同意通过严格封锁城市的供给，以此来援助朝廷的军队；这之后，占领结束了，最终导致叛乱分子投降，“遭受的破坏比之前预期的少得多”。[78] 清军收复城市之后，即刻入城的访问者评论，城墙内很少有破坏的迹象，不过战斗最惨重的郊区破坏严重，一些地方成了废墟。但是战斗结束，重建却迅速开展；一旦行

77 潮州会馆是上海最富裕、最古老的同乡会之一，由来自潮州府的成员建于 1783 年。相比之下，潮惠会馆相对新来乍到，由广东北部潮阳和惠来县的成员建于 1830 年，其在城内外的建筑在 1853 年夺城中被毁。潮州会馆的物业位于小东门外的郊区，而潮惠会馆的办事处在城内（但它的其他功能不在城内）。

78 英国外交部档案 F.O.228/195，1855 年 2 月 20 日，阿礼国致宝宁，汇报帝国军队夺取了城市。

会财产物归原主，物业马上得到重建；郊区再次繁荣。小刀会叛军 18 个月占领上海留下了微乎其微的实际痕迹。

小刀会起义在商业贸易行为上给上海留下的痕迹更为持久。占领期间最严重的影响之一是对贸易的干扰。叛军夺取道衙和海关使对外商业贸易几乎陷于停滞。只要清军无法收复城市，吴健彰道员几乎就丧失所有权威。贸易有可能在自由港条件下恢复，但是外国势力之间的竞争又阻止了这样做的可能。

英国人坚持要履行条约义务，不愿意让他们的对手免缴税款。在占领期间，外国领事馆和吴健彰道员尝试了各种临时程序以重新开放贸易,取得了不同程度的成功。1854 年夏提出的解决方案是，在海关设一个新的外籍总税务司署，允许外国人自行收集自己的关税，用自己的人员，并在留下一定百分比用以支付各自的成本之后，将余下的部分交到海关。虽然并非有意，但可以争辩说，小刀会占领上海最重要的结果之一就是在上海建立了外籍总税务司制度。围绕建立这一制度在政治上的钩心斗角将在下一章中详细讨论。

外国的中立是问题的症结。对英国人和美国人来说，它意味着原则上不能协助任何一方，但在实际上却阻止了清军。法国人对待这个问题较少模棱两可，因为他们的物业在城市围困期间直接受到袭击，所以他们试图援助清军。最后，巡抚被迫与英国人达成协议，如下一章所述，关税税款的收集是英国人提供援助、驱逐反叛分子出城的交易成果。

第十一章

创立外籍税务司制度

1853年9月7日，小刀会反叛分子占据上海县城，全城的商业贸易突然停滞。海关被夺取，道员吴健彰逃跑，造成中国关税收集工作陷入停顿。那些已经清关的船只离开了港口，所有尚未清关的船只被迫滞留，抛锚停泊，等待继续航行的正式许可。但是收集关税的海关没有了，也没有人收税款。

外国船主不知道该怎么做才能获得清关许可。夏天早些时候，当厦门被小刀会占据的时候，从5月到11月，城市掌握在小刀会手中，没有收集一笔税款。在此期间，可能认为外国船只享有自由贸易了，但事实上进行的贸易很少。[1] 当上海也落入小刀会手中时，全权公使文翰指示阿礼国遵循在厦门的先例，但是在上海的外国商人损失更大。阿礼国争辩，城市被占领既不构成条约的“任何废止”，也不取消英国商人履行付税的义务。[2]

阿礼国总是担心他的竞争对手（法国或美国）会获得一些对英国商人不利的优势，他早已开始制订应急计划，以便在危机期间收集所有外国航运的关税。商人向各自领事提交欠条，详细列出登陆或装运的货物以及欠付的税款；这些债务要在四十天的时间内支付给中国的海关。[3] 该计划实际上就是仅仅几个月前在港口白银短缺期间奏效的计划的翻版，除了当时是向中国海关提交期票，现在则由领事持有这些期票了。

临时法规

临时法规的目的是继续根据条约进行合法贸易，并防止其他外国商人获得任何英国人没得到的好处。例如在新法规生效的第一天，一艘普鲁士轮船未付税款就离港，理由是没有海关就没有义务付款。[4] 阿礼国担心，如果允许这种情况继续下去，那些在没有支付关税的情况下逃脱的其他国家的运输，可能会对英国商人不利，并摧毁他

1 费正清《中国沿海的贸易和外交》，第413页。

2 英国外交部档案F.O.228/161，1853年9月14日，阿礼国致文翰；F.O.228/161，1853年9月19日，文翰致阿礼国。

3 英国外交部档案F.O.228/161，1853年9月14日，阿礼国致文翰，附“致商人社区的通知”，1853年9月9日；另引自费正清《中国沿海的贸易和外交》，第416页，注释4。最初，阿礼国要求将保证金存放在英国和美国的领事处，等待票据清理，但遭到商人的强烈抵制，因此很快就不提了。当阿礼国解释自己的立场时，面临着让船只在没有支付任何税款的情况下离开的选择，在这种情况下，他将违反条约义务；或者在海关重新开放之前扣留所有船只，从而毁掉英国商人。解决方案是妥协，记录所欠的关税，直到港口恢复正常状态为止。但是，与此同时，商人并未受到任何损失，因为他们只是提交了文件，并没有为欠款留下任何保证金。英国外交部档案F.O.228/161，1853年10月22日，阿礼国致文翰。

4 英国外交部档案F.O.228/161，1853年9月27日，阿礼国致文翰。

们的商业活动。同时，他又不愿意让英国船只逃避支付条约规定的税款义务。9月27日，阿礼国抱怨，由于上海县城被占领以及太平天国在内陆地区的活动，造成“商业完全停滞”。他指出，自己无法说服一些船主遵守临时法规，他对执行这些规定表示疑虑重重。[5]与此同时，文翰怀疑阿礼国提出的法规的合法性，但他希望商人们能继续自愿遵守临时法规，而不去质疑它们的合法性。[6]

接下去的两个月，贸易零零星星地继续着。到10月，阿礼国汇报，尽管上游地区被太平军占据，但茶叶和丝绸照常抵达。但因为市场不存在，仓库里，进口自英国的货物继续堆积如山，没法运往各地，“对物主严重不利”。[7]到11月，丝绸出口超过了前一年，虽然较少茶叶运出，但是由于没有进口商品的市场，在港口的商人无法获得资金。阿礼国说，下一年的前景“每天都变将得更加阴霾”，尤其在制造品和鸦片的进口贸易方面。[8]

9月底，吴健彰道员去了广州，当他带回一船队战舰时，他立即要求根据临时规定全额支付前10艘船清关离港的欠款45 000两白银。[9]当阿礼国解释他仅仅只是做记录而已，执行付款将取决于海关，他和吴健彰之间的紧张关系变得耳目昭彰。作为回应，吴健彰威胁要收取中国商人在内陆线路上欠海关的关税；阿礼国回答说，这样做将导致“报复行动”。然后，吴健彰在港口安排了两条“官印船”充当“浮动海关”，但是阿礼国拒绝承认它们，也不允许它们驶入欧洲人的锚地，理由是如果这么做会违反中立。[10]临时体制也因持续的外国竞争而受到破坏。美国人拒绝履行根据临时法规偿还关税的义务，相反它承认一个据阿礼国认为“不存在”的海关，从而完全逃避支付税款。外国人之间互相猜疑，担心“不公平竞争”，同时对中国人怀有共同的敌意，这些情绪在1853年秋处于历史最高点。[11]

无论美国人还是英国人都完全不相信对方，他们一方面非常警惕吴健彰，另一方面又提防法国人的企图，他们不能就互相都满意的行动计划达成一致。阿礼国觉得，

5 同上；见费正清《中国沿海的贸易和外交》，第419页。

6 英国外交部档案F.O.228/161，1853年10月4日，文翰致阿礼国。

7 英国外交部档案F.O.228/161，1853年10月22日，阿礼国致文翰。

8 英国外交部档案F.O.228/161，1853年11月1日，阿礼国致文翰。

9 英国方面：英国外交部档案F.O.228/161，1853年10月22日，阿礼国致文翰；中国方面的观点：方诗铭《上海小刀会起义》，第61页。

10 英国外交部档案F.O.228/161，1853年11月1日，阿礼国致文翰。

11 英国和美国的航运在11月暂时回到“临时体制”，记录货单和所欠税款，但是如果清政府没有提供任何担保，那么这些船只则几乎没有任何意图支付税款。阿礼国估计，在港口八分之七的航运在英国人或美国人手中（英国外交部档案F.O.228/176，1854年1月28日，阿礼国致文翰，附件）。那部分既不属于英国人也不属于美国人的外国航运进出港口均未交税款。费正清估计，英国人和美国人之间占了港口贸易的七分之六；其他国籍的人占了七分之一（《中国沿海的贸易和外交》，第427页）。

美国人在乘机利用这种情况，因为相比英国船只，更多的美国船只在没有支付关税的情况下清关离港。与此同时，他执行的临时体制却又伤害了他旨在保护的英国商人。他说，现在只剩下两个选择了：要么要求清朝当局建立一个安全的海关并完全恢复法规，要么允许英国航运以美国人为榜样，并宣布上海为自由港。[12]

在美国人的支持下，吴健彰在虹口简略地设立了一个临时海关，但也被证明是徒劳无益的。[13] 与此同时，各国的船只，包括英国人的，既没有“大牌”[a]，也不用支付关税就离开港口，且不受惩罚。由于清政府方面缺乏任何有效的阻止措施，走私活动再次激增。就美国船“贝弗利号”（Beverly）来说，出现一个新麻烦，该船清关离港是根据一张给道员的纸条，承诺在四十天的时间内支付税款，“但前提是，从1853年9月7日开始，在各自政府批准下，在港口装载或卸载的所有外国船只都能缴纳税款”。[14] 该法规承诺的付款是在所有其他航运都偿还（税款）之后，因此目前的税款都是明显的逃税行为，并为未来出现更多这样的情况铺路。另一艘美国船“野鸭号”（Wild Duck）在吴淞口装了丝绸，遵循了贝弗利号的先例，只要美国驻华专员确定税款将会支付，该船仅凭付税承诺就可以航行了。[15] 最后，3月18日，不来梅船“亚里斯泰迪斯号”（Aristides）在没支付任何种类税款的情况下就清关离港，像贝弗利号那样，只提供一张附有条件的期票，付款将视所有其他外国航运偿还欠税的情况而定。但是，亚里斯泰迪斯号只承诺了一半税款。条约国已经极尽搪塞推诿之能。从那天起，所有收集税款的借口都被放弃了，上海变成了“几乎是一个自由港”，和阿礼国一再坚持的条约义务背道而驰。[16]

在如此混乱的情况下，吴健彰越来越绝望。他一开始建议回到“一口通商”，出口关税由中国经销商提前支付，并在前往（抵达）城市的内陆常关[b]收集，只留下外国人在上海海关支付的进口关税。这一计划立即遭到英国人的反对，英国人坚持认为，这将使外国买家遭受无法控制的剥削，同时使中国经纪商互相勾结和敲诈。不过，认为条约“即使没有也好过废纸”的阿礼国在面对这个情况时也束手无策、一筹莫展。

---

12 英国外交部档案 F.O.228/176，1854 年 2 月 2 日，阿礼国致文翰。

13 英国外交部档案 F.O.228/176，1854 年 2 月 3 日，吴健彰致阿礼国，宣布他将在虹口设一个新的海关；1854 年 2 月 5 日，吴健彰致阿礼国，宣布虹口的新海关开张营业。

14 英国外交部档案 F.O.228/176，1854 年 1 月 8 日，阿礼国致文翰，附贝弗利号的期票复件。

15 英国外交部档案 F.O.228/176，1854 年 3 月 14 日，阿礼国致文翰，附 1854 年 3 月 1 日的商会备忘录。其他从吴淞口驶出的船只凭期票而不是付款，包括一艘美国船“海伦娜号”（Helena）和一艘英国船“爱德华·瑞安爵士号”（Sir Edward Ryan）。在上海的英国商会向阿礼国抗议，“野鸭号”及其他船只的行为将导致走私。但是阿礼国仅回复让商会提供关于所说的走私的细节，以待证实。

16 费正清《中国沿海的贸易和外交》，第 441-443 页。

a “大牌”又叫“红牌”，即港口许可证。——译者注

b 常关，中国海关古老称谓之一。清沿旧制，原有钞关改称常关。因隶属户部管辖，亦称户关，亦俗称老关、旧关、大关等。——译者注

他承认，“外国人随时准备不按法律擅自处理”是极其糟糕的。但是，他补充说，“中国人希望避免对外国势力或其臣民采取任何暴力行为的驯良脾性”无法帮助他们执行这些规定。[17] 中国人很快就明白了“以夷制夷”，如果没有外国的干预，海关将无法运作。[18]

吴健彰和阿礼国都希望恢复外国航运的关税收集，但动机各不相同。吴健彰有义务兑现承担海关关税的税务责任，包括反叛分子从衙门偷走的款项，否则就得自掏腰包偿还。阿礼国的动机是保护英国航运免受其竞争对手的影响。1854 年 5 月，新上任的美国领事抵达上海，外国人终于决定齐心协力，而不是互相伤害彼此的利益。

1854 年春，由于香港同时出现权力真空，这一状况对上海的困境毫无帮助。和阿礼国经常意见相左的英国全权公使文翰爵士于 3 月底退休了，由宝宁爵士替代。宝宁以前曾是广州领事，回到英国后，因在中国的服务被封爵。他在英国待了一年后于 1854 年 4 月抵达香港。美国公使稍早时候离开，他的继任是麦莲（Robert Milligan McLane），3 月抵达，在中国事务上是个新手。不过，直到宝宁和麦莲抵达并有充分时间掌握复杂情况之前，官方领导力量薄弱。在此期间，上海要有所行动需得到的批准也是有限的。

泥城之战

当外国人对贸易状况焦躁不安时，清政府则意图收复仍然落在反叛分子手中的上海。清军抵达后，在城市周边及郊区安营扎寨。但是，在清军试图为夺回城市而修筑的战壕和城墙之间，是外国租界。江苏巡抚许乃钊抱怨，城北的“夷馆”妨碍他的军事行动。[19] 外国人则反映，驻扎在租界周围的军队肆无忌惮，经常骚扰他们；士兵在跑马场附近打靶练习，子弹飞过外国旁观者的头顶，威胁观望他们活动的好奇路人。士兵有时候还进到租界，在夜里偷窃食物和物资。[20] 然而，西方人感到被士兵骚扰，那么清军的将领则更加沮丧，因为西方人租界的存在阻碍了他们的军事行动。外国社区自鸣得意地宣称中立，笔直地站在被叛军盘踞的城市和清军的有效部署之间。

外国当局坚定不移地宣称的中立包括应避免即使再微小的任何可能为清军带来优势的行为，同时面对与小刀会反叛分子的私下交易却装作视而不见。英国人拒绝与

17 英国外交部档案 F.O.228/176，1854 年 4 月 10 日，阿礼国致文翰。

18 引自费正清《中国沿海的贸易和外交》，第 441 页。

19 《筹办夷务始末（咸丰朝）》，7:2a。

20 兰宁、库寿龄《上海史》，第 1 卷，第 306-307 页。

道员合作，在租界原址上重建海关；因为如果这样做了，相当于向清政府提供了保护，从而背离了英国的中立。当清军要求法国领事爱棠（Benoît Edan）将其国旗移到洋泾浜英国那一侧，以便让清军攻打不受外国租界阻碍的北城墙时，也被拒绝了。[21] 与此同时，外国居民自由行走在叛军盘踞的城市中的大街小巷，私下向小刀会叛军出售弹药，向城内居民提供食物，当然是有利可图的。

清朝官员有充分理由怀疑外国中立立场的诚意。许乃钊巡抚在一份进言皇帝的奏折中汇报，反叛分子和蛮夷联合在一起，“再英夷桀骜不驯，由来已久。……自到上海，民情柔弱，一切不敢与较，该夷以此间甚乐，其居心尤不可问。……英夷即以城北一面，皆其屋宇，相约不得从此进兵。自北门以至小东门一带，凡夷房所到之处，贼匪皆出入自如。……英夷既不能帮同杀贼，何以又与官兵为难？已有助贼之事。”[22]

为自保，外国人组织了一支由当地志愿者组成的武装队伍[c]，大英轮船公司[d]汽轮玛丽伍德号（Lady Mary Wood）船主特郎逊上尉（Capt.Tronson）任专业领导，后来由曾是皇家海军上尉的威妥玛（Thomas Francis Wade）[e]替代。[23] 当时停在港内的英国恩康脱号（Encounter）和美国普利茅斯号（Plymouth）作为增援。作为男人，他们认为主要对手是清朝军队，而不是反叛分子。1854 年 4 月 3 日，西方人要求中国人从租界附近的营地撤出。当发现没有任何动静时，就在西边界向清军的营地发起了攻击。[24]

被称为“泥城之战”（The Battle of Muddy Flat）的小冲突仅仅持续了两小时。根据一个美国参战者的证词，在外国人方面，总共 4 人死亡，13 人受伤，其中一些人是由于他们自己“误伤”。[25] 中国方面的伤亡情况估计大约 30 人死亡。这次冲突虽然被西方人美其名曰为一次胜利，但是中国官方的报告却将此事件看作外国人与清军之间存在摩擦的又一例证，并将它和在广州的类似问题相比较。4 月 8 日，许乃钊汇报，清军跨过洋泾浜，烧毁挡路的外国人房子；外国领事向吴健彰提出抗议。[26]

---

21 《北华捷报》，1854 年 4 月 1 日。

22 《筹办夷务始末（咸丰朝）》，7:20b，许乃钊致北京的备忘录，1854 年 4 月 19 日，介绍了外国人和中国人之间就出入广州以及在上海的冲突的历史。翻译，施维许《< 筹办夷务始末 > 中的中美关系：1840—1860》，第 203-204 页。

23 兰宁、库寿龄《上海史》，第 1 卷，第 307 页。

24 英国外交部档案 F.O.228/176，1854 年 4 月 5 日，阿礼国致文翰。

25 兰宁、库寿龄《上海史》，第 1 卷，第 311 页。

26 《筹办夷务始末（咸丰朝）》，7:20b-22b，许乃钊致北京的奏折。

c 即上海义勇队（Shanghai Volunteer Corps）。——译者注

d 大英轮船公司又称铁行轮船公司或半岛东方轮船公司（Peninsular and Oriental Steam Navigation Company，P&O）。——译者注

e 威妥玛（Thomas Francis Wade，1818 — 1895），英国外交官、著名汉学家。曾在剑桥大学读书，1838 年加入英国陆军，1841 年随英军侵华，参加第一次鸦片战争，任英军驻华使馆参赞、英国驻华公使等职。在中国生活四十余年，因发明用罗马字母标注汉语发音系统（即威妥玛注音）而著称，此方法在欧美广为使用，现逐渐被汉语拼音取代。——译者注

即使在清军从租界周边撤退之后，小型武器的练习同样造成西方人在新跑马场的训练如临阽危之域。清军位于租界的西边界，如果真发生严重的敌对行动，租界将处于直接的火力线下。结果，年度春季跑马赛不得不延期，《北华捷报》的编辑觉得此事令人极其厌恶，认为“在他们的年度春季跑马赛已经宣布之际，跑马赛延期至较为和平的时期”的决定不是“在现有情况下的一个明智的建议”，还争辩道：“在跑马赛的中场休息时，不如让军队进去操练，这要比展示温顺驯良的本地人对外国人的任何疑神疑鬼远远好得多。”[27]

太平天国的问题

不言而喻，清政府觉得在上海的外国人特别讨厌。但是，更加令人惴惴不安的是西方人对太平军的基督教外表表现出明显的兴趣。一段时间来，外国人对太平军的同情在《北华捷报》的字里行间十分明显。传教士到位于上游南京的太平军驻地探访，带回了有利的报告，太平天国的基督教性质等同于采纳了西方的价值观。1854 年 5 月，当美国公使麦莲访问南京时，报纸报道他前往那里“试图发现反叛分子是否是和我们有一样感情的人……（以及）新的统治者太平王是否会与文明国家友好往来……（和）采纳改良的基督教民众的机构。”[28] 一些西方人出于自己的事业或宗教，甚至加入了太平军，或者作为雇佣兵。1853 年，在上海，小刀会首领有可能和太平军组成联盟的暗示让外国人欢欣鼓舞。刘丽川公开明言对基督教有兴趣，他英语流畅（尽管可能很有限），再加上他对外国人的热情接待，都为他赢得了许多支持者。[29]

随着西方人表现出对小刀会隐约的支持和对清政府明显的敌意，虽然清朝官员从未在他们的备忘录中公开申明，但他们最深切的恐惧是，西方人凭借其强大的军事力量，很可能会失控并与小刀会结成联盟。在一份吉尔杭阿[f]进言皇帝的冗长奏折中，清政府官员心目中上海小刀会和太平军威胁之间的联系显而易见。吉尔杭阿是满洲镶黄旗人，在镇江作为按察使统领清军（1854 年接替许乃钊任江苏巡抚）。[30] 在广泛

---

27 《北华捷报》，1854 年 5 月 6 日。

28 同上，1854 年 6 月 10 日。

29 同上，1853 年 10 月 3 日。

30 吉尔杭阿（1856 年 6 月 1 日去世）在 1853 年曾是江苏候补道员，但是随着太平军占领南京，他被任命为军事统领。1854 年 7 月，他接替被罢黜的许乃钊，出任江苏巡抚。具有讽刺意味的是，许乃钊被罢黜是由于吉尔杭阿发挥主要作用的谈判。见恒慕义《清代名人传略》，第 118-119 页。

f　吉尔杭阿（? —1856），满洲镶黄旗人，清朝官员。1853 年出任江苏巡抚，在平定小刀会、收复上海县上建功，后在与太平军交战中阵亡。——译者注

描述了试图从上海歼灭反叛分子所采取的行动之后，按察使离题万里，转而讨论麦莲早些时候访问南京太平军总部的原因。巡抚说，麦莲在那里的调研向美国人证明了太平军事实上是一群盗匪，“不足与言”，因此巩固了美国对清政府合法性的支持。但是他指出，自从南京被攫取，“蛮夷”在南京和镇江之间来来回回，绝非偶然。所以，“英夷”露出了他们藏在公平表面背后的恶意，并从中国的困境中获益，抓住机会肆意妄为。[31] 与太平天国叛乱对帝国安全的威胁相比，关税税款是非常次要的考虑因素。

清政府的档案显示，巡抚许乃钊和两江总督怡良关注的是如何监视外国人。[32]1854年夏，马沙利企图携带递交朝廷的信件前往天津，其通信量之大有可能导致一个错误的结论，即外交礼节是主要关注点。但事实上，清政府官员试图确保英国人和美国人遵循条约规定的协议，旨在控制外国人。马沙利因此被带回广州，离开南京太平军总部有1000里的安全距离，命令他在那里直接向掌管“夷务”的两广总督叶名琛咨询。[33]第二个目的则是为了限制外国人进入内地。

太平天国危机时期，负责控制外国人的清朝官员不能有所闪失。因此尽管吉尔杭阿后来的评论揭示了清政府对西方人的行踪了如指掌，1853年密迪乐和麦华佗访问南京的完整记录从当时官方的备忘录中略去了。美国使团和英国领事都因为已跑到远在上游的镇江而受到指责，但实际上他们是去了南京。镇江是个更保险的赌注，因为，虽然一开始（镇江）被太平军夺取，但是它已被清军收复，尽管（收复）没有发生在此次访问之前。甚至连巡抚怡良都犹豫不决是否要汇报外国人公开和太平军谈判。外国人来来回回前往南京、芜湖和镇江，而这些城镇都在叛军掌控之下，该事实并未被提及，直到一年后偶然出现在吉尔杭阿的备忘录中。[34] 事实证明，怡良的谨慎是明智的，因为这两次访问都徒劳无益。他的评论及后来吉尔杭阿所说的都表明，中国官员不信任所有这些外国人，不管是美国人、法国人还是英国人，但是在他们的指责和非难中，英国人首当其冲。

虽然江苏官员对皇帝并不完全坦诚，而外国人又被怀疑与太平军勾结，巡抚许乃钊和现场的官员竭尽全力要表现出自己完全掌控了在上海受到威胁时的两种情况，一方面安抚“蛮夷”，另一方面要从小刀会叛军手中夺回城市。因此，在6月，当宝

---

31 《筹办夷务始末（咸丰朝）》，10:3a-7b，吉尔杭阿致北京的奏折，1854年12月19日；施维许《〈筹办夷务始末〉中的中美关系：1840—1860》，第292页。

32 《筹办夷务始末（咸丰朝）》，6:13b-31b，关于美国公使马沙利企图前往天津递交国书的各种奏折、诏令以及通讯。1853年夏秋，马沙利的访问比上海被反叛分子占领引起官方更多的关注。这次访问也报告于《筹办夷务始末（咸丰朝）》，8:9a，巡抚许乃钊的奏折，1854年7月7日。

33 《筹办夷务始末（咸丰朝）》，8:18b，巡抚怡良致北京的奏折，1854年7月15日。

34 《筹办夷务始末（咸丰朝）》，10:6b-7a，吉尔杭阿致北京的奏折。

宁看上去要提出将反叛分子从城内清除时，巡抚许乃钊表示乐于接受，甚至到了愿意为此变通本国法规的程度。[35] 正是由于许乃钊处理此事，导致了 1854 年 7 月 7 日他和吴健彰同时被训斥并革职。许乃钊被指责剿办上海贼匪日久无功，以及处处被“英夷”挟制；而吴健彰则是由于与贼首刘丽川“同乡”，有养贼之嫌。此外，吴健彰还被指控丢失了户部至少 3 万或 4 万两的白银。[36]

妥协

1854 年 4 月 13 日，当宝宁取代文翰任全权公使时，阿礼国回顾了自 1853 年 9 月 7 日以来上海的情况，就由此所受到的启发写了一份冗长的备忘录。在阿礼国的报告中明显没有提到“泥城之战”。[37] 宝宁对中国问题不是新手，他之前是广州领事。他在英国休假后回到中国，焕发出一种新精神，或许比他的前任更加理解中国事务。[38] 据同情太平军的《北华捷报》编辑称，新上任的英国全权公使“对南京的爱国者怀有众所周知的偏见”。[39]

新上任的美国公使麦莲在此前一个月也抵达香港，取代和英国人搞得很僵的马沙利。麦莲在中国事务上是新手，但外交经验丰富。4 月 14 日，宝宁和麦莲在香港开始了一系列友好会晤，后来的会议法国公使布尔布隆（Alphonse de Bourboulon）也参与了。上海的危机是个紧急的议题。

宝宁、麦莲和布尔布隆共同确立了在上海的国际合作基础。也就在 4 月，条约系统已被完全放弃，上海变成一个自由港。快速行动至关重要。反过来，快速解决的必要性也没有时间进行长时间的联络，无论是与伦敦、华盛顿还是巴黎，或者在中国方面，与北京。

麦莲第一个到出事地点，他在 4 月末抵达上海。根据他的建议，阿礼国、马辉（Robert Creighton Murphy）和爱棠三个领事同意，他们会在关税问题的解决方案中寻求相互合作。他们一致反对道员计划设立内地海关站点，相反，还提出外国关税

35 英国外交部档案 F.O.682/1987/35，1854 年 6 月 26 日，宝宁致许乃钊。

36 《筹办夷务始末（咸丰朝）》，8:12b，北京的奏折指责许乃钊允许英国船只沿长江溯流而上；同上，8:17a-18b，向官员颁布的帝国诏令，对吴健彰的指控及罢黜；同上，8:15b，罢黜许乃钊和吴健彰的诏令；同上，10:25a-28a，指控吴健彰的诏令。在后来的沟通中，浙江巡抚声称，吴健彰还与在南京的太平军勾结。

37 英国外交部档案 F.O.228/176，1854 年 5 月 23 日，阿礼国致宝宁。

38 关于税款的收集，有三个阶段，阿礼国说：1853 年 9 月 7 至 1854 年 2 月 9 日，当“临时体制”生效阶段；1854 年 2 月 9 日至 3 月 18 日，当海关恢复运行阶段，但“以一种非常没有效率的方式”；1854 年 3 月 18 日至 5 月 23 日，当上海基本上是一个“自由港”阶段。费正清《中国沿海的贸易和外交》，第 446-447 页。

39 《北华捷报》，1854 年 6 月 3 日。

的收集应由他们作为海关的代理人共同控制。[40] 这个解决办法不仅将保护中国的财政收入，还将保护诚实的商人；这是外籍税务司出现的第一个征兆。为迫使所有的国家合作，以条约权力作为后盾，将雇用外国人实施原本由道员一个人单独行动所缺乏的权威。

麦莲也会晤了江苏巡抚许乃钊和江苏按察使吉尔杭阿。与此同时，道员吴健彰及其在苏州的上司通过许乃钊与北京的商议仍在继续。海军少将赐德龄选择这时带领一支由五艘英国战舰组成的船队访问上海。自鸦片战争后，仅仅展示一下武力就足够在大部分事情上说服清政府；在上海，根本没有需要实际使用这种武力，英国的炮舰在黄浦江上懒洋洋地摇摆一下就说明问题了。

5 月 9 日，临时法规作为一种善意的行为再次生效，可惜只是暂时的。5 月 9 日至 7 月 12 日之间是高峰期，大约有 40 艘轮船带着各自相应领事的期票清关离港。这些期票事实上没再兑付，阿礼国估计总共大约 100 万两白银。[41]

这笔款项对清政府上层有多少说服力，是一个未知数；因为，他们希望实现的只是某一年度规定的配额而不是收集的总额。许乃钊和怡良对补缴税款毫无兴趣，吴健彰倒是有个更直接的切身利益：这些数额大可以抵消小刀会叛军占领该城时所损失的 20 万元。许乃钊准备将补缴税款这种无聊的事情留给吴健彰去做。[42]7 月，吉尔杭阿取代巡抚许乃钊。他仅仅注意到，1854 年 8 月底收到了 4 万两白银税款。他说，付款应“与往年不相上下，再能将上年未完成税银，照数补足。”[43]

宝宁 6 月抵达上海，着手安排他与赐德龄少将、许乃钊巡抚之间的会议，但是巡抚以严重感冒为借口，派了按察使吉尔杭阿代替。[44] 因此，与英国使者谈判的是吉尔杭阿——正是这个谈判导致了许乃钊后来被革职并贬官。许乃钊相信，或者说被误导，认为宝宁可能会被说服放弃英国的中立，直到把反叛分子从上海赶走。根据许乃钊后来的备忘录，宝宁口头提出了建议，声称既然反叛分子仍然未被平定，而且英国贸易即将被毁，他同意消灭反叛团伙，假如中国同意不去质问叛军将被发送去哪里，城市将恢复到由清政府控制。[45] 在给宝宁的后续信件中，巡抚说他很高兴英国人建议

40 英国外交部档案 F.O.228/176，1854 年 5 月 9 日，阿礼国、马辉和爱棠致吴健彰。

41 英国外交部档案 F.O.228/177，1854 年 6 月 26 日，阿礼国致宝宁。

42 英国外交部档案 F.O.682/1987/37，1854 年 7 月 1 日，许乃钊致宝宁。

43 《筹办夷务始末（咸丰朝）》，8:32b，吉尔杭阿致北京的奏折，1854 年 8 月 30 日，翻译，施维许《〈筹办夷务始末〉中的中美关系：1840—1860》，第 224 页。

44 英国外交部档案 F.O.682/1987/33，1854 年 6 月 20 日，许乃钊致宝宁。另见《筹办夷务始末（咸丰朝）》，8:9a-12a，许乃钊致北京的奏折。

解除叛军的武装并将他们交给清政府。但是他提醒英国当局，必须说服英国政府的领导人自愿放弃免除叛乱分子死刑。[46]假如叛军投降，他们会获得宽大处理。只有这样，皇帝才有可能认可这个计划。[47]

宝宁回复道，他愿意根据条约条款收集海关税款，以便复苏贸易并帮助中国，“改变上海的不幸状况”；但是，英国的立场仍然是严守中立。因此，如果要他将反叛分子赶出城市，从而免掉许乃钊一项劳神费心去控制一帮粗鲁的士兵的艰巨任务，那么他必须得到完全的行动自由。[48]许乃钊回答，他非常高兴宝宁计划赶走城中的小刀会，以便可以正常收取海关税款，相应地，他将同意宝宁提出的要求：他承诺不会如此不灵活，以至于在没有严重损害大清法律和先例的情况下与宝宁相抵触。[49]

很明显，正是这最后一句话暗示了许乃钊愿意变通清朝法规，这也让他为此付出了官职的代价。在许乃钊被革职的诏令中，他因允许“夷船”溯江而上、驶到几乎远至在太平军手中的镇江（尽管事实上所提之船还去了南京）和在夷务上处理不当（转弯抹角指他与宝宁的协议）而被谴责。[50]

从宝宁与许乃钊的通信可以清晰地看出，许乃钊的主要兴趣是小刀会，而宝宁的重要关注则是贸易问题。讨价还价的结果是，允许外国人自行其是，首先是关税收集，其次是保护叛军首领免遭报复，以换取反叛城市的平安。我们可以看出，妥协意味着许乃钊在解释清朝法规上有一定的宽容。在英国人方面，它涉及暂时废除中立的官方外交立场。7月1日，许乃钊再次写信给宝宁，几乎像是马后炮，声称他对宝宁和阿礼国领事同意执行补缴自去年9月7日以来所欠税款而感到欣慰。他补充说，所有关于海关税款的事宜应提交吴健彰道员处理。[51]

显而易见，许乃钊的当务之急是利用外国势力的帮助来摆脱城内小刀会，或者，至少让外国势力结束中立，以协助这一努力。除了眼前的目标之外，他很有可能期望西方人对中立妥协之后，他可以获得外国的同情和物质上的支持，比如弹药和炮舰，用以对付太平天国反叛分子。如果仅用财政收入作为理由，那就玷污了一个儒官的动

45 《筹办夷务始末（咸丰朝）》，8:9a。

46 这两份报告中有前后矛盾，即关于如何对待囚犯。宝宁希望囚犯得到赦免，并相信他已经为这个问题进行谈判，但是许乃钊在备忘录中说，他下令将两个杀死官员的反叛分子交出并处死。同上。

47 英国外交部档案 F.O.682/1987/34，1854 年 6 月 22 日，许乃钊致宝宁。

48 英国外交部档案 F.O.682/1987/35，1854 年 6 月 26 日，宝宁致许乃钊。

49 英国外交部档案 F.O.682/1987/35，1854 年 6 月 26 日，许乃钊致宝宁。

50 《筹办夷务始末（咸丰朝）》，8:12b。

51 英国外交部档案 F.O.682/1987/37，1854 年 7 月 1 日，许乃钊致宝宁。

机，这是与许乃钊的高官地位不相称的；但是，吴健彰的责任是将衙门被偷的资金追回，与此并无大碍。[52] 与此同时，在上海港停着赐德龄的战舰，它们的存在既保证了外国人拥有火力来兑现所开出的条件，同时也是一个提醒，即如果英国人不高兴了，就可以用炮舰巩固外交。

在许乃钊与宝宁通信期间，6 月 21 日，美国公使麦莲跑到附近的昆山镇与两江总督怡良会晤，解决实际问题。在讨论了上海的贸易问题后，麦莲向怡良提交了一份备忘录，概述了在上海制定的提案，即由外国人代替海关收集外国关税税款。怡良对该计划的批准并没有按照条款准确地向北京报告，但最终的结果是吴健彰被授权按要求重组海关。[53] 麦莲一回来立即找宝宁商量，两个公使授权各自的领事着手进行。

外籍税务司的建立

英国、美国和法国三个条约国原则上同意了这一计划，即由一定数量的外国人在海关指导下工作，收集税款。现场仍然还有许多细节需要制定。因此，阿礼国、爱棠和马辉于 6 月 29 日会见了吴健彰，目的是拟定一项共同努力收集对外贸易关税的提案。根据这项计划，三名领事和道员将共同选出三名外籍税务司。外籍税务司受制于道员，在中国海关拥有合法权限。他们的权力是监督整个对外贸易的管理。在中国方面，吴健彰向上级的陈述强调了外国人服从于道员；在英国方面，阿礼国向香港提交的报告中强调了税务司将拥有的权力。[54]

税务司负责保存“一套完整而清晰的海关账簿”的中英文版本，“详细说明整个行政管理过程……在规定的时间段内，在道台的监视下，与中国专属部门保存的账簿和记录进行比较。”作为回应，外籍税务司将拥有外国航运的独家控制权。法规明定，“任何外国船只装卸货物准单、税款收据、结关准单或其他正式文件，必须经中国部门签发。” 除非通过海关正式承认的外国领事，否则不允许外国船只（直接向海关）

52 费正清的观点是，允许外国代表向所有外国船只（进口和出口）收集税款，作为交换，补缴前 18 个月所欠税款。事实上，外籍税务司用补缴税款的代价赢得了将收集海关税款分包出去的权力。关于建立大清皇家海关的详细叙述，见费正清《中国沿海的贸易和外交》，第 371-461 页。我的观点是，根据英国外交部档案 F.O.682 的最新证据，清政府对财政事务的关注是次要的；他们的主要目标是将外国人从反叛分子中分裂出去，并在将反叛分子逐出上海这件事上得到外国援助。

53 费正清《中国沿海的贸易和外交》，第 457-458 页。

54 英国外交部档案 F.O.228/177，1854 年 7 月 6 日，阿礼国致宝宁，附吴健彰道员提案的复件。根据吴健彰和三个领事共同签署颁发的报告，外籍税务司将被赋予全权和手段，审查航运、货物舱单、登陆和离境准单、关税支付和港口清关的报告。他们在海关司署设办事处，“自由调阅核对”所有海关文书账簿。在任命之后，每个人都应发誓真实诚信地执行海关的职责，放弃任何个人参与贸易的行为，并坚持要求忠实遵守他与道员及三个条约国的领事之间的约定。在道员方面，他将严格执行法律的全面处罚，无论是罚款还是没收，无论在任何情况下都无例外或区别对待。英国外交部档案 F.O.228/177，1854 年 7 月 6 日，阿礼国致宝宁，附 1854 年 6 月 29 日会议纪要。

报告，或者在不完全符合规定的情况下留在港口、装载或卸载货物。[55]

外籍税务司同时对道员和各自的领事负责，“根据与中国签订的条约，随时准备向海关监督（道员）提供所有与洋关以及法律和管理的信息。”他们对领事负有同样的责任，提供有关运输和征收税款的所有信息，包括不受限制地查阅他们的账簿和记录。就道员而言，他承诺关闭最近建立的内陆常关，并在十天内重新启用海关，新的司署落实到位。[56]

1854 年 7 月 12 日，由外国代表收集关税税款并转交到海关的新计划生效。所有在港口的船主、轮船和商人都被告知，从今往后必须向新司署汇报。[57] 协助新税务司的工作人员将在近期内雇用。就这样，在上海实施海关外籍税务司的道路已经铺平，它将在道员的权威下，在海关聘请外国人，由他们平等地监督和收集来自所有国家的贸易商的外国关税。奇怪的是，阿礼国热情支持的这项新提案与巴富尔领事的做法遥相呼应，而巴富尔的程序却被阿礼国、文翰和巴麦尊彻底拒绝。他们曾指责巴富尔从英国商人那里收集关税税款，并将其交存海关，充当中国政府的代理人。

由领事提名的三个税务司是：法国领事馆翻译史亚实（Arthur J. Smith）、英国副领事威妥玛和美国使馆的贾流意（Lewis Carr）。贾流意和史亚实继续保留他们在各自政府手下的官方职位，但是威妥玛辞去了原职，全职承担海关税务司的工作。[58]

除了新司署的商业责任之外，该计划还为法律赔偿作出了规定。如果有需要裁决的事项以及贪污或渎职的指控，各个相应国家的领事将和道员一起组成“会审公廨”；他们的调查结果对被控方和中国海关监督（the Chinese superintendents of customs，税务司职位即由其任命）具有同等约束力。所有决定需经投票，道员有两票，每个领事为一票。[59] 这种安排很有可能是 1864 年开创的、上海著名的“会审公廨”的先例。

新司署刚刚开始运作没多久，主持其成立的道员连同他的保护人许乃钊巡抚就被革职了。然而，中国方面的讨价还价已经完成，税务司已经就职，剩下的只需吴健彰的继任者继续执行前任制定的程序。还有待观察的是，外国人将如何不辜负他们的交易。

55 英国外交部档案 F.O.228/177，1854 年 7 月 6 日，阿礼国致宝宁，附吴健彰道员提案的复件。最初的提案是由三个外籍税务司组成的委员会，英国、法国和美国各派一名。吴健彰的提案规定三个外籍税务司将组成一个海关“司署”。根据吴健彰，每个税务司将收到一份 6000 元的年薪，任期一年。另外，雇用三名第一流的翻译、三名其他外国助理以及配备一艘由一个船长和六个海员组成的海关缉私巡逻艇，整个费用为每年 3 万元。

56 同上。

57 《北华捷报》的公告，1854 年 7 月 12 日，“海关税务司署”开张。

58 英国外交部档案 F.O.228/177，1854 年 7 月 6 日，阿礼国致宝宁，附 1854 年 6 月 29 日会议纪要。

59 英国外交部档案 F.O.228/177，1854 年 7 月 6 日，阿礼国致宝宁；费正清《中国沿海的贸易和外交》，第 459 页。

诺言，诺言

蓝蔚雯是一位已经在此种环境中工作多年的官员，现在被任命为代理道员。1843年11月上海开埠时，蓝蔚雯为知县。后来他曾担任海防同知，在上海是排位第三的高级官员（在小刀会叛军占据上海时，他被叛乱分子杀害是错误报道）。毫无疑问，由于蓝蔚雯在上海的长期经验，他似乎正步吴健彰的后尘，毫不费力地接替了其职位，给外籍税务司的建立带来极少的不便和干扰。[60]

到仲夏，几乎所有与宝宁和阿礼国一起为建立税务司做出安排的官员都被取代了。唯一的例外是满洲人江苏按察使吉尔杭阿，他现在晋升为江苏巡抚了。令各方满意的是，税务司已经上任，并立即在代理道员蓝蔚雯的监督下开始运作。由威妥玛、史亚实和贾流意三人组成的外籍司署高效工作，尽管唯一全职的威妥玛抱怨实际上大部分工作是他在做。

然而，现在英国人提出补缴税款的责任问题了。当做出承诺的官员正是因为这些承诺而被革职时，英国人在多大程度上有义务履行他们早先的承诺？清政府不能坚持履行其自己谴责的义务。英国的立场是，清政府未能坚持他们那一方的条约义务，尤其在保护商人社区方面。英国人认为，身陷敌对的围困状态，被迫在没有官方保护的情况下操作或提供自己的防御措施，商人不欠政府任何关税。与此同时，阿礼国迫切需要赎回税款的期票，却又无法做到，因为没有收集到钱。从英国人的角度来看，整个期票事宜一直存在问题。阿礼国要求发行期票的行为的合法性一直被伦敦质疑，这种做法令人不快地想起鸦片战争前发生的事件，当时林则徐要求英国商人发行鸦片期票。[61]

宝宁回顾了1853年9月以来的情况，并发现中国政府确实未能履行保护外国航运的义务；此后他首先暂停、接着取消了1853年9月7日至1854年2月9日临时体制暂停时所欠海关税款的所有期票。他建议清政府必须直接从有关商人那里追回欠款，英国政府不会强制执行付款。[62]

60 英国外交部档案 F.O.228/171，1854 年 8 月 12 日，蓝蔚雯道员的公告。但是，尽管他的优秀表现，蓝蔚雯在当年晚些时候被有着杰出职业生涯的、正红旗军官杨能格取代。后来，薛焕接任，但仅短期任职。

61 伦敦对临时期票的不满情绪表现在，首先由于英国政府最终拒绝在临时体制下支持期票的付款，其次也由于宝宁和克拉兰顿勋爵（Lord Clarendon）之间的通讯，宝宁因“一口通商”体制的遗留问题而遭到斥责。见费正清《中国沿海的贸易和外交》，第 435-436 页。此外，费正清坚持认为，海关外籍税务司的设立明显违背了自 1851 年生效以来的英国政府的既定政策；宝宁只有通过对这一政策的误解或不完全理解，才能够实施税务司的设立。

62 英国外交部档案 F.O.228/171，1854 年 9 月 11 日，阿礼国向中国人和外国社区发布的通告。

蓝蔚雯仍然有义务完成配额，他继续向领事施压，要求支付拖欠的税款。[63]他建议，由于美国人已决定支付三分之一的欠款，英国人也许也希望这样做。此外，吉尔杭阿认为，英国人以清政府未能提供足够的保护而拒绝履行支付欠税的理由不能成立，因为外国人一直在帮助反叛分子与清朝军队作战。他汇报说，在上海县城内至少有 40 名外国人（在 1855 年 1 月）仍然受雇于小刀会。[64]

将反叛分子逐出上海的承诺同样遭到搁置。尽管许乃钊巡抚可能认为宝宁曾承诺过，但是英国人和美国人并没有计划单独实现这一目标。相反，他们极不情愿地同意帮助清朝官员在城市外围设立警戒线，以防止弹药与物资被偷运进城支援反叛分子，从而用饥饿逼迫他们投降。中国方面提议挖掘一条战壕，并竖起一道可以巡逻的障碍物来阻止走私。由于战壕和拟建的障碍物位于小刀会占据的城市和外国租界之间，不经过外国人同意和保护而要完成这项工事是不可能的。由于三个条约国之间缺乏合作，外国的反应再次成为阻碍。英国人抵制援助清军的努力；美国人很配合，但收效甚微；法国人公开支持清朝的举措，但却因缺乏人手而受到阻碍。

5 月时曾答应许乃钊巡抚将小刀会逐出城市的宝宁变得桀骜不驯，他拒绝与中国官员合作，即使是在保护挖掘壕沟的劳工这么小的事情上。到 8 月，宝宁勉强同意解除中立，允许开挖壕沟。10 月，吉尔杭阿写信给宝宁，在英国水手（被叫作“蓝夹克”）的保护下，由清政府雇用的中国劳工在上海挖了一条壕沟；但是，仅靠一条壕沟无法阻止所有的交通，而且，它已陷入失修的困境。他请求宝宁在进行维修工作时提供额外保护。他指出，占领该市的小刀会已经成功地坚持了一年多，因为他们通过外国租界获得了补给。虽然他没有公开指责英国人向城内提供补给，但他要求英国人协助切断那些供给。[65]领事仍未采取合作行动。清政府方面的沮丧加剧。

与此同时，清政府在英国人那里连连碰壁，在美国人那里也毫无收获，却在法国人那里看到希望。信奉天主教的法国人相比信奉新教的英国人、美国人，对太平军怀有较少的同情。1853 年 12 月，法国公使布尔布隆偕夫人及法国使馆的高级官员，乘坐法国战舰卡西尼号（Le Cassini）和柯尔贝特号（Colbert）前往南京，受到太平军首领的盛情接待和礼遇。法国使团中的天主教耶稣会会士评估了太平军的基督教正统

63 英国外交部档案 F.O.228/171，1854 年 10 月 9 日，阿礼国致宝宁，抱怨中国人在催促补缴税款。

64 英国外交部档案 F.O.682/1988/3，1855 年 1 月 27 日，吉尔杭阿致宝宁。

65 英国外交部档案 F.O.682/1987/56，1854 年 10 月 6 日，吉尔杭阿致宝宁；英国外交部档案 F.O.682/1987/58，1854 年 10 月 7 日，吉尔杭阿致宝宁。

性，并不认同太平军官员所宣称的信仰陈述，他们宣布叛军是异教徒。[66] 由于对太平天国的失望，法国人也不太倾向于支持在上海的小刀会。

除此之外，法国人声称城市北门外的土地为他们的租界，正好是进行围城的区域。英租界不允许清军穿越，清军却经常穿过法国的领地，从西边进入，在城市的北墙和西墙上设置炮台。虽然法租界目前外国人的数量较少，但在这一部分郊区建造了一些外国（主要是美国人）的传教团和传教士驻所，现在夹在两军之间成了无人地带。法国领事爱棠并没有立即担忧美国传教团的命运，但是，由于战事发生在法国人的领地上，法国人的建筑也被摧毁。由于清军收复城市的努力付之东流，法国人的领地屡遭侵犯。

在没有正式的政府中立声明的情况下，法国人将自己的砝码放在清政府的一侧。爱棠说，他也不信任英国人，英国人对待英国领土极其重视，但却对法国人的"权利和尊严"受到侵犯装聋作哑。英国人对反叛分子的理解仅仅保证了洋泾浜以北的外国人的财产安全，而法国人的领地却是在洋泾浜以南。他质问，英国人是否是故意企图将法国人排除在不可侵犯的防线之外？[67]

与此同时，城市被占据的10个月以来，大量难民涌入郊区和租界寻求避难。在此之前，公共租界试图禁止任何非外国家庭或公司雇佣的中国仆人居住，就像其他殖民地城市那样。在上海，在"白人"和"本地人"住处之间保持严格的划分，但是现在，移民潮"淹没"了公共租界。据《北华捷报》报道，围城似乎把上海的城市人口带出了"城外"。[68] 这股潮水也为外国房东带来可观的利润，在紧急状态结束后，对上海的未来产生了有趣的后果。沿着溪流及黄浦江岸边，许多难民搭起竹棚或住在船屋上。到1854年春达到2万人，绝大多数在法租界的领地内。

自城市最初被夺取，法国人在江上一直停着一艘战舰，它的存在有助于确保法国人社区某种程度的秩序。但是，当它被派遣去别处后，法国领事馆和雷米洋行[g] 失去了保护，只好放弃， 爱棠再次求救。9月25日，布尔布隆带着一支法国海军陆战队抵达上海。虽然打算只进行短暂的访问，但他却待了两个多月。法国人现在有能力保护正在加固战壕和竖起障碍物的清军，从而围困城内的小刀会。11月，清军最终开始绕城建围栅。[70] 但是，即使这样也没有阻止通行，中国人提议建一堵砖墙。但是，由于该墙将毗邻英国人的领地，仅靠法国人保护是不够的。

66 梅鹏、傅立德《上海法租界史》，第75-77页。

67 同上，第106-107页。

68 《北华捷报》，1854年6月3日。

69 梅鹏、傅立德《上海法租界史》，第113页。

70 英国外交部档案 F.O.228/171，1854年11月14日，阿礼国致宝宁。

g 雷米洋行又称"利名钟表行"。——译者注然而，租界的推诿塞责越来越多。美国人拒绝帮助，除非前一个秋天在围攻城市期间，被清军摧毁的美国传教士的住所和传教驻地获得补偿。与此同时，阿礼国宣称，他对阻碍横穿租界运输物资之事无能为力，他说，假如清政府希望阻止反叛分子接收物资，他们必须自己阻止其发生。[71] 在收到赔偿后，一些美国海军陆战队队员和水手被派遣去帮助法国人在隔离墙区域巡逻。但是，英国人仍然置身事外，赐德龄命令保护租界的英国海军部队前往香港执行其他任务。阿礼国抗议说，他在试图阻止向城内反叛分子提供商品时遇到了困难，不过，他仍然没有一星半点帮法国人的意思。[72]

清政府继续向英国人施压，要求宝宁履行早先的承诺。12 月，吉尔杭阿巡抚写信给宝宁，彬彬有礼地祝愿宝宁香港返程之旅愉快，并通知宝宁，在法国和美国军队的帮忙下，三分之二的砖墙现已完工；希望英国当局遵守诺言，为毗邻租界的砖墙剩下部分的施工提供保护，以便协助清朝政府切断向上海县城内的小刀会输送援助的线路。[73] 虽然阿礼国个人愿意叫英国军队协助筑墙，但是赐德龄严令禁止。

法国干预

12 月 8 日至 9 日的夜晚，小刀会从城内发起攻势，拆毁部分已完工的墙，将碎砖扔入小河，然后在法租界的西北角竖起战垒。9 日上午，法国军队在 100 名左右、被法国报纸称为“苦力”的中国工人增援下，袭击了战垒，逼迫反叛分子放弃。法国海军上将辣厄尔（Adolphe Laguerre）带了两艘战舰回到上海，通知英国人，尽管“你们的高级海军官员”（赐德龄）拒绝参与抵抗小刀会，12 月 14 日法国将单独开始围攻。那天早上，法国人的大炮开始炮轰城墙。[74] 炮轰断断续续地持续了几周，毫无决定性的结果。

与此同时，清政府继续向英国人施压，要求他们在重新夺回这座城市的过程中发挥应起的作用。12 月 23 日，吉尔杭阿再次写信给英国全权公使，通知宝宁，法国人和美国人遵守了他们的协议，协助制止了物资被偷运进入城市——就美国人而言，这有点夸大其词——但是皇家海军没有发挥作用，导致小刀会和法国海军之间发生冲突，后者拯救了筑墙工人。[75] 不管是羞愧还是内疚，都证明无法有效胁迫英国人。

---

71 梅鹏、傅立德《上海法租界史》，第 118 页。

72 英国外交部档案 F.O.228/171，1854 年 12 月 21 日，阿礼国致宝宁。

73 英国外交部档案 F.O.682/1987/68，1854 年 12 月 4 日，阿礼国致宝宁。

74 梅鹏、傅立德《上海法租界史》，第 119-122 页。

75 英国外交部档案 F.O.682/1987/73，1854 年 12 月 3 日，吉尔杭阿致宝宁。

巡抚企图玩“以夷制夷”的游戏太过明显。一周以后，巡抚又写信给宝宁和赐德龄少将，更强烈地质问英国人为什么仍然没有履行协议。[76]阿礼国仍然对自己的立场坚定不移。

1855年1月6日，法国海军派了一支由法国水手和海军陆战员以及中国苦力组成的军队，向城内发动了一次全面攻击。他们在法国领事馆旁边的两门大炮的掩护下进行攻击，突破了一段城墙。但是，法国人的袭击被小刀会击退，港口船上的英国和美国逃兵加入了小刀会那一边，协助小刀会加固城内的建筑；他们用小型武器向法国军队开火，用西方的精确度瞄准，百发百中。[77]

法国人遭受了一些伤亡，小刀会声称获胜，但更令人不安的是英国人和美国人与法国盟友作战的奇观。清政府利用西方的尴尬并不迟缓。1月6日袭击当天，吉尔杭阿巡抚正式拜访法国领事馆，对杜兰上尉（Duran）的阵亡表示哀悼，杜兰是两个战死的法国军官之一。巡抚回忆起曾在早些时候亲自会见过杜兰。阿礼国领事和现任海关税务司的威妥玛副领事都参加了法国逝者的葬礼。[78]

爱棠精力充沛地写信给他的同僚领事，斥责小刀会中有英国和美国的逃兵。他坚持认为，如果小刀会没有60名至80名精通军事技术的西方人的增援，那么这场战斗的结果肯定会有所不同。[79]吉尔杭阿也正式向宝宁投诉，至少有40名外国人被城内小刀会雇用，其中一些是英国人。[80]

显而易见，不能允许外国人打外国人的奇观再继续。宝宁最终让步了，并允许阿礼国实施一项走私禁令，让皇家海军陆战队驻扎，以加固防护墙，并试图逮捕小刀会阵营中的英国逃兵。英国人从来没有让他们的军队为清朝而战，相反，只是采取防御措施，无论如何定义，都坚持中立原则。宝宁的承诺似乎更多地缘自法国人指控的刺激，而不是中国人的恳求。毫无疑问，英国人的行动并没有表现为是履行了宝宁在1854年5月和许乃钊签订的合约。

然而，吉尔杭阿巡抚采取了不同的看法。尽管吴健彰作为巡抚的智囊在早些时候蒙受羞辱，吉尔杭阿还是和他一起，写了一封私信给宝宁。巡抚和吴健彰感谢宝宁有效地制止了外国人偷运以援助小刀会。吉尔杭阿进一步答应，他将遵守他这一方的

76 英国外交部档案 F.O.682/1987/77，1854年12月29日，吉尔杭阿致宝宁和赐德龄。

77 梅鹏、傅立德《上海法租界史》，第125-127页。

78 同上，第127页。两个法国军官被杀，大约有58名法国人受伤（其中一些后来死亡）。

79 同上，第128页，引用爱棠致阿礼国，1855年1月14日。

80 英国外交部档案 F.O.682/1988/3，1855年1月27日，吉尔杭阿致宝宁。

承诺，假如刘丽川和陈阿明[h]被捕获，他将饶他们一命。其含义不言而喻，巡抚遵守他这方面交易的条件是，只要英国人遵守自己的承诺。[81]

到2月15日，阿礼国可以向宝宁汇报，情况有所改善：虽然小刀会仍然占据上海，但是清军已经完成绕城的包围圈。法国人现在代表清军出战，封锁正在严格执行，英国海军陆战队队员对租界保持高度警惕，因为他们担心广东人或其帮手可能会袭击外国社区。[82]

与此同时，清军从另外一个方向发动了新一轮袭击。由于城市北侧安全了，清军把火力转移到了南侧。在城南法国人的大教堂上架设的大炮炮火的掩护下，2月16日农历新年的除夕南门打开了，并突破了城墙。小刀会被困在城内，最终弹尽粮绝，由于同时遭受两边夹击，他们很快投降了。17日，星期天，也是大年初一的战斗中，城内被小刀会占据的许多建筑被夷为平地；一整天，从外国租界越过布满弹孔的城墙上可以看到滚滚的硝烟。清军的旗帜在墙上高高飘扬。[83]

2月20日，阿礼国汇报城市被清军夺回。和平占领这座城市所进行的重建伴随着比预期更少的破坏。阿礼国自己探访了城市，几乎看不到政府军队掳掠破坏的痕迹。大量的小刀会成员被杀害或被囚禁，尽管英国人恳求，小刀会首领刘丽川和陈阿明还是被立即执行死刑。[84]随着上海收复，江南的小刀会叛乱结束。小刀会起义标志着中国与西方关系史上一个重要的篇章，因为正是在这场危机的条件下，促成了新的海关外籍税务司制度。

海关收税还是包税？

当这座城市处于围困状态，外国势力相互竞争，看谁更能保持中立，海关的外籍税务司却正在顺畅运作。到10月中旬，新任税务司仅出口税款就已收集到50多万元；到12月底，总额增长至100多万两白银，尽管进口贸易仍然“几乎全部关闭”。阿礼国说，港口满是航运，新系统运作顺利，“我相信清政府和外国商人都对结果感到惊讶”。清政府毫无怨言。[85]然而，他们可能对新分支机构收集到的收入感到惊讶，

81 英国外交部档案 F.O.682/1988/6a，1855年2月15日，吉尔杭阿致宝宁的私人信件。

82 英国外交部档案 F.O.228/195，1855年2月15日，阿礼国致宝宁。

83 梅鹏、傅立德《上海法租界史》，第131-133页。

84 英国外交部档案 F.O.228/195，1855年2月20日，阿礼国致宝宁。

85 英国外交部档案 F.O.228/171，1854年10月21日，阿礼国致哈蒙德（Edmund Hammond）。英国外交部档案 F.O.228/195，1855年1月20日，阿礼国致宝宁；在汇报货币交易时，领事馆官员当时所经历的问题表现在阿礼国的这份备忘录中，即比较银两和银元的困难——甚至连香港的宝宁都无法解释总数。

h 原文“Lin A-ming”（林阿明），疑为陈阿明或林阿周中的一人。——译者注

因为海关外籍税务司报告了每一笔白银和银元，而不是转交规定的配额。这种习惯程序的偏离是新机构的特点。[86]

新税务司的大部分成功归功于威妥玛。三个税务司中，只有威妥玛放弃了自己的官方职位，尽管，正如他所说的那样，是“外交机构的一种出借行为而不是逃兵”。[87]史亚实和贾流意除了海关工作之外，都继续履行其常规职责。1855 年 1 月，当威妥玛按照自己的意愿重返领事馆职务时，他（在海关）的职位由李泰国（Horatio Nelson Lay）接替。李泰国是曾任英国驻厦门的领事李太郭（George Tradescant Lay）的儿子，直至 1845 年不幸去世。年轻的李泰国在 14 岁就来到中国，在威妥玛辞职并就任海关职位的前一年被委任为上海的代理翻译。威妥玛海关上任之后，李泰国被晋升为代理副领事。[88] 吉尔杭阿巡抚举荐李泰国接替威妥玛在海关的职位，但是宝宁担心李泰国经验不足，反而提名金执尔（William Raymond Gingell）。然而，6 月 1 日，仍由李泰国接任海关外籍税务司的职位。[89]

补缴税款的问题仍然没有解决。作为道员，首先是吴健彰，然后是蓝蔚雯，屡次请求付款。清政府似乎满足于将此事留给当地官员。美国人以三分之一的金额结算，蓝蔚雯道员表示也愿意与英国人达成妥协。[90] 此事被提交伦敦裁决，经过长时间拖延后，做出的决定是彻底拒绝付款，理由是在所述期间，清政府未能就其条约义务提供保护。

阿礼国也准备离开上海了。他的妻子于 1854 年去世，他申请转调去气候环境更宜人的地方。[91]1854 年秋，正当上海危机最严重的时候，他曾经受邀担任广州领事馆的一个更高的职位，但是当时他暂时拒绝了晋升。在给宝宁的备忘录中，他希望能在

---

86 费正清阅读了本书手稿的早期草稿后提醒我，建立海关外籍税务司这项成就的信号是使其从包税类别转变为一种现代的税收机构，它拒绝遵守配额，相反却上报和移交所有关税所产生的全部收入。私人通讯，1991 年 7 月 17 日。

87 英国外交部档案 F.O.228/195，1855 年 1 月 22 日，阿礼国致宝宁，附威妥玛致阿礼国的信件。威妥玛辞掉副领事的职位，以便接受税务司的职位，假如他后来辞去海关的职位获得伦敦的同意，他一辞职就自动获得恢复副领事的职位。他写道，自己的任命是暂时的，如果被允许遵循他自己的意愿，他宁愿做一段时间学中文的学生，然后回到领事馆职员中。威妥玛后来在中国的外交服务生涯杰出，1871 年至 1882 年为英国驻华公使，最终被封爵士。他同时也是一位天才的语言学家，创造了汉语拉丁化的威妥玛 - 翟理斯式拼音系统（即威妥玛拼音）的其中一位。

88 史景迁（Jonathan Dermot Spence）《改变中国：在中国的西方顾问》（*To Change China: Western Advisors in China, 1620-1960*, 1976），第 98 页；危机时期李泰国向清政府献媚并大力支持清朝的举措。

89 英国外交部档案 F.O.682/1988/6a，1855 年 2 月 15 日，吉尔杭阿致宝宁；帕特里克 ·D. 科茨《驻中国领事：英国领事官员，1843—1943》，第 137 页，引用英国外交部档案 F.O.228/182，补充第 303 页（1855 年）；英国外交部档案 F.O.228/195，上海，第 21 和 29 页（1855 年）。威妥玛继任者的问题主要是在回顾时才成为一个问题，因为李泰国后来被证明是浮躁鲁莽的，不适合这个职位。1863 年，上海商会对他的个性给了如下揣度：“他不拘泥于事实和论据，对那些怀疑中国海关绝对完美的人表现出最强烈的敌意；为支持他自己的观点并反对那些请愿书起草者，他毫不犹豫地歪曲事实和陈述，同时无视真相和礼貌”（引自兰宁、库寿龄《上海史》，第 2 卷，第 139 页）。

90 英国外交部档案 F.O.228/219，1856 年 1 月 5 日，罗伯逊致宝宁。

91 帕特里克 ·D· 科茨《驻中国领事：英国领事官员，1843—1943》，第 137-138 页。

下一年进行交接。[92]清政府很高兴他将留任，至少等到危机结束。[93]然而到了春天，随着危机的解决和城市恢复和平，阿礼国觉得他可以接受在广州的职位，把上海领事馆交给新任命的、有能力的罗伯逊手中。[94]因此，在 1855 年 4 月，他和他那精简的家庭离开了上海——他在那里度过了重要的十年。4 月 9 日，罗伯逊负责领事馆。[95]可以说，阿礼国留下的唯一最重要的机构就是海关外籍总税务司署。

1858 年，外籍税务司制度扩展到其他通商口岸，成为清政府的一个分支，即大清皇家海关。直到 20 世纪初期，它通常由外国人参与，最具代表性的赫德爵士（Robert Hart）在 1863 年接替李泰国担任总税务司。

由外国管理人员对税务司的严格道德管理充其量仅仅是包税制，即使如此，也几乎没有英国人会承认这一做法；因为这种做法被广泛视为原始且腐败的。但是，法国人没那么宽宏大量。1861 年，在圣彼得堡的法国大使汇报，英国人提议以 2 亿法郎的价格从清政府那里包税。[96]事实上，提交给清政府的收入远远超过了法国人的估计。

无疑，包税在上海并非新鲜事物。早在北宋末年，上海已经有一个市舶司，它的目的就是规范对外贸易并收集其税款。[97]元明清时期的习惯做法即允许某些经纪商受委托去收集税款。[98]在清朝时期，轮船招商局就位于沙船业商人的商船会馆附近，并由行会运行。沙船业商人的会馆仅仅是许多获得包税权的行会之一，收集他们自己的或其他人的税款。又比如，豆业行会通常以慈善目的从会员或客籍商人那里收集关税和“自愿捐款”。[99]1858 年，因福建运输问题而成立的木业商人行会向船只发出正式委托，前往福建沿海港口装载木材运往上海；抵达后，每艘船都必须向行会提交报告，然后由行会起草海关报告、封面文件，在其上加盖适当的印章，通知海关，登记船只，并交出关税。所有涉及运输木材的船只都必须拥有行会颁发的印章。[100]这种包税程序在上海行会中很常见，这些行会无疑为这一特权支付了不菲的代价。关税税收不是上海唯一的财政商品。后来的行会在 1850 年代对漕粮的管理实行垄断，这有可能为行会的金库带来巨额资金。[101]

---

92 英国外交部档案 F.O.228/171，1854 年 11 月 17 日，阿礼国致宝宁。

93 英国外交部档案 F.O.682/1988/6b，1855 年 2 月 15 日，吉尔杭阿致宝宁。

94 英国外交部档案 F.O.228/195，1855 年 3 月 8 日，阿礼国致宝宁。

95 英国外交部档案 F.O.228/195，1855 年 4 月 9 日，阿礼国致宝宁。

96 同上，引用高第（Cordier）《中国与西方列强关系史》（*Histoire des relations de la Chine*, 1901），1:160。

97 《嘉靖上海县志》，3:6a；《沪城备考》，1:4a。另见斯波义信《宋代中国商业和社会》，第 181 页；见上文第 1 章注释 70 的讨论。

98 斯波义信《宋代中国商业和社会》，第 178-179 页。

99 《上海县续志》，3:6b。

100 同上，3:8b。

101 同上，3:5a。1855 年，浙宁会馆承担了北京漕粮运输合同，虽然它的总部在小刀会起义中被毁，直到 1859 年才重建。

在上海甚至也有一些早期尝试让商业行会处理西方关税，该做法立即遭到英国人的反对。根据翻译麦华佗的话来说，这样的安排将允许“城市中一些最富有的公司”取得“作为申报机构”的许可，以便保证妥善收集税款，“在交货港口全额支付”。[102] 巴富尔和阿礼国对领事是否参与收集关税以及参与的程度的态度有所不同。1850 年，阿礼国指出：“在中国，政府通常会将海关分包出去，地方负责每年向财政部转移一笔固定金额。”他推测，在要求上海的月度关税总额时，政府正在朝着“将海关（关税）最终分包出去”，寻求建立新的配额。[103]

1854 年建立的新体制改变了这一切。通过允许西方人经由海关收集关税税款，清政府完成了两件事：首先，降低了自己收取关税的成本和事务性工作；其次，纠正了特殊的情况，并最终使其符合中国在这些问题上的惯例。外籍总税务司署被证明是一个与政府预期的机构截然不同的机构，这可能并不是立即显而易见的。

1854 年，自通商口岸开放以来，吴健彰终于成功实施了一项历任道员一直敦促进行的计划：责令外国领事负责收集自己的税款并规范自己的行为。宫慕久希望巴富尔不仅要收集外国航运的税款，还要控制在港口的所有外国人，无论其国籍。巴富尔实际上对第一个要求很合作，但是领事很难说服宫慕久，英国领事只对英国公民负责。就如“青浦教案”那样，后任道员咸龄甚至还没有对此事进行调查，就主观臆断阿礼国不仅对商人甚至还应对在农村的传教士的行为负责。甚至连态度温和的麟桂道员也敦促阿礼国承担起收集税款和监督外国人的责任。随着外籍税务司体制的建立，关税将由一个机构来处理，外国人就留给领事去监督。

“用蛮夷来统治蛮夷”（以夷制夷）是一个古老的原则，至少可以追溯到远至西汉时期(公元前 221 年至公元 8 年)。[104] 支付薪金雇用外国人，或用金钱诱使他们合作，并授予中国头衔封号，都是古老的做法，明清时期边防驻军经常用此对付蛮夷。[105] 收集和呈送商业贸易中象征性的或实际的收益也与传统的进贡程序遥相呼应。毕竟，从 1854 年的角度来看，外国人交付的关税直到最近才从内务府（以贡品形式）转到户部（作为税收）。现在，如清朝的官员所见，西方人最终开始承担外国商人金融交易的责任，清政府曾一直认为这是他们的负担。

102 麦华佗《上海开埠的回忆》，第 81 页。1843 年至 1853 年之间，在上海，海关标准的税款总配额大约设在每年 66000 两白银。

103 英国外交部档案 F.O.228/117，1850 年 4 月 11 日，阿礼国致文翰。也见费正清《中国沿海的贸易和外交》，第 262 页。

104 铃木中正 (Suzuki Chusei)《中国与内亚的关系》 (*China's Relations with Inner Asia*, 1968)，第 191-192 页。

105 杨联陞 (Yang Lien-Sheng)《从历史看中国的世界秩序》 (*Historical Notes on the Chinese World Order*, 1968)，第 33 页。

大清皇家海关的服务

事实证明，在上海建立的制度不仅仅只是清政府最初打算建立的包税机构。它引入了19世纪西方会计原则和制度责任，有可能最终使整个清朝财政体系现代化。[106]它运作良好，尽管清政府付出的努力如此之少，但创造的收入却如此之多，因此，在英国人的煽动下，1858年，这个制度被扩展到《天津条约》协议下的所有通商口岸。海关外籍税务司的建立标志着上海的一个重要分水岭，新机构现在是清政府的一个分支，将外国飞地的地位从“夷馆”的地位改为了公认的外国机构。

《天津条约》[i]第10条款将一个单个的、统一的外国关税收集制度扩展到每一个开放港口。它规定了由清政府任命的监督官员，负责监督所有港口的关税收集工作。此外，还将选择一名工作人员协助其收集关税，防止走私，确定港口边界，履行港务局职责，维修诸如灯塔、浮标、灯标等港口设施。在实践中，雇用了各种各样的人，包括美国人、英国人、法国人、德国人和瑞典人；许多中国人也在其中，虽然最初仅仅只是低级职位。但是，直到1950年，还没有中国人就任总税务司职位。[107]

恭亲王奕䜣领导的总理衙门最初委任李泰国为“总税务司”，翻译为“海关总监”；后来在1863年由赫德担任，赫德在该职位上任职直至1911年去世。[108]赫德在世界上规模最大、效率最高的海关征税机构的47年统治，是历史上令人称奇的一章，因为这是一个英国公民，受雇于清政府，出任该政府中颇具影响力的职位。在这个职位上，赫德代表清政府，与自己的同胞（英国公民和官员）一起，处理英国和中国的事务，而两国的国家利益经常发生冲突。

在上海，服务清政府的英国人和他们自己的同胞之间的利益冲突甚至更早时就显而易见了。阿礼国的继任者罗伯逊在接任领事办公室后不久，就指责英国籍税务司在没有事先与领事澄清的情况下就颁布法规。只要海关司署是清政府的一个工具，就无法避免这种冲突。但是罗伯逊坚持认为“税务司应该……在领事的监督下，领事的职责根据条约是保证（税款）收集并支付给中国政府……因此他们是和领事一起，而不是目前这样反对他。”[109]当代表道员行事的外籍税务司没收了25箱属于英国人雇

106 费正清，私人通讯，1991年7月17日。

107 费正清、布鲁纳（Katherine Frost Bruner）、麦德森（Elizabeth MacLeod Matheson）《总税务司在北京：赫德书简，1868—1907于中国海关》（*The I. G. in Peking: Letters of Robert Hart, Chinese Maritime Customs, 1868-1907*, 1975），1:6。

108 同上，第7页。

109 英国外交部档案 F.O.228/196，1855年8月1日，罗伯逊致宝宁。

i 《天津条约》是1858年第二次鸦片战争后清政府与英国、法国、俄国、美国签订。——译者注

用的某个中国买办的鸦片时，罗伯逊勃然大怒。罗伯逊询问自己的同僚（法国和美国领事）后，很惊讶地得知，他们相信道员完全有权这样做。罗伯逊尤其生气的是，英国籍的税务司在这件事上没有先咨询领事的意见，就违背英国公民的利益行事。[110]

海关外籍总税务司可能被视为过去两个世纪以来为清政府服务而运作良好的两头政治的又一个例证，即将清朝官员放在监督职位上，但是允许外国人从事那些他们最有效率的工作。如费正清所言，如果说海关管理是满族人—汉人—外国人共同统治，那么它在1854年及此后数年是一个满族人占决定性主导地位的共同统治。[111]然而，毫无疑问，从这些早期开始，海关总税务司于1860年将其扩展到所有中国的通商口岸，并重新命名为“大清皇家海关总税务司”，提供了一个廉洁的公共服务和效力于中央政府的标准。赫德严格遵守传统儒家政府的最高原则，坚持秉节持重的道德标准和光明磊落的诚信。没有任何类似的机构像清政府的皇家海关总税务司那样一丝不苟。[112]

110 英国外交部档案 F.O.228/196，1855 年 9 月 2 日，罗伯逊致宝宁。关于收集税款，罗伯逊曾经经历过多次和李泰国的争执，在 11 月，他记录了自己的观点，即由于海关税务司是中国政府的雇员，他不能对外国人的行为承担任何责任，尽管他们可能是英国人的事实；英国领事也不能对他们行使任何控制权。（英国外交部档案 F.O.228/196，1855 年 11 月 16 日，罗伯逊致宝宁。）1859 年，罗伯逊的继任密迪乐领事再次抱怨利益冲突，相当谨慎地陈述，“参与建立新的收集系统的主要人员（即李泰国）对其所在县的当地代表采取的态度，大大增加了难度。”（英国外交部档案 F.O.228/274，1859 年 11 月 27 日，密迪乐致卜鲁斯）。但是，李泰国被解职、赫德就任总税务司之后，这些批评停止了。

111 费正清《中国沿海的贸易和外交》，第 465 页。

112 在这方面具有指导意义的是所有条约港口的年度报告，这些报告从 1864 年开始以机械规律发布，其中列出了所有船舶、吨位、关税和产品，以及最细微的当地产品数量。进口、出口、再出口产品以及沿海和内部运输，均以专门方式量化；收取的所有关税、费用和维护费用都是严格计算的——这是在英国国内航运尚无法估算吨位和关税的时候。大清皇家海关后来在清政府现代化方面的职能众所周知，包括邮政服务、港口和港口改善、外交培训和官方印刷。同样出名的还有国际货币基金组织，它对财务管理在保证外国贷款安全和支付战争赔偿方面作出了贡献。

第十二章

上海：双重城市，1854—1858 年

1850年代的中后期，在小刀会起义被镇压、上海县城恢复到清朝控制之后，人们观察到，在这片被称为上海的土地上有两个彼此隔离的城市。在南面，是传统的、带城墙的上海县城，城中心有政府衙门（当时已重建）、城隍庙和豫园；城墙外则是繁忙的郊区，满布狭窄拥挤、蜿蜒曲折的街道。对外国社区来说，这个区域构成了“南市”。在北面，吴淞江（现在被外国人称为苏州河）与河面宽阔、流速缓慢、潮汐涌动的黄浦江交汇；在交汇处的外国锚地附近，聚集着一个小型的现代欧洲小镇，布局整齐、街道笔直，有着欧洲人的住宅、跑马场和公园，还有沿着外滩二至三层高的洋行建筑，令人叹为观止。这是“北市”。

上海凭借其两个隔离的城市，与遍布亚洲的殖民势力所创建的其他隔离城市有着明显的相似之处。例如，早在16世纪菲律宾的马尼拉，西班牙人就在毗邻苏丹本土城镇的位置建设大院，内有西式风格的要塞、广场和教堂，但两者明显分开。[1]17世纪在爪哇岛的巴达维亚（即雅加达），荷兰人建造了一个小型荷兰城镇的复制品，距离古老的本土城市大约一英里，“输出荷兰资产阶级的品质和文化”，内有运河及三层高的砖房，这些砖房在热带气候中明显地格格不入。[2]19世纪在开罗，毗邻有着露天排水沟、污水池与围墙的古埃及城市，英国人建造了一座西方城市，配有下水道和现代化卫生设施。[3]法国人在西贡（即胡志明市）布置了一个微型巴黎，那里有着宽阔的大道和凯旋门。同样的故事在殖民城市中重演，就像德里和孟买，还有那些在横滨、神户、香港、广州等所有西方国家的殖民飞地，甚至在没有直接殖民控制的地方，诸如此类，不胜枚举。

在将本土城市与外国飞地隔离的过程中，上海也遵循在通商口岸施行的标准中国惯例，即隔离外国租界与当地的城市。例如，在广州，根据清政府的明令，欧洲人被限制在沙面岛；在厦门，第一任英国领事故意选择了与广州城隔岸相对的基地，如他所说，立刻就比本土城镇更舒适、更健康。1860年代，新的通商口岸开放后，这

1 罗伯特·里德(Robert Reed)《殖民地的马尼拉》(*Colonial Manila: The Context of Hispanic Urbanism and Process of Morphogenesis*, 1978)，第38-47页。

2 托马斯·G. 麦吉(Thomas G. McGee)《东南亚城市》(*The Southest Aisan City*, 1967)，第51页；詹姆斯·L. 科班(James L. Cobban)《关于雅加达最初两个世纪的地理笔记》(*Geographic Notes on the First Two Centuries of Djakarta*, 1971)，第108-150页。

3 珍妮特·阿布-卢格霍德(Janet Abu-Lughod)《双重城市记：现代开罗的起源》(*A Tale of Two Cities: The Origins of Modern Cairo*, 1965)，第429-457页；《开罗：1001年的凯旋城》(*Cairo: 1001 Years of the City Victorious*, 1961)，第116-117页。

种模式仍在继续：在汉口，西方人聚集在城市东端带围墙的外国人大院，英国、美国和俄国的领事馆坐落其中，几乎形成一个独立的城镇。[4] 在天津，一个与原来的城市完全隔离的新城镇是为外国租界而建的，就像在上海一样。这些欧洲社区的规划及其与众不同的通商口岸建筑，将它们明显地从中国的环境中剥离出来。

这一时期英国人的上海地图细致描绘了街道、外滩、教堂、墓地、英美领事馆、中国海关和一些最重要的商业建筑。但是，城墙内的上海县城却一片空白。上海县城外的郊区要么被省略，要么被描绘得非常简单。法租界的地图显示了仅存在于纸面上的道路和街道，但省略了实际的中国街巷以及宁波会馆和天妃宫等机构；对于这些地物存在，法国人含蓄地否认。不过，文化盲点并非单方面的。中国的资料存在同样的情况，1871 年版县志上印刷的城市地图仅显示了洋泾浜以北河岸的新北海关，也无视租界的存在。[5]

外国租界

城市的双重形态在 1850 年的上海是如此明显，这种局面在多大程度上是由于官方政策强加造成的？《南京条约》中没有任何或必然的条款是关于划分或隔离社区的声明。这种做法可能有民族优越感的心理渊源，英国人和中国人在同等程度上都有所表现。但在实际层面上，一方面是清政府官员，另一方面是英国商人，我们可以追溯他们的做法，将当场采取的应急措施与响应具体的当地条件加以区别。就如第 7 章所看到的，最初宫慕久道员和清政府对待西方人就像对待任何“外来会馆”，为他们的大院分配一个区域，此后被称为“夷馆”。在那里，就如在任何“会馆”，居民享有一定的自治，他们可以造办事处、住宅和教堂，按家乡的习俗生活。宫慕久和巴富尔一起选定的基地是因为它靠近唯一一个适合西方船只停靠的深水锚地，或许还因为它位于距离城墙几乎一英里的下游位置。

西方人享有的特权绝不是独一无二的。相比大多数“会馆”通常享有的特权，清政府所理解的治外法权并没有给这些西方人带来更多的特权，因为这些“外来会馆”的西方人一般被允许按照他们自己的方式生活，如宗教信仰、方言、烹饪和其他习俗，继而发展到遵循他们自己的当地法律。最初看起来非常在理的特权不断累积，以这种带有隐患的方式，被后来的外国居民所利用，这是像宫慕久道员这样的地方官所没有预料到的。

4 罗威廉《汉口：一个中国城市的商业和社会（1796—1889）》，第 43-51 页。

5 《同治上海县志》，首卷：地图，13b-14a。

宫慕久和巴富尔选择的位置有立竿见影的优点，其中最显著的就是航运的便利性。由于基地很大程度上未得到改善，外国人没必要与中国业主谈判租赁建筑或拆旧建新事宜，这些他们本来是不得不做的；毫无疑问，如果他们待在城内，会牵涉很多讨价还价和争执对峙。在未来租界的基地上，他们要做的仅仅是安排土地租赁。他们所造的建筑满足期望中的欧洲标准，舒适、安全、有保障，因此仓库等等可以获得担保和保险。保险是19世纪欧洲各国和美国新引入的做法，这对外国航运商来说是一个重要的考虑因素。只有在房屋得到保障并符合西方建筑和防火标准的情况下才能获得保险。基地为外国人提供了他们自己的空间，与当地中国人接触极少，因此减少了冲突的可能性。英国人考虑更多的是卫生问题，例如污染和疾病预防；中国人考虑的则是文化威胁和种族冲突。阿礼国领事和清政府都对隔离带来的好处表示赞赏，双方同样渴望管理一个和平繁荣的机构并促进“通商大计”的实施。

因此，中国学术界通常把建立英国人社区看作是帝国主义的第一步，也有一种可能，1843年宫慕久分配给英国“会馆”的基地是依照城市传统商业组织，将外国人的存在中作为另一个“外来”行会。该解决方案的优势在于立即组织、控制和淡化外国人的存在。同样，在英国人方面，也支持一个隔离的社区。[6] 外国商人对巴富尔领事竭力将领事馆设在城墙内不屑一顾，更喜欢自己的大院。在那里，西方的华厦可以为他们提供习以为常的安全和舒适，住宅带有封闭的卧室，以满足外国人的隐私需求；浴室符合19世纪欧洲的卫生概念；还有室内的壁炉，是北欧人冬季习惯的采暖和舒适。空间是一个主要考虑因素，空间内建造建筑物，四周被花园和院墙包围，让空气在建筑物之间流通，在自己与中国人居住的区域之间设置法国人所谓的“防疫线”。[7] 虽然外国人企图将自己的区域隔离，禁止任何既不是仆人也不是买办的中国人居住，但是这种隔离也含蓄地存在于传统的“会馆”中，这些会馆仅限于来自某个特定籍贯的人。

1845年土地章程规定，外国人可以从中国业主那里承租土地，支付现金押租，外加一笔名义上为年租、实为年度地税的款项。[8] 如此获得的物业由领事和道员记录，然后，领事负责收取年租并将款项转交给中国政府。外国承租人可以自行改善土地、建造房子以及买卖租赁权。

---

6 例如，见卢汉超《上海土地章程研究》，第120-121页，和梁元生《上海道台研究：转变中之联系人物，1843—1890》，第46-48页，梁元生认为，宫慕久努力将外国人安置在城外，这是一种蓄意而独特的隔离政策。

7 安东尼·D. 金恩（Anthony D. King）《殖民城市发展：文化、社会势力和环境》（*Colonial Urban Development: Culture, Social Powers and Environment*, 1976），第234页，讨论了“本土”城市与欧洲飞地之间的开放领域的分界线概念，该分界线被法国人称之为“防疫线”。

8 见卢汉超《上海土地章程研究》，第100-145页。

最初，外国土地的持有量约为 830 亩（55.3 公顷），到 1854 年，土地已经扩大到包括向北远至苏州河、向西环绕新跑马场、向南至洋泾浜。阿礼国在回顾 1848 年“青浦教案”之后，非正式地界定了外国租界的范围，包括法租界，从南边界环绕城墙的护城河延伸到北边界的苏州河，西边界沿着排水沟（后称“护界河”），东边界是黄浦江。

到 1854 年，公共租界占地约 470 英亩（1.9 平方公里）。[9] 如果把文件上声称的法租界的所有土地包括在内，那么总面积将达到近 1300 英亩（5.3 平方公里）。[10] 尽管巴富尔最初努力防止投机，但土地和建筑物的价格呈指数级增长，上海的外国租界创造了一个蓬勃发展的房地产市场，[11] 永久性的西式建筑引领了膨胀的租金和离谱的价格。

1854 年，租界的人口为 276 名外国居民，包括 33 个家庭、许多单身汉和几位独身女子。租界有 56 个商业机构，虽然其中有些仅由一名外国商人代表。主要的商行包括琼记洋行、宝顺洋行、怡和洋行、广隆洋行、旗昌洋行和沙逊洋行等。租界建立了七个新教的传教驻地，还有一名独立的牧师，一座圣公会教堂及牧师服务英国人社区，英国、美国、法国、普鲁士、葡萄牙、荷兰和汉堡市正式设领事馆。[12]

《北华捷报》头版上，海事保险代理机构的广告，以及经销各种中外商品的那些中间商、医生和兜售专利药品的经销商的广告，皆成倍增加。随着社区发展壮大并发生变化，出售物业的广告也增加了，对历史学者来说，遗憾的是报纸上很少援引价格。

不断增长的外国人口让道路、排水沟、卫生设施和外滩地区的改善势在必行。越来越多的轻微犯罪通常归咎于广东人的团伙，但是更多的是近期小刀会起义对租界带来的骚扰，促使西方社区组建了一支小型专业巡捕部队，取代了更夫制度。此外，由于太平天国运动，当地局势的不稳定性使得西方社区几年来一直处于警报状态。

1853 年，英国和美国领事之间在土地使用权及其注册问题上发生了一个相对较小的争议，导致了英国人无权在上海享有专属管辖权的决定。结果，如前所述，原先的英租界被正式指定为公共租界，土地可以由外国社区的任何成员购买，并在英国、美国或其他外国领事那里登记。美国人和其他国籍的人加入了英国人的行列；虹口建起了仓栈和住宅，被非正式地称为“美租界”。[13] 但是，法租界仍然远离常规做法，法租界的土地只可通过法国领事进行租赁，法租界不参与任何与英语社区的共同努力。

---

9 马士《中华帝国对外关系史》，1:348。

10 卢汉超《上海土地章程研究》，第 130 页，3806 亩。

11 1866 年 1 月 27 日，《北华捷报》编辑估计，租界内本地和外国租金的评估价值约为 100 万两白银；在 1843 年，同样的未经改善的土地，可以每亩 28 先令的价格获取。

12 《上海年鉴（1854 年）》（此页无信息）。

13 法国和美国的区域可能俗称“租界”，但美国领事蒲安臣（Anson Burlingame）在 1864 年向国务卿威廉·亨利·西华德（William Henry Seward）指出：“在通常所理解的意义上根本没有租界这样的术语。这是我们公民的权利，可以在条约港的任何部分购买、生活和出售。如果凭借一个条约国对中国政府的领土租让提出的任何要求就可以对我们公民的人身或财产行使管辖权，那么就是对我们权利的剥夺。”（英国外交部档案 F.O.671，1864 年 12 月 24 日，巴夏礼（Harry Parkes）致上海领事威妥玛，引自蒲安臣。）

在这些变化中，始终如一遵循的原则是中国和外国居住区之间的隔离。根据1848 年的地契契约，任何中国人都不能合法地在租界内拥有土地、公寓或房屋，并禁止西方人向中国人出租或转让。[14] 在 1854 年 8 月 12 日的一份声明中，蓝蔚雯道员强调了先前的协议，即在租界内，除非中国人附属于外国人的家庭或业务，否则禁止进入。他补充说，由于新成立了上海公共租界工部局，将实施一项新的法规，禁止中国人进一步涌入租界。[15] 通过这种方式，清政府和外国当局都旨在两个社区之间寻求维持严格的隔离，虽然两者之间的区域为中国人的墓地，全是露天的污水沟渠和未被掩埋的棺材，几乎很难被称作为“防疫线”。

1854 年的自治市

虽然早期力求制定一套统一的管理条例，建立共同的巡捕部队，在所有三个区域内维持和平并保护财产，但这种努力付之东流，主要原因是法国人拒绝参与；但1853—1854 年的小刀会起义却在外国社区内开创了合作精神。1854 年 7 月初，随着海关外籍总税务司署的建立，领事们把注意力转向了土地章程的问题。

1854 年，拥有土地的欧洲人对大量“吵闹”的中国人从被占领的城内逃到相对安全的租界感到沮丧。他们的存在违反了以前的协议，但似乎不可能阻止他们，尤其因为许多拥有土地的外国人甚至把最糟糕的棚屋以过高的价格租给绝望的难民，通过租赁获取巨额利润。在难民、反叛分子和同样无法预测的清军的进军之间，欧洲人感到小小的社区弱不禁风。租地人恳求各自的领事，开辟新的法律权力，进行政府自治、税款自征和自我保护。[16]

因此，领事们制定了由工部局管理的新联合自治计划，该计划选出三个国家的代表。1854 年 7 月 11 日，在外国租地人会议上提出了一套针对外国社区和居住在外国区域内“本土”人口的新的土地章程。[17] 工部局是一个公共机构，一个新的法律实体，有权征收税款并独立于领事行事。新章程的重点是，作为一个独立的机构，它可以要求西方炮艇或军队提供保护，这是英国领事以前不能或不愿采取的措施，因为英国政府严格中立的立场。

---

14 英国外交部档案 F.O.671:6，印刷的产权契约，1848 年。

15 英国外交部档案 F.O.228/171，1854 年 8 月 12 日，代理道员蓝蔚雯的公告的翻译。

16 泥城之战和创建上海公共租界工部局之间的联系在兰宁、库寿龄《上海史》，第 1 卷，第 318-319 页中描述。

17 英国外交部档案 F.O.671:6，外国租地人会议纪要，1854 年 7 月 11 日，创建新的工部局，第一次会议于 1854 年 7 月 17 日召开。工部局的代表由承租人选举产生。7 名成员在第一次会议中产生，1 个法国人，1 个美国人和 5 个英国人：凯威廉（William Kay）、斯金纳（J. Skinner）、金能亨（Edward Cunningham）、白朗（W. S. Brown）、麦都思、费龙（C. A. Fearon）和金大卫（D. O. King）。英国外交部档案 F.O.228/171，1854 年 8 月 24 日，阿礼国致宝宁；兰宁、库寿龄《上海史》，第 1 卷，第 320-322 页。

工部局有权征收税款。新章程提出两种评估模式，一种是按土地和房屋，用以支持类似道路、排水、路灯和警察等的市政改善；还有一种由码头费组成，以维护和改善港口设施，并为属于商业区域的仓栈和其他商业建筑提供巡捕和消防。

虽然，西方人理论上禁止中国人居住在租界内，但是并没有采取任何措施阻止租地人向中国人出租房屋。很快，外国控制区内的中国人房产总估值就与欧洲人的大致相等了。中国人的房产（主要位于法租界内）带来的税收估计为 5400 元，而欧洲人的房产税收估计为 5000 元；不过，商业税和码头费要高得多，达到 14000 元。[18]

新成立的工部局的第一项举措是建立一个警务处，有 30 名雇员；其次是下令拆除令人反感的中国人的房屋、妓院、鸦片烟馆和火灾隐患。但是，法国人拒绝执行工部局的第二项命令，即针对英国人所谓的“中国人占领租界中更令人反感的方面”。这是因为，首先，没有法国人的配合，工部局缺乏驱逐如此众多的中国人机构的权力。而且正如喜欢说教的英国人很快指出的那样，法租界获得的大部分收入正是来自收取这些机构的税款。因此，法国退出了积极参与公共租界的工部局，尽管当选的法国人个人仍然象征性地存在。[19]

中国人社区和欧洲人社区之间保持最低限度的隔离，到了 1855 年 9 月，甚至连这样的努力都受到破坏。为了阻止 1853 年的重演，道员下令一律禁止广东和福建的移民住在城内。对于不断增加的大量移民，除了进入已经过度拥挤的郊区以及不那么拥挤的公共租界和法租界之外，还能去哪里呢？刚接替阿礼国的罗伯逊领事恼怒地描述“租界现状”，要把中国人赶出去是不可能的。他汇报说，许多广东人“进入外国租界，租金很合算……相对于各色人等，我预计，要不了多久，上海的外国租界就将成为第二个新加坡”[20]。最终，通过渗透，贪婪的租地人收取高得离谱的租金，通过直接合并，租界丧失了独特的欧洲特点，并实际成为一个华洋混居的杂交城市区域。尽管如此，上海县城与欧洲人的公共租界和法租界之间的隔离，仍然白纸黑字地固执存在于自治政府中，也仍然存在于双城各自的心目中。

从巴富尔开始到那些在外国租界布局了直线形的街道设计的规划师，很可能并没有意识到要故意追随一种殖民地风格甚或是现代风格的设计。他们仅仅是遵循至今为止极为惯常的理性模式，这种模式是发达国家城镇规划的一部分普遍语汇。建筑学以专业的方式分离了私人和公共空间。例如，外滩和商业建筑林立的街道是公共空间，

18 《北华捷报》，1854 年 11 月 14 日；兰宁、库寿龄《上海史》，第 1 卷，第 321 页。

19 英国外交部档案 F.O.671:6，外国租地人会议纪要，1854 年 7 月 11 日；英国外交部档案 F.O.228/177，1854 年 7 月 21 日，阿礼国致宝宁。

20 英国外交部档案 F.O.228/196，1855 年 9 月 1 日，罗伯逊致宝宁。

向任何行人开放。虽然，跑马场和著名的公共花园是私人出资，因此，理论上只向会员开放，但实际上却是公共空间。[21] 神圣空间又是另一个类别，分教堂、墓地和传道会建筑。商业建筑、码头、仓栈、修船厂和商铺都是工作空间，某种程度上是私人财产，由私人资本拥有，但它们是社区工作时间的公共出入区域。外滩后面的街道是私人住宅和花园的所在地，显而易见被保留为住宅空间，不会被购物和商业服务所侵犯。因此，在欧洲人的上海，建立了一个分区，休闲空间区别于商业空间，居住空间区别于类似造船厂和干船坞的工业空间。[22] 公共空间与私人空间之间的区别在于劳动力分工上，这是工业革命期间和之后欧洲市场经济的一个特征。[23]

外国城镇的街道关注外滩、社区及其商人的港口，以及上海作为开放的通商口岸的全部原因。外滩是租界最宽阔的街道，所有其他的通道都通向它。社区最重要的建筑，即那些宏伟的洋行和海关，都位于外滩，面向港口。外滩背后是更多的私人区域，有住宅、教堂和墓地。

外国社区最重视的设施之一是跑马场。跑马场是英国殖民体系的标志之一，自 18 世纪开始，在英国人占领的每一座亚洲主要城市中几乎都有一个（跑马场）。在孟买、加尔各答、新加坡、香港，当然还有上海，几乎都可以找到一模一样的英国赛道。这些赛道的目的是在这些城市为英国政府和商业公司就职的年轻职员以及他们的马匹提供锻炼场地——除此之外，由于气候或环境因素，马匹并无其他用途。在香港、新加坡和上海，赛马必须靠进口。不过，跑马场同样起到另外一个纯粹的社交功能的作用——提供炫耀性消费的机会。马驹、时装和女人（只要有可能）在上海的跑马场展示，特别是在每年两次的赛马会上，就是赛季中最优雅的社交活动。赛马会以舞会、宴会著名，当然，还有赛马。[24]“跑马场”的神秘性因此远远超出了其表面上的功利目的。

21 由于公共花园是私人出资建造，仅限会员使用，引起了“华人与狗”禁止入内的神话。由于几乎没有中国人是会员，也就理论上禁止中国人使用该空间，但是实际上它对所有人开放，只要他们是欧洲人和有欧洲人陪同的中国人或欧洲儿童或会员。关于该神话及其起源的更多信息，见华志建《标识牌里有什么？上海的“华人与狗不得入内”论战》。

22 关于城市空间分裂的讨论，见芒福德（Lewis Mumford）《城市发展史》（*The City in History*, 1961），第 421-423 页；关于由于工业革命而造成欧洲城市设计变化的讨论，见保罗·M. 霍恩伯格（Paul M. Hohenberg）、林恩·霍伦·利斯（Lynn Hollen Lees）《都市欧洲的形成，1000—1994 年》。

23 近年来，公共领域的问题在学术界有相当多的讨论。类似罗威廉（《汉口：一个中国城市的商业和社会（1796—1889）》《汉口：一个中国城市的冲突与社区（1796—1895）》）和兰金（《中国的精英行动主义与政治转型》）这样的学者对在现代中国早期寻找这一概念的应用特别感兴趣。最近，罗威廉、兰金、魏斐德、黄宗智和其他人在《现代中国》19 册第 2 期（1993 年 4 月）整个一期杂志讨论了该题目。我认为，在这场热烈讨论中被忽视的一个方面是公共空间——行动、会议和讨论所发生的实际空间的方式对抽象概念及其经验应用的影响。在本书中，我建议，在上海，地方自治的最终出现和一个可识别的（资产阶级）公共领域与公共行动发生的实际空间密切相关，这些实际空间包括寺庙庭院、豫园、外滩、外国领事馆、西方飞地的直线形街道以及居住在其中的中国的和外国的商人（资产阶级）。

24 每年 5 月和 10 月，《北华捷报》的页面充满了跑马赛和社交聚会的描述；1853—1854 年小刀会占据上海或 1860 年太平军的进军都没有影响或取消预定的活动。

在上海，城市拥挤，租界小，空间有限，几乎没有养马的可能，因此，跑马场是 1844 年时首先提出的事情之一。甚至在建造永久性商业建筑之前，位于后来被英国领事馆收购的地块后面就有一条基本的赛道。由于上海及周边地区的水质环境使马匹在运输等众多方面都无用武之地，因此并不经常使用它们，马驹不得不从华北地区南下。它们常常由身材矮小的中国骑师，而不是被高大魁梧的年轻外国人骑着。第一个赛道似乎并没有经过真正的规划或集资；它只是一个粗糙的椭圆形地面和一条被马蹄踏出来的赛道。当这条赛道不能满足需求时，租界为建造一条远离住宅区的新赛道付出了巨大的努力。

资金的筹集来自欧洲人社区的捐款，因此，1852 年开放的公园和赛道，其使用在名义上仅限于“会员”，尽管在实际操作中，所有欧洲人都可以自由进入。同样地，苏州河上的一座桥梁是用捐款建成的，所以，未捐款的中国人过桥要交费。[25] 由于 1860—1861 年太平军进军过程中引起一股新的大规模难民潮，需要土地建造更多住房，于是，1861 年在护界河的远侧建了第三个跑马场，正好在秋季赛马会前及时开放。[26] 与此同时，宏伟的商业洋行、银行和保险业办公室沿着外滩大兴土木，各种涉及航运的造船厂、干船坞和修理厂在苏州河北侧、沿着在虹口的河岸拔地而起。

就这样，新的自治区成形，它有自己的规划、道路、服务，且空间的使用按照欧洲当时最先进的理念专门设计。它在空间划分上是基于 19 世纪欧洲的劳动力分工。在这样的规划中，居住空间从商业及工业空间中分离；教堂和墓地的神圣空间在本质上是精神至上的，而公园和跑马场则是休闲空间，尤其突出。其中的每一个都是单独筹资的，住宅的改善来自房屋税；商业和工业的维护以及改进来自码头费和商业税；教堂、休闲空间甚至桥梁则通过私人的会员费。

中国人的城市

在小刀会起义之后，公共租界和法租界的市政管辖和税收发生了根本变化，与之形成对比的是，上海县城却几乎保持一成不变。上海收复后没几天，当江苏巡抚还在视察城市状况时，新上任的知县已到临时住所居住，蓝蔚雯道员也回来了。[27] 被毁的城墙很快修复，收复城市时损坏的城门重建了。城市布局唯一的实质性变化就是北

25 英国人一开始只想购买赛道本身的土地，而不买椭圆赛道内部的土地。但是中国的业主在知县和道员的支持下，强迫英国人同时租赁内部空间。因此，椭圆的内部成了休闲和散步的公园。

26 《北华捷报》，1852 年 3 月 13 日，首届跑马赛将在新公园举行的通告，1852 年 5 月 4—5 日。

27 英国外交部档案 F.O.228/195，1855 年 2 月 20 日，阿礼国致宝宁。

门的位置移动了，以便连接法租界至公共租界的主要南北向道路，这条道路后来被称为河南路。通过这种方式，上海县城的规划稍有转变，以符合西方线性设计的模式。

这座城市象征性的心脏仍在它的统治核心。知县的衙门很快重建，海防同知以及其他司局的办事处仍然位于城墙环绕的城市核心区的原址。在叛军围困城市期间，未被损毁的城隍庙依然屹立，毫无疑问，新知县上任抵达时一定去朝拜了城隍爷。城市中心的豫园虽然在叛乱期间遭受了“选择性的破坏”，但很快就恢复了美丽的面貌。县学在道光时期早已迁移到城西。其他私塾和书院也位于现在已成为“书院区”的地方。私人和公共的善会分布在整个城市中。沿着街道两旁的许多店屋综合了上居下铺，即楼上为居住，楼下为零售商业活动。寺庙道观在城内、城外都很常见。商业、手工业制造和前工业活动被降级至郊区。城市中的空间是根据儒家价值观而不是劳动力分工来分配的。

城内及周边空间使用的主要区别在于城区和郊区之间：城墙的内和外。如果视城市的商业主要是零售性质，那么郊区的商业就是批发性质。在郊区有更多的商业活动发生，如作坊、手工艺工场、船厂和仓栈，当然还有“外来“行会的“会馆”。居住建筑介于两者之间。郊区有很多出租房屋，住着大部分来自中国其他地区的暂住人口，他们被排除在城区之外。就此而言，如果说劳动力分工的存在，那么它主要存在于城市和郊区之间。

在资金和公众支持方面，上海县城也与欧洲人的社区不同。鉴于欧洲人在空间利用的基础上对其居民征税，中国人继续以农业为基础征税，整个县的税收支撑政府服务；只有内地和海运关税（江海关）在形式、功能和征收程序上与土地税有所区别。虽然，外籍总税务司署的设立已经在海事税务的程序中闯出了一片引人瞩目的天地，但在1850年代，清政府仍然认为这个机构只不过是习惯性包税做法的方便变通。同仁堂和育婴堂等慈善机构和善会服务仍然是私人出资，尽管通常是强制性捐款。

豫园是许多行会的总部所在地，既是神圣空间，也是商业空间。鲜肉业公所的场地，除了鹤寿堂之外，全部被毁，于1858年重建。[28] 花糖洋货业公所占着豫园东北角的点春堂得以重建，在1855年上海被重新夺回时曾被毁。[29] 油豆饼业公所的萃秀堂及其周围的花园占了豫园10亩土地，在重新夺回城市的过程中也被摧毁；萃秀堂和花园及时重建，却在1860年当西方军队占领城市时，再次被摧毁，这一次的破坏甚至更大。[30] 城隍庙东园的内园钱业公所办事处在叛军占领期间显然没有遭到破坏，

28《同治上海县志》，3:2b。

29 同上，3:6b。

30 同上，3:4a。

业务继续照常进行。[31] 穿心街的浙绍公所办事处同样未遭到破坏，可能是因为行会成员所关联的派系支持了小刀会。某些行会未受干扰而得以生存下来表明，叛乱后的报复是有限的。事实上，阿礼国领事在城市被重新夺回后不久进城探访，他汇报说，城内几乎没有掳掠或暴力的痕迹。[32]

在城市被围困和重新夺回期间，城市东城门和北城门外的郊区首当其冲遭受到战火。据目击者报道，这些郊区在 1855 年 2 月只不过是一堆余火未尽的废墟；城市人口最密集的部分估计损失达 300 万元。[33] 城市北门外的四明公所大院在被围困期间遭受到严重损毁，但很快就得以修复。浙宁会馆的场地也被摧毁，但很快在 1855 年就恢复了营业。尽管它那时甚至连一个会所都还没有，但它已经承担了向京城运输漕粮的合同，会所直到 1859 年才重建。徽宁会馆的会所虽然被小刀会毁坏了，但显然破坏程度没那么大，未造成长期不便。浙绍公所的大院同样也逃脱了严重损毁。[34] 同样，这个故事的重要部分是，首先，这些行会派系竞争的场所在叛乱中保留了下来，其次，尽管小刀会占领了城市三年，场所重建的速度却很快，证明了商业经济的持续繁荣。

到 1855 年 3 月 8 日，阿礼国已经可以汇报说，“收复的城市和外国租界完美平静”，所有的一切都显得“井然有序”。此外，他声明：“贸易中最重要的分支，即出口，在围困期间几乎没有遭受任何损失；我们留住了财政收入，中国人的收入则处于比以往任何时候都更令人满意的基础上。”[35]1854 年对外出口贸易达到近 400 万英镑；下一年翻了一番。[36] 随着新税务司的运作，并且贸易不断地扩大，蓝蔚雯道员在较短的时间内弥补了吴健彰遭受的损失。当然，这种快速增长的出口所带来的繁荣对于城市内外都是显而易见的。

城市本身几乎没有任何变化，但是，快速修复的破坏表明内部经济的强大，其财富可以用于重建工作，其商业活力毫无畏惧地渡过了危机。到年底，罗伯逊领事汇报，城内已完全修复，甚至“比以前更加充实”。他说，郊区也完全重建了，两英里的范围从北边的法租界到南边的天主教大教堂。“港口再次密布舢板和本土船只……而这个地方正在快速呈现出一个拥挤而繁华的中国城市的古老面貌。”他注意到，对

31 《同治上海县志》，3:5a。

32 英国外交部档案 F.O.228/195，1855 年 2 月 20 日，阿礼国致宝宁。

33 《北华捷报》，1853 年 12 月 17 日；同上，1855 年 2 月 4 日。

34 《同治上海县志》，3:2a、4a。

35 英国外交部档案 F.O.228/195，1855 年 3 月 8 日，阿礼国致宝宁。

36 英国外交部档案 F.O.228/195，1855 年 3 月 29 日，阿礼国致宝宁，附 1854 年贸易回报；英国外交部档案 F.O.228/241，1857 年 4 月 2 日，罗伯逊致宝宁，附 1856 年回报。

于防止像上次那样的一幕发生，清政府采取了预防措施，包括在日落时关闭城门，以及宣布禁止福建和广东人居住在城墙内。他将这座城市的状况描述为一种明显的繁荣，尽管存在某种潜在的“对现有秩序的不满”，他说，这“阻碍了进步和文明”。[37]

1855年至1860年间，除了对七个行会场所进行重建和大修之外，还建立了两个新公所和两个新会馆。新会馆特别值得注意，部分原因是有的行会与西方商业有间接联系。第一个是由湖南商人于1856年建立的“洋货公所”，其场所后来搬迁至公共租界内。就像之前建立茶业和丝绸业行会所做的努力一样，这个会馆的明确目的是与西方商人开展业务，促进与西方人的友谊。[38]但它又与失败的拟议（茶业和丝绸业）公所所做的早期努力不同，前者旨在促进中国向西方销售产品，而这个行会的目的则是购买西方商品并在中国境内销售。结果，外国人的社区似乎并没有提出异议。该行会在商业上取得了巨大的成功，并且在城墙内购买了房产，这对于一个“外来”行会来说是不寻常的。1867年，行会将城内的李氏花园设为龙门书院的所在地，道员恩赐了纪念牌匾上写“登龙初地”，知县恩赐的牌匾赞扬“人文蔚起”。[39]

第二个值得注意的行会是1858年成立的“木商公所”，其会员为福建的船运商人和木材经纪商。虽然一开始被称为“公所”，但是它的功能同时包括同乡和同业的特点。它在该世纪中期成了上海所有行会中最大、最重要的一个。[40]在开埠通商的最初几年，木材船只在各个通商口岸停泊（即它们的母港所在地）。随着这个行会的成立，上海成为该行业的贸易总部和船籍港。行会在城市的北门附近租了一间房子作为办事处。后来，搬到城南郊区的竹行街。就是这个行会的活动提供了一个代表道员和海关进行包税的例子。行会负责人收集商品的关税，起草海关报告和文件，甚至盖上海关印章，并在海关登记货物并交付关税。从福建经营木材运输业务和南方航线上的所有船只都需要在行会中登记并加盖印章才能航行，以区别于渔船。[41]该行会的成功也关系到在上海的外国人和移民社区的发展，因为这些木材用于在城市的公共租界和上海县城区域的住宅建设。

在1850年代后半期，当地商人也建立了两个贸易联合会：1855年正式登记的“丝茶业公所”和1856年的“腌腊公所”。[42]新的丝茶业行会的成立体现了第二次尝试

---

37 英国外交部档案 F.O.228/196，1855年12月31日，罗伯逊致宝宁。

38 《上海县续志》，3:8a-b。

39 同上。

40 同上，3:8b。

41 同上。

42 同上，3:8a。

解决 1847 年的争议所引起的问题，即拟议茶业和丝绸业联合会。它最初位于城内的半段泾[a]上，距离西门不远；但是，其场所在 1860 年被西方军队占领和破坏，之后搬到了王巷，一个更好、更有声望的位置。[43] 虽然新的行会由茶业和丝绸业的经纪商建立，并没有明确的意图与西方商人合作，但其场所在公共租界中的位置表明，行会还与外国商人打交道。

虽然丝绸业商人后来退出了联合会，但"茶业公所"仍然是上海贸易后期发展的重要组织。丝茶业公所成立两年之后，道员在与英国领事的沟通中为茶业商人的组织辩护。他解释说，它之所以建立，是因为近年来茶栈破产的情况增加，造成了损失并欺骗了诚实的商人。48 个茶业商行已向道员请愿，要求允许通过合并以建立 10 个注册的商行，每个商行每年为许可证支付 10 000 加罗拉银元，以便驱逐破产的商行。

另一个贸易联合会是成立于 1856 年的"腌腊公所"，位于上海县城东郊咸瓜街。[45] 关于这个行会的注释非常简短，并没有说明其后来的活动。它的名称和功能以及位置表明，在 1854 年之后建立的机构中，仅这个行会服务于当地的中国人社区，而不是西方的商业利益。诸如丝绸业公所和茶业公所、木业公所以及布业公所等行会，它们与西方利益密切联系，都表明 1850 年代港口对外贸易的影响力日益增强，以及港口在上海的内部经济中所取得的重要地位。

在小刀会起义之后，上海县城在 1855 年至 1858 年之间的变化似乎相对较小：城市北门的位置迁移，使其与外国人建造的新道路一致；建立三个与西方贸易有关的新行会；以及建立新的海关总税务司署。预测这些发展的意义需要一位有先见之明的洞察者。事实上，传统在上海县城仍然是至高无上的，而在外国人的飞地中，迅猛的变化和崭新的设施清楚地反映了 19 世纪中叶发展起来的国际和商业新秩序。上海仍然是一个双重城市。上海县城与西方观念之间的对比，没有比《北华捷报》刊登的图解说明更清晰了；1858 年 12 月，该报刊的编辑带领好奇的外国人，进入上海县城他们未知的地带进行了一次探索之旅。[46]

---

43 《上海县续志》。

44 英国外交部档案 F.O.228/242，1857 年 5 月 14 日，罗伯逊致宝宁，附蓝蔚雯道员的信息。

45 《上海县续志》，3:7b-8a。

46 《北华捷报》，1858 年 12 月 25 日。

a 蓬莱路，是上海市黄浦区老城厢区域的一条主要东西向道路，以上海老城厢中部曾经的道观蓬莱道院命名，建于 1906 年。该路为填河筑路，走向大致等同于老城厢内的半段泾、杨家桥浜、运粮河浜。现存长度 773 米，西起中华路接安澜路，东止鸳鸯厅弄。——译者注

参观上海县城

《北华捷报》的观光游提供了这座新兴城市的第一手资料，该城市已迅速修复了小刀会起义造成的破坏。该报的语气充分地反映了外国人居高临下的态度，他们发现中国人的上海县城离奇有趣，但也有点险恶，而且有点吓人。因此，它形象地说明了 19 世纪中叶存在于上海的一种心态，表达了西方人的态度。

从通往法租界的桥开始，这次观光游首先由北向南覆盖郊区，然后进入城内，从东向西移动；最后从西门出城，穿越法租界的北郊。该报的城市记者作为导游指出的第一座纪念物是天妃宫，它就在通往郊区的洋泾浜上的桥边。记者写道，出海的中国人经常到这个令人印象深刻的“异教徒”寺庙中供奉祭品。该庙在小刀会危机中被火焚毁，现在刚刚重建，比以前更大、更雄伟。在同一条街上的是新近重建的海关大楼，即江海关的主要总部，离城市的大东门不远。这个海关专门服务“本地”贸易，它收集到的税款相当于外滩新北海关的收入，也就是外籍税务司设有办事处的地方。

继续向南行走，穿过郊区，那里进行大宗批发贸易，诸如糖、药草、药品、提取染料的硬木、烟草和农产品等。（导游）建议游客留意烟草和药剂师的商铺。经过其中一些商铺后，来到下一个景点，即泉漳会馆，它是福建贸易商的会所。参观后，就来到大东门的街坊（两个东城门中更靠南面的那个）。在城门和河之间有买卖大豆、豌豆、粟米、芥菜种子和其他农产品的经销商，这些产品形成“从山东进口的如此庞大的类别”。

一个重要的叫“久生公保”的善堂也在附近，它提供救生服务，以救助在河里溺水的人。不远处，在董家渡，是罗马天主教大教堂。游记文字对待这一建筑抱有与对待中国机构一样的好奇心，也许是由于它也是法国的、天主教的，因此也是外国的，或者也许是由于它服务于中国人，因此被视为中国人社区的一部分。离大教堂不远处是安徽和福建茶业商人的商行，在那里可以看到“操作茶叶的机构”摘茶、捡茶和炒茶。“商船会馆”在南会馆街，附近有造船厂、船坞、商行和木材场。再往前一点，是两个大规模的建筑群和院子，被叫作“油池”，来自山东的会馆船主们从山东带来了大豆，在此压榨制油。大豆制油通过水牛动力机械压榨，“它通常令外国游客感到惊喜和产生兴趣”。叙述者说，根据关税法规，来自山东和广东的大豆贸易是特别保留给本土沙船的。

城南是孤儿（男孩）的特殊学校，附近，在江家医巷，还有草药和药品制造商铺，“在这些地方制造的溃疡膏药享有一定声誉”。接下来，来到蔑竹街，是手工艺作坊的地点，将竹子加工成各种各样的产品。

除了正在施工中的天主教大教堂外，游客对城外最南端的郊区几乎没什么兴趣。游客被带回至大东门，并通过这道城门，进入城区。一进入城门，就是王氏家族的宗庙“王家祠堂”，在大多数日子里，向门卫提出“一个入门的礼貌请求”，就可参观供奉逝者神灵的祖先牌位。记者说，“向我们介绍的位于东门的这条短小的街道上”有“几家银匠的作坊”，这些作坊被称为“银楼”“值得参观”。附近是一个大的当铺，叫“东街上典当”[b]。稍绕向南，就可以路过道员的衙门，附近是公家的粮仓。同一条街上有一种称为“水善宫”的“宿坊”寺庙，为访客服务的许多小客栈也遍布整个城市。假如有人介绍，也可参观余家，余氏家族的宅院据说是城内中国士绅私宅的最佳典型。眼下，游客来到了同仁堂（意为普世仁慈的殿堂）和育婴堂（弃儿医院）附近。此地也可找到纪念徐光启（天主教圣名保禄）的牌坊“阁老坊”，记者解释说，徐光启是明朝时期的基督教“曼达林”（Mandarin）[c]。

走到这里，有两条线路可供选择。第一条线路要经过贡院，附近是“丝茶公所”的办事处。向西走，进入书院区，县学、学宫（也叫文庙）以及各种私塾都坐落于此。从这里穿过西城门出城，然后折向北，经过“宁波会馆”及其大片墓地，会看到一个奇怪的景象，墓地里暴露着没有完全掩埋的棺材。第二条线路朝北，经过重建的知县衙门。下一个是城隍庙的豫园，在其后面可见一种普通的澡堂。在城市的这一部分，对手工艺感兴趣的游客可以探访丝绸纺织工、木雕刻师、蜡烛制造商、染料工坊、烟花制作商、制革工人和棉花轧棉作坊。假如对传教工作感兴趣，可以访问伦敦差会、英国教会差会、盲人学校、美国圣公会差会和美国浸信会差会。从后者所建的塔上，游客可以远眺美景，作为对辛苦登高的回报。叙述者说，确实，如此获得的城市和郊区的鸟瞰应该成为该游览的主要亮点。在指出位于城东和城西的几座中国寺庙之后，观光结束，腿脚酸疼的游客可以回家，回到安全的公共租界。

考虑到外国游客的偏见、忧虑和好奇心，在1858年即将结束的日子里，《北华捷报》描绘的中国人的上海县城的肖像，展示了一个熙熙攘攘、拥挤繁荣的商业城市。同样显而易见的是，当地人和外国人对城市的看法存在着深刻的文化和心理鸿沟，它远远大于 8 英尺至 10 英尺（2.4 米至 3.0 米）宽、把城市分为两半的洋泾浜。对外国社区来说，中国社区这边是一个未开垦的大陆，就像史丹利和利文斯通[d]之前的非洲一样。

b　原文名称索引表中为“东街上店堂”。——译者注

c　明朝时葡萄牙人称中国官员为“曼达林”，1617 年出版的《利玛窦中国札记》第一次出现“Mandarin”（拉丁语：Mandarinos）这个词，指中国官僚、官话，后来也有音译为“满大人”，但没有“满清官员”的意思。——译者注

d　亨利·莫顿·史丹利爵士（Sir Henry Morton Stanley，1841 — 1904），英裔美籍探险家与记者，曾远征中非，以他在非洲的冒险及搜寻失踪许久的英国探险家、传教士戴维·利文斯通（David Livingstone，1813 — 1873）的事迹而闻名于世。——译者注

实际上，在1858年《北华捷报》的读者看起来，上海县城远比巴富尔领事在15年前看到的更为遥远。对外国社区的大多数成员来说，观光游是一次远足，他们需要一个导游才能成行。在平常的商业或休闲日子里，他们不会漫步在街道上。除了少数几个传教士之外，他们都不住在那里。

虽然西方社区不再只是预留给外国居民，但对中国人来说，它仍是一个令人好奇的地方。许多中国人住在那里，但是不住在沿外滩的宏伟商业建筑内，也不住在外滩后面的街道上那些舒适的维多利亚风格小屋里。相反，他们居住在“贫民窟”地区，那里有廉价简陋的住房，都是投机建造的。他们也不沿外滩散步或在公园游玩，不到跑马场骑马，除非是被雇用的骑师。他们在苏州河上过桥得付费，而西方人不需要。假如中国人被控犯罪，会被外国巡捕逮捕，在外国法庭审判，递交给清政府量刑时需要重审；但是西方人在中国的土地上犯罪却不能同样被逮捕。

可比的城市机构

自1854年创建工部局以来的三年里，上海成了两个城市，它不是一个城市和一个外国会馆，而是一个中国人的城市和一个西方人的“自治市”。这一点在《北华捷报》的上海城观光游中已被隐约理解，即将上海视为一个分离的、异质的实体。渐渐地，当地中国人开始接受这种既成事实的状况，甚至在官方文件中引用的“夷会馆”也消失了，因为当局默认了公共租界和法租界的存在。上海县城观光游那一年（1858年）的早些时候，《天津条约》签署。不管接受起来是多么地勉强，该条约扩大了外国人在中国土地上的特权，可能也影响了中国人的看法，并进一步使外国社区的存在合法化。

到1858年底，上海县城和西方人的小镇已经成为可以较短比长的社会单元了。由于西方人是中国人世界中的初来乍到者，因此用中国城市的标准机构来对比那些西方人的机构可能是合适的。通过这种方式，我们可以避免或缓解用西方的标准来评判东方，弦外之音是默认西方在技术上更先进，西方更为进步，从而将东方标记为落后。

洋泾浜南侧，即中国人一侧的许多机构和设施，在北侧以不同的形式被复制。两个社区都有礼拜场所。南侧，宗教仪式不拘一格。民间宗教传统中类似城隍庙、天妃宫以及供奉关帝、火神和其他神灵的寺庙等机构，通常采用鲜亮的色彩、飞扬的横幅和经常性的节庆。较为严肃稳重的是城中无数佛教场所和孔庙。除了这些传统的宗教机构之外，上海县城还有基督教传道会和学校、法国天主教堂以及一些自16世纪以来在徐家汇残存下来的遗迹。

在洋泾浜以北，英国人的社区有圣公会小教堂，该建筑在接下去的十年里会被一座哥特式风格的精致石质建筑替代，它由英国领先建筑师吉尔伯特·斯科特爵士（George Gilbert Scott，他从未到过上海）设计。[47] 在城市的南边，法国人有自己的天主教堂、传道会、教堂和学校，主要服务中国人社区，因为在上海的法国人很少。

中国人对待宗教的态度是包容性的，而西方人的却是排他性的。他们各自对神圣空间的概念因此有些不同。圣公会教堂只起到礼拜场所的作用，即使它的空间本身并不神圣，但它被认为是神圣的。城隍庙和豫园有许多宗教、商业和休闲性质的功能，但是很少有人称它为神圣的，如果有的话，除非在儒家传统的孝道范围内，豫园对于潘恩的记忆来说是神圣的。城隍庙的豫园构成了整个城市中最公共的空间。

就休闲和娱乐而言，英国人有他们的跑马场和公园，年轻男子在他们进口的马驹上进行激烈的体育锻炼，让大多数中国人感到惊讶。还有外滩，居民可以散步，炫耀他们的服装或他们的太太，驻足交谈，或者时机允许的话，安排一点儿生意。外滩与城隍庙的豫园最相似，因为外国人宏伟的商业机构都在那里。外滩和豫园是两个城市中可比的公共空间。在中国人的上海县城，城墙内还有各种私家园林，从街道上是看不见的，连着学堂和书院的文人花园也同样如此。

两个城都有慈善机构和慈善社团。在上海县城内，它们通常由服务会员的各种会馆和当地志愿组织运营，例如同仁堂、育婴堂等。在城南，上海拥有一些公立和私立学校，范围从县学到儒家书院，但在城北却尚没有外国儿童的学校。外国社区有一个慈善医院和海员之家，服务于他们中的暂住者、港口离船（登岸）的海员和当地工人。对于外国社区本身，没有慈善设施，与领事偕行的医生到病人家中私下探访，小教堂的牧师在教堂或在私人住宅中进行服务。但是，为了已经皈依或可能被说服皈依基督教的中国人的利益，传道会和相关传教士开展了大量其他服务。

两个社区都有商人的商业办公和居住场所。北边有一个旅馆；上海县城内及其郊区有许多客栈和会馆。商行的办事处在豫园、寺庙和会馆的院落、上海县城及其郊区的许多工坊、店屋之间随处可见。在北边，外滩宏伟的白色建筑是外国人的商业利益最显眼的证据。

英国人的私家住宅位于外滩后面，严格限定在专门的区域，仅供居住使用。中国人的住宅散布在整个上海县城，没有独立的商业区。中国人的家由外面的房间围合出一个封闭的内院组成；外国住宅则是舒适、紧凑的建筑，被花园环绕。上海县城内

47 兰宁、库寿龄《上海史》，第 1 卷，第 234-240 页。

比四合院甚至更普遍的是两层楼的“店屋”，楼下是作坊或商铺，楼上是家庭用的房间。这里，商业和住宅便利且廉价地组合在一起。

外国人社区街道宽阔、开放，在理性布局的纵向网格上是工业革命之后西方城市规划的主导。中国城的街道也同样按理性的同心轴网组织规划，但是狭窄，拥挤着商贩和行人。运河被河水的潮汐冲刷，街上的废水被排入运河。用一个观察者的话说，按照西方的标准，这些街道“狭窄、肮脏，且到了几近无法以任何描述来设想的程度”。[48] 唯一的排水管是开放的下水道。外国人抱怨上海县城的恶臭；中国人则抱怨外国人的体臭。

可比性并不完全相同。[49] 一个主要的区别在于治理洋泾浜两岸的方法。在南岸，中国政府由一队官员代表：县衙门的知县、海防同知，还有，最重要的是道员，他是永久性驻扎上海的最高级别官员。根据法律，他们都是中央政府任命的专职官员，都不是来自当地社区的人。在北岸，各个条约国的领事同时是西方商业的代理人和负责执行条约条款的政府代表。虽然领事主持外国法庭，但是他们并不统治西方社区；民选机构即工部局负责治理和税收。工部局由当地社区选举产生，组成成员非政府雇员，这是背离中国做法的。

两个社区在市政改善方面也有所不同。在洋泾浜北岸，市政举措致力于拓宽道路、安装下水道、煤气管线和路灯，以及复制任何欧洲人希望在家中享受的设施。在南岸的城市，用西方标准来说，改善举措引进缓慢。许多市政服务实际上由城市的善会组织运营。伊懋可描述了由果育堂维持的 50 人救火队。同仁堂疏浚水道，到 19 世纪末，它收取车辆和商铺税，以支付一支小型巡捕部队，还设立道路工程局，清扫和照明城市街道。此外，同仁堂在该世纪的后半叶还监督桥梁和道路的建设，修复寺庙，管理民兵防御。[50] 根据同仁堂前董事和 1918 年县志的编辑姚文南所说，“这是当地自治的起点”。[51]

两个社区都可能被视为走向自治，这一目标很大程度上是在外国人的社区实现了建立工部局，但在上海县城却直到 1905 年才实现。[52] 尽管年代和方法上有所不同，平行并进的市民关注内容和相似的城市机构，带领两个社区沿着类似的轨迹前进。

48 《上海的描述》，第 535-543 页。

49 罗威廉《汉口：一个中国城市的冲突与社区（1796—1895）》，第 345 页。

50 伊懋可《上海市政（1905 — 1914）》，第 240-246 页。

51 《上海县续志》，2:31a，引自伊懋可《上海市政（1905 — 1914）》，第 241 页。

52 伊懋可《上海市政（1905 — 1914）》，第 239 页、第 250-262 页。

后记：上海的未来

1858 年 12 月底是本书研究的一个终点。可以说，直至 19 世纪末，双重城市达到了一个平衡点。传统仍占据着上海县城的主导地位，而西方人的市镇则成为英国人所谓的“模范居留地”——展示西方进步和技术创新，有排水管、燃气照明、公共厕所、坚固的地面道路，有为行人提供的抬高的人行道，甚至还有市政供水。然而，它最持久的创新举措是于 1854 年设置的自治市政管理机构。在许多方面，它比同时代的大多数英国城镇更现代化。

自《北华捷报》组织的观光游之后的春天开始，成千上万逃避太平天国运动的人逃入上海，绝望的难民潮淹没了上海县城和西方飞地，他们愿意支付几乎任何价格的租金以寻求安全。1853—1854 年的故事以更大规模重演，虽然太平军从未成功占据上海，但是为保卫外国租界而来的清军和西方军队的士兵蹂躏摧残城市。西方军队再次驻扎在城隍庙的豫园和商人团体的会馆中，随之而来的是兵燹连天。从 1859 年至 1864 年，上海像一个被围困的城市，等待着下一次袭击；相比大量绝望难民以及表面上友好却经常袭击附近农村的西方军队和清军，不确定太平军的破坏性也许更小一点。查理·“中国”·戈登（Charles George Gordon）[e] 将军保卫上海的战功（以及其后他在中国和非洲的事迹）家喻户晓。李鸿章和“常胜军”[f] 的故事在其他著作中已有所述，李鸿章的贡献是洋务运动[g] 和在上海建立现代工业，这些均已经得到很好的研究。[53]

太平天国运动对上海来说是一段繁荣时期，上海的地主们在土地投机活动和向中国难民收取的虚高租金中发了财，一个房间往往要挤 16 个难民。据《北华捷报》报道，难民涌入上海带来“不可胜计和绰绰有余的资金”，导致了“资本吸引”，“中等光景的”租地人“一觉醒来发现自己成了有钱人”。[54] 但是当这段难民危机引发的短暂繁荣“热病”过去后，紧接着的是贸易和租赁的严重萧条。在公共租界，三分之二的出租房屋空置，上海县城内也有同样多的空置率；土地价格急剧下跌，[55] 许多公司都破产了。

---

53 见斯皮克特（Stanley Spector）《李鸿章与淮军》（*Li Hung-chang and the Huai Army*, 1964）；芮玛丽（Mary Clabaugh Wright）《同治中兴：中国保守主义的最后抵抗，1862—1874》（The Last Stand of Chinese Conservatism: The Tung-Chih Restoration, 1862-1874, 1964, 1973）；康念德（Thomas Larew Kennedy）《江南制造局的武备》（*Arms of Kiangnan*, 1978）；刘广京（Kwang-Ching Liu）《清代的中兴》（*Ch'ing Restoration*, 1978）；郭廷以（Ting-yee Kuo）和刘广京《自强运动：寻求西方的技术》（*Self-strengthening: The Pursuit of Western Technology*, 1978）。

54 《北华捷报》，1862 年 1 月 4 日。

55 出租空置在《北华捷报》中报道，1864 年 4 月 22 日；土地价格下跌，同上，1868 年 4 月 11 日。

e 此处“中国”是因戈登获得两宫太后封为提督、赏穿黄马褂而得到“中国人戈登”（Chinese Gordon）之绰号。——译者注

f “常胜军”初名“洋枪队”，指中国清朝对抗太平天国后期，清朝官、商出资与英、美等外国军官，中国、欧美、南洋等士兵组成的佣兵武力。——译者注

g 洋务运动又称“自强运动”。——译者注

在危机中，几个行会的场所再一次被驻扎在上海、保卫外国租界的外国军队占据，包括豫园、四明公所和潮州会馆。据中国方面的史料，它们造成的破坏与小刀会起义时的至少一样多。[56]法国人利用对太平军的恐慌造成的后果来扩大自己的领土租赁权，声称是法国租界的一部分。他们捣毁了德高望重的天妃宫，占据了潮州会馆的场地；法国道路的延伸段使他们与四明公所也起了冲突。这些冲突为法国人与几个上海最重要的会馆之间不断的斗争设置了舞台，他们侵入会馆，冲突持续了整个 1860 年代和 1870 年代。[57]天妃宫和潮州会馆的土地成了法国人的造船厂和煤堆，但是，四明公所坚定地抵抗，如果没有保住全部至少也保住了它的大院和大部分宁波人的墓地。

法国人在 1854 年只是象征性地加入了工部局，1864 年他们自组成了公董局。除了法国人将道路和其他建筑伸向早期协议提出、但尚未被占领的地区内之外，上海的西方社区在 1854 年仍然保持原样。外国人口增长缓慢，更多房子拔地而起，覆盖更多土地，但是直到 1898 年前，一直没有提出新的领土要求。紧随着 1864—1865 年太平天国运动带来的萧条的那些年，生意慢慢地恢复，然后繁荣了。其他的挫折随之而来。例如迅猛萧条和金融恐慌，然后又是更多的增长。上海的西方社区由于缺少直接的外国投资，在 1894 年前的经济主要为进出口业务。

虽然，在城墙内，上海县城仍然保持原样，但是 1858 年以后，上海在洋泾浜以南发生了比北部更深刻的变化。同样，变化的主要动力是太平天国运动以及随之而来的重建。由于太平军因一场 3 英尺（0.91 米）厚的降雪停止进军，他们从来没有抵达上海，这座城市逃过了类似苏州和南京遭到的破坏，它前所未有地成为清政府官方关注的中心。

苏州投降后，上海成为江苏省防务的主要管理中心。它不仅被普通的难民潮淹没，而且还带来了类似冯桂芬[h]这样的苏州精英，他们带来的不仅是传统的精英价值观和投资资本，还带来了创新计划和新机构。其中一个机构是 1869 年由丁日昌建立的龙门书院，其课程不仅教授儒家哲学，还教授西方科学。[58]几乎在同一时间，冯桂芬建立了一个更为人所知的西方语言和技术研究学校[i]；李鸿章创办的江南制造局以西方

56 《同治上海县志》，3:1b-14a。

57 见梅鹏、傅立德《上海法租界史》，第 369-393 页。

58 《同治上海县志》，首卷：36b-37b。

h 冯桂芬（1809—1874），江苏省苏州府吴县木渎镇（今属苏州市吴中区）人，清朝著名思想家、散文家，是改良主义之先驱人物，最早表达了洋务运动“中体西用”的指导思想。——译者注

i 即广方言馆。——译者注

规格建造船舶、生产军火，并使用西方顾问指导其员工使用新技术。[59] 新成立的轮船招商局与英国和美国的航运公司竞争，比它们更胜一筹，购买了许多原来的外国资产。[60] 太平天国之后，中国企业蓬勃发展，而西方商业却停滞不前，这样说是有道理的。

尽管太平天国运动之后上海出现了萧条，但上海的行会再次迅速重建了受损的场所，并且在 1865 年之后的几年里，建立了一些新的行会，再次证明了本土经济的潜在活力。到 1878 年，上海在已有的行会数目之上又增加了 13 个会馆和公所。许多新的行会从事对外贸易，其他的则提供地方性服务。[61]

1858 年至 1898 年期间，上海县城和外国人口在尺度和数量上都有所增长，但是，如上所述，外国飞地几乎没有重大或根本性的变化。在中国方面，李鸿章引入的变革和洋务运动在性质上更为根本。传统的城市变得更加现代化，只不过相当缓慢甚至有些痛苦。上海的两个城，一个中国人的，另一个西方人的，在此期间保持了独特的二元性。外国人仍然是承租人，事实上他们并没有拥有他们建造于此的任何土地，但是工部局的创建分裂了基本的主权，并赋予西方人市镇的独立和自治。海关外籍总税务司的建立以完全不同的方式领导步入未来，影响了之后许多年以及远超出上海县城范围的政治、外交和经济变化。在洋泾浜两岸，在 1858 年的最后几天，随后几十年的城市形状和轨迹清晰可见。上海的下一个重大变化要等到甲午战争才会发生。

59 见刘广京《英美航运势力在华的竞争：1862—1874》(*Anglo-American Steamship Rivalry in China, 1862-1874*, 1962)。

60 康念德《江南制造局的武备》。

61 《同治上海县志》，3:8b-10b。

缩写

中国地方志和其他主要资料

HCBK	沪城备考（18 世纪）
HZSHXZ	弘治上海县志（1505 年）
JJSHXZ	嘉靖上海县志（1524 年）
JQSHXZ	嘉庆上海县志（1814 年）
JQSJFZ	嘉庆松江府志（1819 年）
MGSHXZ	民国上海县志（1933 年）
SHDGZL	上海大关则例（1785 年）
SHQZSL	上海钱庄史料（1960 年）
SHXXZ	上海县续志（1918 年）
TZSHXZ	同治上海县志（1872 年）
WLSHXZ	万历上海县志（1588 年）
YWSM-DG	（清代）筹办夷务始末——道光朝（1821 年至 1851 年）
YWSM-XF	（清代）筹办夷务始末——咸丰朝（1851 年至 1862 年）

位于丘园的公共档案馆中英国外交部档案

外交部档案 223/、225/、226/、228/，“来自驻上海领事馆的报告”，按顺序编号的文件。

外交部档案 671/、677/，“来自上海的文件”。

外交部档案 682/1987/33-77、687/1988/3-16b，最近解密公开的文件。

参考书目

地方志

上海

弘治上海县志 . 1505. 微缩胶卷 .

嘉靖上海县志 . 1524. 微缩胶卷 .

万历上海县志 . 1588. 微缩胶卷 .

嘉庆上海县志 . 1814. 台北 1970 年重印 .

同治上海县志 . 1872. 台北 1975 年重印 .

上海县续志 . 1918. 台北 1970 年重印 .

民国上海县志 . 1933. 台北 1975 年重印 .

松江

嘉庆松江府志 . 1819. 台北 1972 年重印 .

同治松江府志 . 1873. 台北 1978 年重印 .

苏州

乾隆苏州府志 . 1748.

同治苏州府志 . 1873.

光绪苏州府志 . 1883.

上海同仁堂征信录 . 1843，1849. 上海 .

上海大关则例 . 1785. 上海 : 江海关（户部）.

上海小刀会起义史料汇编 . 1958. 上海 : 上海人民出版社 .

上海研究资料续集 . 1939. 上海 : 南天书业公司 .

上海碑刻资料选辑 . 1980. 上海 : 上海博物馆 .

上海育婴堂征信录 . 1843. 上海 .

上海通研究资料：1972 reprinted in Hong Kong. 1936. 上海 : 南天书业公司 .

上海钱庄史料：2d ed., 1978. 1960. 上海 : 上海人民出版社 .

上海青浦福泉山良渚文化墓地：卷 10. 1986. 上海 : 上海市文物博物馆委员会 .

徽宁思恭堂征信录 . 1844. 上海 .

江苏省明清以来碑刻资料选集 . 1959. 北京 : 生活·读书·新知三联书店 .

Abu-Lughod J. 1961. *Cairo: 1001 Years of the City Victorious*. Princeton: Princeton University Press（珍妮特·阿布 - 卢格霍德 . 开罗：1001 年的凯旋城）

Abu-Lughod J. 1965. A Tale of Two Cities: The Origins of Modern Cairo. *Comparative Studies in Society and History*, 7(3)：429-457.（珍妮特·阿布 - 卢格霍德 . 双重城市记：现代开罗的起源）

Balfour G. 1865. Shanghai Opened to Foreign Trade in 1843. *Chinese and Japanese Repository*, 2(18), 32-33.（巴富尔 . 上海 1843 年开埠）

Beeching J. 1975. *The Chinese Opium Wars*. New York: Harcourt, Brace.（毕清 . 中国鸦片战争）

Bergère M-C. 1981. The Other China: Shanghai from 1919 to 1949// Howe C. *Shanghai: Revolution and Development in an Asian Metropolis*. Cambridge: Cambridge University Press：1-34.(白吉尔 . 另一个中国：1919—1949 年的上海 // 克里斯托弗·豪尔 . 上海：一个亚洲都市的革命与发展）

Bergère M-C. 1989. *The Golden Age of the Chinese Bourgeoisie*. Cambridge: Cambridge University Press.(白吉尔 . 中国资产阶级的黄金时代（1911—1937）. 张富强，许世芬，译 . 上海：上海人民出版社，1994，ISBN: 9787208016200）

Buck D D. 1978. *Urban Change in China: Politics and Development in Tsinan, Shantung, 1890-1949*. Madison: University of Wisconsin Press.(鲍德威 . 中国的城市变迁：1890—1949 年山东济南的政治与发展 . 张汉，等，译 . 北京：北京大学出版社，2010，ISBN: 9787301171974）

Cahill J. 1978. *Parting at the Shore: Chinese Painting of the Early and Middle Ming Dynasty, 1368-1580*. New York: Weatherhill.（高居翰 . 江岸送别：明代初期与中期绘画（1368—1580）. 夏春梅，等，译 . 北京：生活·读书·新知三联书店，2009，ISBN: 9787108030184）
Cahill J. 1982. *The Distant Mountains: Chinese Painting of the Late Ming Dynasty, 1570-1644*. New York: Weatherhill.（高居翰 . 山外山：晚明绘画（1570—1644）. 王嘉骥，译 . 生活·读书·新知三联书店，2009，ISBN: 9787108030191）
ChanH-l.1988. The Chien-wen, Yung-lo, Hung-hsi and Hsuan-te Reigns, 1399-1435// MoteF, Twichett D. *The Cambridge History of China*, 7；*The Ming Dynasty, 1368-1644*. Cambridge: Cambridge University Press：182-304.（陈学霖 . 建文、永乐、洪熙和宣德皇帝统治期间，1399—1435 年）
Chang S-d. Mar 1961. Some Aspects of the Urban Geography of the Chinese Hsien Capital. Association of American Geographers, *Annals* 51(1)：23-45.（章生道 . 中国县城都市地理的若干方面）
Chang S-d. June 1963. The Historical Trend of Chinese Urbanization. Association of American Geographers,*Annals* 53(2)：109-143.（章生道 . 中国城市化的历史趋向）
Chang S-d.1977. The Morphology of Walled Capitals// Skinner G W. *The City in Late Imperial China*. Stanford: Stanford University Press: 75-100.（章生道 . 有城墙的都城形态 // 施坚雅 . 中华帝国晚期的城市：第一编）
Ch'u T-t. 1962. *Local Government in China under the Ch'ing*. Stanford: Stanford University Press.（瞿同祖 . 清代地方政府 . 范忠信，译 . 北京：法律出版社，2003 年，ISBN: 9787503643583）
Clunas C. 1991. *Superfluous Things: Material Culture and Social Status in Early Modern China*. London: Polity Press.（柯律格 . 长物：早期现代中国的物质文化与社会状况 . 高昕丹，陈恒，译 . 北京：生活·读书·新知三联书店，2015，ISBN: 9787108051615）
Coates P D. 1988. *The China Consuls: British Consular Officers, 1843-1943*. Oxford: Oxford University Press.（帕特里克·D. 科茨 . 驻中国领事：英国领事官员，1843—1943）
Cobban J L. 1971. Geographic Notes on the First Two Centuries of Djakarta*Journal of the Malaysian Branch of the Royal Asiatic Society*, 44(2): 108-150.（詹姆斯·L. 科班 . 关于雅加达最初两个世纪的地理笔记）
Cohen P. 1984. *Discovering History in China*. New York: Columbia University Press.（柯文 . 在中国发现历史 . 林同奇，译 . 北京：社会科学文献出版社，2017，ISBN: 9787520106054）
Cordier H. 1896. *Les origines de deux établissements français dans l'Extrême-Orient. Changhai - Ningpo*. Paris: n.p.（高第 . 远东地区两个法国机构的起源：上海和宁波）
Cordier H. 1901. *Histoire des relations de la Chine*：1. Alcan Felix Paris: Angienne Librairie Germer Bailliere.（高第 . 中国与西方列强关系史）
Crossman, C L. 1972. *The China Trade*. Princeton: Pyne.（克罗斯曼 . 中国贸易）
The Cultivation of Cotton in Shanghai. *Chinese and Japanese Repository*, 1865，2 (18): 17-24.（上海的棉花栽培 . 中日丛报，1865，2（18）：17-24）
Daniels C, Grove L. 1984. *State and Society in China: Japanese Perspectives on Ming-Qing Social History*. Tokyo: University of Tokyo Press.（唐立，顾琳 . 中国的国家和社会：日本视角下的明清社会历史）
Davidson-Houston J V. c. 1910. *Yellow Creek: The Story of Shanghai*. London: Putman,n. d.（黄浦江：上海的故事）
Davies P. 1988. *Splendours of the Raj: Architecture in India 1660-1947*. Penguin Books.（菲利普·戴维斯 . 英属印度的辉煌：印度建筑 1660—1947）
Deane P. 1979. *The First Industrial Revolution*: 2nd ed. Cambridge: Cambridge University Press.（菲利斯·迪恩 . 第一次工业革命）
Description of Shanghai. 1847. *Chinese Repository*, 16(11): 529-565.（上海的描述）
Dietrich C. 1972. Cotton Culture and Manufacture in Ch'ing China// Willmott W E. *Economic Organization in Chinese Society.* Stanford: Stanford University Press: 109-135.（迪特里希 . 清朝中国的棉花文化和生产）
Dodgen R A. Dec 1991. Hydraulic Evolution and Dynastic Decline in the Yellow River Conservancy, 1796-1855. *Late Imperial China*, 12(2): 36-63.（兰道尔·道金 . 黄河水利的水力演化和王朝衰弱，1796—1855）
Dreyer E L. 1982. *Early Ming China: A Political History, 1355-1435*. Stanford: Stanford University Press.（德雷尔 . 明初政治史，1355—1435 年）
Dreyer E L. 1988. Military Origins of Ming China// Mote F W, Twichett D. *The Cambridge History of China*: 7. Cambridge: Cambridge University Press: 58-106.（德雷尔 . 明代的军事起源）
Duara P. 1988. Superscribing Symbols: The Myth of Guandi, Chinese God of War. *Journal of Asian Studies*, 47(4): 778-795.（杜赞奇 . 复划符号：关帝的神话 // 杜赞奇 . 历史意识与国族认同 . 上海：上海人民出版社，2013，ISBN: 9787208107144）

Eastman L. 1988. Gods, Ghosts, and Ancestors: The Popular Religion// *Family, Fields, and Ancestors*. New York: Oxford University Press.（易劳逸 . 家庭、土地和祖先：中国社会经济史中的继承和变动）

Elliott M. June1990. Bannerman and Townsman: Ethnic Tension in Nineteenth Century Jiangnan. *Late Imperial China*, 11(1): 36-74.（欧立德 . 旗人与民人：十九世纪江南族群的张力）

Elvin M. 1974. The Administration of Shanghai, 1905-1914// Skinner G W. *The Chinese City Between Two Worlds*. Stanford: Stanford University Press: 239-262.（伊懋可 . 上海市政：1905—1914// 施坚雅，伊懋可 . 两个世界间的中国城市 . 马骏，译 . 上海：上海社会科学院历史研究所；上海史研究通讯编辑室 . 上海史研究通讯，1982（1））

Elvin M. 1977. Market Towns and Waterways: The County of Shanghai from 1480 to 1910// Skinner G W. *The City in Late Imperial China*. Stanford: Stanford University Press: 441-473.（伊懋可 . 市镇与水道：1480—1910 年的上海县 // 施坚雅 . 中华帝国晚期的城市：第二编）

Elvin M, Skinner G W. 1974. *The Chinese City Between Two Cities*. Stanford: Stanford University Press.（伊懋可，施坚雅 . 两个世界之间的中国城市）

Fairbank J K. 1953. *Trade and Diplomacy on the China Coast*. Cambridge, Mass.: Harvard University Press.(费正清 . 中国沿海的贸易与外交）

Fairbank J K. 1968. *The Chinese World Order*. Cambridge, Mass.: Harvard University Press.（费正清 . 中国的世界秩序 . 杜继东，译 . 北京：中国社会科学出版社，2010，ISBN: 9787500475101）

Fairbank J K. 1978. Creation of the Treaty System// Fairbank J K. *The Cambridge History of China*: 10（1）. Cambridge: Cambridge University Press: 213-263.（费正清 . 条约制度的形成 // 费正清 . 剑桥中国晚清史上下卷：第五章 . 中国社会科学院历史研究所编译室，译 . 北京：中国社会科学出版社，2006，ISBN: 9787500407669）

Fairbank J K, Bruner K F, Matheson E M.1975. *The I. G. in Peking: Letters of Robert Hart, Chinese Maritime Customs, 1868-1907*: 1, 2. Cambridge, Mass.: Harvard University Press.

Farnie D A. 1979. *The English Cotton Industry and the World Market, 1815-1896*. Oxford: Clarendon Press.（法尼 . 英国棉花产业和世界市场：1815—1896 年）

法斯 . 1987. 法斯 . 上海小刀会起义：1853—1855 年 . 倪静兰，译 . 章克生，校 . 史林，1987, 4（1）: 120-128.

Fay P W. 1975. *The Opium War, 1840-1842*. New York: Norton.（彼得·沃特·费 . 鸦片战争：1840—1842）

Fei, X-t. 1953.*China's Gentry: Essays in Rural-Urban Relations*. Chicago: University of Chicago Press.（费孝通 . 中国士绅 . 赵旭东，秦志杰，译 . 北京：外语教学与研究出版社，2011，ISBN: 9787513506021）

Feuchtwang S. 1977. School-Temple and City God// Skinner G W. *The City in Late Imperial China*. Stanford: Stanford University Press: 581-608.（王斯福 . 学宫与城隍 // 施坚雅 . 中华帝国晚期的城市：第三编）

Finnane A. 1993. Yangzhou: A Central Place in the Qing Empire// Johnson L C. *Jiangnan Cities in Late Imperial China*. Albany: State University of New York Press: 117-150.(安东篱 . 扬州: 清帝国的一座中心城市 // 张琳德 . 帝国晚期的江南：第四章）

Fortune R. 1847. Fortune's Wandering in China. *Chinese Repository*, 16: 570（福钧 . 福钧中国漫游）

Fortune R. 1847. *Three Years' Wandering Among the Northern Provinces of China*. London: Murray.（福钧 . 华北诸省漫记）

Fox E W. 1971. *History in Geographic Perspective*. New York: Norton.（爱德华·惠廷·福克斯 . 地理角度看历史）

Fuma S. 1982. 同善会小史：中国社会福祉史上における明末清初の位置づけのために一 // 史学研究会（京都大学文学部）. 史林，65(4): 37-76.（夫马进 . 同善会小史：明末清初在中国社会福利史上的地位）

Fuma S. 1983. 善会善堂の出发 // 小野和子 . 明清时代の政治と社会 . 京都 Kyoto: 京都大学人文科学研究所：189-232.（夫马进 . 善会善堂的出现）

FumaS. 1989. 上海—清末上海の近代化と塚問題 . 講座轉換期における人間：都市とわ，4.（夫马进 . 清末上海的近代化坟墓问题）

FumaS. 1990. 徵信録というもの // 中国：社会と文化 [*China: Society and culture*], 5: 59-74（夫马进 . 征信录）

Fuma S. 1993. Late Ming Urban Reform and Popular Uprising in Hangzhou// Johnson LC. *Jiangnan Cities in Late Imperial China*. Albany: State University of New York Press: 47-80.（夫马进 . 晚明杭州的城市改革和民变 // 张琳德 . 帝国晚期的江南：第二章）

Geiss J. 1988. The Chia-ching reign, 1522-1566// Mote F, Twichett D. *The Cambridge History of China*, 7（1）. Cambridge: Cambridge University Press: 440-510.（盖杰民 . 嘉靖時期：1522—1566 年 // 牟复礼，崔瑞德 . 剑桥中国明代史：第八章 . 北京：中国社会科学出版社，1992，ISBN: 9787500410119）

Golas P. 1977. Early Ch'ing Guilds// Skinner G W. *The City in Late Imperial China*. Stanford: Stanford University Press: 555-580.（葛平德 . 清代前期的行会 // 施坚雅 . 中华帝国晚期的城市：第三编）

Gough H. 1843. Dispatches of Sir Hugh Gough: Capture of Shanghai. *Chinese Repository*, 12(7): 343-345.（郭富 . 郭富爵士的电讯：攻占上海）

Graham E D. 1988. *American ideas of a Special Relation with China, 1784-1900*. New York: Garland Press.（爱德华格莱姆 . 与中国的特殊关系的美国想法，1784—1900）

Greenberg M. 1951. *British Trade and the Opening of China, 1800-1842*. Cambridge: Cambridge University Press.（格林堡 . 鸦片战争前中英通商史 . 康成，译 . 北京：商务印书馆，1961，统一书号：11017-94）

HamashitaTakeshi.1984. Foreign Trade in China, 1810-1850// Christian D, Linda G. *State and Society in China: Japanese Perspectives on Ming-Qing Social History*. Tokyo: University of Tokyo Press: 387-435.（滨下武志 . 中国对外贸易，1810—1850 年）.

Hamilton G G. Dec 1977. Nineteenth-Century Chinese Merchant Associations: Conspiracy or Combination?: The Case of the Swatow Opium Guild. *Ch'ing Shih Wen-ti*（清史问题）, 8: 50-71.（韩格理 . 19 世纪中国商人结社：阴谋或联合——汕头鸦片行会个案）

Hauser E O. 1940. *Shanghai, City for Sale*. New York: Harcourt, Brace.（霍塞 . 出卖上海滩 . 越裔，译 . 上海：上海书店出版社，2000，ISBN: 9787806225950）

Hazard B H. 1976. The Wako and Korea Responses//Parsons J B. *Papers in Honor of Professor Woodbridge Bingham: A Festschrift for His Seventy-fifth Birthday* (CMRASC Occasional Series no. 33). San Francisco: Chinese Materials Center.（本杰明·H. 海泽德 . 倭寇和高丽的回应）

Hinton H C. 1956. *The Grain Tribute System of China, 1845-1911*. Cambridge, Mass.: Harvard University Press.（辛顿 . 晚清漕运制度）

HoP-t.1954. The Salt Merchants of Yang-chou: A Study of Commercial Capitalism in Eighteenth-Century China. *Harvard Journal of Asiatic Studies*, 17(1), 130-168.（何炳棣 . 扬州盐商：十八世纪中国商业资本的研究 . 巫仁恕，译 . 中国社会经济史研究，1999（2））

Ho P-t. 1959. *Studies on the Population of China, 1368-1953*. Cambridge, Mass.: Harvard University Press.（何炳棣 . 1368—1953 中国人口研究 . 葛剑雄，译 . 上海：上海古籍出版社，1989，ISBN: 9787532505678）

Hohenberg P, Lees L H. 1985. *The Making of Urban Europe, 1000-1950*. Cambridge, Mass.: Harvard University Press.（保罗·M. 霍恩伯格，林恩·霍伦·利斯 . 都市欧洲的形成：1000—1994 年 . 阮岳湘，译 . 北京：商务印书馆，2009，ISBN: 9787100062633）

Howe C. 1981. *Shanghai: Revolution and Development in Asian Metropolis*. Cambridge: Cambridge University Press.（克里斯托弗·豪尔 . 上海：一个亚洲都市的革命与发展）

Huang J. 1984. Changes of Sea-Level Since the Late Pleistocene in China// Whyte R O. *The Evolution of the East Asian Environment*：1. Hong Kong: University of Hong Kong Press: 320-331.（黄金森 . 中国自更新世晚期的海平面变化 // 罗伯特·怀特 . 东亚环境的演变）

Huang P.1990.*The Peasant Family and Rural Development in the Yangtze Delta, 1350-1988*. Stanford: Stanford University Press.（黄宗智 . 长江三角洲小农家庭与乡村发展 . 北京：中华书局，2000:，ISBN: 9787101023145）

Hucker C O. 1975. *A Dictionary of Official Titles in Imperial China*. Stanford: Stanford University Press.（贺凯 . 中国古代官名辞典 . 北京：北京大学出版社，2008，ISBN: 9787301134870）

Hummel A W. 1943. *Eminent Chinese of the Ch'ing Period*. Washington, D.C.: Government Printing Office.（恒慕义 . 清代名人传略 . 西宁：青海人民出版社，1990，统一书号 1132-4）

Johnson D. 1985. Communication, Class and Consciousness// Nathan A J, Rawski E S. *Popular Culture in Late Imperial China*. Berkeley and Los Angeles: University of California Press: 34-72.（姜士彬 . 明清社会的信息沟通方式、阶级和意识 . 徐彤，译 . 上海：上海古籍出版社，2012）

Johnson D. 1985.The City-God Cults of T'ang and Sung China. *Harvard Journal of Asiatic Studies*, 45(2): 363-457.（姜士彬 . 唐宋时期的城隍崇拜）

Johnson L C.1993. *Jiangnan Cities in Late Imperial China*. Albany: State University of New York Press.（张琳德 . 帝国晚期的江南城市 . 成一农，译 . 上海：上海人民出版社，2005，ISBN: 9787208055896）

Jones S M. 1972. Finance in Ningpo: The Ch'ien-chuang, 1750-1880// Willmott W E. *Economic Organization in Chinese Society*. Stanford: Stanford University Press: 47-77.（曼素恩 . 宁波的金融业："钱庄"，1750—1880）

Jones S M. 1974. The Ningpo Pang and Financial Power in Shanghai// Elvin M, Skinner GW. *The Chinese City Between Two Worlds*. Stanford: Stanford University Press: 73-96.（曼素恩 . 宁波帮与上海的金融势力）

Jordan D K. 1972. *Gods, Ghosts and Ancestors: The Folk Religion of a Taiwanese Village*. Berkeley and Los Angeles: University of California Press.（焦大卫．神·鬼·祖先：一个台湾乡村的民间信仰．丁仁杰，译．台北：联经出版社，2012，ISBN: 9789570840582）.

Kann E. 1927. *The Currencies of China: An Investigation of Silver and Gold Transactions Affecting China, with a Section on Copper*. Shanghai: Kelly & Walsh.（耿爱德．中国货币论．太原：山西人民出版社，2015，ISBN: 9787203093930）

Kennedy T L. 1978. *Arms of Kiangnan*. Boulder, Colo: Westview Press.（康念德．江南制造局的武备）

King A D. 1976.*Colonial Urban Development: Culture, Social Powers and Environment*. London: Routledge & Kegan Paul（安东尼·D. 金恩．殖民城市发展：文化、社会势力和环境）

Konvitz J W. 1978. *Cities & the Sea: Port City Planning in Early Modern Europe*. Baltimore: The Johns Hopkins University Press.（约瑟夫·W. 孔威茨．城市与海洋：现代欧洲早期的港口城市规划）

Kuhn P. 1978. The Taiping Rebellion// Fairbank J K. *The Cambridge History of China*: 10. Cambridge: Cambridge University Press: 264-317.（孔飞力．太平军叛乱 // 费正清．剑桥中国晚清史（上下卷）: 第六章．中国社会科学院历史研究所编译室，译．北京：中国社会科学出版社，2006，ISBN: 9787500407669）

Kuo T-y, Liu K C.1978. Self-strengthening: The Pursuit of Western Technology// Fairbank J K. *The Cambridge History of China*: 10. Cambridge: Cambridge University Press: 491-542.（郭廷以，刘广京．自强运动：寻求西方的技术 // 费正清．剑桥中国晚清史（上下卷）：第十章．中国社会科学院历史研究所编译室，译．北京：中国社会科学出版社，2006，ISBN: 9787500407669）

Lane F C. 1966. *Venice and History: The Collected Papers of Frederic C. Lane*. Baltimore: John Hopkins Press.（弗雷德里克·莱恩．威尼斯和历史）

Lane F C. 1978. *Venice: A Maritime Republic*. Baltimore: John Hopkins University.（弗雷德里克·莱恩．威尼斯：航海共和国）

Lanning G, Couling S. 1921-1923. *The History of Shanghai*. Shanghai: Kelly & Walsh.（兰宁，库寿龄．上海史）

Lee S. 1901. *Dictionary of National Biography: Supplement*. London: Smith, Elder.（英国人名事典：1901）

Lee T. 1985. *Government Education and Examinations in Sung China*. Hong Kong: Chinese University Press.（李弘祺．宋代官学教育与科举．台北：联经出版事业公司，1994，ISBN: 9789570808841）

LeFevour E. 1968. Western Enterprise in Late Ch'ing China: A Selected Survey of Jardine, Matheson and Company's Operations. Cambridge, Mass.: Harvard University Press.（勒费窝．怡和洋行：1842—1895 年在华活动概述．陈曾年，乐嘉书，译．上海：上海社会科学院出版社，1986，统一书号 : 4299-023）

Leung Y-S.1983. Regional Rivalry in Mid-Nineteenth Century Shanghai: Cantonese vs. Ningpo Men. *Ch'ing Shih Wen-ti*（清史问题）, 4(1)：29-50.（梁元生．19 世纪中叶上海的区域竞争：广东人与宁波人）

Leung Y-S. 1990. *The Shanghai Taotai, Linkage Man in a Changing Society*. Honolulu: University of Hawaii Press.（梁元生．上海道台研究：转变中之联系人物，1843—1890. 陈同，译．上海：上海古籍出版社，2004，ISBN: 9787532535750）

Lindsay H H, Gutzlaff K. 1834. Amherst Expedition. *Chinese Repository*, 2(12)：549-552（林赛，郭士立．阿美士德号远征）

Ling P. 1982. *In Search of Old Shanghai*. Hong Kong: Joint Publishing.（潘翎．上海掌故：英文版）

Liu K-c. 1962. *Anglo-American Steamship Rivalry in China, 1862-1874*. Cambridge, Mass: Harvard University Press.（刘广京．英美航运势力在华的竞争 1862—1874. 邱锡镕，曹铁珊，译．上海：上海社会科学院出版社，1988，ISBN: 9787805151403）

Liu K-c. 1978. Ch'ing Restoration// Fairbank J K. *The Cambridge History of China*: 10. Cambridge: Cambridge University Press: 409-490.（刘广京．清代的中兴 // 费正清．剑桥中国晚清史（上下卷）：第九章．中国社会科学院历史研究所编译室，译．北京：中国社会科学出版社，2006，ISBN: 9787500407669）

Loch G. 1844.The Closing Events of the Campaign in China, by Captain Granville Loch. *Chinese Repository*, 13(2): 59-60.（利洛上尉．英军在华作战末期记事）

MacPherson K L. 1987. *A Wilderness of Marshes: The Origins of Public Health in Shanghai, 1843-1893*. New York: Oxford University Press.（程恺礼．一片沼泽地：上海公共卫生起源：1843—1893）

Mann S. 1987. *Local Merchants and the Chinese Bureaucracy, 1750-1950*. Stanford: Stanford University Press.（曼素恩．地方商人与官僚政府，1750—1950 年）

Mann S. Oct 1984. Brokers as Entrepreneurs in Pre-socialist China. *Comparative Studies in Society and History*, 25(4): 614-636.（曼素恩．中国社会主义之前作为企业家的经纪商）

Marks R B. Dec 1991. Rice Prices, Food Supply, and Market Structure in Eighteenth-Century South China. *Late Imperial China*, 12(2): 64-116.（马立博 . 18 世纪华南米价、食物供应和市场结构）

Marmé M. 1993. Heaven on Earth: The Rise of Suzhou, 1127-1550// Johnson L C. *Jiangnan Cities in Late Imperial China*. Albany: State University of New York Press: 17-46.（马克尔·马默 . 人间天堂：苏州的崛起，1127—1550 年 // 张琳德 . 帝国晚期的江南：第一章）

Maybon Ch-B, Fredet J. n.d. 1929. *Histoire de la Concession française de Changhai*. Paris: Librairie Plon et Nourrit（梅鹏 . 上海法租界史 . 倪静兰，译 . 上海：上海社会科学院出版社，2007，ISBN：9787807450009）

Mayers W F. 1897.*Treatoes between the Empire of China and Foreign Powers*.1 ed. Shanghai: North China Herald.（梅辉立 . 中外条约集）

Mayers W F, Dennys N B, King C. 1867. *The Treaty Ports of China and Japan. London*, Hong Kong: Trubner, A. Shortrede.（梅辉立，丹尼，金查理 . 中国与日本的通商口岸）

McGee T G. 1967. *The Southest Aisan City*. New York: Praeger.（托马斯·G. 麦吉 . 东南亚城市）

Medhurst W H. 1836. Voyage of the Huron. *Chinese Repository*, 4(7): 308-335.（麦都思 . 休伦号日记）

Medhurst W H. 1864. Reminiscences of the Opening of Shanghai to Foreign Trade. *Chinese and Japanese Repository*, 2(15): 79-88.（麦华佗 . 上海开埠的回忆）

Metcalf T R. 1989. *An Imperial Vision: Indian Architecture and Britain's Raj*. Berkeley and Los Angeles: University of California Press.（汤玛斯·R. 麦卡夫 . 帝国愿景：印度建筑和英属印度）

Miller D B. 1989. Monumental Building as an Indicator of Economic Trends in Northern Rus' in the Late Kievian and Mongol Periods, 1138-1462. *American Historical Review*, 94(2): 360-390.

Mitchell B R. 1980. *European Historical Statistics, 1750-1975*. New York: Facts on File.（米切尔 . 欧洲历史统计 1750—1975）

MiyazakiI. 1951. 明清時代の蘇州と輕工業の發達 . 東方學，(70)：64-73.（宫崎市定 . 明清时代的苏州及轻工业的发展）

Mokyr J. 1988. *The Economics of the Industrial Revolution*. London: Rowman & Allanheld.（乔尔·莫基尔 . 工业革命经济学）

Montalto de Jesus C A. 1909. *Historic Shanghai*. Shanghai: Shanghai Mercury（徐萨斯 . 历史上的上海）

Morris J, Winchester S. 1983. *Stones of Empire: The Buildings of the Raj*. New York: Oxford University Press（珍莫里斯 . 帝国的石头：英属印度的建筑）

Morse H B. 1910. *International Relations of the Chinese Empire*. Shanghai: Kelly & Walsh.（马士 . 中华帝国对外关系史 . 张汇文，译 . 上海：上海书店出版社，2000，ISBN: 9787806225608）

Morse H B. 1919. *The Gilds of China, with an Account of the Gild Merchant or Co-hong of Canton*. London: Longmans.（马士 . 中国行会考）

Morse H B. 1927. *In the Days of the Taipings*. 1974 ed. San Francisco: Chinese Material Center.（马士 . 太平天国纪事）

Mote F W. Fall1974. A Millennium of Chinese Urban History: Form, Time and Space Concepts in Soochow. *Rice University Studies*, 59(4): 35-65.（牟复礼 . 中国城市千年史：苏州城的形态、时间和空间概念）

Mote F W. 1988. The Rise of the Ming Dynasty// Mote F W, Twichett D. *The Cambridge History of China, The Ming Dynasty, 1368-1644*: 7. Cambridge: Cambridge University Press: 11-57.（牟复礼 . 明王朝的兴起，1330-1367 年 // 牟复礼，崔瑞德 . 剑桥中国明代史：第一章 . 杨品泉，译 . 北京：中国社会科学出版社，1992，ISBN: 9787500410119）

Mote W, Frederick. 1977. The Transformation of Nanking, 1350-1400// Skinner W. *The City in Late Imperial China*. Stanford: Stanford University Press: 100-153.（牟复礼 . 元末明初时期南京的变迁 // 施坚雅 . 中华帝国晚期的城市：第一编）

Moulder F. 1977. *Japan, China, and the Modern World Economy: Toward a Reinterpretation of East Asian Development, ca. 1600-ca. 1918*. Cambridge: Cambridge University Press.（法兰西斯·默德 . 日本、中国和近代世界经济）

Mui, H-c, Mui L H. 1984. *The Management of Monopoly: A Study of the English East India Company's Conduct of Its Tea Trade, 1784-1833*. Vancouver: University of British Columbia Press.（梅可铿夫妇 . 管理垄断权）

Muir E, Weissman RF. 1989. Social and Symbolic Places in Renaissance Venice and Florence// AgnewJ A, Duncan J S. *The Power of Place*. Boston: Unwin Hyman: 81-104.（慕立和卫斯曼 . 文艺复兴时期威尼斯和佛罗伦萨的社会和标志性空间）

Mumford L. 1961. *The City in History*. New York: Harcourt, Brace.

Murphey R. 1953. *Shanghai, Key to Modern China*. Cambridge, Mass.: Harvard University Press.（罗兹·墨菲 . 上海——现代中国的钥匙 . 上海社会科学院历史研究所，译 . 上海：上海人民出版社，1986，统一书号：12235-210）

Murphey R. 1970. *The Outsiders*. Ann Arbor: University of Michigan Press.（罗兹·墨菲 . 旁观者）

Murphey R. 1970. *The Treaty Ports and China's Modernization: What Went Wrong?* Ann Arbor: University of Michigan.（罗兹·墨菲 . 通商口岸与中国的现代化）

Murray D H. 1994. *The Origins of the Tiandihui*. Stanford: Stanford University Press.（穆黛安 . 天地会的起源）

Myers R. Aug1991. How Did the Modern Chinese Economy Develop? - A Review Article. *Journal of Asian Studies*, 50(3): 604-628.（马若孟 . 现代中国经济何以发展起来的？——一篇评论文章）

Naquin S. 1976. *Millenarian Rebellion in China: The Eight Trigrams Uprising of 1813*. New Haven: Yale University Press.（韩书瑞 . 千年末世之乱：1813 年八卦教起义）

Negishi T. 1951. 上海のギルド (Guilds of Shanghai). 东京 : 日本评论社 .（根岸佶 . 上海的行会）

Negishi T. 1953. 中国のギルド (Guilds of China). 东京 : 日本评论新社 .（根岸佶 . 中国的行会）

New C. 1985. *Shanghai*. New York: Simon & Schuster.（克利斯多福·纽 . 上海 . 言林，译 . 上海：学林出版社，1987，ISBN: 9787805100555）

Niida N. 1951. 中国の社会とギルド （Chinese society and guilds）. Tokyo: 岩波書店 .（仁井田陞 . 中国社会与行会）

Nilsson S. 1969. *The Architecture of British India*. New York: Taplinger.（斯旦·尼尔森 . 英属印度建筑）

1846.Notices of Shanghai. *Chinese Repository*, 15(9)：469-472.（上海启事）

Parker W. 1843. Report of Vice-Admiral William Parker: Capture of Shanghai. *Chinese Repository*, 12(6): 291-293.（巴加 . 海军中将威廉·巴加的报告：攻占上海）

Parker W. 1865. Capture of Wusung and Shanghai: report of Vice-Admiral William Parker. *Chinese and Japanese Repository*, 2(18): 30-31.（巴加 . 攻占吴淞口和上海：海军中将威廉·巴加的报告）

Parker W. 1865. The Capture of Wosong and Shanghai in 1842 from the Despatches of Admiral Sir William Parker. *Chinese and Japanese Repository*, 2 (18): 25-30.（巴加 . 1842 年攻占吴淞口和上海的威廉巴加爵士的报告）

Prazniak R. 1986. Weavers and Sorceresses of Chuansha: The Social Origins of Political Activism Among Rural Chinese Women. *Modern China*, 12(2): 202-229.（蒲乐安 . 川沙的织工和女巫：中国农村妇女政治行动主义的社会起源）

Rankin M. 1986. *Elite Activism and Political Transformation in China*. Stanford: Stanford University Press.（兰金 . 中国的精英行动主义与政治转型）

Reed R. 1978. *Colonial Manila: The Context of Hispanic Urbanism and Process of Morphogenesis*. Berkeley and Los Angeles: University of California Press.（罗伯特·里德 . 殖民地的马尼拉）

1845. Report of the Foundling Hospital at Shanghai. *Chinese Repository*, 14(4): 177-195.（上海弃儿医院征信录）

Rowe W T. 1985. *Hankow: Commerce and Society in a Chinese City, 1796-1889*. Stanford: Stanford University Press.（罗威廉 . 汉口：一个中国城市的商业和社会（1796—1889）. 江溶，鲁西奇，译 . 北京：中国人民大学出版社，2005，ISBN: 9787300063027）

Rowe WT. 1989. *Hankow: Conflict and Community in a Chinese City, 1796-1895*. Stanford: Stanford University Press.（罗威廉 . 汉口：一个中国城市的冲突与社区（1796—1895）. 鲁西奇，罗杜芳，译 . 北京：中国人民大学出版社，2008，ISBN: 9787300090719）

Rowe W T. July 1990. The Public Sphere in Modern China. Modern China, 16(3): 309-329.（罗威廉 . 近代中国之公共领域 . 伍国，译）

Rozman G. 1982. *Population and Marketing Settlement in Ch'ing China*. Cambridge: Cambridge University Press.（饶济凡 . 清代中国之人口与市场聚落）

Santangelo P. 1993. Urban Society in Late Imperial Suzhou// Johnson L C. *Jiangnan Cities in Late Imperial China*. Albany: State University of New York Press: 81-116.（史华罗 . 帝国晚期的苏州城市社会 // 张琳德 . 帝国晚期的江南：第三章）

Schaefer E H. 1967. *The Vermilion Bird*. Berkeley and Los Angeles: University of California Press.（薛爱华 . 朱雀：唐代的南方意象 . 程章灿，叶蕾蕾，译 . 北京：生活·读书·新知三联书店，2014，ISBN: 9787108048684）

Schoppa R K. 1989. *Xiang Lake: Nine Centuries of Chinese Life*. New Haven: Yale University Press.（萧邦齐 . 九个世纪的悲歌：湘湖地区社会变迁研究 . 姜良芹，译 . 北京：社会科学文献出版社，2008 年，ISBN: 9787509701164）

Seagrave S. 1985. *The Soong Dynasty*. New York: Harper & Row.（斯特林·西格雷夫 . 宋氏家族：一场历史的“华丽悲剧”. 北京：中信出版社，2017，ISBN：9787508662374）
Sergeant H. 1991. *Shanghai*. London: Jonathan Cape.（萨金特 . 上海）
1854, 1866. *Shanghae Almanac*. Shanghai: North China Herald.（上海年鉴 1854 年）
Dec. 25, 1858. Shanghai - Sights in the City. *North China Herald*: 83-84.（上海——城市景点 . 北华捷报）
Shiba Y. 1970. *Commerce and Society in Sung China*. Ann Arbor: University of Michigan Press.（斯波义信 . 宋代中国商业和社会）
Shiba Y. 1983. Sung Foreign Trade// Rossabi M. *China Among Equals*. Berkeley and Los Angeles: University of California Press: 89-115.（斯波义信 . 宋对外贸易）
Sjoberg G. 1960. *The Pre-industrial City: Past and Present*. Glencoe, Ⅲ : Free Press.（伊德翁舍贝里 . 前工业城市：过去与现在 . 高乾，冯昕，译 . 北京：社会科学文献出版社，2013，ISBN: 9787509747018）
Skinner G W. 1964, 1965. Marketing and Social Structure in Rural China, I- Ⅱ . *Asia Studies*, 24, 25(4, 1): 3-43,195-228.（施坚雅 . 中国农村的市场和社会结构 . 史建云，徐秀丽，译 . 北京：中国社会科学出版社，1998，ISBN: 9787500416920)
Skinner G W. 1977. Cities and the Hierarchy of Local Systems// Skinner G W. *The City in Late Imperial China*. Stanford: Stanford University Press: 275-351.（施坚雅 . 城市与地方体系层级 // 施坚雅 . 中华帝国晚期的城市：第二编）
Skinner G W. 1977. Introduction, Urban Development in Imperial China// Skinner G W. *The City in Late Imperial China*. Stanford: Stanford University Press: 3-72.（施坚雅 . 中华帝国的城市发展 // 施坚雅 . 中华帝国晚期的城市：导言）
Skinner G W. 1977. Regional Urbanization in Nineteenth-Century China// Skinner G W. *The City in Late Imperial China*. Stanford: Stanford University Press: 211-249.（施坚雅 . 十九世纪中国的地区城市化 // 施坚雅 . 中华帝国晚期的城市：第一编）
Skinner G W. 1977. *The City in Late Imperial China*. Stanford: Stanford University Press.（施坚雅 . 中华帝国晚期的城市 . 叶光庭，徐自立，王嗣均，徐松年，马裕祥，王文源，译 . 北京：中华书局，2000，ISBN: 9787101023244）
Skinner G W. June1987. Sichuan's Population in the Nineteenth Century: Lessons from Disaggregated Data. *Late Imperial China*, 8(1): 1-79.（施坚雅 . 19 世纪四川的人口——从未加核准的数据中得出的教训）
Smith J H. May1987. Benevolent Societies: The Reshaping of Charity During the Late Ming and Early Ch'ing. *Journal of Asian Studies*, 46(2): 309-337.（韩德琳 . 善会：明末清初慈善事业的改革）
So K-w. 1975. *Japanese Piracy in Ming China During the Sixteenth Century*. East Lansing: Michigan State University Press（苏均煌 . 16 世纪中国明代的日本海盗活动）
Spector S. 1964. *Li Hung-chang and the Huai Army*. Seattle: University of Washington Press.（斯皮克特 . 李鸿章与淮军 . 丰吉，译，沈阳：辽宁人民出版社，2008，ISBN: 9787205063092）
Spence J. 1976. *To Change China: Western Advisors in China, 1620-1960*. New York: Penguin Books.（史景迁 . 改变中国：在中国的西方顾问 . 温洽溢，译 . 桂林：广西师范大学出版社，2014，ISBN: 9787549551552）
Spunt G. 1968. *A Place in Time*. New York: Putnam.（乔治·思庞特 . 归宿）
Strand D. 1989. *Rickshaw Beijing: City People and Politics in the 1920s*. Berkeley and Los Angeles: University of California Press.（史谦德 . 北京的人力车夫：20 世纪 20 年代的城市、居民与政治 . 袁剑，周书垚，周育民，译 . 南京：江苏人民出版社，2020，ISBN: 9787214224866）
Suzuki C. 1968. China's Relations with Inner Asia// Fairbank J K. *The Chinese World Order*. Cambridge, Mass.: Harvard University Press: 180-197.（铃木中正 . 中国与内亚的关系 . 杜继东，译 // 费正清 . 中国的世界秩序：传统中国的对外关系 . 北京：中国社会科学出版社，2010，ISBN：9787500475101）.
Swisher E. 1951. *China's Management of the American Barbarians*. New Haven: Yale University Press Far Eastern Association.（施维许 .〈筹办夷务始末〉中的中美关系：1840—1860）
Thompson L. 1979. *Chinese Religion: An Introduction*. Belmont Calif.: Wadsworth（谭维理 . 中国宗教）
United Kingdom. 1971. *Report of the Select Committee on Commercial Relations with China, 1847// British Parliamentary Papers. China*, 38. Shannon: Irish University Press.（英国 . 议会文件，中国）
United Kingdom. *Foreign Office Archives*. London: Public Record Office, various files.
Valentia G A. 1809. *Voyages and Travels to India, Ceylon, the Red Sea, Abyssinia, and Egypt, in the years 1802, 1803, 1804, 1805, and 1806*. London: William Miller.（乔治·昂丝丽·瓦伦西亚子爵 . 印度航行和旅行等）

Van Slyke L. 1987. *Yangtze: Nature, History and the River*. Stanford: Stanford Alumni Association.（莱曼范斯莱克 . 长江：自然、历史和河流）

Wakeman F. 1978. The Canton Trade and the Opium War// Fairbank J K. *The Cambridge History of China*: 10. Cambridge: Cambridge University Press: 163-212.（魏斐德 . 广州贸易和鸦片战争 // 费正清 . 剑桥中国晚清史（上下卷）：第四章 . 中国社会科学院历史研究所编译室，译 . 北京：中国社会科学出版社，2006，ISBN: 9787500407669）

Waley A. 1958. *The Opium War Through Chinese Eyes*. Stanford: Stanford University Press.（魏礼 . 中国人眼中的鸦片战争）

Wallacker B E, Knapp R G. Van Alstyne A J, Smith R J. 1979. *Chinese Walled Cities: A Collection of Maps from Shina Jocaku no Gaiyo*. Hong Kong: Chinese University Press（瓦拉可等 . 中国的带围墙的城市）

Wang Y-c. 1977. Evolution of the Chinese Monetary System, 1633-1850// Hou C-m, YuT-s. *Modern Chinese Economic History*. Taibei: Academia Sinica: 425-452.（王业键 . 中国货币系统的演进：1633—1850）

Wasserstrom J. 1993. *What's in a Sign? Shanghai's 'No Dogs and No Chinese Allowed' Controversy*. Los Angeles: Association for Asian Studies.（华志建 . 标识牌里有什么？：上海的“华人与狗不得入内”论战）

Watson J L. 1985. Standardizing the Gods: The Promotion of T'ien Hou (Empress of Heaven) Along the South China Coast, 960-1960// Johnson D, Nathan A, Rawski E. *Popular Culture in Late Imperial China*. Berkeley and Los Angeles: University of California Press: 292-324.（华琛 . 统一诸神：在华南沿岸推动天后信仰（960—1960）// 华琛 , 华若璧 . 乡土香港：新界的政治、性别及礼仪：第四部分 . 张婉丽，廖迪生，盛思维，译 . 香港：香港中文大学出版社，2011，ISBN：9789629964689）

Webber M. 1921. *The City*. New York: Collier Books.（马克斯·韦伯 . 城市）

Wei B P-T. 1987. *Shanghai: Crucible of Modern China*. Oxford: Oxford University Press.（魏白蒂 . 上海：近代中国的严峻考验）

Wheatley P. 1971. *Pivot of the Four Quarters*. Chicago: Aldine Press.（惠特利 . 四方之极）

Worcester G. 1971. *The Junks and the Sampans of the Yangtze*. Annapolis: Naval Institute Press.（伍斯特 . 长江之帆船与舢板）

Wright A. 1977. The Cosmology of the Chinese City// Skinner G W. *The City in Late Imperial China*. Stanford: Stanford University Press: 33-73.（芮沃寿 . 中国城市的宇宙论 // 施坚雅 . 中华帝国晚期的城市：第一编）

Wright M C. 1964, 1973. *The Last Stand of Chinese Conservatism: The T'ung-Chih Restoration, 1862-1874*. Stanford: Stanford University Press.（芮玛丽 . 同治中兴：中国保守主义的最后抵抗，1864-1874. 房德邻，等，译 . 北京：中国社会科学出版社，2002，ISBN: 9787500432586）.

Xiong V C. Oct 28, 1989. *The Zoning of Sui-Tang Chang'an.Midwest Conference on Asian Affairs*. East Lansing, Michigan: Michigan State University.（熊存瑞 . 隋唐长安的区划）

Yang H, Xie Z. 1984. Sea-Level Changes in East China Over the Past 2,000 Years//Whyte R O. *Evolution of the East Asian Environment*:1. Hong Kong: University of Hong Kong Press: 288-308.（杨怀仁，谢志仁 . 中国东部过去 2000 年来海平面变化 // 罗伯特·怀特 . 东亚环境的演变）

Yang L-s. 1968. Historical Notes on the Chinese World Order// Fairbank J K. *The Chinese World Order*. Cambridge, Mass.: Harvard University Press: 20-33.（杨联陞 . 从历史看中国的世界秩序 . 杜继东 , 译 // 费正清 . 中国的世界秩序：传统中国的对外关系 . 北京：中国社会科学出版社，2010，ISBN：9787500475101）

曹晟 .1936. 夷患备尝记（1876）// 胡朴安 . 上海掌故丛书 . 上海 : 上海通社 .

褚华 .1936. 木棉谱 // 胡朴安 . 上海掌故丛书 . 上海 : 上海通社 .

褚华 . 1936. 沪城备考 // 胡朴安 . 上海掌故丛书 . 上海 : 上海通社：465-820.

杜黎 . 1983. 鸦片战争前上海行会性质之嬗变 // 中国资本主义萌芽问题论文集 . 南京 : 江苏人民出版社：141-171.（1981 年 5 月在关于“资本主义萌芽”的会议上所做的报告）

方诗铭 . 1965. 上海小刀会起义 . 上海 : 人民出版社 .

傅衣凌 . 1956. 明清时代商人及商业资本 . 北京 : 人民出版社 .

何炳棣 . 1966. 中国会馆史论 . 台北 : 学生书局 .（何炳棣 . 中国会馆史论 . 北京：中华书局，2017，ISBN: 9787101094121）

黄启臣 . 1986. 清代前期海外贸易的发展 . 历史研究 , 4(2)：151-170.

刘永成 . 1959. 史论清代苏州手工业行会 . 历史研究 , 25(1): 21-46.

卢汉超 . 1984. 上海土地章程研究 // 谯枢铭，杨其民，王鹏程，郑祖安，卢汉超 . 上海史研究 . 上海 : 学林出版社：100-145.
潘君祥，陈立仪 . 1986. 十九世纪后半期上海商业的演变 . 历史研究 .（1）：154-165.
彭泽益 . 1983. 鸦片战争前广州新兴的轻纺工业 . 历史研究，（3）：109-116.
谯枢铭 . 1984. 上海地区疆域沿革考 // 谯枢铭，杨其民，王鹏程，郑祖安，卢汉超 . 上海史研究 . 上海 : 学林出版社：1-19.
谯枢铭 . 1984. 青龙镇的盛衰与上海的兴起 // 谯枢铭，杨其民，王鹏程，郑祖安，卢汉超 . 上海史研究 . 上海 : 学林出版社：37-42.
谯枢铭，杨其民，王鹏程，郑祖安，卢汉超 . 上海史研究 . 上海 : 学林出版社 .
全汉升，Kraus R. 1975. *Mid-Ch'ing Rice Markets and Trade: An Essay in Price History*. Cambridge, Mass.: Harvard University Press.（全汉升，高乐 . 清中叶的米粮市场与贸易：价格史研究之一）
全汉升 . 1958. 唐宋帝国与运河 . 台北 : 中央研究院历史语言研究所 .
全汉升 . 1958. 鸦片战争前江苏的棉纺织业 . 清华学报 , 1(3): 1-45.
谭其骧 . 1982. 中国历史地图集 7：元·明时期 . 北京 : 地图出版社 .
谭其骧 . 1982. 中国历史地图集 6：宋·辽·金时期 . 北京 : 地图出版社 .
谭其骧 . 1982. 中国历史地图集 1：原始社会·夏·商·西周·春秋·战国时期 . 北京 : 地图出版社 .
谭其骧 . 1982. 中国历史地图集 5：隋·唐·五代十国时期 . 北京 : 地图出版社 .
王鹏程 . 1984. 松江府在明代的历史地位 // 谯枢铭，杨其民，王鹏程，郑祖安，卢汉超 . 上海史研究 . 上海 : 学林出版社：51-76.
童寯 . 1937. 江南园林志（*History of Jiangnan Gardens*）. 1963 reprint. 北京 : 中国工业出版社 .
许大龄，吴承明 . 1985. 中国资本主义的萌芽 . 北京 : 人民出版社 .
严中平 . 1955. 中国棉纺织史稿 . 北京 : 科学出版社 .
杨其民 . 1984. 古娄县考略 // 谯枢铭，杨其民，王鹏程，郑祖安，卢汉超 . 上海史研究 . 上海 : 学林出版社：20-36.
张忠民 . 1987. 清前期上海港发展演变新探 . 中国经济史研究，（3）：85-94.
张忠民 . 1990. 上海：从开发走向开放，1368—1842. 昆明 : 云南人民出版社 .
郑祖安 . 1984. 上海旧县城 // 谯枢铭，杨其民，王鹏程，郑祖安，卢汉超 . 上海史研究 . 上海 : 学林出版社：77-99.
邹逸麟 . 1980. 上海地区最早的对外贸易港——青龙镇 // 中华文史论丛 , 1(1)：119-129.

名称表

（中文名称按照姓氏的汉语拼音字母顺序排列）

A

阿布 - 卢格霍德（珍妮特·阿布 - 卢格霍德，Janet Abu-Lughod，1928—2013），美国著名的社会学家，世界体系理论的重要代表人物。
阿礼国（又译阿利国，Rutherford Alcock，1807—1897），英国驻上海领事（1846—1855 年）。
爱棠（Benoît Edan），法国驻上海领事（1853—1857 年、1859—1863 年）。
艾恩斯先生（Mr. Irons），居住在上海租界内的居民，1846 年曾拟购地建医院，未获巴富尔未批准。后与科克先生一起向阿礼国申请获许。
安东篱（Antonia Finnane，1952—），澳大利亚墨尔本大学历史系教授。

B

巴富尔（George Balfour，1809—1894），第一任英国驻上海领事（1843—1846 年）。
巴加（William Parker，1781—1866），英国海军元帅，在鸦片战争时期任英军海军司令。
巴麦尊勋爵（Lord Palmerston，1784—1865），英国首相（1855—1858 年、1859—1865 年）。
巴夏礼（Harry Parkes，1828—1885），英国外交家，曾任英国驻上海领事（？—？年）。
白吉尔（玛丽 - 格莱尔·白吉尔，Marie-Claire Bergère，1933—），著名的法国历史学家和汉学家。
白朗（W. S. Brown），1854 年上海公共租界工部局第一届董事会董事。
鲍德威（David D. Buck），美国著名历史学家，亚洲史特别是中国城市史和区域史研究专家。
宝宁（又译宝灵、包令，John Bowring，1792—1872），1854 年任英国驻香港的第四任总督，兼任驻港英军总司令、海军中将及对华全权代表及商务监督。
贝莱士（Nicholas Baylies），美国人，1851 年任上海港港务长。
贝里（Mary Elizabeth Berry），美国加州大学伯克利分校历史系教授。
比尔（T. C. Beale），英国商人，1840 年代加入颠地洋行，成为颠地比尔洋行合伙人。
璧珥（James Biddle，1783—1848），美国海军准将，驻华公使。
毕清（Jack Beeching，1922—2001），英国诗人。
滨下武志（Takeshi Hamashita，1943—），日本著名汉学家、中国经济史专家。
卜鲁斯（Frederick Bruce，1814—1867），英国外交官，1858 年任驻华公使。
布尔布隆（Alphonse de Bourboulon，1809—1877），法国驻华公使（1851—1856 年、1861—1862 年）。
布鲁纳（凯瑟琳·弗罗斯特·布鲁纳，Katherine Frost Bruner）

C

陈学霖（Hok-lam Chan，1938—2011），著名美籍华裔历史学家、汉学家。
程恺礼（Kerrie L. MacPherson）
赐德龄（James Stirling，1791—1865），英国远东舰队司令。
崔瑞德（又译杜希德，Denis Twitchett，1925—2006），英国汉学家、历史学家。

D

戴维斯（John Francis Davis，1795—1890），英国汉学家，1844 年任英国驻香港的第二任总督。
戴维斯（菲利普·戴维斯，Philip Davies，1950—），英国建筑历史学家，保护规划师。
戴维逊 - 休斯顿（James Vivian Davidson-Houston，1901—？ 1965），曾是英国皇家工程军团成员。
丹尼（N. B. Denny）
道金（兰道尔·道金），Ronald A. Dodgen）
德雷尔（爱德华·L. 德雷尔，Edward L. Dreyer，1940—2007），美国历史学家。
德雷尔（彼得·德雷尔，Peter Dreyer）
迪恩（菲利斯·迪恩，Phyllis Deane，1918—2012），英国历史经济学家。
迪特里希 （Craig Dietrich）
杜兰（Duran），法国上尉，1855 年 1 月 6 日法国海军配合清军镇压上海小刀会起义的"北门之战"中阵亡。
杜赞奇（Prasenjit Duara，1950—），美国著名历史学家、汉学家。

F

法尼（Douglas A. Farnie，1926—2008），英国历史学家。
法斯（Joseph Fass）
范斯莱克（莱曼·范斯莱克，Lyman Van Slyke,1929— ），美国斯坦福大学历史学教授。
费（彼得·沃特·费，Peter Ward Fay，1924—2004），美国著名历史学家。
费龙（C. A. Fearon），1854 年上海公共租界工部局第一届董事会董事。
费正清（John King Fairbank，1907—1991），美国著名汉学家、历史学家，哈佛大学教授，哈佛大学东亚研究中心创始人。
福钧（又译罗伯特·福钧、罗伯特·福琼，Robert Fortune，1812—1880），苏格兰植物学家，最为传颂的事迹是将茶自中国引入印度。
福克斯（爱德华·惠廷·福克斯，Edward Whiting Fox，1911—1996），美国康奈尔大学历史教授。
傅立德（Jean Fredet，1879—1948），法国新闻记者。

夫马进 Fuma Susumu, 1948—), 日本历史学家, 京都大学文学部教授。
福伊尔沃克(阿尔伯特·福伊尔沃克, Albert Feuerwerke)

G

盖杰民(又译盖斯,James Geiss,1950—2000),美国学者。
高第(又名高亨利、考狄埃, Henri Cordier, 1849-1925), 法国著名汉学家。
高居翰(James Cahill, 1926-2014), 美国汉学家, 艺术史学家、策展人、收藏家和加州大学伯克利分校教授。
高乐(又译里查德·克劳斯, Richard Kraus)
戈登(查理·乔治·戈登, Charles George Gordon, 1833—1885), 英国陆军少将。因在中国指挥雇佣"常胜军"与太平军作战, 获得两宫太后封为提督、赏穿黄马褂而得到"中国人戈登"之绰号。
格莱姆(爱德华·格莱姆, Edward D. Graham)
格里利(霍瑞斯·格里利, Horace Greeley, 1811—1872), 美国著名报人, 编辑,《纽约论坛报》的创办者, 自由共和党的资助人之一, 政治改革家。
格林堡(Michael Greenberg, 1914—1992), 英国学者, 主要研究方向是中国经济和历史。
葛罗(Jean Baptise Louis Gros, 1793—1870), 法国外交官, 在第二次鸦片战争期间, 曾在中国指挥法国军队。
葛平德(又译彼得·格拉斯, Peter J. Golas), 美国丹佛大学历史系教授。
根岸佶(Negishi Tadashi, 1874—1971), 日本经济学者。
耿爱德(又名阚恩, Eduard Kann, 1880—1962), 中国货币金融问题专家、收藏家, 曾在上海中央造币厂顾问委员会任职。
宫崎市定(Miyazaki Ichisada, 1901—1995), 日本东洋史学家, 战后日本"京都学派"导师, 20 世纪日本东洋史学第二代巨擘之一。
顾德曼(Bryna Goodman), 美国俄勒冈大学历史系教授, 主要从事上海史研究。
顾琳(Linda Grove), 日本上智大学副校长、国际教养学部教授, 主要研究方向是中国近代经济史尤其是华北经济史。
郭富(又译卧乌古, Hugh Gough, 1779—1869), 英军陆军元帅, 枢密院成员。第一次鸦片战争时指挥英军进攻中国。
郭士立(又译郭实腊、居茨拉夫, Karl Gutzlaff, 1803—1851), 普鲁士新教传教士, 曾任香港英治时期的高级官员抚华道。
郭廷以(Ting-yee Kuo, 1904—1975), 中国历史学家, 中国近代史学及中国口述史学的开拓者之一。

H

哈格里夫斯(普拉特·哈格里夫斯, Platt Hargreaves)
哈蒙德(埃德蒙·哈蒙德, Edmund Hammond)
海泽德(本杰明·H. 海泽德, Benjamin H. Hazard)
韩德琳(Joanna Handlin Smith), 史学博士, 斯坦福大学教授。
韩格理(Gary G. Hamilton), 华盛顿大学社会学系系主任, 社会学教授。
韩书瑞(Susan Naquin, 1944—), 美国普林斯顿大学历史学教授。
豪尔(克里斯托弗·豪尔, Christopher Howe), 英国伦敦大学亚非学院教授。
何炳棣(Ping-ti Ho, 1917—2012), 美国华裔历史学家。
赫德(Robert Hart, 1835—1911), 英国政治家, 曾担任大清皇家海关总税务司(1861—1911 年)。
贺凯(Charles O. Hucker, 1919—1994), 美国密歇根大学亚洲语言与文学系教授, 是 20 世纪五六十年代最为重要的中华帝国史学者和亚洲研究领域学术计划最重要的推动者。
黑尔(Frederick Hale), 随巴富尔一行于 1843 年 11 月 8 日抵达上海处理开埠事宜。
恒慕义(Arthur W. Hummel, 1884—1975), 著名的美国汉学家, 早年曾亲赴中国进行基督教传教活动。
华琛(又名屈顺天, James L Watson, 1947—), 美国著名人类学家、哈佛大学费正清讲座教授。
华志建(Jeffrey N. Wasserstrom), 中国问题研究专家, 美国加州大学欧文分校历史系教授。
黄金森(Huang Jinsen)
黄宗智(Philip Huang, 1940—), 著名历史社会学家, 加州大学洛杉矶分校(UCLA)历史系教授。
怀特(罗伯特·怀特, Robert Orr Whyte)
惠特利(鲍尔·惠特利, Paul Wheatley), 美国芝加哥大学历史系历史地理学家。
惠特尼(伊莱·惠特尼)Eli Whitney(1765—1825), 美国 18 世纪末至 19 世纪初的一位发明家、机械工程师和企业家, 轧花机的发明者。
霍恩伯格(保罗·M. 霍恩伯格, Paul M. Hohenberg, 1933—), 美国伦斯勒理工学院经济学教授。
霍塞(Ernest O. Hauser, 1910—1997), 美国作家。

J

贾流意(Lewis Carr), 美国驻上海副领事, 1854 年任大清皇家海关外籍税务司。
姜士彬(David Johnson, 1938—), 美国加州大学伯克利分校历史系教授, 著名汉学家。
焦大卫(David K. Jordan), 美国加州大学圣地亚哥分校人类学教授。
金查理(Charles King)
金大卫(D. O. King), 1854 年上海公共租界工部局第一届董事会董事。
金登干(James Duncan Campbell, 1833—1907), 英国人, 大清皇家海关总税务司赫德的重要助手。
金恩(安东尼·D. 金恩, Anthony D. King, 1931—), 城市史学家。
金能亨(Edward Cunningham, 1823—1889), 美国人,

上海旗昌洋行合伙人，1852 年任美国驻上海领事，1854 年上海公共租界工部局第一届董事会董事。
金执尔（William Raymond Gingell，1816—1863），英国人，曾任东印度公司外科医生，1840 年后在中国任翻译、领事。

K

凯威廉（William Kay），1854 年上海公共租界工部局第一届董事会总董。
康念德（Thomas Larew Kennedy，1930—2015），美国华盛顿州立大学历史学教授、学者、教育家。
科班（詹姆斯·L. 科班，James L. Cobban）
科茨（帕特里克·D. 科茨，Patrick D. Coates）
科克先生（Mr. Kirk），居住在上海租界内的居民，1847 年与艾恩斯先生一起向阿礼国申请在上海建医院。
克拉兰顿勋爵（Lord Clarendon，1800—1870），1853 年起任英国外交大臣。
克罗斯曼(卡尔克罗斯曼,Carl L. Crossman),美国学者。
柯律格（Craig Clunas，1954—），英国牛津大学艺术史系教授。
柯文（Paul A. Cohen，1934—），哈佛大学费正清中国研究中心研究员，美国著名的汉学家。
孔飞力(Philip Alden Kuhn，1933—2016),美国汉学家。
孔威茨（约瑟夫·W. 孔威茨，Josef W. Konvitz），美国密歇根州立大学历史教授。
库寿龄（Samuel Couling，1859—1922），英国汉学家。

L

辣厄尔（Adolphe Laguerre，1792—1862），法国海军司令。
拉萼尼（M. Théodore de Lagrené，1800—1862），法國政治家和外交家。
莱恩（弗雷德里克·莱恩，Frederic Lane）
兰金（玛丽·兰金，Mary Backus Rankin，1934—），美国学者。
兰宁（George Lanning，1852—1920），英国人，1889 年任上海西童书院院长。
勒费窝（Edward LeFevour）
雷米（M. Remi），法国商人，敏体尼的女婿。
里德（罗伯特·里德，Robert Reed）
李弘祺（Thomas H. C. Lee，1945—），美国纽约市立大学历史系教授兼亚洲研究系主任。
利洛（Granville Gower Loch，1813—1853），英国皇家海军舰长。
利斯（林恩·霍伦·利斯，Lynn Hollen Lees），美国宾夕法尼亚大学历史学教授。
李太郭（George Tradescant Lay，1800—1845），英国自然学家、传教士、外交官。
李泰国(Horatio Nelson Lay，1832—1898),李太郭之子，清朝首任海关总税务司（1855—1863 年）。
梁元生（Leung Yuen-Sang，1949—），香港教育家、历史学家，香港中文大学教授。
林赛（化名胡夏米，Hugh Hamilton Lindsay），英国东印度公司广东商馆职员。
铃木中正（Suzuki Chusei），日本亚洲史教授。
刘广京（Kwang-Ching Liu，1921—2006），中央研究院院士，经济史学家。
罗伯济（又名罗类思，Louis Marie de Besi，1805—1871），天主教山东宗座代牧区首任主教，天主教南京教区署理主教。
罗伯逊（Daniel Brooke Robertson），英国驻上海领事（1854—1858 年）。
罗威廉（William T. Rowe，1947—），美国约翰霍普金斯大学历史系教授，东亚研究中心主任，当代美国最有影响的汉学家之一。
雒魏林（William Lockhart，1811—1896），英国伦敦传道会传教士，他在历史上首次将新教传入北京。
律劳卑（威廉·约翰·律劳卑，William John Napier，1786—1834），英国皇家海军职员、政治家和外交官。

M

马辉（Robert Creighton Murphy，1827—1888），美国人，1854 年任美国驻上海领事。
马立博（Robert B. Marks），美国加州惠蒂尔学院历史与环境研究教授。
马默（马克尔·马默，又译马麦克，Michael Marmé），美国福特汉姆大学东亚研究所历史学教授。
马若孟（Ramon H. Myers），美国斯坦福大学胡佛研究院荣誉资深研究员。
马沙利（汉弗莱·马沙利，Humphrey Marshall，1812—1872），美国驻华专员（1852—1854 年）
马士（Hosea Ballou Morse，1855—1934），美国人，曾服务大清皇家海关外籍税务司（1874—1908 年），他以退休后出版的学术著作闻名。
麦德森（伊丽莎白·马克莱奥德·麦德森，Elizabeth MacLeod Matheson）
麦都思（Walter Henry Medhurst，1796—1857），英国基督教伦敦会传道会传教士、圣经译者及汉学家。
麦华佗（又译麦特赫斯特，麦都思之子，Walter Henry Medhurst，1822—1885），英国外交官，后历任英国驻福州、上海、杭州和汉口领事。
麦吉（托马斯·G. 麦吉，Thomas G. McGee，1934—），美国加州大学伯克利分校历史学教授。
麦卡夫（汤玛斯·R. 麦卡夫，Thomas R. Metcalf）
麦莲（Robert Milligan McLane，1815—1898），美国政治家、军官、外交家，曾任美国驻华专员（1853—1854 年）。
曼素恩（Susan Mann，1967—），美国加州大学戴维斯分校历史学教授。
芒福德(刘易斯·芒福德，Lewis Mumford，1895—1990)，美国历史学家、科学哲学家、著名文学评论家，以其对城市和城市建筑的研究闻名，是个兴趣广泛的作家。
梅辉立（William Frederick Mayers，1831—1878），英

国外交官、汉学家。
梅可铿（Hoh Cheung Mui，1916—？），英国作家。
梅鹏（又名梅云鹏，Charles B. Maybon，1872—1926），法国人，1911 年任上海法租界公董局创办的法国公学校长。
密迪乐（又名麦笃思，Thomas Taylor Meadows，T. T. Meadows，1815—1868），英国外交官。
米勒（戴维·米勒，David B. Miller）
米切尔（B. R. Mitchell，1929—？）
敏体尼（M. Charles de Montigny，1805—1868），法国首任驻上海领事（1848—1853 年）。
默德（法兰西斯·默德，Frances V. Moulder，1945—），美国学者，中国史和地理学专家。
墨菲（罗兹·墨菲，Rhoads Murphey，1919—2012），美国密歇根大学教授。
莫基尔（乔尔·莫基尔，Joel Mokyr，1946—），美国西北大学经济学和历史学教授。
莫里森（W. H. Morrison），传教士。
莫里斯（珍·莫里斯，Jan Morris，1926—），英国小说家、旅行文学作家。
牟复礼（Frederick W. Mote，1922—2005），美国儒学学者、汉学家、中国学家、东亚学家。
穆黛安（Dian H. Murray，1949—），美国圣母大学历史系教授。
穆雷（Dr. Murray），英国人，1852 年在上海的英租界拟议建医院。
慕立（Edward Muir，1946—），美国西北大学历史和意大利学教授。
慕维廉（William Muirhead，1822—1900），英国基督教伦敦会传教士。

N

南格禄（P. Claude Gotteland，1803—1856），法国耶稣会神父，19 世纪耶稣会在中国的传教士。他是自 1724 年清朝查禁天主教以后，最早进入中国的耶稣会传教士。
尼尔森（斯旦·尼尔森，Sten Nilsson）
纽（克利斯多福·纽，Christopher New，1942—），英国作家、哲学家，香港大学哲学系教授。

O

欧立德（Mark C. Elliott，1968—），美国著名汉学家、费正清中国研究中心总监和哈佛大学亚洲历史教授。

P

蒲安臣（Anson Burlingame，1820—1870），美国著名的律师、政治家和外交家，美国对华合作政策的代表人物。他是唯一一位既担任过美国驻华公使，又担任中国使节的美国人。
璞鼎查（又译砵甸乍，Henry Pottinger，1789—1856），英国军人及殖民地官员，1843 年成为首任香港总督。
蒲乐安（Roxann Prazniak，1948—），美国俄勒冈大学历史系教授。

Q

瞿同祖（Ch'u, Tung-tsu）：1936 年毕业于燕京大学，获硕士学位。1945 年赴美国，任美国哥伦比亚大学、哈佛大学研究员。后去加拿大，任不列颠哥伦比亚大学教授。著有《中国封建社会》《清代地方政府》《汉代社会》《中国法律与中国社会》等。
全汉升（Ch'uan Hansheng，1912—2001），中国历史学家，以研究经济史知名。

R

饶济凡（Gilbert Rozman，1943—），美国普林斯顿大学社会学教授。
仁井田陞（Niida Noboro，1904—1966），日本法制史学者，东京大学名誉教授。
芮玛丽（Mary Clabaugh Wright，1917—1970），美国著名汉学家，研究中国近现代史。
芮沃寿（Arthur Wright，1913—1976），美国汉学家、耶鲁大学教授，美国汉学研究的奠基人之一。

S

萨金特（哈丽德·萨金特，Harriet Sergeant），英国作家。
桑德森（Sanderson），1853 年曾往上海的单桅纵帆战舰丽莉号船长。
舍贝里（伊德翁·舍贝里，Gideon Sjoberg，1922—），瑞典籍社会学家和历史学家，美国得克萨斯大学文学院社会系名誉教授。
史蒂文斯（埃德温·史蒂文斯，Edwin Stevens，1802—1837），美国公理会的牧师，清朝在中国的新教传教士，他因在洪秀全的皈依中可能发挥的作用而受到重视。1834 年乘坐休伦号船到过上海。
史华罗（保罗·圣安杰洛，Paolo Santangelo，1943—），意大利汉学家，意大利罗马大学东方学院东亚史教授。
施坚雅（G. William Skinner，1925—2008），美国人类学家和汉学家，专长统计人类学及比较亚洲人家族体系。
史谦德（David Strand），现代中国历史和政治文化专家，宾夕法尼亚州迪金森学院政治学教授。
施维许（Earl Swisher，1902—1975），美国科罗拉多大学历史学教授。
史景迁（Jonathan Dermot Spence，1936—），历史学者，著名中国史研究专家。
史亚实（Arthur J. Smith），法国人，1854 年任大清皇家海关外籍税务司。
斯金纳（J. Skinner），1854 年上海公共租界工部局第一届董事会董事。
斯科特（乔治·吉尔伯特·斯科特，George Gilbert Scott，1811—1878），英国维多利亚时代的建筑师，主要从事教堂和贫民院的建筑设计、建造和装修，他是英国最高产的建筑师之一，一生设计或装饰了超过 800 栋建筑。
思庞特（乔治思庞特，Georges Spunt，1923—？），学者。

斯皮克特（Stanley Spector，1924—1999），美国历史学家、外国语教育家。
斯波义信（Shiba Yoshinobu，1930—），日本著名汉学家，中国史专家，特别是宋代商业史、华侨及华人的研究。
斯密（亚当·斯密，Adam Smith，1723—1790），英国格拉斯哥大学的经济学家，经济学的主要创立者，18世纪最伟大的思想家之一。
斯特罗恩（A. F. Strachan），英国职员，随巴富尔一行于1843年11月8日抵达上海处理开埠事宜。
苏均煌（So Kwan-wai，1919—2005），美国著名历史学家。
索克斌（Samuel Sokobin，1893—1986），1924年曾任美国驻张家口领事。

T

谭维理（Laurence G. Thompson，1920—2005），美国汉学家，南加州大学的东亚语言和文化名誉教授。
唐立（Christian Daniels），香港科技大学人文学教授。
特郎逊上尉（Capt.Tronson）

W

瓦伦西亚（乔治·昂丝丽·瓦伦西亚，George Annesley Valentia，1770—1844），英国政治家。
王斯福（又译斯蒂芬福伊希特旺，Stephan Feuchtwang，1937—），英国伦敦经济学院人类学系兼职教授。
王业键（Wang Yeh-chien，1930—），台湾“中央研究院院士”、教授，著名清代经济史专家。
魏白蒂（Betty Peh T'i Wei，1930—），美国历史学家、作家。
韦伯（马克斯·韦伯，Max Webber，1864—1920），德国著名社会学家、政治学家、经济学家、哲学家，是现代一位最具生命力和影响力的思想家。
韦尔斯利（阿瑟·韦尔斯利，Arthur Wellesley，1769—1852），英国军事家、政治家、陆军元帅、英国首相，19世纪最具影响力的军事、政治领导人物之一。
魏斐德（Frederic Wakeman，1937—2006），美國汉学家、历史学家，加州大学伯克利分校教授。
魏礼（Arthur Waley，1889—1966），英国东方学学者及汉学家。
卫斯曼（Ronald F. E. Weissman），美国历史学教授。
威妥玛（Thomas Francis Wade，1818—1895），英国外交家与汉学家，曾任上海海关外籍税务司（1854年）、英国驻华全权公使（1869—1882年），与翟理斯创造了一套用于拼写中文普通话的罗马拼音系统，即威妥玛拼音。1979年以前，威妥玛拼音广泛运用于英文标准参考资料与所有有关中国的书籍当中。至今，绝大多数的威妥玛拼音应用都已被汉语拼音所取代，但仍有部分名词以威妥玛拼音拼写。
文翰（又译文咸，Samuel George Bonham，1803—1863），英国东印度公司及殖民地官员，曾任第三任香港总督（1848—1854年），并兼任驻华全权公使及驻华商务总监等职。
沃拉克（本杰明·E. 沃拉克，Benjamin E. Wallacker，1926—），美国加州大学戴维斯分校东方语言学教授。
吴利国（Henry G. Wolcot），美国人，旗昌洋行合伙人，1846年任美国驻上海代理领事。
伍斯特（G. R. G. Worcester，1890—1969），服务于大清皇家海关。

X

西格雷夫（斯特林·西格雷夫，Sterling Seagrave，1937—2017），美国历史学家。
西华德（威廉·亨利·西华德，又译苏厄德，William Henry Seward，1801—1872），美国律师、地产经纪人、政治家，曾任纽约州州长和美国国务卿。
萧邦齐（R. Keith Schoppa，1943—），美国马里兰州罗耀拉大学亚洲历史学教授。
辛顿（Harold C. Hinton，1924—1993），美国乔治·华盛顿大学大学政治学和国际事务教授，亚洲历史专家。
熊存瑞（Victor Cunrui Xiong），美国西密歇根大学历史系教授。
徐萨斯（Montalto de Jesus，1863—1927），葡萄牙人，撰写了澳门史专著的历史学家。
薛爱华（旧译爱德华·谢弗，Edward H. Schaefer，1913—1991），美国历史学家、汉学家，以其对唐朝的研究闻名。

Y

杨联陞（Yang Lien-Sheng，1914—1990），美国著名汉学家，哈佛大学教授。
易劳逸（又译洛伊德·伊斯曼，Lloyd Eastman，1929—1993），美国伊利诺大学历史系教授，著名中国历史学家。
伊懋可（又译为马克·埃尔文，Mark Elvin，1938—），当代著名的历史学家，擅长中国经济史、文化史和环境史。
尤尔（亨利·尤尔，Henry Yule，1820—1889），英国地理学家和东方学专家。
约翰逊（林达·约翰逊，又译张琳德，Linda Cooke Johnson），美国密歇根州立大学历史系教授，本书作者。

Z

渣甸（威廉·渣甸，又译查顿，William Jardine，1784—1843），苏格兰人，早年曾是一名在中国从事鸦片贸易的船上的外科医生，后来创办了怡和洋行，并在推动鸦片战争中起关键作用。
章生道（Sen-dou Chang，1926—），美国夏威夷大学社会科学学院地理系教授。
赵方济（F. Xavier Maresca，1806—1855），意大利人，那不勒斯圣家会，天主教南京教区主教（1849—1855年）。

图书在版编目（CIP）数据

上海：从市镇到通商口岸：1074-1858 / 张林德著；严嘉慧译. -- 上海：同济大学出版社，2021.11
（社会空间视野的上海纪事书系 / 于海主编）
书名原文：Shanghai：From Market Town To Treaty Port 1074-1858
ISBN 978-7-5608-9985-5

Ⅰ. ①上… Ⅱ. ①张… ②严… Ⅲ. ①通商口岸－贸易史－上海－1074-1858 Ⅳ. ①F752.9

中国版本图书馆 CIP 数据核字 (2021) 第 226814 号

上海：从市镇到通商口岸 1074—1858

张琳德（Linda Cooke Johnson）著
严嘉慧 译

责任编辑　江　岱　荆　华
助理编辑　苏　勃
责任校对　徐春莲
书籍设计　张　微　钱如潺
出版发行　同济大学出版社　www.tongjipress.com.cn
（地址：上海市四平路 1239 号　邮编：200092　电话：021-65985622）
经　　销　全国各地新华书店
印　　刷　上海安枫印务有限公司
开　　本　710 mm× 980 mm　1/16
印　　张　20.75
字　　数　415 000
版　　次　2021 年 11 月 第 1 版　2021 年 11 月 第 1 次印刷
书　　号　ISBN 978-7-5608-9985-5
定　　价　98.00 元